高等院校立体化创新系列教材·外国语言文学及文化系列

诗国圣坛：
汉诗英译鉴赏与评析

An Altar of Poetry: Appreciation and Criticism on English Translations of Classical Chinese Poetry

主　编　田荣昌　冯广宜
副主编　李小棉
编　者　（按姓氏笔画排列）
　　　　王春霞　孙　燕　张　蕾　张　莉
　　　　邵　娟　胡　洁　贺　岩

西安交通大学出版社
XI'AN JIAOTONG UNIVERSITY PRESS

图书在版编目(CIP)数据

诗国圣坛:汉诗英译鉴赏与评析/田荣昌,冯广宜主编. —西安:西安交通大学出版社,2021.8
ISBN 978-7-5693-1444-1

Ⅰ.①诗… Ⅱ.①田… ②冯… Ⅲ.①诗歌-英语-文学翻译-研究-中国 Ⅳ.①H315.9 ②I207.22

中国版本图书馆 CIP 数据核字(2019)第 276114 号

诗国圣坛:汉诗英译鉴赏与评析
SHIGUO SHENGTAN: HANSHI YINGYI JIANSHANG YU PINGXI

主　　编	田荣昌　冯广宜
责任编辑	李　蕊

出版发行	西安交通大学出版社 (西安市兴庆南路1号　邮政编码710048)
网　　址	http://www.xjtupress.com
电　　话	(029)82668357　82667874(发行中心) (029)82668315(总编办)
传　　真	(029)82668280
印　　刷	西安五星印刷有限公司
开　　本	710 mm×1000 mm　1/16　印张 25　字数 472 千字
版次印次	2021 年 8 月第 1 版　2021 年 8 月第 1 次印刷
书　　号	ISBN 978-7-5693-1444-1
定　　价	68.50 元

如发现印装质量问题,请与本社发行中心联系。
订购热线:(029)82665248
投稿热线:(029)82668531

版权所有　侵权必究

序

何谓"诗"?东汉许慎《说文解字》释:"诗,志也。《毛诗序》曰:'诗者,志之所之也。在心为志,发言为诗。'"这应该是"诗"比较权威的解释。由此看来,诗是人心之所念,是承载于语言的一种极为抽象的、精神层面的东西,是人类情感最为集约、最为精妙的一种文字折射。善于作诗的民族一定是热爱生活、追求美好、想象力丰富且语言文字极为发达的民族——中华民族正是这样一个热爱诗歌、长于作诗的民族。这样一个有着数千年灿烂文化的诗之国度,可谓诗人辈出、经典泉涌,因此,我们才有了"诗之圣国"的美誉。诗歌实乃中华民族优秀文化中最为突出、最为醒目、最令人着迷的一方"圣坛"。

汉语诗歌,较世界上其他民族,不仅发源早,而且数量多。距今至少有三千多年历史的《诗经》,被公认为中国历史上最早的诗歌集。中华民族,赓续绵延五千余年,从以汉字作为思想情感的载体出现至今,汉语诗歌的产量应该高于世界上任何其他民族,高于任何以其他语种为载体的诗歌形式。

汉语诗歌可谓蕴藉深厚,意味隽永。阅读汉语诗歌,如不具备相应的中国文化背景知识,仅仅会识读汉字,不过是囫囵吞枣、一知半解式的浅层阅读而已,甚至还会因望文生义、生吞活剥,得出许多匪夷所思的误解式结论。而且,汉语诗歌蕴含着丰富而复杂的创作技巧,重修辞,多用典,精措辞,尚音律,崇哲理,妙玄义,非长期浸淫于中国文化和汉字语言体系之中者,往往不得章法,不领要义,不通诗理,不辨表里,不解本事,只好望诗兴叹,不了了之。

汉语诗歌具有稳定的地域性，以汉语言为创作载体的诗歌，其在古代中国主要流通和传播的区域多局限于华夏政治地理文化范畴之内。但这种稳定的地域性，并非意味着汉语诗歌永远只能在华夏文化圈内被封闭孤立地传播和续承，也并不意味着汉语诗歌传播力不及其他民族的诗歌，而是因为汉语的独特性、复杂性并不易于被其他民族熟谙，从而作为其诗歌创作的语言载体或灵感来源。因此，此种特质决定了中国汉语诗歌，尤其是古代诗歌的"中国特质"。

但不要忘记，汉语诗歌在特殊的历史时代却表现出极为强大的传播性和浸入性。一千多年前的唐朝，作为一个文化开放、制度宽容、思想发达的朝代，唐诗就曾无数次地跨过大山传至东亚三韩之地的高丽、百济和新罗，亦曾越过大海东渡到文化荒蛮制度迟滞的扶桑之国，成为朝鲜民族以及大和民族诗歌创作的灵感来源和语言介质。

同样，一百多年前的清朝，尽管西方文化以殖民者的身份强势侵入中华大地，汉语诗歌仍借助国内外无数热心中国文化的学者、翻译家等人之手被陆续译介到西方世界，为西语读者所熟知，所喜爱。即使评价有高下，认识有偏全，解读有歧正，汉语诗歌跨越浩瀚大洋，落户于陌生国度，继续生根发芽已成事实。汉诗遂成为西方文化中或新鲜或新锐或奇幻的重要成分。而译介之途，就成为汉语诗歌西进中至为关键的技术手段之一。

然而，译介之途是否可以或已经成功地完成向西方读者推广汉语诗歌的任务？很显然，答案纷纭，可谓智者见智，仁者见仁。罗伯特·弗罗斯特（Robert Frost）说："诗歌之所以称为诗歌，其特质恰恰是翻译之中丧失的东西。"(Poetry is what is lost in translation.) 由此看来，汉语诗歌一旦被译成英文，是不是就不再是汉诗了!? 此种观点质疑者有之，否定者亦有之。

有学者认为对诗歌要鉴赏和评析，就要对诗歌文本进行分析和阐释，将其拆分解读则是对诗歌最大的破坏。

持历史主义观点者甚至认为任何诗歌，在生成之日，就已定格在当时的背景之中，任何离开其生成背景的解读和诠释都是个人臆测或随意歪曲。只有诗人自己明白作诗时的心境、想表达的意思或想抒发的情感。这样看来，我们要做的鉴赏和批评是否就是徒劳无益的工作了?! 但如果诗歌真的不能作拆分式解读，无法进行鉴赏和评析，那么诗歌文本也许会像湖底的淤泥一般逐渐沉积死寂，更不要谈对被译为其他语言的诗歌文本予以鉴赏和评析了,因为,鉴赏者、评析者需要面对两种早已死去的文本。这种认识过于神圣化诗歌文本,难免会钻入"绝对文本主义"的牛角尖里。

闻一多先生曾说过,要对诗歌进行评析,就必须要考虑诗歌的价值论,即诗人用文字的魔力来征服他的读者,让读者接受诗人的感受和意见,接受诗人的宣传;同时还要注重诗歌的效率论,即诗歌美妙的韵律、文字的技巧、读诗的享受。因此,他认为我们要留下诗歌滋养的成分,去除有毒的、不负责任的成分。

笔者对此高度认同。那么,如果要鉴赏诗歌,就要摒弃诸种机械主义或绝对主义的观点,要采取历史相对主义或现代主义,将诗歌纳入一种较新的、符合时代特质的、契合现代读者阅读趣味的视域中,赋予已经沉寂的汉语诗歌(包括其英译文本)以新鲜的血液和共时的生命力。非如此,汉语诗歌将会更加远离我们日渐喧嚣、心渐浮躁的生活,英译汉诗也只能是昔日汉学家们倾注心力去完成的一项文化传播事业而已。诚如乐黛云教授所说:"任何一种古代文学,如果不能借助语内或语际的翻译,与当代诗学保持同步,它就无由参与今日世界文学的发展,也无法成为未来全世界共同的文化遗产,我们期盼有更多的中国古典诗歌进入世界,成为全世界共同的文学遗产。……翻译承担着中国古典诗歌在世界范围内再造新生的职责。"

因此,将祖先流传下来的这些文化瑰宝继续发扬光大,甚至远播海外,是十分必要的。具体而言,我们应以英汉语言对比为视角,参考汉语训诂学相关研究成果,对汉语古诗文本进行全方位的诠释和说解,求得一种较为合理且广为接受的诗歌正解;并通过对不同英译文在选词、修辞、音韵、意境、结构诸方面的差异进行对比分析,让读者既可以回味那些回荡在历史长河里的迷人身影,那些回响在岁月流光里的低吟浅唱,又可以同时阅读同一首汉语诗词相对应的多种译文,举一反三,评析比较,以品评欣赏不同译者在翻译汉诗过程中所倾投的心智和热情,理解体验不同译者对于汉诗所持有的不同见地和态度。此为本书得以编写之初衷。

再谈谈汉诗英译的几种认识吧!

美籍华裔学者、文学评论者刘若愚先生认为,西方译者翻译汉语诗歌,往往会夸大其视觉效果,而忽视其音声效果。基于此,诗歌的音乐性总是无法通过翻译得以保存,即使是两种极为相关的语言,如法语和意大利语也是如此,而极为迥异的英汉语言更是如此。故而，刘先生作了个譬喻，读译诗，就像隔纱观美人，隔雾赏美景。刘先生认为，汉诗英译鉴赏和评析应首先对英汉语言差异予以分析，其一，要分析两种语言语音层面和文法层面的异同；其二，要分析因东西方思维模式和情感表达方式的差异而引起的语言文化差异。刘先生为我们的鉴赏和评析工作指明了路径。本书在编写时，也基本以这两个要点为总原则。

因此，鉴赏和评析者的任务就是从遣词造句、诗行结构，到音韵效果，再到诗歌本事、诗外之音等诸方面对诗歌进行拆解和剖析，从而去除这一层神秘面纱，将美人看个透彻；尽力消去这一团雾气，将美景赏个尽兴。

而对汉诗英译作鉴赏和批评，也许需要上升到专业层面，需要一定的专业知识和技能。正如保尔·瓦雷里(Paul Valery)说过：每一个真正的诗人必须首先是一位一流的批评家(Every true poet is necessarily a first-rate critic)。

那么，批评者(家)是否应该是个诗人？诗人是什么？本·琼森认为，"诗人既是天生的，又是后天造就的。(A good poet's made as well as born.)"的确如此，否则怎能理解诗歌、品评诗歌？非常遗憾，本书的编者们都不是诗人，鉴赏力自然要打些折扣，权当是吾辈不自量力、自圆"自说"吧。

再谈谈"翻译"。何谓"翻译"？目前学界已有几十种甚至上百种各具特色的答案和定义，由此看来，"翻译"是一种非常复杂和抽象的文字现象。也许自从人类有通过语言进行交流的活动开始，翻译就成为言语交际过程中不可或缺的伴生物，翻译过程往往是涉及多重复杂的文化及心理因素的艺术创作过程。余光中先生说："翻译，尤其是文学翻译，是一种艺术，变化之妙存乎一心。"

而诗歌翻译更是文学翻译领域最为精妙、最需要技巧、最讲究"变化之妙存乎一心"的一项艺术。要成功再现诗歌的"艺术性"，或者说诗歌的美学效果，译者首先不仅需要具备诗者的天赋，拥有一颗诗心，具备一份诗情。同时译者要扮演多重角色，就如同一位热心的媒婆，既要说服原诗对他语读者暗生情愫，又要劝服他语读者相中原诗，从译诗中感受到类似的美感、诗性，获得精神上的愉悦和慰藉，因此译者在翻译过程中往往游走于原作者与读者之间，左右平衡。同时，译者又双重受敌，两面夹击，既要准确理解原诗的心思，又要斟酌他语读者的反应，可谓进退维谷，顾盼左右。如此看来，翻译本就是一件出力又很不容易讨好的工作，诗歌译者更是难上加难，如履薄冰、颤颤巍巍、哆哆嗦嗦，译笔放下，心却悬着，不知原诗作者和译诗读者会做何反应。

乐黛云教授称诗歌翻译为"一种同情活动(an act of sympathy),译者与他人(即原作者)想象性地合二为一(imaginative identification),以移情(transference)为基础,投射(project)到他人的体验之中,然后把它转移到自己的语言之中。"

如众所知,汉语古诗以意象练达、隐喻深邃为特色。从"诗三百"开始,诗歌意象从发于心、表于情的简单浅层意象,向汉赋所推崇的双重及多重意象逐渐过渡;南北朝时期,诗歌从注重意象的特质转向辞藻华丽,主题炫幻的风格,但至唐宋时代,诗歌意象复又回归到多重意象的特质。因此,汉语诗歌的创作亦从"诗三百"时代的非专业层面逐渐转向"专业化、产业化、职业化"的时代,诗歌主题亦从简单、浅显、平实层面上升到复杂、多解、多维的层面。

中国乃"诗之国度",五千年的岁月烟尘,沉淀了太多的情绪和情愫,而得以宣泄的至高途径即歌咏为"诗"。孔夫子言:"诗言志,"志乃心之所至,心之所止;言有尽而意无穷,自然需要诗歌这种凝练的形式予以承载;情动于心,感生于物,必然要咏之于歌,诵之于曲。因此,生在如此"诗情"浓郁的国度里,怎能不独爱上"诗",怎能不随口捻来几句朗朗动听的"诗行"。笔者生逢和平时期,有幸选择教授英语作为毕生所求,汉诗英译、英诗汉译遂成为有生志学之所在,此为本书得以飨宴读者的"初心"。本书所谓的"汉诗",是概而言之之意,指广义上的"诗",基本以汉语诗歌大致历史时期为主线,体裁囊括不同时代(朝代)的诗、词、歌、赋等形式,具体涉及诗经、汉赋、唐律、宋词、元曲等几个专题性章节。

但在选择具体时代的汉诗篇目时,我们却左右为难。大家知道,汉诗资源极为丰沛,要从浩如烟海的诗篇中筛选出既具有代表性的、艺术水平高的,又能符合读者阅读趣味和审美眼光的,还要有相对应且具有权威性的不同英译文本(中外译者兼具)的汉诗,的确煞费苦心、颇费脑筋。面对汉语诗歌,就如同大海拾贝,满目璀璨,令人眼花缭乱,难做抉择。

多亏各位编者老师,在繁忙的教学之余,历经一年多的时间,多方搜求汉诗文本以及对应的英译文本,逐一进行文字对比,版本确认,并经过多次商定,忍痛取舍,方才从浩瀚如海的汉诗集里精心挑选出自认为读者会喜欢且不过于熟烂的代表诗篇,确定了以中国诗歌大致发展时代为脉络的共计约40首汉语诗歌。之后,各位编者又从不同途径获取的英译诗集中筛选整理出与每一首选定汉诗对应的英译文本三至五首,其中至少包括一位中国译者的译作,其余均为西方文化学者、翻译家或汉学家的英译文本。但编写过程却颇费周折:也许编者喜欢且认为很值得赏析品鉴的诗篇,却无法找到非常适合的英译文本;抑或编者不喜欢的诗篇,但其英译文本却颇为丰富。这个过程也是一种心与智、情与理、鱼与熊掌之间的不断较量。

当然,读诗,也绝非易事,需要读者用尽心思,倾注感情,词斟字酌,体味诗者和译者内心之音。读诗,需要前瞻后顾,心有所悟;读诗,需要细细咀嚼,慢慢品味于唇齿间流淌的雅词和妙句,以获得其绵延不断的愉悦之感。在这个日渐喧嚣的世界上,有心读诗,有诗可读,是一件多么美好而奢侈的事情啊!

每章编者也许各有侧重,但总体体例基本依如下框架构建:

- 【导读】
- 【××英译简介】
- 【××经典篇章英译鉴赏之×】
    - 【注疏】
    - 【白话释义】
    - 【创作背景】
    - 【主题鉴赏】
    - 【英译版本】
        - 【汉诗训诂与译文鉴赏】

具体章节撰写任务分配如下:

第一章由田荣昌撰写,第二章由王春霞撰写,第三章由胡洁撰写,第四章由张莉撰写,第五章由邵娟撰写,第六章由孙燕撰写,第七章由张蕾撰写,第八章由李小棉撰写,全书语言润色由贺岩完成。对各位编者的辛苦付出和无私供稿表示衷心感谢!

鉴赏评析,本就是个人特色鲜明的"一家之言",因此,本书的编者结合各自学识和兴趣的不同侧重,各章的语言风格、措辞深浅、情感基调、态度视角并不完全统一,各立己所持见,或重或轻,或深或浅,期待读者慧眼品读,高人匡正。因篇幅所限,且编者各自的表达习惯不同,各章在描述译本时,或使用"××译",或使用"译文×",形式不一,请读者朋友见谅。同时,名家名作翻译版本众多,个别诗作的译文,因年代久远,具体年份及出处已无从考证,如有不妥,诚望读者高抬贵手,多多担待。

本书编写过程中参考了大量国内外文献资料,多数已在全书最后注明了出处,在此对所有文献的作者和出版者一并表示感谢。还要感谢我的工作单位西安交通大学外国语学院,没有各位院系领导的鼓励和厚爱,没有外国语学院的大力资助,这本书也许无缘与读者见面!

此为编者序,窃谓吾辈学智尚幼,才疏识浅,诚望各位读者不吝赐教!

田荣昌

2019 年 9 月 16 日

西安交大逸夫外文楼

目 录

第一章 《诗经》英译鉴赏与评析 /1

第二章 《楚辞》英译鉴赏与评析 /86

第三章 汉五言诗英译鉴赏与评析 /121

第四章 六朝诗英译鉴赏与评析 /165

第五章 唐诗英译鉴赏与评析(上阕) /188

第六章 唐诗英译鉴赏与评析(下阕) /232

第七章 宋词英译鉴赏与评析 /283

第八章 元曲英译鉴赏与评析 /342

附录 /384

第一章
《诗经》英译鉴赏与评析

【导读】

亘古绝唱——《诗经》之美,美如斯

我小时候上语文课时,喜读鲁迅先生关于其家乡和幼年生活的文字,喜欢他引述的"秩秩斯干,幽幽南山",每每仰头吟咏,似有一股清泉从心头缓缓流过。其实那时并未深谙如此美丽的文字意思究竟如何,但对文字天生敏感的我,从第一眼就开始爱上这样绝美的诗句。非常巧合的是,中学暑假,有一次我随家人去一位远房亲戚家做客,随手翻看主人家的书架,突然看到了一本由余冠英先生所编的《诗经选》,向主人请示,想借来深阅,不料主人竟欣然相送。这本古色古香的小书便随我一同回家,成为我真正阅读中国古典文学之肇始。于是,每天,我都会翻开这本泛着油墨清香的小书,一首接一首,反复吟诵。吟诵中,《诗经》优美的音律就像甘醇的泉水般浸入心田,似乎令人回想起古人在吟咏这样优美的诗句时,也一定是闭着双眼,摇头晃脑,缓缓地,悠悠地,待文字在嘴巴里暖热之后温温而出。那种意境随着读书的增多,逐渐渗入内心深处,丝丝如水,甘甜和怡!

但深感遗憾的是,我一直未能觅得真正深入研习解读《诗经》的机会,仅停留于童年时代那种囫囵吞枣式的肤浅阶段。但也许命里与《诗经》有缘,大学毕业后,我当上了英语老师,在为学生讲授"译作赏析"这门课程时,正愁苦于如何选取所谓的"名篇",我突然想起了多年前曾经谋面的《诗经》。因此,我重新翻开这部小书,静下心来,让自己再次走入"诗经"里,重新体悟三千多年前古人的哀怨嗔怒,或者愉悦多情。就这样,《诗经》走进了我的翻译课堂。古人云:"古者教以诗乐,诵之、歌之、弦之、舞之。"看来,诗教之乐,乃是古人将诗歌融于生活、入于学

堂而奏出的优美乐章。千年前的绝唱，响彻在中国这片古老而神奇的土地上，亘古不绝；而如今，它也开始唱响在西方世界，成为西方文学创作的灵感之源。三千年前的先人，对文字竟能表现出如此高超的驾驭能力，的确令后人钦佩不已，只能望其项背、自叹弗如。

诚如陆侃如语，作为周民族的韵文，《诗经》何以从汉代开始被奉为"经"典，成为"五经之首"！且不论儒家统治者治世驭人的政治动机，仅从诗歌文本本身去解读所获得之美感，就足以让后学之辈将其奉若艺术瑰宝，置之案头，常为诵读，甘饴心脾。感动如此，我便开始大量收集关于《诗经》的英译本，一经搜索，资料甚为丰赡。不仅有全译本，亦有选译本；译者不仅有名贯华夏的中国翻译大家，如杨宪益、许渊冲，更有在西方世界享誉甚高颇有威望的传教士、汉学家和诗人，如詹姆斯·理雅各(James Legge)、亚瑟·韦利(Arthur Waley)、威廉姆·詹宁斯(William Jennings)、艾兹拉·庞德(Ezra Pound)、J.P.西顿(J. P. Seaton)；译本包括拉丁文、法文、英文、德文等多种语言。由此可见，《诗经》流布范围之广已达于东西，传播程度之深更兼及多语，其价值当不可小觑。本章对《诗经》精选诗歌若干英译版本的对照与鉴赏，也算是在汉诗英译鉴赏与评析方面的牛刀小试吧。

如众所知，《诗》之所成，非一代之力，更非一人之功，而是由无数个热爱生活、读懂人生百味的普通民众，将发自内心深处的声音凝铸以文字，诉诸于语言，方可成就此部传世千年的诗歌经典。这些文字，承载的不是静态的"诗情、话义"，而是对鲜活历史的"动态记录"，我们可以从中窥知千年前的古人如何田间打情骂俏，如何郊野畋猎围场，如何花下赏月读诗，如何男女相思相恨；又如何长相厮守，如何惆怅人生，如何怨怒嗔怪。这些佚名的诗作者，其实多数就是普通劳动者，他们淳朴善良、宁静随和，他们热爱生活，懂得感恩，珍惜并感谢上苍赐予他们的素衣素食，甚至感谢上天的责罚和天谴，非如此，何以听到他们在历史的长河里发出的喟叹或者哀怨，喜乐或者嗔怒。

当然，他们绝少对生活有抱怨和不满，就算有不满，也往往以诙谐的语气和口吻将其化作巧妙的文字游戏。不信，您读读"浩浩昊天，不骏其德。降丧饥馑，斩伐四国。"(《小雅·雨无正》)这是对上天降灾于他们的质问。"硕鼠硕鼠，无食我黍。三岁贯汝，莫我肯顾。逝将去汝，适彼乐土。"(《国风·魏风·硕鼠》)这是对于统治者的无情吸榨所发出的呐喊和呼号，但分明却以更高的人生态度将其唾弃：我躲不过，还逃不过吗？逃走了，逃到了那一方没有欺诈和剥削的"乐土"。

第一章 《诗经》英译鉴赏与评析

从古至今,大自然都未放弃过对人类生存能力的考验。即使在三千年前的农业社会,对我们今天视为猛兽的"霾",我们的先人似乎也有类似的经历。但他们的态度与我们截然相反:"终风且暴,顾我则笑。……终风且霾,惠然肯来。莫来莫往,悠悠我思。"(《国风·周南·终风》)但无论"霾"有多严重,无论你来还是不来,我都会在"霾"(当然,当时的"霾"并非今日之"霾")中一直等你。这种对情感的坚贞和执着,让"霾"不再阴"霾"。紧随其后的便是在众人口中广为流布的"死生契阔,与子成说。执子之手,与子偕老。"(《国风·周南·击鼓》)三千年前的古人,对爱情竟有如此痴情。也许古人亦懂得物质享受的舒适,但绝不会像他们的后人一样,说出"宁愿坐在宝马车里哭,也不愿坐在自行车上笑"这样滑稽的生活段子。古代女子之美也能从《诗经》中窥得一二:"手如柔荑,肤如凝脂。领如蝤蛴,齿如瓠犀,螓首蛾眉。巧笑倩兮,美目盼兮。"(《国风·卫风·硕人》)

诚如孔老夫子所言:诗三百,思无邪!读读《诗经》,三月不哙肉亦无不可!

【《诗经》英译简介】

《诗经》,又称"诗三百",为中国历史上第一部诗歌总集,距今约有三千余年。据传,《诗》之初并未称"经",诗篇总数亦有三千余篇,而后经孔子之手予以删定,择其符合政教德化意图的诗篇三百余首辑录而成。两汉以来,尊儒重孔之风盛行,儒家思想入于王道,《诗经》亦开始被封建统治者视为经世治国、严正民风的重要典籍,成为儒家教育体系必读经典之一,被称为"五经"之首,享有前所未有的正统文化地位。正如《论语·阳货》所云:"子曰:'小子,何莫学夫《诗》?《诗》可以兴,可以观,可以群,可以怨;迩之事父,远之事君;多识于鸟兽草木之名。"《诗经》因此成为中国近两千余年封建王朝儒家意识形态之中最为重要的文献典籍,成为统治阶级思想意识得以传承和流布的重要依凭。当然,从文学价值的角度来看,《诗经》则堪称中国文学史上最为经典、最为优美的诗歌总集,时至今日,《诗经》仍被视为中国诗歌史上一枝常开不败的娇艳之花。

明末清初儒学大家王夫之对《诗经》三千余年的政治及文学功用做了非常精辟的解读:"'诗可以兴,可以观,可以群,可以怨。'尽矣。辨汉、魏、唐、宋之雅俗得失以此,读《三百篇》者必此也。'可以'云者,随所以而皆可也。于所兴而可观,其兴也深;于所观而可兴,其观也审。以其群者而怨,怨愈不忘;以其怨者而群,群乃益挚。出于四情之外,以生起四情;游于四情之中,情无所窒。作者用一致之思,读者各以其情而自得。故《关雎》,兴也;康王晏朝,而即为冰鉴。'訏谟定命,远猷辰告。'观也;谢安欣赏,而增其遐心。人情之游也无涯,而各以其情遇,斯所贵于有诗。是帮延年不如康乐,而宋、唐之所繇升降也。谢叠山、虞道园之说诗,并画而根掘之,恶足知此?"由此可见,《诗经》俨然已成为中华文化历代传承千载不衰的有力明证。

但《诗经》则迟至17世纪上半期,借由波澜渐兴的"诗经译介"活动才被西方读者所识。林语堂先生曾有言:"诗歌是最难翻译的文学形式,而汉语诗歌则是难上加难。"此处,可再补充一句:"诗经是汉语诗歌英译中难上更难的文学形式。"究其原因,首先《诗经》成书年代距今遥隔三千余载,各篇不具作者,不具背景,故而对诗篇内容及主旨的精准把握无疑是译者需要完成的重要预备工作;其次,以《诗经》"六义"之"风、雅、颂"三"义"统领下的不同诗篇,体现了不同地域的民俗生活、方言特质、动植品名、意象差异等,并随着时光推移,朝代更迭,版本参差,解读舛异,从而出现对诗篇主旨解读、文辞训诂等多元化的学术争议和主张,因此,如何准确把握每一首诗篇的主旨词句、音读义训等,更是一项挑战译者水平的艰难任务。基于此类因素,《诗经》在西方如何被传教士、汉学家和翻译家等辈传译,的确值得学界探索。在此,本书仅对《诗经》在西方世界的译介情况作一简略梳理,以备按图索骥之需。

最早将《诗经》部分诗篇引介到西方世界的译者,其身份多数为传教士或外交官,译语以拉丁语和法语为主。1610年,法国传教士、汉学家金尼阁(Nicolas Trigault,1577—1629)于明神宗后期赴中国传播基督教,其间,他将儒家五经(The Five Classics)译为拉丁语,其中包括《诗经》。由此,《诗经》方得以进入西方读者的阅读视野。继金尼阁之后,1698年,法国传教士马若瑟(Joseph Henri Marie Premare,1666—1736)将《诗经》中的八首诗译为法文;1741年,法国神父让·巴普蒂斯特·杜赫德(Jean Baptiste du Halde,1674—1743)将其转译为英文予以发表,此为《诗经》经法文英译之最早记录。第一位将《诗经》全集译为英文的译者为法国传教士孙璋(Alexander de la Charme,1728—1767),由此《诗经》翻译从拉丁语、法语逐渐转向于英语。

1774年,英国东方学家、语言学家、法学家、翻译家、亚洲学会(Asiatic Society)创始人威廉·琼斯爵士(Sir William Jones,1746—1794)出版了《东方情诗辑存》,但他仅选取《诗经》中以爱情为主题的部分诗歌译为英文,此为《诗经》

直接英译之最早记录。琼斯爵士对其所选取的《诗经》篇章主要采取直译策略，兼及意译法，诗歌体例为散体与韵体相互结合，从而创造了所谓"翻译亚洲诗作唯一正确的方法"。但从严格意义上判断，琼斯爵士对《诗经》多有误读而致误译，最多只能算是以《诗经》为蓝本进行的重新创作，"翻译亚洲诗作唯一正确的方法"这一评价显然过于美誉。但凭借琼斯爵士之功，《诗经》从拉丁语、法语阅读群体真正走向英语阅读群体，《诗经》英译遂渐成气候。

深受孙璋《诗经》英译本启发和影响的英国传教士、汉学家詹姆斯·理雅各（James Legge，1815—1897）于 1871 和 1876 年分别发表了两个《诗经》英文全译本，一为散体英译（prosaic），一为韵体英译（rhymed），两个版本的翻译策略和动机各不相同。如众所知，理雅各积二十余年之功，熟习汉语经典，将儒家传统书目"四书五经"逐一译介给西方读者。其中，《诗经》的两种版本，分别采取逐字直译法和诗体意译法，一机械，一典雅；一无韵，一重韵。

总体而言，与孙璋译本相比，理雅各译文被学界视为更忠实于原诗、用词更为准确、韵律较为接近、对偶更加严饬的学者体译文典范，对其他译者的影响及启发极大。林语堂先生对理雅各译文有如此评价："其句法、韵律和总体效果，离诗意尚远，但并未误译，其译作可以让我们一睹《诗经》内容之丰富性和多元性，（中略）某些诗篇堪称佳作。"（Dr. Legge's translations in regard to diction, rhythm and general effect, often fall short of the true poetic level, but he did not mistranslate, and his work gives us the means of getting a glimpse of the scope and variety of the *Book of Poetry*. He has translated the book completly, and some of his verses are certainly successful.）

1891 年，英国传教士及汉学家威廉姆·詹宁斯（M. A. William Jennings）和英国驻江南领事阿连壁（C. F. R. Allen）分别出版了各具千秋的《诗经》英译本。

詹宁斯在其译本序言部分对《诗经》极为推崇："这部辑录令人崇拜的汉语诗歌集子，无论有多少种特质，有一点对欧洲读者无疑会产生很大影响：它如同一面镜子，折射出三千年前中国社会不同阶层的民众自我刻画的生存环境、思维模式、风俗习惯和喜怒哀乐。该诗集成为这个民族奇特习俗和奇幻思想最古老的文字载录。（中略）我们正在了解一个鲜为人知的国度和民族，从中，我们发现了一种高度发达的文明形态和文学形式，而彼时，我们的先祖事实上仍处于茹毛饮血游弋于原始丛林的生活状态之中。"这段文字也许可以解释詹宁斯向西方读者译介

《诗经》的动机所在吧。

正如其英译本副标题所谓的"a close metrical translation",詹宁斯对汉语诗歌有比较准确的认识和把握:"创作韵体文一直被视为中国受教育者的一项重要素质。情有所动,韵有所成,对于中国人不是难事。汉语或许是世界上其他语言无法企及的高度押韵的文字。这也许是由于其音读贫乏,其音效变化仅依赖于几百个单音节词的变化,用音调之变化,对应数以千计的汉字之变化。由此可知,汉语诗歌完全有别于其他西方国家的诗歌。汉语诗歌始于用韵,诗歌愈古老,用韵的概率愈高。相比之下,如众所知,西方诗歌,无论是希腊语、拉丁语,还是英语,在早期阶段,诗歌均无韵律。"詹宁斯非常清楚汉语诗歌高度用韵的诗学特质,由此,他在翻译时极为重视隔行用韵,尽力保留《诗经》古雅典丽的传统风格,以期让译诗保留与原诗最为接近的面貌。

阿连璧受理雅各韵体译本的影响甚深,其译文对原诗改动较多,虽有随意增删,但好在沿袭英诗传统韵律,比较符合英语读者的阅读习惯。该译本与《诗经》原诗的主旨、韵律、意象、本事等相去甚远,因此未能引起较大反响。

另一位深受理雅各影响的译者为海伦·华德尔(Helen Waddell)。1913年,她以理雅各《诗经》英译本及注释为基础,出版了自己的英译本 *Lyrics from the Chinese*。林语堂先生对该译本评价颇高:"我认为华德尔的译本是最好的,(中略)她并未采取直译法,她所用的方法能够抓住诗之精髓和灵魂,并通过精妙的创作予以重现,从而获得了极大的成功。读者会不由自主地被其译诗中闪现的思绪——被三千年前某个农妇短瞬却发自心底的哭喊——所震撼,虽然她(华德尔)并不懂农妇所用的语言。"

影响力远超理雅各之上的另一位译者为英国外交官赫伯特·翟里斯(Herbert A. Giles, 1845—1935)。翟里斯曾编译出版《中国文学瑰宝·诗歌卷》。其译文严格遵循英诗韵律,同时兼顾《诗经》的对句特点,因此深受西方读者好评。传记作家里顿·斯特拉奇(Lytton Strachey, 1880—1932)对翟里斯尤为推崇,认为其译文"是我辈迄今所知的极品,(中略)娴熟的语调和深刻的情感使这本诗选在世界文学之林中占据了独一无二的地位"。连后起的著名汉学家、中国文学翻译大家亚瑟·韦利(Arthur David Waley, 1889—1966)都对翟里斯称赞有加,认为"他把韵律性和文学性非常灵巧地融合在一起。我们应时刻铭记,译者也应是背叛者;译文和原作应该是月光和阳光,或是水和酒的关系。"(Uniting rhyme and literalness with wonderful dexterity. It must however always be borne in mind that translators are but traitors at the best, and that translations may be moonlight and water while the originals are sunlight and wine.)

如果说翟里斯为《诗经》英译"韵律性与文学性"之结合者,那么,将《诗经》的文学性真正予以发掘并比较成功地予以传译者,当为亚瑟·韦利。1916 年,韦利私人出资,委托伦敦劳埃兄弟出版社(Lowe Bros.)出版他的《中国诗选》(*Chinese Poems*),其中包括《诗经》中的三首颂诗英译。1936 年,《亚细亚杂志》发表了韦利的《中国早期诗歌中的求爱与婚姻》一文,其中将《诗经》中的 16 首以爱情为主题的诗篇译为英文。1937 年乔治·艾伦和昂温公司(George Allen & Unwin Ltd.)出版发行韦利《诗经》全译本 *The Book of Songs*,之后又分别于 1954 年、1969 年、1996 年重修再印。

韦利认为:"《诗经》之美,正在于其无法通过英译予以传达的'效果'。(中略)诗,一经翻译便不再是诗。"这种主张似乎与他的汉诗翻译实践有些矛盾。在翻译《诗经》时,韦利倾向于选择那些易于保留汉语原诗特质的诗篇。他主要采用直译法来翻译《诗经》,认由这样更易于保留原诗的诗行、字数和诗节;在韵律上,他采用杰拉尔德·曼利·霍普金斯(Gerard Manley Hopkins,1844—1889)所创的"伸缩律"(又名"跳韵",Sprung Rhythm)。这种"伸缩式"的结构每一音步介于单音节至四音节之间,单音节用一个重读音节来对应一个汉字,重读一般落于该音步的第一个音节,因此音节长短不一,节奏多变,韵律自由。意象方面,韦利认为"意象"是汉诗的灵魂,因此,他对于汉诗意象采取既不增译,亦不缩小的方法,从而使原诗的"意象"被成功保留。此即许渊冲先生所谓的亚瑟·韦利翻译的汉语诗歌使"诗义让位于音律"。

韦利采用此伸缩律尝试翻译《诗经》,注重汉语诗歌的独特意象,使用单字对应法将汉诗意象予以成功传译,因此,他的译作不但受到了同行的赞赏,也使中国古诗在西方世界的传播更为深远,该翻译方法遂被译者广为采用。

大卫·霍克斯(David Hawkes)曾这样评价韦利,"作为中国诗歌的传译者,他获得成功的原因之一在于他不仅创造或创新了适合于保留中国诗歌风格的一种诗歌形式,还在于其译诗符合当时读者的阅读趣味。"(His achievement as all interpreter of Chinese poetry lies in the creation or evolution of a form both suitable to the Chinese style of verse and acceptable to the literary tastes of his own days.)

继韦利之后，将汉诗英译推向高潮的西方译者为美国现代主义诗人艾兹拉·庞德(Ezra Pound)。庞德在美国文学界以其"意象主义(Imagism, 1912)"文学运动为世人所知，而其践行"意象主义"所借助的重要文本为汉语古诗。事实在于，庞德本人并不懂汉语，谈不上通晓汉语古诗，更无法理解汉语古诗所呈现出的内在隐性的形、韵、意之美。庞德对汉语诗歌的兴趣源于美国东方文化学者厄内斯特·凡诺洛萨(Ernest Fenollosa)在日本辑录的古汉语诗歌研究遗稿。这部文稿被称为庞德实验"意象主义"的馈赠之物。庞德翻译汉诗既是"无意偶得"，又是"特意为之"。他以凡诺洛萨手稿为发轫，"深入研究"了汉语古诗，尤其唐诗，然后"借助翻译完成了20世纪现代英语诗歌最为深刻的语言革命(T. S. 艾略特)"，完成"意象派"代表作品《华夏集》(Cathay；又译作《神州集》，其中包括《诗经》中的《小雅·采薇》)。因此，艾略特称赞庞德为"汉诗的发明者"。此说法虽武断，但足可见庞德翻译汉语古诗在西方世界所引起的巨大反响。但庞德充其量是利用了汉语作为表意文字的特殊性来印证实现自己对于诗歌革命的主张和原则，或者可以说庞德发现并利用了汉语古诗独特的气质来推广"意象派"诗歌的理论原则，汉语古诗因此促成了美国"意象派"的诞生并成为其后影响深远的物质媒介。

余光中先生对庞德翻译汉语古诗的批评多于赞许："庞德的好多翻译，与其称为翻译，不如称为'改写''重组'，或是'剽窃的创造'；艾略特甚至厚颜宣称庞德'发明了中国诗'。这当然是英雄欺人，不足为训，但某些诗人'寓创造于翻译'的意图，是昭然可见的。假李白之名，抒庞德之情，这种偷天换日式的'意译'，我非常不赞成。"看来《诗经》也许只不过是庞德用来实践其意象主义诗歌的创作主张而巧遇的实验品罢了。

以上所介绍的《诗经》译者清一色为西方人，那么，是不是中国人就不能从事这一项工作呢？答案显然是否定的。在中国翻译界，将汉语古诗大力向西方译介者，名辈迭出，享有盛名的翻译大家包括杨宪益、许渊冲、林语堂、汪榕培等，诸位学者对汉语古诗外译，成就非凡，贡献巨大。

杨宪益可谓学贯东西的大学者、大翻译家，再加上贤淑有余、学满华夏的戴乃迭女士，两位大师级人物结为伉俪，穷毕生心血，倾一世衷情，专心于翻译事业，将中国传统文化孜孜不倦地译介给世人。他们对中国汉诗英译、传统名著英译等方面的贡献，令吾辈后学望其项背而自叹莫及，读其书卷而自愧弗如。黄乔生对杨先生的翻译成就有如此之语："他翻译的中国文学作品，从先秦文学到现当代文学,跨度之大、数量之多、质量之高、影响之深,中国翻译界无人企及。"

杨宪益英译的《红楼梦》一经面世,便以其厚重而儒雅、精到而典雅的译文令世人叹为观止;杨氏夫妇《诗经》英译本同样引起学界一致好评。粗略观阅,杨氏夫妇《诗经》英译本,从诗句结构上,基本采取四字诗行,与原诗在形貌上尽力一致;从诗歌本事和主题上,杨氏夫妇基本遵循《诗经》较为正统的解读和诠释,而不像西方译者,往往偏离甚至扭曲或篡改汉诗原来的主题,而译为适合或者迎合西方读者阅读趣味和解读视域的文本。其次,对《诗经》原诗的音读,杨氏夫妇把握精准,遵循原诗训读原则。再次,其英译本遣词造句、音韵协律,都透出浓郁的古典诗歌气息,典雅而不失平实,浅易而不落庄重,比较符合《诗经》所谓"风、雅、颂"之雅丽庄典的本质特质。

究其原因,就在于杨氏夫妇有着深厚的国学及英文基础,对汉诗准确的理解,对英文娴熟的驾驭,对两种语言及文化的精通,对翻译这项艺术高度的敬意和纯粹的热爱,对文化不夹杂任何非学术动机的用心和真心,无疑成为他们翻译《诗经》等中国传统文化典籍获得成功的重要前提。当然,更重要的是他们对中华文化发自内心深处的热爱和执着,终其一生将中国文化向国际推广的努力和付出,才成就了这一对相敬相爱的译界精英,亦成就了这硕果累累的汉诗外译佳作。

许渊冲先生被中国学界称为古诗英译的集大成者。他主张诗歌翻译并非"科学",而是"艺术","科学对应于信念,艺术对应于情感,前者提出一种假设让人理解,后者提供一种有趣的沉思物让人感悟",因此,诗歌翻译应通过三个从低至高的层级来体现原诗之"美",即"意美、音美、形美"三级递升,此即为"三美主义"。第一层,诗歌译者应竭力传达汉语古诗词中所特有的意境美(beauty);第二层,译诗要尽最大可能保留原诗的音乐性(musicality),汉语诗歌尤其重视韵律,因此"无韵"译法无法保留汉诗的音乐美;第三层,译诗要完全保留原诗的形式美(form),即诗行长度、诗歌类型、叠词运用、偶句结构等,均需予以考虑。所以,诗歌的翻译不止于理解与被理解,还包括快乐自己,愉悦他人。

事实上,许先生极为多产的翻译成果基本都是其"三美主义"的实践产物。在翻译过程中,许先生竭力保持汉语诗歌的意、音、形,但并非所有的译文都能成功传达此三种特质,因此,顾此失彼、因义害韵、求韵伤义的情况也并非少见。对于《诗经》英译,他认为,"译诗如不传达原诗的音美,就不能保存原诗的意美。《诗经》总的来说是用韵的,译诗如不用韵,绝不可能产生和原诗相似的效果。恰恰相反,用韵的音美有时反而有助于传达原诗的意美。这就是说,用韵固然可能因声损义,不用韵则一定因声损义,用韵损义的程度反比不用韵小。……总而言之,我的英译希望尽可能传达《诗经》的意美、音美和形美,并且与以往的各种语体译文也不尽相同。"

再者,汪榕培先生的《诗经》全译本,在英译《诗经》的同辈中实为翘楚。汪先生在英译前言部分重申其再译动机,是由于西方译者未能准确传达诗篇的真正内涵,未能传达中国文化的实质,并强调其"基本翻译原则是'传神达意',更准确地说是'传神地达意'",目标受众是普通的西方读者,因此,主要以实现对诗篇内容的理解的目的,力求通俗易懂。毫无疑问,十年前汪先生的翻译动机与今天宣扬"走出去"的文化自信竟然不谋而合。

有人对翻译活动做过一个譬喻,说"翻译是戴着镣铐的舞蹈",既要跳得优美,又不可脱掉束缚。那么,翻译诗歌,尤其是翻译汉语古典诗歌,更应是戴着手镣脚镣的舞蹈,掣肘束脚,一着不慎,满盘狼藉,成为破坏原诗美感意境的直接推手,又怎能谈到文化的成功传递和转换!但即使如此,译笔不辍孜孜以求者仍不乏其人,也许只有真正走进《诗经》世界,走进三千年前先民们的喜怒哀乐中的译者,才可以感知他们的爱与恨、嗔与怒、分与合、咒与怨,并用自己迂拙的笔,把这些先民情感世界里最美丽的文字、最动人的歌谣译介给西方读者。

【《诗经》经典篇章英译鉴赏之一】

国风·召南·摽有梅

摽①有②梅,其实七兮。
求我庶士③,迨④其吉⑤兮。
摽有梅,其实三兮。
求我庶士,迨其今⑥兮。
摽有梅,顷⑦筐墍⑧之。
求我庶士,迨其谓⑨之。

【注疏】

①摽(biào),鲁、韩作"莩",齐作"薰",梅盛极则落于地也。
②有,古语助词,主谓连接词,无实意。

③庶,众;士,古代男子美称。"庶士"意为"未娶妻室的年轻男子"。
④迨(dài),趁着、乘、及。《诗经》中"迨"多为表达愿望之意。
⑤吉,善。"迨其吉兮",古时男婚女嫁皆合时宜者为"迨吉"。
⑥今,当下。"急辞也。此夏向晚,梅之坠落差多,在者余三耳。"
⑦顷,古通"倾",倾倒,放在地上。
⑧塈(jì),通"摡",用手尽取物。
⑨谓,勤,表示心切、心急之意。

【白话释义】

梅子熟了落地上,还有七成在树上。
快来迎娶心上人,错过良辰真着急。
梅子熟了落地上,只有三成在树上。
快来迎娶心上人,错过今天莫后悔。
梅子熟了落地上,快来采摘装满筐。
快来迎娶心上人,莫要让她心发慌。

【创作背景】

众所周知,《诗经》所辑录诗歌不具作者,不详年代,大致时间跨度从公元前11世纪的西周初年至公元前6世纪中期,约500余年,涵盖地域范围南抵江淮之滨,北达黄渭疆塞。如宇文所安先生所谓"(《诗经》)也许是在时间的长河中逐渐发展和演变的",由此,有学者推论,《诗经》诞生的时代,应该属于口头创作初兴之时;创作者亦非个体,而是由群体口口相和相传,之后,随文字渐兴,乃由后人汇集辑录而成。《诗经》各版本互有舛异,也许便是此种文学形式从口头至书面逐渐过渡发展形成的证据之一。

那么,缺乏具体创作时代和创作者的诗篇,是否只能被看作是已经死亡的文本,可以由后人妄做评议,随心所欲?答案显然是否定的。宇文所安先生认为文学作品都有同时代的"话语系统",这个系统,由不同教育层次构成,拥有相同的、在当时特定时期广泛流行的诗歌意象和题材。由此,在《诗经》"话语系统"指涉下,逐渐形成了后世学者对这些诗篇所作的注疏和考据之学,其目的在于帮助读者建立起一个相对合理、认识趋同的解读视角。因此,在这套话语系统之中,对文学作品的解读和接受应该具有共通性和趋同性,而非相互悖逆或互相攻讦。

《摽有梅》为《国风·召南》第九篇。"召（音邵）南"之地，乃周文王封召公奭之采邑，即今陕西省岐山县所辖及周边毗邻区域。郑玄云："文王受命，作邑于丰。乃分岐邦周、召之地为周公旦、召公奭之采地。"又曰："其得圣人之化者，谓之周南。得贤人之化者，谓之召南。言二公之德教，自岐而行於南国也。"清人方玉润曰："如诵《二南》（'二南'指《诗经》中的《周南》《召南》——编者注），则识其为风化所由始，而得其伦行之正焉。"《诗三家义集疏》（以下简称《疏》）："《毛序》：'男女及时也。召南之国，被文王之化，男女得以及时也。'"风化之始，伦行之正，遂成周召之德教，王风流布于西岐之地，致男女慕化，《摽有梅》借梅熟自落，讽喻沐于王风之下的青年男女，宜行周孔之教。

由此，可知此诗创作背景当在于强调周之召南，受文王教化，青年男女值适婚年龄，应及时结婚，不至误教化之功。但这种解读太过于强调诗歌的政治教化功用，将该诗上升到王道教化的政治层面，似乎是为了迎合孔子删诗以符合"王道之治"的儒家传统思想和意识。

【主题鉴赏】

清代方玉润言："《摽有梅》，讽君相求贤也。"该句意指商周嬗变之际，隐逸之士如太公、伯夷之辈，虽隐迹于山林，内心仍渴望贤明之君的赏拔，故该诗主旨实为隐士求明君以梅自况而作，非关男女婚约之事。他列举了三个原因："咏昏姻不曰桃而曰梅，不曰华而曰实，比兴殊多不伦，一也。求婿不曰'吉士'而曰'我庶士'，加我字于庶士之上，尤为亲暱可丑，二也。亟亟难待，至于先通媒妁以自荐，情近私奔，三也。"更重要的原因当在于女求男有悖于传统阴阳之道。方氏又引姚继恒、章潢等观点，进一步发挥："盖商、周之际，剥復之秋也。山林隐逸，……几经丧乱，几经沉沦，其能久而自存，不至为时所摇落，如硕果之不食者，岂可多得乎哉？若不及早旁求而延访之，则盐梅和羹之士日渐剥落，有老死严阿以至于尽焉耳。"总之，方氏主此诗为贤士自荐以梅自况之诗。

另据《疏》引张融云："摽有梅之诗，殷纣暴乱，娶失其盛时之年，习乱思治，故戒（当为"嘉"）文王能使男女得及其时。"这种从政治角度的解读，意在突出文王治下的和平年代，政兴民和，男女及婚龄，"婚姻协而莫违，播欣欣之繁祉"的王道教化意图。

以上方氏"求贤说"与张融"求偶说"，可谓泾渭分明，毫无交叠之处。"求贤说"也许是从"诗三百"所谓"诗言志"的角度出发,认为诗歌创作的目的是抒发政治情怀,这种认识仍然受制于春秋时代以前普遍持有的"文学为政治服务"的传统诗学观。而"求偶说"似乎更贴近"国风"体系中所有诗歌均反映不同区域民俗文化的文学主张,《摽有梅》亦应反映召南地区(今陕西省岐山县)周民朴素的风土文化,这种认识是战国之后,"诗言志"范围逐渐扩大,人的普遍思想、意愿、感情等更为宽泛的情感领域均受新理念影响而出现的产物。

但如果将其中的政治德教意图淡化或予以剥离,以今时视角来看,似乎可以将其简单理解为一首"女及婚龄,父母催婚"内容的民俗诗,表现出召南地区朴素而传统的婚姻观,活灵活现地描绘出一幅女子待出阁、父母急求婿的生活场景图。

《孟子·滕文公下》:"不待父母之命,媒妁之言,钻穴隙相窥,逾墙相从,则父母国人皆贱之。"如众所知,中国封建社会对于婚姻大事有一套极为严格的规约体系,怀春少女,如不经"父母之命,媒妁之言",是绝不能根据自己的意愿来自行择偶选择相好对象的。而且,如果女子年及婚龄而无人提亲,那么久待闺阁的女子,对于父母兄弟,甚至族人而言,都是无法承受的颜面之辱。故而,《摽有梅》似以适婚女子父母之口,对待嫁闺阁的女儿尚未等到媒人登门提亲而表现出不安和急迫的心情,以"梅"为喻,"梅熟自落",将待嫁女儿喻为树上已逐渐熟透的梅果,那种希望有人倾筐拾之的急迫心境令读者不觉哑然而笑。

中国古代民俗,女子及婚龄,以二十为限。久待闺阁未能出嫁的女子,对家人无疑是一种精神负担。如果有媒人前来提亲,即使女方家人对男子不甚满意,而且无论女子是否有此意愿,其命运从此成为定局,甚至成为悲剧。只有经过"媒妁之约",方为合乎儒家礼教的体面做法,反之,不经父母兄长同意而私会心仪对象者,则被称为所谓"淫奔",乃"恶世无礼"的表现。《疏》引《郑笺》曰:"兴者,梅实尚余七未落,喻始衰也。谓女二十春盛而不嫁,至夏则衰。"此诗明显带有希望诗中女子"我"(适婚待嫁者)尽快出阁,不要像梅子一样,错过了收获时节而徒自熟落。诗歌采取递升修辞(climax),从"七成"在树,到"三成"在树,再到熟透落地,三章三节,层层推进,语气逼仄紧迫,将年纪递增而未出阁的女子与熟到十分自然下落的梅果相比拟,营造出一种急迫不安的诗歌张力,从而将"男子当婚则娶,女子当婚则嫁"的主题演绎得淋漓尽致,将诗经之"比兴手法"运用得炉火纯青。中国被称为诗之国度,是实至名归的称号。中国的古人,将生活中的酸甜苦辣、喜怒哀乐,演绎成千古不衰的"风雅之歌"。

中国古语云"男大当婚,女大当嫁",婚姻成为中国古代民众日常生活以及封建社会儒家礼教中极为重要的组成部分,女子适龄,亟待嫁人,未能出嫁者本身亦对婚姻充满了急迫之心。因此,以家人催婚促嫁及女子本人渴盼出阁为主题的诗歌不在少数。如《古诗十九首》之《冉冉孤生竹》:

冉冉孤生竹,结根泰山阿。
与君为新婚,菟丝附女萝。
菟丝生有时,夫妇会有宜。
千里远结婚,悠悠隔山陂。
思君令人老,轩车来何迟?
伤彼蕙兰花,含英扬光辉。
过时而不采,将随秋草萎。
君亮执高节,贱妾亦何为?

此诗言男女有新婚之约,但男子路途遥隔,迟迟不见前来迎娶女子,而令女子生出许多的不安和渴盼。诗歌以待嫁女子的口吻,以泰山孤竹、菟丝、蕙兰香草、秋草等自然物为意象,表达出女子如果错过出嫁的美好时光,就会像秋草一般枯萎凋零的急切心情,诗中女子盼婚待嫁而又羞涩嗔怪的形象跃然纸上。又如唐代女诗人鱼玄机的《打毬作》:

坚圆净滑一星流,月仗争敲未拟休。
无滞碍时从拨弄,有遮拦处任勾留。
不辞宛转长随手,却恐相将不到头。
毕竟入门应始了,愿君争取最前筹。

此诗以"毬"自喻,渴盼如意郎君争取头筹,迎娶自己,从而摆脱任人拨弄戏耍的被动局面和可怜命运,隐喻手法的运用显示出女诗人高超的艺术手段和无奈而凄戚的人生境况。

中西方在女子婚嫁的问题上,似乎有相近的心理,但采用的意象有所差异。如日本人形容待嫁的女子为"圣诞节的蛋糕",意即过了圣诞节,节前抢手的蛋糕会成为滞销品。

英国诗人罗伯特·赫里克(Robert Herrick, 1591—1674)所作的"To the Virgins, to Make Much of Time"一诗,在主题思想上与《摽有梅》有异曲同工之妙,该诗第一节为"Gather ye rosebuds while ye may/Old Time is still a-flying//And this same flower that smiles today/Tomorrow will be dying."。两首诗所用"意象"大相径

第一章 《诗经》英译鉴赏与评析

庭,《摽有梅》以"梅果"喻少女,后者以"玫瑰"喻少女,当然,"玫瑰"的譬喻应该比"梅子"更易为读者理解和接受。

其次,诗歌针对的角度亦有差异,《摽有梅》的叙述者应为待嫁女子之父母,听者应为及婚龄而未娶妻的男子,故而少女父母以焦急不安的语气提醒男子,要抓紧时机赶紧向自己的闺女提亲,以免误了时节,耽误了最美好的嫁娶机会;而后者的叙述口吻似乎为一长者,以劝诫口吻奉劝少女们,要趁着豆蔻年华,赶紧找个好人嫁了吧。一焦急,一劝诫,语气不同,言者听者亦不同,但读来同样妙趣横生,令人忍俊不禁。三千年前的古代女子和三百年前的欧洲女子,其实在婚姻问题上的处境基本一致,当嫁不嫁,其理则乱。看来,岁月对于人们而言,从古到今,都像一把锋利的刀子,错过了结婚年龄,就会落单,就会哀怨,就会生出许多莫名的恐慌,更会引起父母的担忧,所以《韩诗》谓此诗为"父母之辞",此种解读也许甚为可取。

中西比较文学研究者经常将罗伯特的《致少女》与传为唐代杜秋娘所作的《金缕衣》(详见"唐诗"章)一诗进行对比,这两首诗均以"花"入诗,主题基本类似。但相比之下,《致少女》有浓郁的说教和奚落气息,《金缕衣》有一种人老珠黄遭人遗弃的悲切之气,两诗均不如《摽有梅》那般的亲切随和,显然,《摽有梅》的敦促口吻温软而贴心,更加生活化,更具人情味,更显民俗性。

【英译版本】

译文 1 詹姆斯·理雅各

BIAO YOU MEI

Dropping are the fruits from the plum-tree;
There are [but] seven [tenths] of them left!
For the gentlemen who seek me,
This is the fortunate time!

Dropping are the fruits from the plum-tree;
There are [but] three [tenths] of them left!
For the gentlemen who seek me,
Now is the time.

Drops are the fruits from the plum-tree;

In my shallow basket I have collected them.

Would the gentlemen who seek me

[Only] speak about it!

译文 2 阿连璧

Why Don't the Men Propose?

The plums are ripening quickly;

Nay, some are falling too;

'Tis surely time for suitors

To come to me and woo.

See more and more falling

From off the parent tree.

Why don't the men come forward

To win a maid like me?

At length upon the plum-tree

No fruit can be espied,

Yet no one comes to court me,

Nor bid me be his bride.

译文 3 J.P. 西顿

Ripe and Ready

Ripe and ready, our plums are.

There are still a lucky seven!

The gentleman who comes seeking now

will surely find the time auspicious.

Ripe! Already dropping! Only three remain.

A gentleman who seeks me

might well come now...

　　Ripe and ready; plums fall. We lay them in a basket.
　　Any gentleman who seeks me, let him speak up right now!

译文 4　许渊冲

An Old Maid

The fruits from mume-tree fall,
One-third of them away.
If you love me at all,
Woo me a lucky day!

The fruits from mume-tree fall,
Two-thirds of them away.
If you love me at all,
Woo me this very day!

The fruits from mume-tree fall,
Now all of them away.
If you love me at all,
You need not woo but say.

【汉诗训诂与译文鉴赏】

　　如众所知,《诗经》所辑录的诗歌基本为西周初年直至春秋中期大约500余年间所产生的诗篇,主要创作地域为中国黄河流域及呈不规则形态向外辐射的其他区域,即今陕西、甘肃、山西、河南、山东等黄河沿岸区域,因此,无论从时间跨度,抑或从地域范围而言,均呈现出大跨度、大范围、分散不均衡的特点。构成"诗三百"主要内容之首的便是流布于黄河流域不同地区各诸侯国的所谓"十五国风",今存160篇(陆侃如认为《二南》为独立诗篇,故应为"十三风"。王国维创邶鄘二风"有目无诗"之说,于是又缩为"十一风");次为描述西周及其诸侯国统治者和贵族阶层等特殊政治群体生活娱乐场景的"雅"歌,包括"大雅"和"小雅",今存105篇;再为反映西周朝廷及皇室贵族姻亲等祭祀婚嫁出行仪规的"颂"歌,今存40篇。但从三大板块的数量比例来看,显而易见,反映不同区域和诸侯国邦民众风俗生活场景内容的"风"成为《诗经》之主流诗篇。正所谓"十里不同风,百里不同俗",不同"风"格的诗篇自然表现出迥然有别的诗歌特质和民俗主题。

  朱熹《诗集传》有言:"国风雅颂之体,其不同若是,何也?曰:吾闻之,凡《诗》之所谓《风》者,多出于里巷歌谣之作,所谓男女相与咏歌,各言其情者也。"可见,宋之大儒朱熹亦认为"国风"诸诗乃"男女相与咏歌"。清人方玉润认为:"诵列国,则知其为风俗所由变,而察其治乱之几焉。"

  由此,"国风"系列的诗篇,基本体现了彼时诗歌的民谣属性——反映出极为浓郁的乡土民俗气息,相当于今天所谓的地方小曲,或称为"调"或"歌子"。陆侃如先生所谓:"《国风》多写儿女闲情。在技术方面较《雅》《颂》为进步是很显然的,一般读《诗经》者大都喜读《国风》便是明证。……因为题材较为适宜。"这也是本章经典诗篇均选自《国风》的原因之一。

  即使诗篇本事和背景有迥然之别,但《国风》中的诗歌,具诗篇结构、音律、句式、遣词等方面,仍具有一定的趋同性,即所谓"赋、比、兴"手法的统一运用。展开而言,其中,最为显性(overt)的特点就是"迭句"的频繁使用,即通过所谓"赋"的铺陈排比手法,将一系列自然之物(意象物)一一罗列,作为诗每节之首句,为下文的"比兴"做好铺垫,这一特点在"十五国风"各章皆有体现。"迭句"是中国早期诗歌萌芽状态的必然特点,其原因当在于,严格来讲,当时诗歌的主题思想,尚未发展至极为复杂的阶段,诗歌本事单纯浅易,语言缺乏张力,句式趋于简单,字数延展性差,思想空间狭仄,诗化修辞欠缺,故而,诗篇整体结构集约,句式精炼,字数约束在四五字之内,叠句现象普遍;韵律要求较弱,但类句换字以求声韵较为普遍。

  以上特点,成因复杂,粗浅分析看来,也许原因在于当时诗歌尚未发展至高度学术化、专业化甚至职业化的阶段,诗作者亦多为民间说唱行吟歌人,或稍有民谣修养或掌握曲歌艺术的文化工作者,也不排除没有接受过任何正式文字教育的普通劳动者、乡野村夫村妇;诗歌创作尚未上升到国民教育层次,也未建立起像后起朝代那样专事诗歌创作和辑录的文化部门。因此,《诗经》诗篇尚不具备汉魏晋时期诗赋的那种华丽和绚烂的特点,也没有唐宋时期诗词的那种气贯长虹的气势和势吞山河的壮丽,更没有明清诗歌充满人生感悟和哲理的说教特质,而是朴素得如同在乡间小路上偶遇的不着脂粉的村姑民妇,或者初长成人的含苞少女,读来让人有一种街巷闾里墟静清幽的感觉。

《诗经》多数诗篇来源于民间歌谣,因此,经由歌人谱曲传唱,或由乡民劳作间隙唱和,或由青年男女对歌传情的可能性极大,而集约句式和迭句换字的使用,从音乐性角度,应该更适合于集体或个人唱颂,符合早期诗歌以口语传唱的方式得以流布的特点。《诗经》诗篇采取所谓的"比兴"手法,或称为隐喻(metaphor)手段,将上文所铺陈的自然物(意象物)与下文的情感抒发通过联想巧妙关联,不予明言,但自然物(意象物)与人类情感却能达成共通,让读者于不语处感知欲语却不语的那种妙义和炫美,于不明言处却恍然大悟意象物与人类情感之间潜藏的美学交互性和情物呼应性。

当然,以上诸种特点也并非《诗经》专有,早期西方诗歌似乎亦呈现出类似特点。如古希腊著名女抒情诗人萨福(Sappho),以善于创作歌颂爱情的诗歌而知名,据学者考证,她的抒情诗多为谱曲传唱的行吟诗,诗歌语言易懂,思想浅易,意象传神。(She is best known for her lyric poetry, written to be accompanied by music. Sappho's poetry is known for its clear language and simple thoughts, sharply-drawn images, and use of direct quotation which brings a sense of immediacy.)萨福有一首以"苹果"隐喻爱情主题的诗歌,与以"梅"隐喻婚恋的《摽有梅》似乎有异曲同工之妙:

Just as the sweet-apple reddens	恰似苹果枝头俏,
on the high branch,	高挂在树梢,
High on the highest, and the apple	树梢最高处,摘者
pickers missed it,	何其少,
Or rather did not miss it,	也许不是遗忘掉,
but dared not reach it.	只是不敢要。

(田荣昌 译)

这首诗的句式、结构、韵律、主题、意象等特质,与《诗经》中的多数短小凝练的诗篇极为相似,看来东西方在诗歌早期阶段应当具有许多趋同性特点。

再如英国16世纪一份手稿上载录的佚名情诗亦具有类似《诗经》诗篇谱曲传唱的民歌特质:

Western Wind　　　　　　　　　西　风

Westron wynde when wyll thow blow　　西风何时吹,
the smalle rayne downe can rayne　　　细雨才会飘?
Chryst yf my love wer in my armys　　 呵,真盼爱人枕臂弯,
and I yn my bed agayne　　　　　　　　拥衾长入眠。

　　Anonymous（c. 1500）　　　　　　　　（田荣昌 译）

　　这是后人根据其音乐性和节律性所谱的曲子,因此足以说明,人类早期诗歌创作基本出发点都是为了传唱。但我们无法确知是曲子早于诗文,还是诗文早于曲子,也许两者相和而生。

译为中古英语为:

　　　　Westron wynde, when wilt thou blow,
　　　　The small raine down can raine.
　　　　Cryst, if my love were in my armes
　　　　And I in my bedde again!

　　基于以上对《诗经》总体诗篇特质的简要分析,要对这一首毫无铅华、质朴可爱、结构简单、主题浅易的代表性诗篇《摽有梅》的英译本予以鉴赏和比较,就不得不考虑《诗经》诗歌独特的架构要素,这些要素自然成为译者翻译过程中需要反复斟酌仔细推敲的重要内容。

　　内容之一当在于《诗经》多数篇章所沿袭的一贯做法,即撷首句为题。《诗经》三百余首,其中284篇皆以袭此法,原诗或无题名,可能由后人传抄或辑录时为区别篇目而自取首句拟为诗名。故而,标题翻译对于全诗英译走向起到提纲挈

领的作用,为读者继续阅读欣赏正文部分相当重要:一或可引人遐思,顿生趣味;二可映照正文,点睛引龙。诚如余光中先生所言,"中国文字弹性极大,文法变迁极小……中国文字,又往往一字数用,极经济之能事。"细言之,汉诗有巨大的语言包含关系,文法隐身特质,不事主谓宾定状补,不言一二三何等人称,无关昨今明时间观念,但这些看似细微且无关紧要的内容,却恰恰是英语务必明确表达的地方。由此,如果译者疏略此几项内容,那么英译要保持汉诗独特的"语言张力"和"原诗意境"则非轻易之事,甚至因"译"害"文",彻底成为与原诗脱节的两张皮作品。

诗歌标题【摽有梅】:龚橙《诗本义》云:"《摽有梅》,急婿也。"陈奂《诗毛氏传疏》曰:"梅由盛而衰,犹男女之年齿也。梅、媒声同,故诗人见梅而起兴。"他们道出了诗的主题和意义。"摽",果熟而落;"有",《诗经》惯用语助词,一般置于主谓词之间起间隔作用,且多用于倒置句式。如王引之释:"有,语助也。一字不成词,则加'有'字以配之。""梅"若以陈氏之见,则音同"媒",段玉裁所谓"同音必同义",似乎暗通此篇的情感基调和意象深意与男女婚姻相关。

由此,准确把握"梅"这一意象,无疑成为理解全诗的关键点,也是英译者需要认真处理的重点。以上四种译文标题具体对比来看,译文 1,"BIAO YOU MEI",理雅各采取汉语音译法,但也许对西方读者而言,依旧倍感隔阂(estrangement),不知何意。译文 2,阿连璧以"Why Don't the Men Propose?"问句意译诗题,意图明确,符合全诗本事,有效传达"摽有梅"这一意象的内涵。但亦有不足之处:作为诗歌标题,理应言简意赅,但此句意直白,紧扣诗歌主题,虽然有些违背汉诗"欲语而不语"含蓄朦胧的特点,但却采取补偿释义,为读者留出充足的联想空间,非常有助于西方读者理解本诗表面话"梅"而实际话外之音意味绵长的隐喻性,故此,该译法尚算妙译。译文 3,西顿译为"Ripe and Ready",从音韵角度,采取头韵法(alliteration),音律短促谐和,字数上三词并列,实词+虚词+实词结构完全符合"摽有梅"实词+助词+实词的语词结构。意义上迂回婉转而又紧密扣题,既成功暗示了"梅子熟透,亟待有人采撷"的急迫感、焦虑感,同时又为读者的好奇心留出充足的延展空间,不免自问"何物已熟(ripe),静待何人(ready)?",油然生出继续阅读以探究竟的想法,这也是诗歌不可说破的特殊之处使然。因此,编者认为此译法当为上乘。译文 4,许渊冲先生作为学贯中西的翻译大家,将诗题译为"An Old Maid",似乎无可非议。分析之,"old"一词意象消极,而"old maid"释义为"老姑娘(old-fashioned, disapproving), a woman who has never married and is now no longer young",无疑会引起极大的负面情绪。而诗歌中的女子,并非韶华不再,而是女大当嫁,她待字闺中且渴盼心上情郎迎娶自己的正常思想,自然俏皮而又羞赧可掬地大胆流露,引人心生同感,想做其红娘,以成美事。

再谈本诗的核心意象"梅"。假使诚如陈奂之见,"梅"乃谐音"媒妁"之"媒",那么就一定要关注该字所承载的中国文化讯息。译文1、2、3均译"梅"为"plum",词典释义为"李子,洋李",应该属于舶来品,与梅子相去甚远。译文4译为"mume",释义为"梅子"(亦有"丈夫"的意思,一词双关,似有释"媒"之嫌),更趋向中国文化色彩,且发音与"梅(mei)"临近,无论意或音,均优于前三种译文。

《诗经》多数诗篇皆有固定诗体(fixed poetic form),四言为行(four-character line),双声叠韵,抑扬有度,紧凑而铿锵,便于歌者换气,适于唱诵。本诗三章皆以"摽有梅"起兴,一叠三唱,起到协调音律、一咏三叹的音乐效果;同时又构成全篇核心意象的加叠(imagery juxtaposition)和迭复(refrain)。本诗主要韵式为:

【摽有梅,其实〇兮。求我庶士,迨其〇兮。】

【摽有梅,其实〇兮。求我庶士,迨其〇兮。】

【摽有梅,〇〇〇〇。求我庶士,迨其〇〇。】

除第三章发生变化字数较多,前两章仅两组对字发生变化,即"七"置换为"三","吉"置换为"今"。"吉"到"今"的跳转不仅出于时间观念的推进,也出于双声叠韵音效方面的考虑,足可见《诗经》每篇篇章体式的稳定和统一,极有益于音律的和谐和传诵的便捷。构成篇章的诗行文字紧凑,语义隐匿,意境蕴含,具有高度的词句约束力和无限的情感外延性。

诗歌首章【摽有梅,其实七兮。求我庶士,迨其吉兮】,言"梅子"三成已熟落,尚留七成,待人采摘之心还算从容;次章【摽有梅,其实三兮。求我庶士,迨其今兮】。此刻七成已熟,仅余三成,亟待采摘刻不容缓,从"吉"到"今",虽仅一音之变,但也许对于急盼"吉士"的女子却坐卧不宁多有时日,那种望眼欲穿的情态令人顿生同情(sympathy),读者似乎从无关我事的观者(onlooker)被推进到热心的参与者(participator)。第三章【摽有梅,顷筐塈之。求我庶士,迨其谓之】,此刻梅子已全部熟透掉落树下,只能倾筐捡拾,读者从旁观者转为积极的行动者(actor),阅读视角的改变呈现出一种动态(dynamic)意象,也是汉诗可视性美感(visual aesthetic)之一。

三章迭复的语言张力从低向高逐渐推进增强,语势从较弱,到渐强,到最终爆发,营造出一种迫在眉睫、不可耽搁的紧张感和逼仄感,将梅熟将落的意象反复向读者推送强化,意在突出以梅喻指的待嫁女子自身或其家人内心的焦灼不安而又无可奈何的心情。

从人称的远近分析,诗歌以第一人称"我"的口吻叙述展开,即"我者(the self)"近似于个人内心独白(internal monologue),抒情视角直面"庶士",三章重置,即第三人称的"他者(the other)",泛指众男子。因此,一对多的人称距离和独白的叙述手法营造出一幕待嫁女子独秀舞台中央,向众男子透露心声,期盼混同于观众中的心上人大胆现身追求自己的那种生动活泼而又叫人忧心不已的民俗场景。因此,译者在翻译时对人称的处理,"我者"与"他者"关系需要特别关注。译文1,译文2和译文3均采取第一人称"me"和第三人称"gentlemen""men""gentleman",其对应关系,基本符合原诗一对多的人物关系,而译文4采取第一人称"me"和第二人称"you",似乎诗歌主人公已有心仪情郎,只是不见情郎差媒人提亲而心生嗔怪,明显削弱了诗中女子尚无心爱之人故而向众吉士发出信号急迫出阁的那种焦灼和彷徨,降低了读者的参与度和期待性。如众所知,中国古代封建社会极为重视纲常伦理,孔子有所谓"发乎情止乎礼",即使有来自人性本能的求爱求偶需求,也不能随意昭示于人,否则会被视为忤逆伦常的不贞作法,尤其对女子的禁锢更为突出,故而,大门不出、二门不迈的闺阁女子,并不能有机会相中自己的心上人,多数要依从父母之命媒妁之言。那么,一对多的人物关系也许更符合"诗三百"诞生时代封建礼法谨严、女德备受推崇的社会文化习俗。

再从汉语的"量"化概念对四种译文做整体分析,原诗一二章"其实七兮""其实三兮",并非确数,而是汉语特有的概数表达法,译文1、3、4均有明确的"seven""three""one-third""two-thirds",实际弄巧成拙,仅有译文2以概数言之,但以"some""more and more""no fruit"递进表意,译法简洁巧妙,比较符合中国人对数量语义往往作模糊化理解的思维习惯。

下面具体谈一下四种译文在诗行处理上的差异。

《诗经》诞生的时代,书面语言尚不发达,故此所辑录诗歌多源自民间口耳相传,主唱甚于主说,诗行基本以四字为主,少则二三,多则五六,如此句法特点,正是出于易于传唱的传播目的。因此,英译《诗经》,就必须对这种铿锵短促易于传唱的诗行特点予以关注。第一章首句以"摽有梅"起兴,句法为古汉语特殊倒装句,"有"为语助词,白话文意即"梅果熟透掉落地上"。从句法角度,译文1"Dropping are the fruits from the plum-tree",最为得当,但英语显性语法的特质,

"are""from",破坏汉诗隐性语法音节上的紧凑感,情感上的逼仄感,读来冗赘而不利落。译文3"Ripe and ready, our plums are"同样采取倒装句,句式相合;四音节短促有力,但静态系词"are"削弱了梅子熟落的动感画面,此两种译文在句序的相似性方面颇得妙法。译文4"The fruits from mume-tree fall"采用一般现在时,仅静态描述梅子三成熟的状态,从时态上并未能表达出梅子悄然成熟的动态画面感,但"fruits""from""fall"三词并行头韵法(alliteration),音效自不待言,尤其以"fall[fɔːl]"收尾的长元音,更易于从听觉上生出无限哀婉怜惜之感。美国著名图像派(pictorialism)诗人卡明斯(Edward Estlin Cummings),曾做过一首题名为《孤独》的诗:

l(a	孤(一
le	片
af	树
fa	叶
ll	飘
s)	落
one	了)
l	零
iness	零

诗歌主体 a leaf falls,没有其他如"from the tree""down on the ground"等英语文法所必需的虚词功能性成分,但仅以此像孤叶垂直下降的"形似",与断裂拉长的"音效",即成功模拟出一枚树叶离开母树的悲伤感,营造出只叶飘零凄冷落地的落寞感。卡明斯还有一首诗中的"since feeling is first",也是通过辅音[f]营造情感的疏离感。因此,译文4在音似性方面与原诗保持高度的吻合性。而译文2"The plums are ripening quickly",采用进行时,呈现出梅果纷纷成熟的动态感,从时间意识层面,让读者如同身临其境,置身于梅树果实馥郁芬芳亟待采摘的繁盛画面中,为下文有女待嫁的紧迫感埋下伏笔。

【其实七兮】,意即"还有七成尚在树上",汉语言谓数词者,概无确数,多表泛

第一章 《诗经》英译鉴赏与评析

义、概数,故而"七"即言多数。译文 1 "There are [but] seven [tenths] of them left!",译文 3 "There are still a lucky seven!",译文 4 "One-third of them away",均以确数表达,不符合汉语数量概念。其次,译文 1 句式冗长繁杂,[but][tenths]生硬嵌入,严重弱化汉语诗歌言赅意简而又意蕴隐蓄,意会不可说破,故意留白,待读者揣摩玩味的艺术特点。正如宋代严羽在《沧浪诗话·诗辨》中所谓:"诗者……羚羊挂角,无迹可求。故其妙处,透彻玲珑,不可凑泊。"即是指汉诗"言有尽,意无穷"的艺术魅力,因此,译文 1 句式长度明显与原诗四字紧凑结构相距甚远,最后一字"兮"既有韵律之需,又有抒情发喟之用,译者似乎明白原句此种情绪,故以感叹号作结,但原诗眼望熟果已落三成的情感浓度无法被读者感知,看来理雅各译汉语古诗的"学究气"是名不虚传的。而译文 2 "Nay, some are falling too"稍胜一筹,首词"nay",用来强调上文提及之事,意为"不仅如此",这种递进关系,从语气上巧妙抓取了梅果成熟纷纷落地的嗟叹意味,惜时伤果的情感得以有效推进。译文 3 "There are still a lucky seven!","lucky"与"seven"的修饰关系颇为不解,也许译者想传达三成已落,七成幸运地留在树头的喜悦情绪吧!译文 4 "One-third of them away",无甚亮点,"One-third"分数表达法至为别扭,"away"入诗了无意境。

【求我庶士,迨其吉兮】第二句是《诗经》标准诗行,四字为句(four-character line),朗朗上口,可歌可咏,亦唱亦诵,故有所谓"诗三百,皆可入歌(lyrics)"之语。《郑玄笺》:"迨,及也。求女之当嫁者之众士,宜及其善时。善时,谓年二十。"《毛传》释"吉,善也。"后"迨吉"专指古时男婚女嫁,婚姻美满。以此看来,此行意思可以解释为"有意追求我的男子,趁着好时机快来求婚吧!"四种译文均试图准确传达此意,但效果显见伯仲。

词法方面,译文 1 "For the gentlemen who seek me/ This is the fortunate time!"和译文 3 "The gentleman who comes seeking now/will surely find the time auspicious."不约而同地以动词 seek 释"求",但语义尚不如译文 2、4 "woo"来得准确到位;"庶士",意为"众多的未婚男子",以译文 1 以复数"gentlemen",译文 3 以单数"gentleman",且不论数量,语义均大于或外延于原词范畴。若取"君子"之义,或可能解,但"庶士"并不一定是"绅士、缙绅",普通男子,只要品行本分端良,岂不能聘媒提亲?译文 1 以"fortunate",译文 3 以"auspicious"释"吉",语义偏离,音韵臃肿,多音节词音节拗口,悖于诗经主唱咏特质。译文 2 "Tis surely time for suitors/To come to me and woo."消解"求""吉"之意,以名词"suitors"和"woo"分

别置换,音效方面"suitors"与"surely"构成头韵法,音节长度上简约紧凑,节奏明快。(头韵法源于15世纪初期意大利诗歌,后被英语世界逐渐吸收,成为英诗音乐效果之肇始,即首字母重复,以适于随乐歌咏。但汉语诗歌多用腹韵或尾韵,因此在音效方面英汉无法完全保持一致。)译文4"If you love me at all/Woo me a lucky day!",诗中女子尚未有确定的对象,"love"一词太过直接,且将"庶士"译为"you",将"求"之意放大,将"庶士"之义缩小,破坏了女子急盼嫁人的焦灼感,久等不见"未定"情郎前来提亲的那种放眼间里却无目标的怅惘感,而是转化为一对一的对话式语体,窄化了诗歌的受众范围;同时,又超越中国古代传统婚俗"六礼"之首的"纳采"文化背景:男子欲与心仪女子成婚,需先遣媒妁赴女方家送礼提亲,征得女方家长同意后,方能正式向女家纳"采择之礼",是整个婚姻程序的第一关,也许还没有达到"love"的阶段。之后,尚要经过"问名",即合八字,再到"纳吉"。汉代经学家郑玄有:"归卜于庙,得吉兆,复使使者往告,婚姻之事于是定",所以古人逢黄道吉日,方聘媒纳礼正式向女方家长提请婚约,此一环节务必讲究婚约的"吉兆"意义。但译文4"lucky"一词音效略胜,语义方面劣于译文1"fortunate"与译文3"auspicious"。

综观首行,译文2"suitors"一词,在编者看来,意指广义的"求婚者",具体身份如何,尚不明确。且译文2、4采用的"woo"基本再现了原诗的民俗意境和婚约画面。但译文2未能译出"吉"字在整个诗行中的关键意义,可谓遗憾。总体而言,译文2诗行长度接近原诗,用词偏于口语体,读来感觉亲切自然,有民歌天然去雕饰的质朴无华,音节短促而有力,音顿清朗,腹韵协和,居之为首。

【摽有梅,其实三兮。求我庶士,迨其今兮。】从七成在树到三成在树,这期间也许时日久长,也许仅一夜之隔,但待嫁女子像纷纷熟落的梅果,无人采摘(求婚)的紧迫感强势推进,直逼眼前。译文1仅以"Now is the time"来加强逼仄感。译文2以疑问句译陈述句,"Why don't the men come forward/To win a maid like me?",女子的嗔怪语气得以加强,语见娇羞和不满,似充满万种风情,像我这样的美丽女子(maid)岂能无人提亲?活脱脱一副美人自恋图,英译的创造性也许有助于烘托此种心绪——事实上,maid尚不如maiden更贴近中国古代闺阁女子令人眷眷的形象,如此美好怎能没有爱慕者发出请婚之约?译文3"Ripe! Already dropping! Only three remain/A gentleman who seeks me/might well come now."从句式演变上,译者意识到这种急迫情绪的渲染和推进,因此,第一行连用两个感叹号,句法断离,语气破碎,情绪焦虑不安;"might well come"语气满含遗憾失落,

第一章 《诗经》英译鉴赏与评析

"求婚者也许会来吧!"。藏在少女心底"望眼欲穿盼情郎,情郎却在天涯边"的情愫何人能懂?与第一行确定无疑的"急迫无奈"构成强烈的对照,而且最后的"now",时间副词加省略符号的运用,语带命令责备,词有尽而意无穷,情感把握到位充沛,语势强劲,译者对诗歌情感的参悟非常精准。译文 4 "Woo me this very day!","very"一词强调"迨其今兮"的紧迫语气,对于语义的传达可谓简洁又不失张力。

【摽有梅,顷筐塈之。求我庶士,迨其谓之。】《诗·周南·卷耳》:"采采卷耳,不盈顷筐,嗟我怀人,寘彼周行。"《毛传》释"顷筐"一为一种割草浅筐,一为倾倒筐子。(又说为"簸箕",此意待考!)此句采用比兴手法,意即梅子已全部熟透掉落地上,只能用筐子捡拾了,而女主人公顾盼左右,几乎都要色衰人老了,哀婉自怜之情溢于言表。若取第一义,译文 1 "In my shallow basket I have collected them","shallow basket"语义近于毛氏释义。编者认为,取毛氏第二义似更贴切,但为何要画蛇添足多一"shallow"?试想如从"浅筐"之义,无法突出梅子熟透纷纷掉落的繁盛之貌,浅筐如何能将地上的落梅捡拾殆尽?画面张力无法显现。译文 2、4 均避开不译,且译文 2 "No fruit can be espied","espied"意为"窥探,偶见",整行意义突兀,不可理解。译文 3 "We lay them in a basket",人称突变为"we",说者何人?"迨其谓之"的释义驳杂,"聚会;开口说话;归,嫁"均可,不易把握。译文 1 "[Only] speak about it!"和译文 3 "let him speak up right now!","speak out/up"均取第二义,但未能传达女子迫切希望提亲者抓紧时间的敦促语气。译文 4 "If you love me at all/You need not woo but say."表述纠结,到底要不要"woo"?"say"想表达何意?

相较之下,译文 2 "Yet no one comes to court me/Nor bid me be his bride."的译法值得肯定,首先"court"比"woo"更为正式,符合从第一、二章尚能等待到第三章逐渐递增的"升格(climax)"语气,氛围从舒缓,到紧张,再到火烧眉毛。"no... nor"双重否定结构的强调意味更加浓郁,且负向语词对读者的冲击力超过正向词。"bid me his bride"画龙完成,恰好补笔点睛,尤其"bid"一词,有公开竞标争取权利之意,意味着钟情于该女子的男子,并非轻易可以获得芳心,尚需要经历婚礼六仪的正规途径或女方父母的考验,由此将诗歌的主题推至最高潮,让西方读者很快领会到该诗映射的待字闺中的女子自恋、自怜、自伤的情愫。

以上分析可见,译诗之难,难于上青天,译者无论功底如何,难免挂一漏万,如果可以将各译本优长之处合而成一,似乎为上策!但译海无涯,译者伯仲难分,鉴赏也不过是一家之言而已。

总体而言,理雅各译文句式复杂,冗长堆砌,字字珠玑,无一遗落;阿连璧译文整体还算简洁明快,句式短长贴近原诗,音韵比较和谐,某种程度上,读者尚有一定的想象延展空间;西顿译文紧张度强,紧迫感浓,将原诗营造的待嫁盼郎的心理揣摩地比较到位,读来题女主人公心急如焚而又无可奈何;许渊冲先生的译文,用韵属上乘,但诗歌意境较为寡淡,人物关系简化处理,削弱了原诗女主人公盼情郎登门请婚又不知情郎人在何处的深切怅惘,似乎为实现其所主张的"音美"而牺牲了"意美"。刘若愚先生曾说过,"中国诗的听觉效果被西方的翻译家和学者所忽视……诗的音乐性在翻译中绝不可能完全再生产出来……读一首翻译的诗,就像透过面纱看美人,或者透过雾看风景那样,其深浅不同的程度是随着翻译者的技巧与对原文的忠实程度而发生变化的。"这样看来,诗歌翻译难道就没有标准了?不同的译者自然会有不同的译文,伯仲叔季,春秋难断!

【《诗经》经典篇章英译鉴赏之二】

国风·召南·野有死麕

野①有死麕②,白茅③包④之。

有女怀春⑤,吉士⑥诱⑦之。

林⑧有朴樕⑨,野有死鹿。

白茅纯束⑩,有女如玉。

舒⑪而脱脱⑫兮!无感⑬我帨⑭兮!

无使⑮尨⑯也吠!

【注疏】

①野,郊野畋猎之地。《尔雅·释地》:"郊外谓之牧,牧外谓之野,野外谓之林,林外谓之坰(jiōng)。"

②麕(jūn),同"麇(jūn)",或文"野有死麇(jūn)",獐子(香獐子),麝香鹿。

③白茅,草名。《说文》:"茅,菅草也。"阴历三四月间开白花。

④包,古读 bǒu,包裹,包扎。

⑤怀春,思春,少女情欲萌动,感春则思慕爱人。

⑥吉士,古代对男子的美称,此应指勇敢俊美的畋猎者。
⑦诱,提亲,求婚。
⑧林,意同于"野",郊野畋猎之地。
⑨朴樕(sù),小木,灌木。
⑩纯束,捆扎。"纯"为"稇(kǔn)"的假借字。
⑪舒,舒缓,即动作缓慢之意。
⑫脱脱(tuì),动作文雅舒缓,亦指女子仪容美好。
⑬无感,不要碰触。感(hàn),通"撼",触碰。
⑭帨(shuì),饰巾,佩巾。古代女子衣服以动物皮毛蔽前,以为饰物,或可称为前襟,后引申为服饰仪礼象征。
⑮无使,不要让……。
⑯尨(máng),多毛狗。

【白话释义】

野外死了小獐子,茅草包裹送给你。少女怀春心荡漾,俊男爱慕心彷徨。
朴樕长满树丛中,包好獐子赠予你。扎上茅草作聘礼,纯情少女让人迷。
莫要唐突莫着急,更莫弄乱我前襟。免得狗子汪汪叫。(快请媒人来提亲。)

【创作背景】

《野有死麕》一般被认为是大约创作于西周初期的一首爱情诗或约聘诗,彼时封建宗法礼教体系仅具雏形,社会民风呈现出率性、大胆、质朴、旷达的原始风貌,男女之间并无极其严苛的"礼"之大防,因此,从字表看来,"男欢女爱"似乎表现得过于热情奔放,甚至有些粗野。但理解此诗时,宜结合当时此种男女相恋开放但质朴、简单而纯净的民俗背景,这样也许会有助于准确把握主题,不至于太过偏倚。那么,如果将《野有死麕》理解为一首大胆讴歌率真爱情的诗歌也许并无不妥,而且,是不是也正好可以说明《诗经》"思无邪"的诗学真谛呢?

【主题鉴赏】

中国传统文学批评者倾向于挖掘文学作品的"政治性",清代考据之学兴盛,对于《诗经》的解读亦向政治角度逐渐倾斜,不少学者认为所谓"诗可以观"之"观"的内容,无非是对于当时政治事件的考量。在"文学即人学"的风气下,文学被牢牢地捆绑于历史和政治这两大基石上,被附上极为浓郁的政治色彩。《诗经》在某种程度上即被解读为反映当时政治形态的作品,从而极大地消减了诗歌所蕴含的文学性和艺术性,进而削弱了诗歌的美学效果,降低了读者的阅读期待。

那么,《野有死麕》到底是一首政治讽喻诗,还是一首纯美爱情诗?也许不同时代的学者会给出截然相反的解读,有种众说纷纭、眼花缭乱的感觉。既有情诗说,也有刺时诗、拒招隐诗说,更有淫邪诗等非常极端的解读。

主张"情诗说"的比较突出的是清代学者王先谦,其《诗三家义集疏》有云:"韩说曰:'平王东迁,诸侯侮法,男女失冠昏之礼,《野麕》之刺兴焉'。……诗人览物起兴,言虽野外之死麕,欲取而归,亦必用白茅裹之,稍示郑重之意,况昏姻大事,岂可苟且。……言林有朴樕,仅供樵薪之需,野有死鹿,亦非贵重之物,然我取以归,亦须以白茅总聚而束之,防其坠失。今有女如无瑕之玉,顾不思自爱乎?"

主张"刺时诗"的,有汉代卫宏的《毛诗序》:"(野有死麕)恶无礼也。天下大乱,强暴相陵,遂成淫风。被文王之化,虽当乱世,犹恶无礼也。《笺》:'无礼者,为不由媒妁,雁币不至,劫胁以成昏,谓纣之世。'"

清代方玉润主张该诗为隐士"拒招隐"之诗,在其杰作《诗经原始》中有非常细致的分析:"《野有死麕》,拒招隐也。……愚意此必高人逸士抱璞怀贞,不肯出而用世,故托言以谢当世求才之贤也。意若曰:惟野有死麕,故白茅得以包之。惟有女怀春,故吉士得而诱之。今也'林有朴樕,野有死鹿'矣,然'白茅'则'纯束'也,而谁其包之?'有女如玉',质本无瑕也,而谁能玷之?尔吉士纵欲诱我,我其能禁尔以无诱我哉?亦惟望尔入山招隐时,姑徐徐以云来,勿劳我衣冠,勿引我吠尨,不至使山中猿鹤共相惊讶也云尔。吾亦将去此而他适矣。此诗意极深而词又甚婉,故使读者猝难领会。未敢自信能窥诗旨,要之,循章会意,其大要亦不甚相远也。"

认为本诗是"淫邪诗"的有宋代欧阳修、朱熹等。欧阳修《诗本义》:"纣时男女淫奔以成风俗,惟周人被文王之化者能知廉耻,而恶其无礼,故见其男女之相诱而淫乱者,恶之曰:'彼野有死麕之肉,汝尚可以食之,故爱惜而包以白茅之洁,不使为物所污,奈何彼女怀春,吉士遂诱而污以非礼?吉士犹然,强暴之男可知矣。其次言朴樕之木犹可用以为薪,死鹿犹束以白茅而不污,二物微贱者犹然,况有女而如玉乎?岂不可惜而以非礼污之?其卒章遂道其淫奔之状曰:汝无疾走,无动我佩,无惊我狗吠。彼奔未必能动我佩,盖恶而远却之之辞。'"

汉代大儒董仲舒说"诗无达诂,文无达诠",意指《诗经》的解读可谓仁者见仁智者见智,百人有百解,因此,以上诸说的确会令人眼花缭乱,不知所措。刘若愚先生对《诗经》本质曾有过如此评价:"诗是一种道德教训……诗的风格应该是'雅正'的,庸俗的或过度的感情,反叛的思想,以及夸饰的语言都在屏弃之列。"

据此,编者认为,总有一种诠释,会令人获得力量和美感,故而宁可取其无而舍其有,至少"情诗说"与孔老夫子所谓的"思无邪"主张并不相悖,而且"诗三百"之所以能流传千载,难道不是其"雅"的本质引导着后人的阅读趣味吗?此也正是本章在甄选诗篇时怀有的美好初衷:不做节外生枝式、离经叛道或远离高雅阅读情趣的偏激、消极的解读。

【英译版本】

译文1 柳无忌

IN THE WILDS THERE IS A DEAD DOE

In the wilds there is a dead doe;
In white rushes it is wrapped.
There was a girl longing for spring;
A fine gentleman seduced her.

In the woods there are tree stumps;
In the wilds lies a dead deer,
Wrapped and bound with white rushes.
There was a girl fair as jade.

"Ah, not so hasty, not so rough!
Do not move my girdle kerchief;
Do not make the dog bark."

译文2 许渊冲

A DEER-KILLER

An antelope is killed
And wrapped in white afield.
A maid for love does long,

Tempted by the hunter strong.
He cuts down trees amain
And kills a deer again.
He sees the white-drest maid
As beautiful as jade.
"Oh, soft and slow, sweetheart!
Don't tear my sash apart!
Hark! lest the dog should bark!"

译文3　詹姆斯·理雅各

A VIRTUOUS YOUNG LADY RESISTS THE ATTEMPTS OF A SEDUCER

In the wild lies an antelope dead,
Wrapt up in a mat of white grass.
With her thoughts of the spring comes a maid,
Whom a treacherous fop watches pass.
Scrubby oaks grow the forest around;
In the wild there lies stretched a dead deer,
Close and tight with the white matting bound.
As a gem see the maiden appear.
"Hold thy hand, and beware, Sir," she cries.
"Be thou civil, and haste to wrong.
Meddle not with my handkerchief ties.
Do not make my dog bark. Pass along."

译文4　威廉姆·詹宁斯

THE CUNNING HUNTER

In the wild there lies a dead gazelle,
With the reed-grass round it wrapt;

And a maid who loveth springtide well
By a winsome youth is trapped.
In the wood thick undergrowth is found,
In the wild the dead gazelle,
And of feelings true and deep,
Ever sweet and much-complying,
Strict, yet, self-respect to keep—
Thoughtful of the dead was she:
Bright example to poor me!

译文 5　J. P. 西顿

In the Wilds, A Dead Doe

In the wilds, a dead doe,
white rushes wrap it.
In spring's embrace, a girl,
and lucky the lording
that treasured her there.

A stand of oaks, in the wilds,
a dead doe, in white rushes wrapped,
a girl, pure as jade.

"Oh, easy, undress, undress me, oh!
I care naught for my robe, my dear:
but can you keep the dogs from barking!"

【汉诗训诂与译文鉴赏】

《诗经》作为中国诗歌最早的文本记载,集中体现了汉语语言凝练简洁、寓意深远、意象丰富等特点。《诗经》诗行多以四字成句,偶句为韵,行尾押韵,偶有腹韵及头韵,体现出上古诗歌既歌既舞的音乐属性。以"四字"为主的诗行特质,其实与早期欧洲英诗的四行特征有一定的共通属性,心理学家往往借鉴卡尔·荣格所提出的以神话和宗教象征理论来阐释"四(字/行)"的流行性,是出于人类对"四"这种句法结构的心理认同感。因此,《诗经》四字结构译入英语的四字(词)结构,在理论上应该可以实现,虽然两种语言在音节音效方面的差异迥然存在,但是,英译者应首先尽力保持原诗的字数和行数,保持形式上的对等。

  众所周知,从本质上而言,中英语言之间的异质因素远远大于同质因素。比如,汉语诗歌从语法角度往往具有极大的包容和间歇性,在诗歌用词方面,呈现出极大的跳跃性和间断性,不求明确的语法关系,且表达灵活多变,从而形成一种巨大的语义包含或语义隐匿等特点。所以,刘若愚先生认为,中文语法的流动性,不像拉丁语系的建筑性,让中国诗人以最简洁的方式写诗,而且,去除一切可有可无的装饰而获得诗歌的"无我"特性,这种特性在刘若愚先生看来似乎是翻译过程中不得不失去的东西。

  但其实汉诗的"无我"并非真正"无我",而是将"有我"隐匿于整个诗歌营造的"境"中;"我"指向的不仅仅是诗人自己,还可能是任何识读此诗的读者(universal readers),他们会潜意识地将自己放进诗人营造的"境"中,亦步亦趋,亦喜亦哀,俨然变成一位万能的品鉴者(omnipotent taster)。汉诗此种特殊性,译者当以译文竭力再现,虽然异常困难,但也绝非不可实现。

  从诗韵方面,汉字多为单音节词,轻重音节无显性区别,"略音(elision)与连音(liaison)的阙如,以及通常每句音节不多……倾向于产生出顿音(staccato)的效果",所以,汉诗的音律顿挫性无法通过音律流动的英语完全实现。即使勉强为之,也只能是事倍功半,出现因韵害义或因义害韵的情况,也许是汉诗英译过程中的必然结果。

  从意象角度而言,汉语古诗具有复杂的技巧手段,如《诗经》有所谓"赋比兴",具体而言,即以铺陈、暗喻、联想、讽喻等手法交错互衍,共同营造出极为丰富的意象效果,如"摽有梅"采取比拟意象,"梅"喻指"媒",言梅子逐渐熟落,媒人快来请婚。如此复杂的比拟手段,也许是造成《诗经》被认为无法翻译的原因之一。正如美国诗人弗罗斯特所言,诗歌一经翻译便死了!如果真如其言,那么,我们完全可以放弃翻译《诗经》的任何努力。

  但尤为可喜的是,《诗经》外译却方兴未艾。如此多的学者、译者不辞劳苦,孜孜求索,将这些美丽的诗篇变成多国文字,让更多的外国读者可以通过翻译文本来欣赏和品味如此迷人的亘古情歌,即使差错难免,遗漏难逃,但尝试总比无视更值得我们肯定和推崇。

以上所列《野有死麕》的五种译文,是经过反复斟酌后选定的。其实结合注疏部分,读者亦可大略感受到五种译文的差异,但不论优劣。常言道,翻译没有最好,只有更好。正如自然界中的树叶,每一枚都有它独特的纹理、脉络、味道、颜色,诗歌译文概莫能外。我们在欣赏不同译者的译文时,切不可吹毛求疵,而只能以一种客观的视角来理解欣赏每一位译者的作品。诗歌翻译不仅仅是字面词面句法的简单置换,整个过程中包含了译者许多的思考和努力,包含了译者对于诗歌所承载的文化因素的考虑和斟酌,这是我们需要肯定的地方。但我们还是要尝试着对他们的译文做微观的分析和品评,不如此,就无法推进语言文字的发展,无法打破文学的地域限制,更无法促进文化交流的进程。

以下通过对五种译文的分析,以及对诗中同一景象词的翻译,可以看出译者对诗歌本事的把握差异迥然。

首先,毋庸多言,译者对诗题的准确理解极为重要,这对英译诗文起着提纲挈领的作用。诗歌标题如同人之眼眉,诗文内容或顾盼神飞,或双目含情,或呆滞无光,或狡黠飘忽,皆从诗题获知三四。

【野有死麕】《诗三家义集疏》引《毛诗传》:"郊外曰野。……野有死麕,群田之,获而分其肉。"《说文》:"野,郊外也。"魏源云:"此东周时所采西都畿内之风也。"古代京畿毗邻区域为公田或猎场,男子围猎"以白茅束野中田者所分麕肉,为礼而来。"上古时期,民贫物乏,将田猎之物作为贵重礼品或请婚聘礼极为常见。直至今天,在中国北方地区,还流行这样的娶亲民俗:婚礼当天接亲时男方还要给女方呈送极为隆重的"八样礼(有说四)",其中就包括用红绳捆扎的偶数数量的猪排肉。

"野有死麕"句式应为《诗经》辑录惯常做法,即采用倒装句,"有"为语助词,顺序句为"死麕于野",意思是"在郊野打死了一只獐子"。倒装句的好处在于文字的凝练性和音律的向心趋中性,有助于诗行之间的跳转和过渡。麕,麏也,意即"麝香鹿"(《疏》引《说文》)。"死"与"麕"的修饰关系需要仔细斟酌。

译文1"IN THE WILDS THERE IS A DEAD DOE",采取直译法,译"野"为"wilds","有"用"there be"句型,"死麕"译作"a dead doe"。

译文2"A DEER-KILLER",采取意译法,直奔主人公之一,诗歌重心从少女与吉士两者对应关系偏转向吉士一方。

译文3"A VIRTUOUS YOUNG LADY RESISTS THE ATTEMPTS OF A SEDUCER",此译法比译文2更加直接地点明诗歌主旨,但语义明显偏离。"Resist the attempts of a seducer"让诗歌主题从吉士与少女相爱的纯美浪漫的故事变成了一段不伦不雅的诱唆行为。

译文4"THE CUNNING HUNTER",将"cunning(狡猾的;奸诈的)"作为修饰词,使"hunter"的形象大打折扣。

译文5"In the Wilds, A Dead Doe",采取直译法,与译文1近似,但似乎意识到"有"作为语助词而删去不译。同时,此两种译文并未对"死麕"的偏意关系准确理解。如用dead(静态词)作修饰词,则(静态)死麕被吉士(品行端良的男子)于朴樕(小灌木丛)中随手捡拾,且用白茅郑重包裹送给心上人,似乎与其身份构成强烈反差。"Killed"也许在意象设定上优于"dead",动态词(dynamic)意象效果至少可以表明吉士费尽周折,打死一只珍稀的麕子送给心仪女子的那种良苦用心和浓浓爱意。译文2"killer"在语域限制方面应大于译文4的"hunter",后者也许会将吉士的身份局限化,但与诗歌正文的吉士形象也许更加贴近:一位勇武而粗粝的猎人,心仪一位美丽纯洁的少女,为表达自己的爱意,专门前往郊外捕获一只香麕子,用洁白的茅草包裹,作为心仪女子的见面礼;见了面却按捺不住内心的焦灼和渴望,动手动脚,所以女子嗔怪说"舒而脱脱兮,无感我帨兮,无使尨也吠"。猎人的身份与其肢体动作前后方能贯通,相互匹配。如果是一位彬彬绅士,在光天化日之下,动手动脚,实为有悖身份的做法。而且顺手捡拾一只别人打死或生病死去的麕子,更增添了这位绅士伪善的嘴脸,而"如玉"的纤纤女子怎能看走了眼,瞧上这样动作粗野举止无礼的所谓"吉士"?

再谈谈诗歌核心"意象"词在五种译文中如何再现。

何谓"意象"？这个概念的确令人伤脑费神,截至目前,没有任何一种解释可以精确到位地阐明汉诗"诗境"所必须依赖的"意象"概念。如众所知,中国诗歌从古至今,无论历经怎样的发展阶段,或兴或衰;无论产生过多少种创作理论,或系统或片段,均呈现出比较同一的倾向和气质:从深蕴魅力的《诗经》到形制华丽的汉赋楚辞,从雄浑壮观的唐诗到豪放婉约的宋词,从自然真切的元曲到风格迥异的近代无韵诗,均强调诗歌的"境界"或"神韵"。而诗歌的"境界"或"神韵",都是基于诗歌美学的创作意图——诗之"境界"或"神韵"的完美呈现,离不开汉诗本身所具备的"意象"特质。

关于中国诗歌"意象"的最早提法,学术界尚无定论。但关于诗歌"意象"及

"境界"的不同认识,可散见于不同时代诸多文学理论著作之中。盛唐时代的文论家殷璠在其著作《河岳英灵集》中就提出诗歌创作的"兴象"思想,强调诗歌的"境界"。"兴象"意即强调诗歌"艺术意象"。盛唐诗歌极为注重"兴象"。注重"兴象"的描绘,正是为了使诗歌的审美意象构成一种耐人寻味、含蓄不尽、藏而不露的艺术张力。

诗歌"境界"往往与现实物境是不可二分的。唐人皎然认为"诗境要'采奇于象外'",正是强调诗歌意境于具体生动的景物描写之外,必须使人联想起许多更为丰富的象外之奇景。"殷璠和皎然的理论主张对诗歌的"境界"说虽明确提及,但仍显笼统。究竟"意象"是如何界定,"意象"如何实现诗歌"境界",还不甚明了。明代文艺理论家李梦阳认为"意象"应合于"自然"。明末清初的思想家、文艺批评理论家王夫之明确强调"诗文创作都要'以意为主'。'……诗歌……以意为主。意犹帅也。……烟云泉石,花鸟苔林,金铺锦帐,寓意则灵。"该段文字即是强调了诗歌"意象"是具体的、形象的,是与情相联系的,是隐含于情之中的。王夫之对中国诗歌"意象"的观点,与其他诗论家、文论家对"意象"笼统模糊的认定相比,较为明确地总结出汉语诗歌"意象"的特点和内涵,基本澄清了诗歌"意象"的概念。

因此汉语诗歌所谓的"意象"可以概括为:于人的思想之外存在的,不以人的意念为转移的客观真实的"自然物";是诗人主观情感借助于具象外物得以流露的依凭。"自然物"先于人的意识存在,人以其抽象思维将其对自然物所生成的"情",通过诗歌"意象"的媒介加以传达和呈现。诗是"自然物"与"人之情"相黏合的内化外示产物,也就是汉诗所说的"情景交融,情为景生,景由情现"。因此,汉诗的"神韵"离不开"意象"所承载的独特的唯美的直觉的感官的心理反射机制。这种直觉感官效果大多不需掺杂诗人太过浓厚的个人情绪和主观色彩,而是依赖纯粹"自然物"本身的物象折射,诗人不需过于将个人情感强加于物象本身。物象营造的情愫,留待读者去感悟,去回味。就像中国绘画中的白描,寥寥几笔却意蕴颇丰。留白的部分正是汉语诗歌美感集中呈现的部分。读者的想象空间较之于主观抒情意味浓厚的诗作更显宽硕和松弛,但其内在却有一种无法言说只可意会的张力,或向心力。

由此,如何准确理解并翻译诗中所罗列的"意象"词,也是完美传译诗歌主题的关键一步。在此,我们将本诗中的"意象"词与所在诗行糅合讨论。

首行【野有死麕,白茅包之】"野",训为"京畿近郊畋猎之地",译文1、3、4、5

译为"wild/wilds",为"荒野,未开化之地"。汉代以前,乡民有每年农闲围猎的习俗,一为增添生活乐趣,二为加强乡民之间的协同关系,三为男子竞技友谊目的。因此,京畿近郊语义远离诗歌狩猎之地;译文2译为"afield(在战场上;在野外)"比较符合诗歌男主人公在京畿郊外围猎,捕获麝香鹿作为馈赠心仪对象示爱之物的民俗背景。

"麕"的理解也应备受关注,译文1、5译为"dead doe",语义平淡,缺少文化内涵;译文2、3译为"antelope",羚羊,译文4译为"gazelle",小羚羊,均没有准确领会西周时期独特的民俗风情。"羚羊"古汉语写作"麢(líng)",与"麕"相去甚远。编者认为,英语"musk"一词似乎更为准确。据《麦克米伦高级英语词典》对"musk"词条的释义:"small heavy-limbed upland deer of central Asia; male secretes valued musk",译为"musk"更能充分表现出以"极为珍稀的麝香鹿"作为示爱之物的独特意义,近似于今日男士以价值不菲的钻戒赠予所爱之人的象征意义。

【白茅】《说文》:茅,菅也。陶隐居云:此即白茅,其根如渣芹,甜美。《疏》:白茅,取其洁也。……至秋而枯,其根至洁白,亦甚甘美。李时珍:白茅,俗呼丝茅,可以苫盖,及供祭祀苞苴之用。

"白茅"即今日所谓茅草,如果除去其仪规性,仅以实物直译,此处"白茅"其实从词义解释来看,更接近于英语的"congongrass/ twitch-grass/couch-grass",一种草本植物,其根洁白甘甜,可用于酿造饮料,盛产于欧洲,对于外译读者不会产生太强的"陌生感(estrangement)"。

而以《疏》及李时珍释义看来,应该取"白洁"的象征意义及"祭祀苞苴"(指包装鱼肉等用的草袋,也指馈赠的礼物)之用。因此,译文4,"reed-grass"所指实物准确,但失却色"白"的象征义;译文1、2、5仅保留色"白"的象征义,而且译文1、5采用的"rushes"意指芦苇,一般生长在水泽湖沼旁,不适合本诗故事发生的林中场景;同时,用散乱的白草包裹一只獐子,是否可行?而译文3"a mat of white grass",也许重在颜色及形质,编织而成的用来包裹香獐子的"mat"(席,草垫子)或是其材料的生长地等几个方面更为贴切达意,显示出吉士馈赠心上人之礼的庄重性、仪规性。这种仪规意图的表达,用以色列新锐历史学家尤瓦尔的话来说,"远古的采集者应该属于泛神论者",故而以象征纯洁意义的白茅草包裹捕获的猎物,即具有虔诚神圣的原始宗教性,具有祭拜神灵与神通交的仪式感。"白茅"也许属于偏义词,重点不在"茅"而在"白"上。译文2"An antelope is killed/And wrapped in white afield",许渊冲先生作为中国文化的资深译者,把握精准到位,但前文所述"afield",虽然对郊野畋猎的理解合理,但从词与句的位置关系,也许是考虑到与上一行的"killed"协音效果而为之。

再看诗行结构,"野有死麕,白茅包之",即"(吉士)在郊外打死一只香獐子,用白茅草包裹起来"。刘若愚先生曾提出一个问题,"在翻译中国诗歌时遵循中国句法来保留着潜藏在它之下的感觉模式是绝对必要的还是往往可能的?"他没有给出直接的答案(也许并没有答案!),只是说有时必须保留汉语诗歌的句法,以有效保留其背后隐含的"感觉模式"。这种说法也许很混沌,译者并不清楚到底如何操作。但至少有一点,即正确理解原诗句法才有可能较为准确的传递原诗的"感觉模式"。此诗行的感觉模式也许在于诗歌重要人物吉士动作的画面感和仪式性。

译文 1 "In the wilds there is a dead doe/In white rushes it is wrapped."

译文 2 "An antelope is killed/And wrapped in white afield."

译文 3 "In the wild lies an antelope dead/Wrapt up in a mat of white grass."

译文 4 "In the wild there lies a dead gazelle/With the reed-grass round it wrapt;"

译文 5 "In the wilds, a dead doe/white rushes wrap it."

译文 1、3、4 采用"there be/lie"句型是对"有"作为语助词的误译。译文 1、2、3、4 中的"wrapped/wrapt"被动结构的采用理解准确,生动再现了诗中吉士的猎麕场面;但译文 5 "In the wilds, a dead doe"以及"white rushes wrap it",省略了两重动作化成分"猎麕"及"包之",消解了吉士捕获香獐的画面感,和以白洁茅草仔细包裹作为馈赠心仪女子的礼物,展现出的吉士的庄重仪式感和虔敬之心。

综合以上,译文 2,许先生译文除"antelope"译"麕","afield"位置所在值得商榷之外,整体句式结构、音韵效果优于其他四种译文。如果改译为"A musk was trapped in wild/and wrapped in white",被动句式遵循原诗隐性主语(无主语句)的特点,有效保留原诗"感觉模式",吉士捕获猎物,并用白茅包裹的动态画面感成功再现;"musk"和"white"与原诗意象"麕"及"白"完全吻合;was/wild/wrapped/white,trapped/wrapped 头韵、腹韵高度谐和,音、形、义三要素在英译中成功复现。

【有女怀春,吉士诱之】《媒氏》:仲春之月,令会男女。当春与怀,以婚姻不及时也。……诗人览物起兴,言虽野外死麕,欲取而归,亦必用白茅裹之,稍示郑重之意,况婚姻大事,岂可苟且?乃有女怀春者,而为吉士者,不待父母之命、媒妁之言,遂欲以非礼诱导此女,是爱人不如爱物矣。"《疏》:《鲁》说曰:"春女感阳则思。吉士,犹言善士,男子之美称。《传》:怀,思也。春,不暇待秋也。诱,道也。

《笺》：有贞女思仲春以礼与男会，吉士使媒人道成之。如第一篇《摽有梅》所述，古代婚俗有所谓"六礼"，即"纳采、问名、纳吉、纳征、请期、亲迎。"（《仪礼》）"纳采"即指适婚男子欲与女方结亲，男家遣媒妁往女家提亲，送礼求婚。得到应允后，男家再请媒妁正式向女家纳"采择之礼"。

《媒氏》的解读似乎走得太远，将吉士描述为行乖礼悖之士，以"非礼诱导"女子。第二种解释谓吉士未行媒妁提亲"纳采"之礼，而是亲自携带捕获的珍稀野味直接送给心仪女子，礼节突兀，视为无礼之举，从令女子惶恐不安。编者认为第二种注疏应该比较准确地解释了古代婚俗文化的内涵。因此对照五种译文，差别一目了然。

译文 1、3、4、5 显然在"怀春"的理解上都犯了望文生义的错误，都直言"spring/springtide"，这也是国外译者或汉学家在翻译汉诗时尤其常见的错误。此类译者要么对汉语一窍不通，要么一知半解，但却以文化优权者的身份对汉诗充满自信地进行翻译，或是参考其本土译者原本就已经误译的文本进行再创造式地翻译，难免会出现误译现象。"怀春"，虽指"女感阳则思"，"春"为虚指，与春天不直接产生关联。英语词典解释"怀春"为 begin to think of love, or become sexually awakened（usually said of young girls），似乎可解。译文 1 的作者柳无忌身为美籍华人，深谙中国文化，但却采取直译法，将"有女怀春"译为"There was a girl longing for spring"，无论句式还是意象，均与原诗相去甚远。且"fine gentleman"与"seduced"词格之间明显冲突，"gentleman"为品行端良，注重礼节的绅雅之士，如此"seduce"，实在是言过其实，对原诗吉士身份极大地曲解，令诗歌主题染上了一种色情不伦的意味。前文已述，吉士之"诱"，实际是指未经合乎礼规的媒妁之言向女方请婚，唐突贸然地将自己捕获的獐子亲自赠予喜欢的女子。

译文 2，许先生作为中国译者，显然明白此意，故采取意译法。"tempt"，英语释义为"to persuade or try to persuade sb. to do sth. that you want them to do, for example by offering them sth."，似乎可解。吉士直接馈赠予少女珍贵的香獐子，礼节冒失，少女不知是该开心接受还是狠心拒绝，那种羞赧不安的情态跃然纸上。"吉士"译为 hunter，并为不可，但并非只有 hunter 才可以分死麕之肉赠予心上人。而"hunter strong"与上一诗行"A maid for love does long"又似有趁韵之嫌。

译文 3 "With her thoughts of the spring comes a maid/Whom a treacherous fop watches pass."。"treacherous fop"，意为"奸诈的，不可靠的花花公子/纨绔子弟"，则严重篡改吉士的形象，扭曲为奸诈不实、四处留情的纨绔子弟。"怀春"的少女

也许不会相中这样的男子,即使他有贵重礼物相赠。谓语动词与介词"watches pass"更难理解。《说文解字》谓:野有死麕传为假借字。恶无礼之诗,必非挑诱之诱也。也许"诱之"意近于"come to her"。

译文 4 为"And a maid who loveth springtide well/By a winsome youth is trapped."。其中,"springtide(春潮,潮汛)",颇为费解;"winsome(楚楚动人的,媚人的)",修饰"youth"似乎并不合适;"trapped","使人落入陷阱,圈套",又作何解?

译文 5 "In spring's embrace, a girl/and lucky the lording/that treasured her there."中,"in spring's embrace"令读者自生困惑疑窦。"lording"意为"上帝,主人,贵族",与"吉士"有何关联?"treasure(珍爱珍重)",与"诱"相去甚远。

【林有朴樕,野有死鹿】《疏》:"《传》:朴樕,小木也。《邢疏》:朴樕,槲树也。陈启源云:《尔雅》注皆言朴樕即槲樕。案,槲樕与栎相类,华叶似栎亦有斗,如橡子而短小。有二种,小者丛生,大者高丈余,名大叶栎。……小而丛生者为小槲亦名朴樕。……朴樕,凡短之貌。"故此,"朴樕"意指"橡树属的矮小灌木",译为"bush、scrub、shrub"等似乎较为合适。

译文 1"In the woods there are tree stumps/In the wilds lies a dead deer."中的"stumps(树桩,树墩)",未明本意。

译文 2" He cuts down trees amain/And kills a deer again."中的"amain(全力地,突然地)",语义不通;"and kills a deer again",难道明示吉士又捕获了第二只鹿?也许是出于上下行尾词"amain/again"的趁韵目的。

译文 3 "Scrubby oaks grow the forest around/In the wild there lies stretched a dead deer. ",其中"scrubby oaks"意为"冬青,矮栎",非常贴近原诗"朴樕"之意;后半行"stretched(伸长拉伸的)",试图表达"鹿死于野",但无论从音律还是词义方面均多余冗赘。

译文 4"In the wood thick undergrowth is found/In the wild the dead gazelle.",其中"thick underground"语义与"朴樕"较为接近,但"thick"属于原诗并无的增饰词(over-modifier)。试想,如果灌木茂密,又怎能在此中发现死去的"麕"。倒置结构符合原诗句式;译文采取"去人称化(dehumanizing)"的被动句式,或称无灵动词(inanimate verb)"be found"结构,虽然未能表现出吉士捕获香獐的动态画面感,但对于人称的隐去符合汉诗隐而不宣,读者自谕的诗学技巧。

译文 5"A stand of oaks, in the wilds/a dead doe."。"林有朴樕"译为"a stand of oaks",低矮的栎树丛,理解到位。译者应意识到两个"有"均无实意的助词性作用,译文整体采取无动词句(non-verbal sentences),虽然缺少动作表征性(enactivity),但句式形态上符合汉诗隐性语法结构特点。比较译文3中两个指涉性极强的动词"grow","lie"将"林有朴樕,野有死鹿"意象并置(imagery juxtaposition)画面效果瞬间动作化,"读者会觉得他正在被告知而不是正在体验什么",严重削弱读者的亲身体验感,即所谓的"临境"。

再者,从第一章"野有死麕"到第二章"野有死鹿"属于《诗经》惯用迭句法,发生意象词变迁,但词换意不变。译文1从"doe"(雌鹿)跳转到"deer"(鹿统称),译文2、3从均"antelope"到"deer",译文4"gazelle"一二章保持一致,译文5"doe"一二章保持一致。意象更换无疑会引读者于歧途,似乎吉士捕获的不仅仅是一只香獐子,故不知译者意图所在。

【白茅纯束,有女如玉】"纯束者,总聚而束之,寻诗义,谓并朴樕、死鹿而总束之也。"《诗经·小雅·白华》曰:"白华菅兮,白茅束兮。"将"菅"与"白茅"同置,其所指当为同一物。"白茅纯束"中"纯"通"捆",即"白茅包之"的迭句,首行已析,此处从略。

"有女如玉",《疏》:"如玉者,取其坚而洁白。……今有女如无暇之玉,顾不思自爱乎?……曰如玉,惜之至也,语意蕴含不尽。"中国古代诗歌长于托物言志、以物喻志,类似于刘若愚先生所谓的"代替意象(substitute imagery)"或"转移意象(transferred imagery)",即明喻修辞手法。比如成语"冰清玉洁",并非专指像冰一样清,像玉一样洁,语义实际偏于"清洁","冰"和"玉"只不过起到以具象实物刻画抽象概念"清"和"洁"的依托作用。此即汉诗重"意象"的特质所在,译者若不明此理,译文自然拙笨僵硬,无法传达出汉诗"言有尽意无穷"空灵深远耐人寻味的"意境"。

故此句实际指该女子长相像玉一般完美无瑕,或具有如玉般的纯洁品行,为下一诗章女子婉告吉士摘取象征其婚约所配手巾的冒失举止埋下了伏笔。译文1、2、5均采取意译加直译法,译为"fair as jade""as beautiful as jade""pure as jade"。意译部分尚可,但"jade"一词除"玉石"释义之外,还包含"荡妇、轻佻的女子"这样的负面词意,易引读者误解,无法体现出少女完美无瑕的长相或高尚如玉的品行。译文3译为"as gem","gem"意为"极为珍贵的宝石;十分受人喜爱之人",语义上较"jade"更能够表现出诗中女子在吉士心中备受爱慕的情愫及其纯洁无瑕的品性。译文4似乎意识到该行的隐含意义,特意略去意象"如玉",采取意译法,"Ever sweet and much-complying",突出女子甜美顺从的美好形象,也符合中国古代女子有德的文化内涵,或许更易于西方读者理解吉士之所以馈赠给该女主珍贵麕香鹿的示爱动机吧!

【舒而脱脱兮,无感我帨兮,无使尨也吠】第三章应该是全诗的高潮(highlight)部分,诗歌场景从郊野林中挪移至吉士与少女相约之地,具体何处,并未明言;诗歌男一号吉士从捕获香獐子位移至少女眼前,此为汉语诗歌惯用手法,用西方艺术表现术语即为"蒙太奇"(montage)技巧,诗人为读者设置了几组动态意象镜头,好比是电影幕布置换一般,创造出一种流动的画面感,读者自然移步换位,随着吉士一道,携带费心捕获精心包裹的"见面礼"来到了羞赧不安但又充满期待的少女前。诗歌叙事者从无所不知的诗人(omnipotent poet)过渡到第一人称口吻的"我"。景深长镜头将画面从对吉士于灌木林捕获香獐子,到用白茅草细心包裹,渐序推进切换至吉士与心仪少女见面的特写镜头,即从观者所见吉士林中活动的远景,至包裹香獐子的中景,再到"我"与吉士对话的近景,三组意象的连续推进,让整个诗画场景栩栩如生地呈现于观者(读者)眼前。因此,对本章的理解至为重要,稍有偏移,就会改变甚至彻底颠覆诗歌主题,呈现给观者的或是一幕男女谈情说爱的浪漫剧。

据《疏》解:"舒,徐也。脱脱,舒迟也。为假借字。'娧娧'为本字。娧,好也。……则容仪安好。……帨,配巾也。……帨,事人之佩巾也。……所佩之物,皆是备尊者使令之用。《士昏礼》:'母施衿结帨',是女事人所用之佩巾,始生设之,嫁时母为结之,事舅姑用之。物虽微而礼至重,故以为词,谓礼不可犯,意不专重帨也。"

因此,此章或可做此解:女子收拾仪容,整理衣冠,配上象征婚嫁的手巾,悉心打扮一番,背着父母,前往吉士邀约的秘密场所,也许为父母房舍背人之处,也许为村庄近处男女专门私会之地。而男子自然未经媒人提亲,亲自携带此份珍稀礼物去见女子,甚至意图打破男女授受不亲的禁忌,动手强取女子腰身上的手巾以示亲昵,从而引得随女子而来的长毛狗狂吠不止,女子担忧被人发现而心生不安,尤为忐忑,所以以嗔怪责备的语气喝令男子注意行为举止。因此,"帨"在古代女子的衣饰着装方面具有重要的婚约礼仪象征的作用,而不是简单的衣服配饰。男子强取女子"帨"巾引其不悦,恰恰是女子向男子发出请婚的一种暗示,也表明该女子有如玉般纯洁高雅的品性,而非放荡之辈。

《诗经》诞生的时代为中国封建礼教发轫之时,虽然该时期儒家伦常不如汉代那样被高度推崇，但普通民众也不会有如此大胆的悖逆传统的肉体行为，编者宁可相信本诗仅止于男女幽会举止亲昵这一层面。

译文1、2、3、5均遵循第三章的说话语体(dialog)；译文1、2、5尽力保持"兮"在原诗中作为语助感叹词的特殊情感功能，分别译为"Ah""Oh""Oh"置于句首，比较之下，译文1"Ah"在表达少女惊愕慌张警示吉士的情绪控制方面效果较优，而"Oh"则稍弱。

再谈谈本章整行的英译比较。

译文1为"Ah, not so hasty, not so rough! //Do not move my girdle kerchief;//Do not make the dog bark."。其中"Ah, not so hasty, not so rough"对于"舒而脱脱兮"的理解有些过度，"不要如此急躁，不要如此粗鲁"；下一行"girdle kerchief"为女子束腰用的巾带，与象征婚约礼仪的手巾截然不同，因此，很容易让读者理解为男子迫不及待地想要解开女子的腰带，瞬间将诗歌画面扭转为一幅低俗不堪的场景。

译文2为"Oh, soft and slow, sweetheart! //Don't tear my sash apart! //Hark! lest the dog should bark!"。译文2更直接大胆而且露骨，女子不仅直呼男子为"sweetheart"，更暗示男子要"soft and slow"，小心不要将她的"sash(腰带)"扯断，显而易见，许先生也默认此处这一对男女将要行"周公之礼"了。实际上，西周初年已制定相当严格的"敦伦之礼"，以防止民间男女滥交的恶俗。那么，能够辑录于"诗三百"者，如果有如此大胆放肆的内容，又怎能被后世视为"五经之首"而流传百世！"hark(听着)"一词，语带警示，似乎表明女子已同意男子的行为，提醒其注意动作，不要因动静太大而引起身边长毛狗的狂吠。

译文3的警示性更为突出："'Hold thy hand, and beware, Sir,' she cries.//'Be thou civil, and haste to wrong./Meddle not with my handkerchief ties. //Do not make my dog bark. Pass along.'"第一句译文令人费解，第二句"Be thou civil, and haste to wrong"基本达意，但语气生硬，用词刻薄，拒人于千里之外，"Pass along"意为"赶紧走"，显然这样的语言将一位满怀热望的男子求爱之心彻底湮灭，使得诗歌本事变成一场闹剧，甚至悲剧。但"Meddle not with my handkerchief ties"对于"无感我帨兮"的语义理解还是非常对位的。

译文4除第一句"Strict, yet, self-respect to keep—"似乎想要表达男子要严肃自尊之意以外，第二、三句"Thoughtful of the dead was she://Bright example to poor me!"令人困惑，不明表里，不知译者想要传达什么意思。

译文5则更加令人不忍直视:"Oh, easy, undress, undress me, oh! //I care naught for my robe, my dear; but can you keep the dogs from barking!"。"undress(脱衣服,使赤裸)"及两个"Oh"直接描述女子迫不及待地让男子脱去自己的衣服(I care naught for my robe, my dear),因为她在意的不是自己的衣服,而是求男子不要让一群狗吠叫打扰了两人的"美事"(but can you keep the dogs from barking!)。

翻译《诗经》,译者应深入诗歌背后的文化内涵,精准理解和把握诗歌本事,这对英译过程具有非常重要的指导作用和决定意义。不做文化层面的挖掘和探索,仅靠诗歌字面的浅层理解就动笔翻译,无疑是草率之举,对中国文化的外传不仅无功,而且有过。因此,译者必须负起责任,用最认真的探索精神,深入并正确解读中国诗歌所承载的文化内蕴,才有可能向西方传达正确的中国声音。

【《诗经》经典篇章英译鉴赏之三】

国风·邶风·静女

静①女其姝②,俟③我于城隅④。
爱而⑤不见⑥,搔首⑦踟蹰⑧。
静女其娈⑨,贻⑩我彤管⑪。
彤管有炜⑫,说怿⑬女⑭美。
自牧⑮归荑⑯,洵⑰美且异。
匪⑱女⑲之为美,美人之贻。

【注疏】

①静,通"竫""靖",指颜面或身材美好状,非安静之意。

②姝,通"袾(zhū)",美好意。《说文》:"袾(zhū),好佳也。好者,美也;佳者,善也。……诗,则假'袾'为'姝'也。"又,"姝,好也。《邶风传》曰:姝,美色也。《卫风传》曰:姝,顺貌。《齐风传》曰:姝,初昏之貌。"

③俟,通"竢(sì)",等待。

④城隅,《疏》:"门台谓之官隅,城台谓之城隅,天子、诸侯台门,以其四方而高,故有隅称。"此即"城楼"之意。另《国风·唐风·绸缪》有:"绸缪束刍,三星在

隅。""隅"释义为"东南角"。清马瑞辰释:"城隅即城角也……诗人盖设为与女相约之词。"

⑤"爱",鲁诗作"薆",齐诗作"僾";"而",古字作"如",样子。《释言》:"薆,隐也。"《说文》:"僾,仿佛也。……隐也。……今诗作'爱'。'爱而',犹隐然也。"意即躲藏起来的样子。

⑥见(xiàn),视。"不见",即藏起身来不让人看见。

⑦搔首,以手挠头,以示焦急不安之意。

⑧踟蹰(chí chú),又作"踯躅(zhí zhú)""踟躇(chí chú)""踌躇(chóu chú)",徘徊不前、犹豫不进、心情不佳的样子。

⑨娈(luán),《广雅》:"娈,好也。"《说文》:"孌(liàn),慕也,……顺也。在小篆为今之恋,慕也。娈、恋为古今字。""姝""娈"之意上下相合。

⑩贻(yí),赠送。

⑪彤管(tóng guǎn),女史用于记录君王事迹的笔。《后汉书·皇后纪序》:"女史彤管,记功书过。"毛传:"古者后夫人必有女史彤管之法,史不记过,其罪杀之。"郑玄《笺》:"彤管,笔赤管也。"一说指乐器,一说指红色管状的初生植物。

⑫《说文》:"炜,盛明貌也。各本作盛赤也。今依玄应书正:《诗·静女》'彤管有炜',《传》曰:'炜,赤貌。'"炜,意指彤管的颜色很亮丽。

⑬说怿(yuè yì),"说"通"悦",高兴;怿:即"悦",心情舒畅快乐。

⑭女(rǔ),古语,第二人称代词,即"汝",你。此指静女赠予"我"的"彤管"。

⑮牧(mù),一说为放牧牲畜的地方,二说为郊野。《尔雅·释地》:"郊外谓之牧。"《广雅》《释诂》同。《周语》:"国有郊牧。"

⑯"归"古通"馈",赠送;荑,初生的茅草。《说文》:"荑,草也。(中略)荑,见诗:茅之始生也。"《众经音义》引《通俗文》:"草陆生曰荑。'自牧归荑'者,言在郊外曾取此荑以馈我也。"茅有白茅、菅茅、黄茅、香茅、芭茅数种,叶皆相似。白茅短小,三四月开白花成穗,结细实。其根甚长,白软如筋而有节,味甘,俗呼丝茅,可以苫盖,及供祭祀苞苴之用,本经所用茅根是也。

⑰洵(xún),古通"恂",诚实,可靠。"'洵美且异'者,言信美且可悦爱也。"又,文言副词,加强语气之用,"确实,的确",意即静女馈赠予"我"的白茅的确好看,而且样子稀奇。第二解较佳。

⑱匪(fěi),古通"非",表否定。

⑲女(rǔ),此指代女子馈赠于我之"荑"。

【白话释义】

娴静女子好漂亮,与我有约城楼角。
藏起身来见不着,叫我着急把头挠。
娴静女子好迷人,送我红色的芦管。
初生芦苇颜色鲜,看着心里好喜欢。
郊野归来送白茅,样子好看真稀罕。
并非白茅让人恋,只因此物美人赠。

【创作背景】

《疏》引《毛序》曰:"(《静女》)刺时也。卫君无道,夫人无德。"《郑笺》注疏曰:"以君及夫人无道德,故陈静女遗我以彤管之法,德如是,可以易之,为人君之配。"即称此诗为歌颂女德的典范之作。

【主题鉴赏】

传统评论者称此诗为"淫奔之诗",言诗中女子密会男子,行为不妥,此种解读在封建儒家思想占据统治地位的时代也许毫不奇怪。如果以儒家封建道学视角来解读《静女》,认为此诗"淫奔"的看法似乎出于《诗经》之德化政教功用之端,用"静女"之贞顺适配人君来达到教化公众的目的似乎实至名归。

闻一多先生对《诗经》之"淫"曾有过专论,认为"诗三百"生发的时代,尚未褪去原始人的蜕壳,诗之"淫",才是其真正的原初面目。

刘若愚先生曾评价《静女》说:"这首简单的情诗,一直被不同时代的评论者和注疏者解读为一首讽刺诗,一首批评某国王后无德之诗,认为王后当如静女般贞顺知礼。但在我看来,这种看法太过于牵强附会,而我更倾向于将此诗看作是一首简单的爱情诗,诗歌描述了一位青年男子久盼心上人不至的那种焦灼不安,以及看到心上人送给自己的爱情信物时的安心和对她美貌的沉思。"

当然,并不能完全抹杀《诗经》在当时社会所承载的德化政教功能,但编者认为,对于今天的读者,这种传统儒家式歌颂女德的解读显然有些不对胃口,远远背离大众的审美情趣。而闻一多先生所谓的"诗三百"之"淫",也不应做太过偏狭的解读。刘若愚先生的观点也许表明古典文学作品在新时代应被赋予新的解读。当然,新解并非意味着脱离原作做天马行空不着边际的标新立异之解,还应以传统文化、诗歌生成的大致历史或时代背景为参鉴,再结合新时代新趣味新文化的需要作出合情合理合乎阅读趣味的诠释。

我们不妨缩小或降低《静女》一诗的阅读视域,把它当作一首纯而又纯的"爱情诗"来理解,也许更符合当下读者的阅读期待和接受阈值,可以将千百年来笼罩在"诗三百"头上的那层儒家经论的迷雾暂且隐去,似乎也未为不可。

如此,则《静女》一诗的主题似乎豁然明朗,诗人用简洁明快的词语,不饰重彩的线条,勾勒出一位美丽温柔的牧羊女,与心上人相约于城墙一隅,馈赠给他自己用芦苇亲手制作的"彤管"以示钟情;到了约会之地又躲藏不见的那种可爱、调皮的美好形象。诗歌以第一人称"我"的口吻,叙述了"我"与牧羊女约会的美好一刻,从开始的企盼,到赴约时的慌张,再到久候不至的焦急抓狂,活灵活现地刻画出中国上古民众,虽然带有原始初民粗狂放达的本性,但内心深处却对纯洁唯美的爱情依然充满着向往和憧憬的历史瞬间——动作质朴自然,情感细腻温软,让读者心生羡慕,好想穿越到三千年前的那个城角,看看这对恋人见面时的感人场景!

与本诗主题紧密相关的几种意象物(imagery objects)——"彤管""牧""荑"等的准确理解和翻译对西方读者理解原诗至关重要,因此,以下几种译文的对比分析将重点讨论不同译者对诗歌意象词的把握和处理。

【英译版本】

译文1 詹姆斯·理雅各

JING NU

How lovely is the retiring girl!
She was to await me at a corner of the wall.
Loving and not seeing her,
I scratch my head, and am in perplexity.
How handsome is the retiring girl!
She presented to me a red tube.
Bright is the red tube; —
I delight in the beauty of the girl.
From the pasture lands she gave a shoot of the white grass,
Truly elegant and rare.

It is not you, O grass, that are elegant; —
You are the gift of an elegant girl.

译文2　詹姆斯·理雅各

The *Tsing neu*; narrative. A GENTLEMAN DEPLORES HIS DISAPPOINTMENT IN NOT BEING MET BY A LADY ACCORDING TO ENGAGEMENT, AND CELEBRITES HER GIFTS AND BEAUTY.

1　O sweet maiden, so fair and retiring,
　　At the corner I'm waiting for you;
　And I'm scratching my head, and inquiring
　　What on earth it were best I should do.

2　Oh! the maiden, so handsome and coy,
　　For a pledge gave a slim rosy reed.
　Than the reed is she brighter, my joy;
　　On her liveliness how my thoughts feed!

3　In the pastures at'e blade she sought,
　　And she gave it, so elegant, rare.
　Oh! the grass does not dwell in my thought,
　　But the donor, more elegant, fair.

译文3　威廉姆·詹宁斯

IRREGULAR LOVE-MAKING

A modest maiden, passing fair to see,
Waits at the corner of the wall for me.
I love her, yet I have no interview: —
I scratch my head—I know not what to do.

The modest maid—how winsome was she then,
The day she gave me her vermilion pen!
Vermilion pen was never yet so bright,—
The maid's own loveliness is my delight.
Now from the pasture lands she sends a shoot
Of couchgrass fair; and rare it is, to boot.
Yet thou, my plant (when beauties I compare),
Art but the fair one's gift, and not the Fair!

译文 4　克兰默-宾

Trysting Time

I

A pretty girl at time o'gloaming
Hath whispered me to go and meet her
Without the city gate.
I love her, but she tarries coming.
Shall I return, or stay and greet her?
I burn, and wait.

II

Truly she charmeth all beholders,
'Tis she hath given me this jewel,
The jade of my delight;
But this red jewel-jade that smoulders,
To my desire doth add more fuel,
New charms to-night.

III

She has gathered with her lily fingers
A lily fair and rare to see.
Oh! sweeter still the fragrance lingers
From the warm hand that gave it me.

译文 5　刘若愚

The Gentle Maiden

How pretty is the gentle maiden!
At the tower of the city wall she should be waiting.
I love her but I cannot see her;
I scratch my head while anxiously pacing.

The gentle maiden: how lovely is she!
This red pipe she gave to me.
O red pipe, with lustre bright,
Your beauty gives me great delight.

From the pasture she sent me her plight—
A tender shoot, beautiful and rare.
Yet it's not your beauty that gives me delight,
But she who sent you, so true and fair!

译文 6　刘若愚

Gentle Girl

Gentle girl how beautiful
Await me at the city corner-tower
Love but not see
Scratch head pace to-and-fro

Gentle girl how pretty
Give me red pipe
Red pipe has brightness
Delight your beauty

From pasture send shoot

Truly beautiful and rare

Not your being beautiful

Beautiful person's gift

译文 7　J. P. 西顿

Quiet Girl

For the quiet girl, pretty little one,

I've waited at the corner

of the tall city wall.

Love her. Never get to see her.

Scratch my head, I; and shuffle feet.

Quiet girl! She's a temptress!

Gave me this red flute,

a flute red as flame,

My heart's word's, joy, is my fortune,

just to see such a pretty girl.

I'd lead her home: soft grass in a pleasant meadow;

weep there to see

a beauty so rare!

Or, may be, she is no beauty...

But some beauty gave me this!

【汉诗训诂与译文鉴赏】

　　本章所选《静女》一诗 7 种译文,而且译本时间跨度从 1871 年到 2006 年,超过百年。原因其一,7 种译文取谁舍谁,孰优孰劣,实难定夺,因此,罗列于此,待读者慧眼识珠。原因之二,此处依时间先后罗列 7 种译文,希望读者可以由此领略到不同时代的译者在同一文本的处理上有何差异。同时,提出一个问题:越靠近现代的译者,是否越能更加准确地把握同一诗歌的主题技巧等文本因子,是否后起的译文一定会优于先出译文?原因之三,译文1、2为同一译者,译文5、6为同一译者,目的在于让读者可以参照比较同一译者在不同时间、出于不同目的或受众而产生不同的译文的意义;并与其他三种译文形成对照式鉴赏。

如前所述,本诗以第一人称为叙述角度,采取白描手法,以极为俭省的用词,向读者描绘了一幅古代男女幽会图:一位纯美少女,与"我"相约于城隅见面,而又让"我"久久等候[编者认为,"俟我于城隅"应为倒装句式,顺句为"我俟(静女)于城隅"],却藏身不露面,令"我"焦灼徘徊;纯洁少女赠予"我"象征贞洁的女史笔为爱情信物;她从郊外归来又赠予"我"白茅嫩芽以示爱意。这样的画面形象传神地勾勒出三千年前男女约会爱意浓浓而又调皮戏耍的互动场景。

因此,在英译这首纯美的爱情诗,通过另一种与汉语迥异有别的语言来再现这位如此贞顺静美的女子时,译者对于原诗主题的准确而合理的把握当为第一要务;次之,则为诗歌中承载丰富隐喻意义的独特意象物或象征指代如"城隅""彤管""牧""荑"等语词的理解和翻译。

首先,谈谈诗题"静女"的翻译。《毛诗郑笺》:"女德贞静,然后可畜美色,然后可安,又能服从,待礼而动,自防如城隅,故可爱之。"此种解读很明显是以封建社会儒家思想教化民众的视角来诠释"静"之内涵,所谓"服从",所谓"自防如城隅"皆为儒家女德之范畴,当言之过甚,或牵强附会。而韩诗释"静"为"贞",顺服之意。清代马瑞辰语:"凡经传静字皆靖之假借……静、竫又与靖通用……此诗'静女'亦当读靖,谓善女,犹云淑女、硕女也。故'其姝''其娈'皆状其美好之貌也。"故而,编者认为马瑞辰的释义更易为读者认可和接受,"静女"意即长相好看或纯洁美丽的女子,并非指"安静的女子"。

译文1、2,理雅各均采取音译法(transliteration),第一种为汉语拼音,第二种为威妥玛拼音(Wade-Giles romanization)。威妥玛拼音于1867年由驻华公使威妥玛首创,用于教习外国人汉语,后被广泛推行,理雅各显然是为了迎合这种潮流改进而为。但两种方法也许并未传达"静女"诗题的文化内涵,西方读者如若不通汉语,任何拼音译法都无法助其对诗歌正文产生任何预设性阅读体验(predictive reading)。

译文3 "irregular love-making"意为"不正常的调情/求爱",修饰词与被修饰词词义关联突兀而尴尬,一首纯情唯美的诗,被译者过度解读或歪曲,偏离了原诗纯美的画面,而多了污浊不雅的色彩。即使英诗世界,也鲜见以"love-making"入题的诗篇,何况译者要负起向西方读者引介汉诗的正向责任。西方读者见此诗题,也许会对中国文化产生负面的认知。

译文4"trysting"意为"[古]约会;约会处",修饰"time",显得非常摩登,且绕开"静女"不译,却直奔诗歌主题,严重削减了汉语诗歌标题于全诗统摄点睛作用。汉语诗歌不同于英诗,往往讲究迂回曲折,尤其诗题,对整首诗歌来说,诗题具有神龙见首不见尾的铺垫作用,就像中国人社交中惯用的方式:话说三分留七分。

译文5、6区别不大,皆以"gentle"译"静"。"女"分别译为maiden(译文5)和girl(译文6),前者的文学意味无疑要大于后者,与正文对少女迷人气质"静女其姝""静女其娈"的反复歌咏起到前唱后和、题文相合的作用,更具有诗歌色彩;girl作为一般口语体用词,内涵单一,缺乏诗歌情调,冲淡了诗者对少女美好形象充满憧憬和向往的情愫。译文7"quiet girl"与"静女"内涵相距更远,"quiet"作为"人"的修饰语,倾向于表达tending not to talk very much,因此,与诗题严重偏离。以上7种译文,基本倾向于将"静"的含义与"安静,文静"关联,理解错位;仅译文4如果从诗歌主题角度来衡量还算抓住实质。

【静女其姝,俟我于城隅】本行中"其"为《诗经》常见形容词词头,并无实义,如"北风其凉,风雨其雾",音效上,可以断离音节,调节顿挫,谐调节拍,以便唱诵吟哦,又叫"衬音词";语法上,连接主语与形容词表语(主语补足语)或谓语动词,可称为"内嵌词";诗行上,三词难成行,添词构成四字结构,可称作"补字词"。以上几种说法,在翻译中需要引起重视。

下半行"城隅"一词有多重解读,闻一多先生对"城隅"解读如下:"古者筑城必就隅为台,起屋其上。……凡隅皆高于城,即包屋言之也。经传言城隅,皆指此有屋之隅。城隅或称楼。……宫隅城隅之屋,非人所常居,故行旅往来,或借以止宿,又以其地幽闲,非人所罕至,故亦为男女私会之所。"此种解读有人认为言过其实,穿凿有余,男女约会,也许不必登于城楼之上,谓清人马瑞辰释"城隅即城角"为正解。但编者认为闻一多先生的"城楼"之解似乎更为合理。古代城楼战时用于防御城池安全,非战时当闲置不用,城内居民登楼者也许很少,故人迹罕至的城楼成为男女幽会之所比较合理,而且只有和平年代,男女才有相恋的契机,与诗歌背景相合。下半行句序应为倒置法,顺序句为"我俟(静女)于城隅"。据中国历史传统,古代男女婚恋往往受到儒家礼教的规约,令贞静女子主动等待心上人也许并不符合常理,但非常遗憾,没有任何译者意识到此种文化规约的存在性,因此,英译文均未体现男主人公的主动性。

译文 1 为理雅各 1871 年无韵体译法,"How lovely is the retiring girl! //She was to await me at a corner of the wall."。"retiring"意为"不喜与人交往(preferring not to spend time with other people),喜欢独处",词义偏离;"at a corner of the wall",并未表现出"城角"之意。

译文 2 为 1876 年理雅各韵体诗译法,在正文前加译者按语:A GENTLEMAN DEPLORES HIS DISAPPOINTMENT IN NOT BEING MET BY A LADY ACCORDING TO ENGAGEMENT, AND CELEBRITES HER GIFTS AND BEAUTY,但其中的"according to engagement"并非原诗本事。

全句"O sweet maiden, so fair and retiring/At the corner I'm waiting for you","fair"与"retiring"韵律和谐,音韵完美,前者语义基本贴切,后者"retiring"此不赘述。第二行"at the corner"语义欠佳,没有传译出古代男女约会之地"城隅"的独特文化内涵。"I'm waiting for you"将诗歌人称关系误置,与后文"爱而不见,搔首踟蹰"出现戏剧性逆转,篡改了原诗静女与"我"相约于城角却藏身不见的调皮可爱的动态形象。

译文 3"A modest maiden, passing fair to see/Waits at the corner of the wall for me","modest"释义为"庄重的;朴素的;不性感的"(shy about showing much of the body; not intended to attract attention, especially in a sexual way),与"静女"恬静贤淑的形象大不相同;"passing fair to see"语义难解,但"see""me"在保留尾韵"姝""隅"的音韵效果上比较理想。

译文 4"A pretty girl at time o' gloaming/Hath whispered me to go and meet her/Without the city gate",译文中"girl""gloaming""go""gate","whisper""without","me""meet"等头韵、腹韵词的联合使用在音韵方面值得推崇,但原诗尾韵"姝""隅"的音韵效果未能保留,实为遗憾。语义方面,译者似乎想通过"at time o'gloaming(黄昏时分)"来说明静女与"我"幽会的时间,虽然诗歌未明示,但译者增译内容也许是为了后半行"hath whispered to me to go and meet her"中"静女"那种暧昧举止所做的铺垫而自主创作的成分,是对原诗的过度解读(over-interpretation)。第三句"without the city gate"可细细分析。从词义词性上,

"without"可作副词,意为"在外部;在户外;在外面",但与"于城隅"语义尚有一定差距,"城门外"人来人往,男女约会之地是否合适,前文已述,无须赘言。从音韵上,也许译者考虑到与前文"whispered"头韵一致的目的而采用此词。

译文 5 "How pretty is the gentle maiden! //At the tower of the city wall she should be waiting." 及译文 6 "Gentle girl how beautiful//Await me at the city corner-tower." 为刘若愚先生在撰写《中国诗学专论》(*The Art of Chinese Poetry*)时,出于不同目的,参照不同标准所译的两种译文,在文本结构、选词、用韵等方面极为迥异。在翻译此诗时,他以现代北京话发音系统及汉学家高本汉的阐释作为参考,译文 5 采取韵体诗译法,译文 6 采取字对字的直译法。显而易见,直译法(译文 6)为验证汉诗四字结构直接译入英诗的可行性,虽然字面句式力图保留四字诗行结构(four-character line),隐去英语句法、语法关联性特质,诗义勉强可解,但违背英语语言习惯,自然无法卒读。

对于本诗中关键意象——"城隅""彤管""牧""荑",刘若愚先生重点强调其诗学功能,即不仅呈现画面感,而且能够唤起强烈的情感共鸣和联想(emotional associations)。同时,他还批评了不同时代的评论家(应包括注疏家、训诂学家——编者注)对该诗所作的过渡诠释(注疏和阐释),所以他宁可将此诗理解为一首主题单一的爱情诗。对于"静"的理解,刘先生认为本意为"quiet",故两种译文选取内涵更丰富的"gentle"来翻译"静"。"姝",译文 5 译为"pretty",译文 6 译为"beautiful",后者的文化内涵及情感共鸣较前者为重。"城隅"一词刘若愚完全采用闻一多先生的阐释,译为"tower of the city wall/city corne-tower",译文 5、6 仅在句式结构及词语顺序上稍有不同。

译文 7 "For the quiet girl, pretty little one//I've waited at the corner/of the tall city wall",将原诗人称关系误置,变成"I"等待"静女",与后文"爱而不见,搔首踟蹰"的情景必然背离,整体诗情画意都被改变。但对"城隅"的理解还是比较准确,虽然"tall"与"wall"有趁韵之嫌。

以上七种译文,有四种译文不约而同地将"城隅"解读为"城墙一角 at the corner of the (city) wall",此种阐释应占主流。

【爱而不见,搔首踟蹰】本行的理解极为关键,"爱而不见","而"作为语助词,与"爱而"构成偏义结构,意在突出"爱"这个动作的动态性。"爱而"与"不见"具有同位性质,相当于"爱而"即"不见(现)","不见(现)"即"爱而",译者如果误解此中关系,就会理解为"我爱她,却见不到她"。

"搔首踟蹰(sāo shǒu chí chú)"是非常典型的汉诗双声词,要在英译中保留这种独特的音效极其困难。此种音效即刘振前教授所说的"声韵复沓"。("相同的音素规律性地出现在语音链上,亦即声音或声韵复沓,使语音链回环照应,互相衬托,增强了语音的乐感。")两组声母 s/sh、ch/ch 的沓迭反复,从听觉角度产生完美的共谐感和急迫感,久等心上人不至的焦急难耐叩击着读者的耳膜和心扉。

从艺术效果层面上看,全句以两种动态意象并置(dynamic imagery juxtaposition),营造出画面感极强且瞬时共生的舞台效果:静女与"我相约于城角,却故意藏身不让我看见;我急得抓耳挠腮,前后踱步。"静女既可爱又调皮的形象,与"我"迫不及待地想要见她却久候不至的局促焦急形象构成鲜明对照,舞台化效果栩栩如生地展现于读者眼前。

译文 1"Loving and not seeing her/I scratch my head, and am in perplexity",首先译者误解"爱""见"的通假意义,译为"loving and not seeing her";其次,现在分词形式做后句的伴随状语,前后句之间的因果关系被误置。"scratch my head",在传达汉语"搔首"的意象性功能上似乎与英语非常巧合地构成了对等置换,该短语的常见用法为"scratch one's head(over sth.)",意为"苦苦琢磨;苦思冥想;绞尽脑汁(to think hard in order to find an answer to sth.)",因此,无论是取本义还是引申义,区别不大,均有助于突出"我"见不到静女的那种挠头焦急的形象。除译文 4 之外,其他六种译文对于"搔首"均采取此翻译方案。但"踟蹰"的动态意象以"am in perplexity"显得力道不够,从动作性转为状态性,无法传递"我"在城隅外面因见不到藏身的静女而心急如焚的"可视性(visible)"动态画面。

译文 2"And I'm scratching my head, and inquiring/What on earth it were best I should do",将前后因果关系倒置,且躲开拿捏不准的"爱而不见",译为语义费解、句式杂叠的"What on earth it were best I should do";虽译"搔首"之态,但不见"踟蹰"之情。但"inquiring"与上一行"retiring"尾韵效果成功保留。总体考量,理雅各第二种改进译法并未比第一种高明多少,甚至更为费解。

译文 3"I love her, yet I have no interview;—/I scratch my head—I know not what to do",模仿译文 1、2 的痕迹很明显,以"yet I have no interview"译"不见"不仅词义严肃拘谨,不符合本诗轻松欢快的口语叙事特点,而且音节长度明显无法实现"踟蹰"声韵复沓的乐音效果。"I know not what to do"要表现出"我""搔首

踟蹰"的情境和来回踱步的不安心理显得欠缺不足,形象化不够丰满,让汉语诗歌见字如看图的画面感荡然无存。

译文 4 "I love her, but she tarries coming/Shall I return, or stay and greet her? /I burn, and wait."对"爱而不见"一句有两处误译,其一为"I love her",其二为"she tarries coming"。"tarry(耽误,延迟)"词义近于"delay",实际静女已到达相约之地,只是故意隐身不让"我"看见,并非延迟不到。"Shall I return, or stay and greet her?"以三个动词连用的修辞问句来表现"搔首踟蹰"的情态并非不可,但心理性用词与具象化的动态词还是有一定差距。最后一句"I burn, and wait"为诗人自问自答,很大程度上剥夺了读者的参与性和想象性,而且"burn"一词语义夸张,易引起负面想象。

译文 5 "I love her but I cannot see her//I scratch my head while anxiously pacing"。刘若愚在翻译本诗时,批评了阿瑟·韦利(Arthur Waley)的译文"She hides herself and will not let me see her",他认为应采取开门见山的翻译方式"I love her but I cannot see her",但这样显然没有传神地呈现出静女害羞娇美调皮可爱的迷人形象,严重挫伤了原诗别具一格的画面感,削弱了汉诗意象独特的共情感。第二句"I scratch my head while anxiously pacing"对于"搔首踟蹰"的语义描述比较贴切到位,但丧失了诗歌本身的音乐感。

译文 6 "Love but not see/Scratch head pace to-and-fro"是为检验四字结构诗行的可行性,前半行语义有误,后半行"pace to-and-fro"非常准确,从音韵上"to-and-fro"的谐韵比较成功地保留了"踟蹰"双韵迭复乐效;音节长度、语词向心性与"踟蹰"基本一致,视觉效果值得肯定,虽然整行的英语文法特意隐去,有违西语句法原则。

译文 7 "Love her. Never get to see her//Scratch my head, I; and shuffle feet"为美国北加利福尼亚大学 J.P. 西顿教授所译,其译文与美国意象派诗人艾兹拉·庞德的诗风、译风趋近,表现出浓郁的当代主义(presentism)气息,与原诗主题、趣味、意境偏离较多,可以看作西顿参考汉诗有感而发自行创作的一首新诗。"love her"属对"爱(薆)"的误译,或者为西顿参考其他前代译文而成,以讹传讹;"never get to see her"与原诗"不见"语义偏离甚远;"Scratch my head, I; and shuffle feet",西顿采取倒置句式,补译汉诗隐而不宣的主语"I"并以逗号间隔,似乎意在突出"我"焦虑不安的情绪及局促紧张的语气。"shuffle"意为"(笨拙或尴尬地)

把脚动来动去;坐立不安"(to move from one foot to another; to move one's feet in an awkward or embarrassed way),西顿对于"踟蹰"词义的把握比较到位,但在音韵方面,基本忽略原诗所有的韵律特点,因此,只能视其为语义层面较为忠实的译文。

【静女其娈,贻我彤管】本行"静女其娈"为第一章"静女其姝"的叠唱,义同韵异。关键理解点在于"贻我彤管",此处颇有争议者为意象物"彤管","彤"取"红色"当无争议,但对应的英文"红色"如何取舍!"管",如何理解,如何准确传译,如何保留原诗象征义,都需要译者反复斟酌。

从第一章"姝"到第二章"娈"的置换(shift),仅一词之变,却涉及语义、音韵、情感推进等多重变量,译文1"How handsome is the retiring girl!/She presented to me a red tube",译者充分意识到诗人情感的过渡性,因此,有意识采取不同视域的修饰语,从"lovely(姝)"到"handsome(娈)"的过渡,灵活地表现出静女形象从温婉可爱的遥视角度推进至迷人悦目端庄的直视角度,对应诗歌主人公"我"与静女的关系在一步步升温和强化。将第一章"爱而不见,搔首踟蹰"的主人公——"我"的那种因见不到静女而焦躁不安来回踱步的画面成功切换到静女终于露面,且送给"我"一份独特的礼物"彤管"的喜不自胜的画面。不足之处在于"red tube"是否可以传译"彤管"在汉语诗歌中作为爱情象征物的文化内涵。

译文2"Oh! the maiden, so handsome and coy/For a pledge gave a slim rosy reed."中,呼语"Oh!"为译者自行补足成分,意在突出第二章"我"见到静女时深深迷恋于其美貌的那种强烈情感,与第一章静女藏身不见时我的焦急和不安构成鲜明的对比;与第一章"so fair and retiring"(静)相比,"so handsome and coy"双词叠用译"娈",语义方面会引起负面想象,因为"coy"一词释义为"(尤指对爱情或性爱)羞羞答答的、假装害羞无知的、故作扭怩的"(shy or pretending to be shy and innocent, especially about love or sex, and sometimes in order to make people more interested in you);同时,韵律效果不如第一章协韵。但值得肯定的妙译之处在于,理雅各采取补译方式"for a pledge"来处理具有婚约象征意义的"彤管","pledge"意为"something given or received as a token of something such as love or friendship"。"reed"意为"musical pipe made from a reed stem (or reed-pipe from c. 1300)",修饰语"rosy"既可以传译"彤管"之色,又保留其象征意义,因为玫瑰(色)一般被视为爱情的象征,故而有助于读者将"reed"与"love"联系起来。

与理雅各以上两种译文相比,詹宁斯译文在选词、用韵、组句、意象词内涵意义的把握等值得肯定。译文3"The modest maid—how winsome was she then/The day she gave me her vermilion pen!"中,"modest"释义为"庄重的;朴素的;不性感的"(shy about showing much of the body; not intended to attract attention, especially in a sexual way),与"winsome"(charming, especially because of a naive, innocent quality)语义协调一致,意在突出静女之"静"的文化深意。用韵方面,头韵词"modest""maid"、"winsome""was",尾韵词"day""gave"、"she""me"、"vermilion""pen"音韵谐和完美;但唯有"then"与"pen"似乎有强制用韵的目的。语义方面,"her vermilion pen"中的"vermilion"意为"a bright red colour",意在突出"彤"字的特殊意义,比"red"一词具有更大的文化内涵;同时,译者采取训诂学家郑玄的阐释,取"彤管"为女史记功书过之笔这一层语义,即"朱红色的笔",但以此种解读为依照的译文,是否有过度阐释(over-interpretation)的可能,是否与"静女"的身份相悖?方玉润《诗经原始》引《集传》:"夫曰'静女',而又能执彤管以为诫,则岂俟人于城隅者哉?城隅何地,抑岂静女所能至也?"但方氏本人认为"彤管"即女史所持记功过之笔以为诫。因此,詹宁斯显然意识到"彤管"的文化指涉意义,但"her vermilion pen(彤管)"对于西方读者而言,其文化指涉性是否能够有效传达,仍然是一个未知数。

译文4"Truly she charmeth all beholders/'Tis she hath given me this jewel/The jade of my delight",译者脱离原诗自由发挥的成分很多,"all beholders"(观看者,观众)为原诗额外增补信息,"彤管"译为"this jewel"和"the jade of my delight",有画蛇添足之嫌,译文与原诗的关系似乎成为各自为政的独立体系,读者也许根本不会想到这是一首英译汉诗,而会觉得是克兰默-宾自行创作的一首浪漫诗。

译文5"The gentle maiden: how lovely is she! /This red pipe she gave to me",本行与前一行"静女其姝"译法趋同,第一章的"pretty"换为"lovely",句式顺序微调,"gentle maiden"成为主语,"she"至于句尾,应出于与"me"音韵上的对应考虑;"彤管"译为"red pipe",语义比译文1"red tube"更趋近表现爱情主题的乐器象征义。译文6"Gentle girl how pretty/Give me red pipe",句式采取四字结构,不再赘言;对于"彤管"这一意象词,仅取其字面语义,并没有反映出其文化内涵。

译文7"Quiet girl! She's a temptress! /Gave me this red flute"中,"temptress"意为"勾引人的女人;荡妇"(a woman who tempts sb., especially one who deliberately makes a man want to have sex with her)",该词语义明显背离原诗"静女"美丽端庄可爱迷人的形象,将一首浪漫的情诗曲解为一首格调低俗淫荡的艳俗诗;"彤管"译为"red flute(红色的笛子)",看来译者同样认为此物为乐器之用。

【彤管有炜,说怿女美】"有"为语助词,调节音节,补足四字结构;"炜",赤色貌,意指彤管颜色鲜亮夺目。"说"通"悦","说怿(yuè yì)"即指心情舒畅快乐。"女"通"汝",或指静女,或指彤管,两说颇有争议。据上下文判断,应是代指彤管。

译文 1 为"Bright is the red tube;—/I delight in the beauty of the girl."。原诗"炜""美"押行尾韵(rhyme),译文"bright""I""delight"韵腹、韵尾相同,为补偿英译尾韵无法完全保留汉诗高度协拍的尾韵效果,采用音韵迁移(rhythmic transposition),这种策略亦是汉诗英译中不得已而为之的乐音补偿译法(compensatory translation);意象方面,理雅各以为"女美"(the beauty of the girl),实为彤管之美,明显指代有误。

译文 2 为"Than the reed is she brighter, my joy;/On her liveliness how my thoughts feed!"。为何采用比较级句式,颇为不解。下半句不仅"女美"的指涉有误,而且 feed on her loveliness 用词晦涩不通。

译文 3 为"Vermilion pen was never yet so bright,—/The maid's own loveliness is my delight."。虽然"bright""delight"巧妙传译了"炜""美"的尾韵效果,但"彤管"的指涉关系(the maid's own loveliness)同样被译者误置。

译文 4 "But this red jewel-jade that smoulders//To my desire doth add more fuel/New charms to-night."可谓充分体现出译者克兰默-宾的主体性和创造性,西方译者在翻译汉语古诗时,这种倾向性极为突出。作为源语(source text)的汉诗文本,往往屈尊于译入语(target text)之下,译者对源语语义表现出肆意扩大或缩小的自由意愿。"彤""炜"在原诗中具有极其重要的象征性,表面意为"彤管颜色真艳丽,令我心情好欢愉。"实际上,是通过彤管娇艳之色转喻静女娇艳之姿。"Smoulder"意为"to burn slowly with smoke but no flame",怎能向读者传达"炜"作为"彤管"修饰语的双关义。"to my desire doth add more fuel/New charms to-night"中,"desire""fuel""New charms to-night"的关联意义(associate denotation)自然将诗歌主题变为艳情诗,将读者引入一种被篡改被歪曲的语境暗示。

译文 5 "O red pipe, with lustre bright/Your beauty gives me great delight."中,

"bright"词性误用,显然是为了照顾次行"delight"音韵之需。"女美"(Your beauty)与上一行的"red pipe"符合原诗上下义的指代关系。但"give"没有表现出"悦怿"的被动意味。译文6"Red pipe has brightness/Delight your beauty",前文已述,"有"为语助词,不可译为实意动词"have/has",刘若愚先生实验之作也应首先考虑理解准确。"Delight your beauty"四音节结构与原诗四字句法虽然基本吻合,但无主语句与上一行关系突兀,无法表现出主人公见到静女馈赠的美丽彤管时喜不自胜的悦然情绪。

译文7为"a flute red as flame//My heart's word's, joy, is my fortune/just to see such a pretty girl."。前文已述,西顿译文以汉诗为源,以自创为末,不受约束,不拘章法,行文自由,不苛求用韵,但其实西顿还是非常重视译文的韵律感和艺术感,并非绝对随意而为。在音韵方面,头韵词很明显是经过精挑细选而为,如"flute""flame""fortune","joy""just","see""such"。从语义及句法角度分析,西顿采取明喻修辞法,译"彤管有炜"为"a flute red as flame",有意突出彤管颜色的视觉效果。但"悦怿女美"的译文"My heart's word's, joy, is my fortune/just to see such a pretty girl"简直纠结不堪,不仅句式破碎零乱(fragmented syntax),而且所有格结构的交叠连用将原诗轻朗明快的节奏延宕变缓,句式冗赘,音效钝化。"fortune"为节外生枝之词,令句意晦涩生硬,可谓因韵害义。"just to see such a pretty girl",可见译者并未厘清"女美"与"彤管"的上下指涉关系。

以上七种译文对"彤管"的理解,除詹宁斯(译文3,Vermilion pen)意识到并试图传译该意象的文化内涵;译文1(red tube)、译文5(red pipe)、译文6(Red pipe)、译文7(a flute red)均采取字词对应直译法,未做过多语义延展,此种译法与厄内斯特·弗洛诺莎所谓的汉诗意象可以以视译(sight-translate)方法处理的主张类似。译文2(reed)、译文4(red jewel-jade)似乎考虑到"彤管"的特殊内涵,译者竭力突出与爱情相关的关联想象性。

【自牧归荑,洵美且异】第三章与第一、二章在时间和空间两个维度均发生了位移,诗歌主人公"我"在城隅与静女成功约见,得静女所赠"彤管"后,第一幕场景结束。第二幕即第三章所述,静女从郊外携归"荑"赠送予"我",叙事视角从城隅转向郊外,再转向第二次见面的场所(不详)。

"牧"释义有二:一为放牧之地;二为京畿近郊之地,即郊外。译文1、2、3、5、6均取"牧场,放牧之地"意,译为"pasture lands/pasture/pastures","pasture lands"在音节上显得冗赘拗口,将原诗单音节词变为四音节,音步延宕,音效迟钝。译文4略去不译,译文7采取移就(transferred epithet)修辞,增译为"a pleasant meadow"(怡人的牧场)。显然,7种译文均倾向于第一种释义。

据大量训诂文献考,"自牧归荑(kuì tí)",是指静女从郊外而非牧场采回初生的白茅作为爱情信物馈赠给我。而初生白茅为何可以作为爱情信物之用?《野有死麕》曾谓"白茅"具有宗教祭祀仪规象征,以此作为馈赠心仪对象也许正体现出这种独特的象征性。另解,"荑"为白茅初生嫩芽,形细长,色白洁,似女子纤细手指,故有"手如柔荑"(《诗经·卫风·硕人》)。古时女子以此物馈赠男子以表爱意。"洵美且异",意即静女馈赠予"我"的白茅嫩芽,样子稀罕,颜色好看,喻指静女以己之心度人之心,所谓"爱屋及乌",自己喜欢的事物馈赠所爱之人,所爱之人见之当自生欢喜心。

理雅各1871年无韵体译文(译文1)"From the pasture lands she gave a shoot of the white grass/Truly elegant and rare"与其1876年韵体译文(译文2)"In the pastures a t'e blade she sought/And she gave it, so elegant, rare"大体趋同,仅个别措辞、结构有些微调。但微调之处也许正是该诗行较为棘手的部分。首先,"自牧",译文1"from the pasture lands",基本以一一对应的直译法处理,音节冗赘,译文2"in the pastures"音节较前更为精练,但介词"from"在表现静女动作位移性明显要优于静态性介词"in"。"归(馈)",译文1"gave"未能表现出静女寻找荑根时的那种迫切心态;而译文2"sought(a t'e blade)"及"gave it",并置及物动词能够表现出静女寻找荑根再到当面赠送予"我"的动作递传性及让渡性,极大地增强了汉诗意象画面效果,而且使得静女与"我"情感的交互性更加感人,语义更为丰富,更能暗示出静女满怀喜悦,费尽心思,在茫茫的郊野中好不容易寻找到一枚白洁娇嫩的"荑"根作为示爱之物赠送予"我"的舞台效应。

"洵美且异"为上句的补充追加信息,起后置修饰作用(post-modifier),意为"(荑根)确实颜色迷人、样式少见",令"我"倍加珍惜。译文1"truly elegant and rare"与原诗行四字结构一一对应,词性完全一致(副词+形容词+连词+形容词);译文2"so elegant, rare"音节不够对应,关系离散。两个译文同一失误在于未能表现出"归(馈)"的受动者"我"这一必不可少的对象。

关于"荑"的译法,译文1"a shoot of the white grass"(白草的嫩芽)改进为译文2的"a t'e blade",似乎说明理雅各意识到"荑"作为汉诗文化伴生词(culturebound terms)的特殊内涵。译者为竭力再现"荑"的文化意义而打破原诗音节、音步的限制,通过添加介词、冠词、量词、定语词等关系(关联)功能词(functional connectives),四字构句,成为松散拖沓的开放句。

第二种译文,理雅各采取音译加意译补释法(音+形)以追加出"荑"的文化象征义。但blade(叶片:a single flat leaf of grass)与初生芦苇嫩芽的形与色相去甚远,故而无法传递"荑"在汉语古诗中常用来喻指女性"纤纤素手"的象征义。

译文3为"Now from the pasture lands she sends a shoot/Of couchgrass fair; and rare it is, to boot."。詹宁斯1891年译文"自牧"译文"from the pasture lands"与理雅各完全一致,并无创设,只是在句首添加时态副词"Now",译者希望以一般现在时的"sends""it is"来实现故事画面的即时感。但未能表现出静女动作在时空中的位移性,使原诗移步换景的动态诗歌画面无法被读者感知,实为遗憾。

"a shoot/Of couchgrass"中,首先,"couchgrass"指"欧、亚、非洲西北地区常见多年生草本植物(a very common perennial species of grass native to most of Europe, Asia, the Arctic biome, and northwest Africa.),一般被视为杂草;块状根茎色白,可做药用",据此释义,译文1"white grass"比译文2"at'e blade"更加具体化,贴近西方读者的认知范畴。音韵语义方面,"fair"与"rare"不仅语义准确,而且音韵非常贴合"美""异"的协韵效果;"shoot"与"(to) boot"音韵和谐,但语义费解不通,似有强取尾韵之嫌。(to boot作为副词短语,意为in addition/by way of addition/furthermore,译者应以此表达"洵美且异"句"且"的并置关系。)

译文4"She has gathered with her lily fingers/A lily fair and rare to see"中,"牧"略去未译,"归(馈)"译为"gathered",未能译出"馈赠"之义。"荑"译为"lily(百合)",与"白茅"虽然颜色一致,实际实物不同,指涉义完全不同;同时额外添加"with her lily fingers",也许译者意图采用双关语义,既希望传达"荑"第一层"白茅草"之义,又想保留第二层文化外延义,即古诗中常以"荑"象征女子白洁细嫩之手这一层象征语义。"fair and rare to see"与"洵美且异"在语义贴切度、音韵效果上比较契合,只是"to see"仍然有画蛇添足之弊。

译文5为"From the pasture she sent me her plight—/A tender shoot, beautiful and rare."。"plight",作为名词,意为"困境,苦难;誓约",作为动词,一般用于短语"plight your troth",意为"以身相许"(to make a promise to a person saying that you will marry them; to marry sb.),因此,此处译法当取名词第二义;将"荑"作为

爱情信物的象征性做了扩展和升华,有助于"a tender shoot"的语义作前置解读,译法值得肯定。但遗憾之处在于,"shoot(嫩芽,嫩枝)"一词能否传递"荑"作为爱情信物的文化内涵?从语义范围上,明显"荑"的具体指涉性被抽象化、广义化。汉诗往往重视物象化视觉效果,如庞德所提出的"意象物"(imagery objects),英译是否可以实现汉诗意象"物象化"的效果再现,采取何种翻译策略,仍然是一个备受争议的话题。那么,"荑"也许是具有多重解读的文化意象词,"tender shoot"相比于"a shoot of white grass""a shoot of couchgrass""a t'e blade",太过抽象化(abstraction)、宽泛化(generalization)。"beautiful and rare"音韵方面也并无精彩之处。

译文6"From pasture send shoot/Truly beautiful and rare",前文已述,刘若愚先生试图以字词、行距、音韵绝对对应完美置换的宗旨来翻译诗经,很明显,这样的尝试有违英、汉各自的语言特质,违背汉、英诗歌诗学原则,因此,理想状态下的一一对应置换法也许不是合理的翻译行为。

比较其他六种译文,译文7"I'd lead her home: soft grass in a pleasant meadow;// weep there to see/a beauty so rare!"中,译者自我创造的成分较多。"I'd lead her home",匪夷所思,静女与"我"的关系发展得如此快速,甚至随"我"回家,剧情突兀,有悖常理。"soft grass"无法传译"荑"作为诗歌关键意象所承载的婚约象征义。"weep there to see a beauty rare"更是无法理解译者用意所在,同时,译者似乎将"洵美且异"误解为描述静女之美之异。严格来讲,译文7应为译者参考汉语原诗的"伪翻译(pseudo-translation)"之作。

【匪女之为美,美人之贻】本行的"匪"为"非"之通假字;"女"为"汝"之通假字,据上下行文义,非指静女,而是指静女馈赠予"我"的"荑";"之",语助词,起间隔主谓词作用;"为",形容词前语助词,起加强语气或强调作用。全句可理解为"并非彤管很好看,(而是)因为心上人所赠之物",突出烘托了男主人公对静女"由人及物,爱屋及乌"的爱恋心理。

译文1"It is not you, O grass, that are elegant; —You are the gift of an elegant girl."在"匪"的否定加强语气方面,在前后的语境对照方面,对"女"的上下指代关系等几个关键成分的理解准确到位:强调句"It is not you, O grass"是对前句的妙译,句式简洁,但语气强烈欢快(O grass);"You are the gift of an elegant girl",对话语体的采用(You与I)与原诗的口吻高度契合,使男主人公"我"对静女的浓浓爱意生动再现。理雅各所谓的韵体译法在保持原诗音律效果方面所做的努力体现在"grass/elegant/gift/girl"几个辅韵上,但原诗"美""贻"的尾韵英译时未能重现。

相较之下,译文2理雅各明确声称其所采用的是无韵体(blank verse)译法:"Oh! the grass does not dwell in my thought/But the donor, more elegant, fair."在选词方面,"dwell in""thought""donor"等词并非原诗句直接呈现的语义信息,显然比原诗要隐晦难解,或者说偏离原诗,这种陌生化效果也许是译者有意为之,毕竟译文2是在译文1之后的重译和改进之作,但译诗与原诗语义偏差很大,用词凝重、抽象;句式结构,韵律脱离原诗,成为一首译者自创的自由体(vers libre)诗。

译文3为"Yet thou, my plant (when beauties I compare)//Art but the fair one's gift, and not the Fair!"。詹宁斯的译文,总体看来,总嫌啰嗦复沓,失却了诗歌的简洁特质。在具体选择词语方面,"my plant"与"彤管"发生语意疏离,无法体现出其爱情信物的文化内涵;其次,括号补注"when beauties I compare",可谓画蛇添足之笔。主句"Art but the fair one's gift, and not the Fair!"中,译者为强调前后诗行的比较语气所采用的"but...not"句式结构显得冗赘堆砌,"fair/Fair"一词的迭复使用,令原诗诗意模糊晦涩。

译文4"Oh! sweeter still the fragrance lingers//From the warm hand that gave it me.",从几处关键用词看,似乎与英语谚语"赠人玫瑰,手有余香"(The rose's in her hand; the flavor in mine.)的通俗译法有许多吻合之处:"Roses given to others, fragrance left in your hand."。虽然克兰默-宾试图通过比较级"sweeter still"来表现出原诗前后两句的对照语义,但读者的阅读视角从彤管之"美"的视觉感(visual perception)被拉向了嗅觉体验(olfactory sensation)中的"fragrance"。从诗歌艺术效果分析,读者阅读诗歌所获得的视觉感,应早于嗅觉感,先见其形色(视觉优先原则,visual priority),之后通过感官传递作用(sensory transmission),才可以拥有嗅觉体验,因此,这种五官感应的迁离译法似乎弱化了汉语原诗借助意象物(imagery object)"彤管"的形、色所产生的视觉直击效果。其中,下半句译文采用提喻法以"warm hand"指称"美人",主位词降格为次位词,使"美人之贻"与上半句之间的对照和联想语境发生偏离,改变原诗主人公对美人(静女)那种"爱人稀物"的独特情愫。

译文5为"Yet it's not your beauty that gives me delight,//But she who sent you, so true and fair！"。刘若愚先生此译文对原诗的语义理解，以及上下句之间的对照关系的把握非常准确。"yet it's not...but"强调句型极其恰当地再现了"匪"的加强语气，"gives me delight"增补了原诗中的隐性信息（covert information），即主人公"我"意不在"彤管之美"，而在于美人（静女）馈赠之情，极大地调动了西方读者领悟该诗怡情魅力的共情心理（empathy）。下半句"美人之贻"采用定语从句结构，虽然弥补了结构上的隐匿性，但从句法上似乎有失简洁。前文已述，译文6 "Not your being beautiful//Beautiful person's gift"为刘若愚先生试图以英语诗行、用词、韵脚等完全对应的技巧将汉语原诗字、词、行整体挪移置换的试验"翻译"，很显然，这种尝试所作出的"译文"，也许严格意义上不能被称为"翻译"，无论用词、语义、语法、韵律、诗歌整体艺术效果等，置换后均荡然无存。在西方读者的语言认知系统内，这种译文是非文法（ungrammatical）、非语义（illegal syntax）、无诗意（un-poetical）、非诗性（non-poetic）的怪异产物。《诗经》中多数诗歌诗行以四字结构为主，体现出极高的诗歌艺术性，有着极其凝练压缩的内隐语义，简单地一对一置换是不可能完成诗歌传译的重任，即使诗歌造诣深厚，精通汉语，熟谙汉语诗歌的西方汉学家也无法视诗经英译为一项轻易胜任的工作。

译文7为"Or, may be, she is no beauty...//But some beauty gave me this！"。J. P. 西顿的译文从诗歌艺术性来衡量，似有打油诗之嫌，其用词直白平铺，善用口语体（也许比较适合本诗的对话语体）。诗行句式散乱，人物关系含混不清，如本行的"汝""美人"，译者并未搞清楚谁是谁。当然，不能就此全然否定西顿翻译《诗经》所作出的尝试，他试图以浅显易懂的译文让更多的西方读者阅读、了解并逐渐喜爱中国古诗，阅读受众应设定为普通大众，因此他在译文中特意避开晦涩的诗化用词，而是采用日常通行的熟知词来诠译汉诗，可以称其为西顿自己的解读（auctorial interpretation）。当然，西方学术界对西顿的译文评价往往充满溢美之词："J. P. 西顿令人耳目一新的译文精确地呈现了汉诗的意象、词序及词义，同时表现出原诗作者真正的精神世界。"（J. P. Seaton's luminous translations are accurate in presenting the meaning and order of words and images from the original while revealing the true spirit of these poets. From Sam Hamill, author of *Almost Paradise*: *New and Selected Poems and Translations*）

【总体评论】

鉴于本诗所附译文数量较多,将几种译文做拆分式比较、鉴赏和解读评析,易于使读者陷于琐碎,在此,从总体上对所有译文做以总评。

中国诗歌讲求"含蓄美",诗人在创作一首诗的时候,心有所感,情有所发,但在其诗词字眼里并不刻意明言其旨,直抒其意,往往期待(同样不是刻意求之)读者可以去"悟",去"猜",去"度",而后醍醐灌顶,获得顿悟,心有戚戚(当然,读者的顿悟也许背离诗人本意也是可能的),此即为"含蓄蕴藉"的奇妙所在,《静女》当属此种诗歌。整体上,本诗以四字结构为主,兼多字结构,基本符合《诗经》四字诗行的总体特质;全诗七行十四句,尾韵格式为三行韵+偶体韵+三行韵,即 aaba bbcc ddcd,音韵比较整饬谐和,而英译要保留原诗一模一样的押韵格式是完全不可能的。但如果能够实现英诗特质的押韵格式无疑应予以首肯。

译文1理雅各采取无韵体,韵脚散乱自由;译文2则专门以韵体诗来译,韵律基本实现了原诗的音律效果:abab cdcd efef。

据学者研究,理雅各在孙璋《诗经》英译本的启发下,于1871年和1876年分别发表了《诗经》散体诗和韵体诗两种译本,翻译策略和动机各不相同。散体诗采用基本对应的直译法,呆板而机械,缺乏诗意;韵体诗则采用诗体意译法,典雅而古俪,被评论者视为更忠实于原诗文化内涵、遣词造句更为准确、韵律格式更加贴近、对偶更趋严饬的学者体译文典范。林语堂先生对理雅各译文有如此评价:"其句法,韵律和总体效果,离诗意尚远,但并未误译,其译作可以让我们一睹《诗经》内容的丰富性和多元性,(中略)某些诗篇堪称佳作。"(Dr. Legge's translations in regard to diction, rhythm and general effect, often fall short of the true poetic level, but he did not mistranslate, and his work gives us the means of getting a glimpse of the scope and variety of the *Book of Poetry*. He has translated the book completly, and some of his verses are certainly successful.)

詹宁斯(译文3)继承理雅各韵体诗译法,在诗风、韵味、意境方面既带有一定的承继性,又有一定的创设性。克兰默-宾(译文4)将原诗三章十四句增加至十六句,韵脚格式为 abcabc defdef ghgh,相较理雅各和詹宁斯的译文,其韵脚难度更复杂,句式断离更为严重,但总体诗意韵律效果应予以肯定。

刘若愚(译文5)的押韵格式为偶体韵 abcb ddee efef,译文6为无韵体直译法的试验品,自然不可以诗格音韵来衡量。要理解刘若愚先生的汉诗英译,有必要先了解他的学术成就。刘先生虽非专事翻译的大家,但却是一位学贯中西的文学批评家,其主要治学领域为中国文学及中西文学比较。他尤其在诗学方面建树颇丰,备受瞩目的大作有《中国诗学》(1962)、《中国文学理论》(1975)、《语言·悖论·诗学》(1988)等。因此,刘若愚先生堪称中国诗歌及中西诗学理论方面最有发言权、最有参悟力的理论大家。

当然,刘若愚先生的汉诗英译,也许与其他知名汉学家、翻译专家的译文有所区别。在写作《中国文学理论》一书时,就所引征的中国诗歌的英译,他说:"我的翻译力求意义的准确与明了,不在于文字的优美,虽然我对反映原文的风格和语调也尽了些努力。"另外,刘若愚先生特别强调汉诗意象的重要作用,他认为:"意象可以完成各种诗歌功能:表现感情、描写景色、创造气氛、提示言外之意,等等。与诗歌声律相比,意象一般认为是可以转译的。"因此,对于《静女》一诗意象词的翻译,他更讲求准确具象,甚至缩小每一个意象词的语域,不做过度阐释,如此,其译文带有非常直观的直译特色,缺乏丰富的想象空间。

再次,刘先生的两种译文出于不同目的而为,译文6可称为实验性翻译尝试,目的在于印证汉语诗歌诗行长度、句式结构、意象内涵与外延等语言要素是否可以通过汉字与单词一一对应的方式有效实现。他认为汉诗往往体现出极为复杂的"悖论诗学",即"言少而意多"。但很明显,要通过极其讲究的文法结构,如主谓搭配、时态一致、数量平衡、实(词)虚(词)配搭等特质的英语语言,完全传译《诗经》特殊的句式结构、隐性文法、词多外延语义、音韵规律等是极其困难的,以此原则指引而生成的译文,对西方读者而言,也许会觉得费解。而译文5则是为了印证汉语诗在诗歌韵律、美学效果、意象传译、诗歌本事等方面可圈可点者不在少数。

译文7为美国北加利福尼亚大学文学教授西顿的无韵体译文,选自其汉诗翻译集 The Shambhala Anthology of Chinese Poetry,该译作一经面世即受到许多学者的褒美:

"杰罗姆·西顿是当前中国诗歌最优秀的翻译家和阐释家。西顿有着超越直觉和博学的神奇品质——他是一位诗人。"(Carolyn Kizer, author of Cool, Calm, and Collected: Poems 1960 — 2000)

"对于他的读者来说,非常幸运的是,西顿是一位相当有才的诗人,他在对中国优秀诗歌的生动诠释中,游刃有余地运用了他的博学。"(John Balaban, translator, *Spring Essence: The Poetry of Ho Xuan Huong*)

"本选集及其引人入胜的介绍,代表了译者生平之最,是一份学术遗产。这对我们这个时代的语言和诗歌来说,是一份了不起的礼物。"(W. S. Merwin, author of *Migration: New and Selected Poems*)

当然还有读者的美誉:

"这是一部百科书式的作品,既有有趣的汉语诗歌,又有有意思的中国历史。在我读这本书之前,我总认为中国诗歌都是关于月亮、山脉、森林和渔夫,结果发现还有很多关于饮酒、流浪、隐士、乡愁、弹琵琶和白发的诗歌。"(A comprehensive collection that is not only interesting for the poetry but also for it's description of Chinese history. Before I read this book I figured Chinese poetry was all about moons, mountains, forests and fisherman. Turns out there's also a lot of drinking, wandering, hermits, homesickness, playing the lute and gray hair.)

西顿译文里总流露出浓郁的英美情怀,而对汉语原诗的关照却明显不足。由此不难看出,西方世界对汉语诗歌的误解、误读、误译情况的确比较突出,而原作却毫无发声辩白之机。但另一方面也许说明汉诗在西方世界的欢迎度日益增高。当然,原诗早已脱离历史语境(historical context),现代主义者、当代主义者也需要从新的角度,用新的语言重新阐释经典,但不可偏离正道太远,否则就是对原作极大的背叛。

再概谈一下西顿译文的总体效果。从句法结构、词语选择、语义饱满程度、诗歌韵律等几个方面来看,西顿的译文表现出许多现代诗歌的特质和气息。从第一行"Love her. Never get to see her//Scratch my head, I; and shuffle feet",即可看出西顿译文与美国意象派诗人埃兹拉·庞德的翻译风格趋近,有意象派诗歌的离散、短促、急迫、碎裂等诗歌语言特点,而与原诗趣味、意境、句法、音韵等相去甚远,完全可以视为西顿自行创作的一首新作,而非译作。所以,艾略特说庞德(译诗)"发明"了汉语诗,西顿译诗大概也符合这种"自负"的过誉。

余光中先生说:"英美学者译中国文学,好处是踏实,不轻易放过片言只字,缺点往往也就在这里,由于字字着力,反而拘于字面,错呢不能算错,可惜死心眼儿。"编者想增补一句:英美学者译汉诗不光死心眼,还有对汉语诗歌及中国文化的一知半解,不求甚解就下笔翻译的草率毛病。所以,要译古汉语诗,训诂学不可不知一二,借助于训诂学,可以克服对汉诗作望文生义囫囵吞枣式的理解甚至误解之弊,可以更加准确到位的理解原诗的语义,把握原诗的主题,感悟原诗的韵味,这样才有可能译出更好的作品。

本篇鉴赏和评析,编者想以刘若愚先生的话做个小结:"任何诗歌永远不可能有确定的翻译,正如任何诗歌永远不可能有确定的阐释一样。但这并不是说所有的译本和歪曲都是同样可以接受的,正如不是所有阐释和误读都是同样有效的一样。"

【《诗经》经典篇章英译鉴赏之四】

国风·郑风·野有蔓草

野①有蔓草②,零露③漙④兮。
有美一人,清扬⑤婉⑥兮。
邂逅⑦相遇,适⑧我愿⑨兮。
野有蔓草,零露瀼瀼⑩。
有美一人,婉如清扬⑪。
邂逅相遇,与子偕臧⑫。

【注疏】

①野,《疏》:"《毛诗传》'野,四郊之外'"。《尔雅·释地》说:"郊外谓之牧。牧外谓之野。野外谓之林。林外谓之坰(jiōng)。"

②蔓(màn)草,葛属。又言葛草蔓延滋长之状。

③零露,霜落为露,雨露为零露。《郑笺》:"零,落也。蔓草而有露,谓仲春之时草始生,霜为露也。"

④漙(tuán),古作"團",聚集集合。此指露水多之意。

⑤清扬,眉清目秀,面容静美。《毛诗传》:"清扬,眉目之间婉然美也。"《方言》:"美目谓之顺。眉目之间位置天然,视之但觉其婉顺而美也。"

⑥婉(wǎn),美好;柔顺。此指美女整体仪容或身材娇美之意。

⑦邂逅(xiè hòu),愉悦,相悦之状;一旦、偶然、瞬间。《疏》:"'不期而会'四字专释'邂逅',沿伪至今,直以邂逅为途遇之通称,学者失其义久矣。《绸缪传》:

'邂逅，解说也。'解说犹说怿，即是适我愿之意。（中略）'解说'，乃相悦以解之意，思见其人，求而忽得，则志意开豁，欢然相迎，即所谓'邂逅'矣。"亦作"邂遘、邂觏"。今义有违传统释义，一般指陌生人不期而遇。

⑧适，适合，满足。一说古代女子嫁人曰"适人"。"适我愿兮"应暗示该女子为"我"喜欢的类型。

⑨愿，对女子心生好感。

⑩瀼（ráng），多，盛貌；露水。"瀼瀼"指露水多之意。

⑪婉如清扬，眉目清秀顺美。

⑫臧（zāng/cáng），善良，美好。《疏》谓："'偕臧'，谓偕之于善，有互相勖勉意。"又通"藏"，隐匿，藏起身来。

【白话释义】

郊野生蔓草，露水湿草叶。
心底思伊人，清秀让人迷。
偶与伊人遇，夙愿终以偿。
蔓草生郊野，露水落草间。
伊人藏心田，清秀美如仙。
不期而遇伊，心有戚戚焉。

【创作背景】

刘若愚先生认为《诗经》至为突出的艺术表现为"原始主义"（primitivism）。"原始主义"是人类情感的自然表现，是古代诗歌的起源；《诗经》就成为古人抑郁幽怨情绪自然倾泻的文学形式。那么，《野有蔓草》是否体现出所谓的"原始主义"？所表现的自然情感究竟如何？

《毛诗序》曰："《关雎》，后妃之德也，风之始也，所以风天下而正夫妇也。故用之乡人焉，用之邦国焉。风，风也，教也，风以动之，教以化之。"此即所谓"诗三百"尤为独特的德化功能。张少康先生认为，"战国以前的人们（包括孔子在内）都不把《诗经》看作一部单纯的文学作品，而是把它作为一种广义的文化现象来对待，把它看作一部政治、伦理、道德、文化修养的百科全书。"

自汉以来，"诗教说"甚嚣尘上，认为"风"与"讽"同，目的在于"批评"或"影响",也许这是孔子在删定《诗经》时就已经酝酿出的道德计划。这种道德力量在《诗经》里每一首诗都有所体现,似乎已经成为古代封建儒家传统坚持认定的主张。唐代孔颖达也认为,《诗经》诗篇与音乐相配合,于不知不觉中引人向善。若以此种解读视角来衡量《诗经》"风"下所统摄的所有诗篇,每一篇都是道德诗,都应表现出德化作用。那么,《野有蔓草》是否也是为了某种道德宣教目的而作?

《野有蔓草》为《国风·郑风》第二十首,"郑风"篇为春秋时期郑国统辖区域所流行的诗篇,大致范围包括今郑州、许昌、开封、洛阳、新乡、焦作、漯河等区域。古代郑地近毗东周洛邑京畿,远接秦楚之国,坐拥中原平川大泽,因此,郑地文化方呈现出特有的奔放特质,《郑风》下辖诗篇亦多以爱情为主题。

《诗三家义疏》引《毛诗序》云:"(野有蔓草)思遇时也。君之泽不下流,民穷于兵革。男女实时,思不期而会焉。"《疏》又云:"遇时之思,盖因兵革不息,民人流离,冀觏名贤以匡其主,如齐侯之得管仲,秦伯之得百里奚耳。"如果把此诗的主旨与思遇贤人以匡其主联系起来,与管仲、百里奚之遇贤主相类比,那么似乎牵强意味太过浓郁。闻一多先生曾批判前人:"喜欢用史事来解《诗经》,往往牵强附会,不值一笑。"但我们也不必嘲笑古人,毕竟那个时代的解读方式多受制于政治因素及意识形态的局限。其实我们不如将《毛诗序》的解释予以缩小,或者剔除其中"思遇贤人"的说法,充其量将该诗解读为战乱频仍,兵革不息,致使民不聊生的社会大背景下,一对男女青年于野外不期而遇互生情愫的故事,何尝不可?这样,《野有蔓草》便仅是一首描述男女郊野偶遇而相生情愫的爱情诗。

《周礼·媒氏》曰:"仲春之月,令会男女。于是时也,奔者不禁。若无故而不用令者,罚之。司男女之无夫家者而会之。"意思是说,古代社会,政府明令规定,未婚男女务必于仲春时节相会以配定终身,此时,青年男女可以私相授受,法令不予禁止,但无故不参加相亲会者,则会受到处罚。由此看来,也许该首诗与违反政令或不经"父母之命媒妁之言"的所谓"淫奔"相去甚远,而是真实反映了上古社会独特而开放、合法合理的婚配民俗;同时,也反映出战事频繁,导致百姓流离失所、人口锐减的社会背景下,政府通过制定法令来增加人口的历史画面。

当然,这样的看法不是没有道理,诗歌最后一句"与子偕臧"也许有这种语义暗示。但如果将这首诗做如此解读,也许会让《诗经》披上另一层异样的色彩,是否再有流传下去的必要!所以,可否以更加美好的愿望,将此诗想象成一幕描述仲春时间，莺飞草长，一位俊美少年与一位静美少女邂逅于郊野，彼此突生爱恋之情的唯美电影——确认过眼神，找对了合适的人！

【主题鉴赏】

　　孔老夫子"删诗"而后方有"诗三百"，这也许早已成学术定论（清人方玉润对此颇多怀疑，可参见其大作《诗经原始》。）但孔夫子又谓"郑声淫"，到底意思如何，时至今日，争论仍未停止。既然"郑声淫"，那么占据一定篇幅的二十一首"郑风"，岂不与他老人家所谓的"《诗三百》，一言以蔽之，思无邪（《论语·为政第二》）"的初衷背向而驰？陆侃如先生似乎认同"郑声淫"的说法，他说"《卫风》向与《郑风》并称为淫，实则《卫风》情诗不满十篇，且……态度大多很庄重。（中略）《郑风》以'淫'著称，却也名副其实。"其实，所谓"淫"，并非指淫邪低俗，大概是指郑卫之地多痴男旷女，幽幽怨怨，爱爱索索，表现在该区域的诗歌严重忤逆封建阶级的正统思想和儒家理念。这些诗歌不如"二雅及三颂"，作为宗庙朝廷之雅乐，不会有悖逆政治伦常的可能。

　　何谓"思无邪"？也许有多重解读，但认可度较高的观点认为"无邪"，即指"诗三百"，主题思想健康端正，与当时的社会道德、礼仪规范等保持一致，从而实现"暴民不作，诸侯宾服，兵革不试，五刑不用，百姓无患，天子不怒，……四海之内，合父子之亲，明长幼之序"的完美和谐的儒家社会理想。《诗经》作为正统文学形式，其最初成因也应符合这一理念。由此看来，那些会让人胡思乱想，会贻误社会殃害家国的"淫诗"，则应被彻底删除和摒弃。但令人惊诧却异常幸运的是，这些令人神昏思乱的"郑国之音"仍然被保留了下来，使我们后人可以借着中原大地和煦温暖的暧昧之风欣赏到这些"思想不够健康，会让人犯错的美丽诗行"，比如大胆包天逾墙私会的《将仲子》和贪恋床笫不愿早起的《女曰鸡鸣》；比如久盼情郎望眼欲穿语气嗔怪的多情女子——"子不我思，岂无他人"的《褰裳》和"岂不尔思？子不我即"的《东门之墠》；再比如情郎既来欢喜雀跃的"既见君子，云胡不喜"的《风雨》和思念情郎心生忧愁的"青青子衿，悠悠我心"的《子衿》；更有歌颂美人之美的"有美一人，清扬婉兮"的《野有蔓草》和标榜君子帅气的"彼其之子，邦之彦兮"的《羔裘》。

　　对于诗歌文本作多重解读并非不可，但过于偏离主题妄作臆断实不可取。英国汉学家亚瑟·韦利（Arthur Waley）在汉语古诗英译方面贡献颇多，但他对于中国诗歌的认识仍有偏狭之处。他认为,欧洲诗人与中国诗人的区别之一就在于对于男女关系的认识上。在他的认识中,欧洲诗人认为男女关系表现出极大的意义以及神秘性,但中国诗人对于男女关系的需求是相通的,认为情感只存在于朋友之间。

当然,亦有完全不同的看法,如清代考据学家方玉润对《大序》"君之泽不下流",《小序》"思遇时也",《集传》"野田草露间,男女邂逅私相苟合"等看法,一一否定,代之为"《野有蔓草》,朋友相期会也。"方氏又引《左传》赵孟、韩起享饯于郑之典故,和《韩诗外传》中孔子遇程木子于路中,以束帛相赠的故事,来证明此诗为"友情"之诗,说"有美一人",并非指代"美女",而是指"士君子","士固有一见倾心,终身莫解,片言相投,生死不渝者,……又何必男女相逢始适愿哉?"从而将其主题解读为纯粹的"友情"之诗。

不过,将《野有蔓草》看作一首男女仲春偶遇而互生情愫的纯美爱情诗,难道不应被视为一种正解吗?

【英译版本】

译文 1　詹姆斯·理雅各

YE YOU MAN CAO

On the moor is the creeping grass,

And how heavily is it loaded with dew!

There was a beautiful man,

Lovely, with clear eyes and fine forehead!

We met together accidentally,

And so my desire was satisfied.

On the moor is the creeping grass,

Heavily covered with dew!

There was a beautiful man,

Lovely, with clear eyes and fine forehead!

We met together accidentally,

And he and I were happy together.

译文 2 威廉姆·詹宁斯

FORTUITOUS CONCOURSE

Where creeping plants grew on the wild
And heavy dews declined,
There was the fair one all alone,
Bright-eyed, good-looking, kind.
Chance brought us to each other's side,
And all my wish was gratified.

Where creeping plants grew on the wild,
And thick the dew-drops stood,
There was the fair one all alone,
Kind, as the looks were good.
Chance let us meet each other there,
Our mutual happiness to share.

译文 3 杨宪益

In the Wilds Grew Creepers

In the wilds grew creepers,
With dew-drops so heavy and thick.
There was a girl, beautiful and bright,
Her features so delicate and charming.
By chance we met each other,
She embodied my long-cherished wish.

In the wilds grew creepers,
With dew-drops so full and round.
There was a girl, beautiful and bright,
Her features so charming and delicate.

By chance we met each other,
Together with her life will be happy.

译文 4　许渊冲

The Creeping Grass

Afield the creeping grass
With crystal dew o'erspread,
There's a beautiful lass
With clear eyes and fine forehead.
When I meet the clear-eyed,
My desire's satisfied.

Afield the creeping grass
With round dewdrops o'erspread,
There's a beautiful lass
With clear eyes and fine forehead.
When I meet the clear-eyed,
Amid the grass let's hide!

【汉诗训诂与译文鉴赏】

《野有蔓草》共选取四种英译,译文1、2为西方译者,3、4为国内译者。

【野有蔓草】首先,本诗歌标题"野有蔓草"与本章前述"野有死麕"的句式结构完全一致,即"方位+语助词'有'+核心意象词"。译文1,理雅各采取其翻译《诗经》诗歌标题常用方法音译法(transliteration)译为"YE YOU MAN CAO"。如前所述,音译效果"译"如同"不译",不懂汉语的西方读者,读完标题一脸茫然,是否有必要继续阅读诗歌正文,答案不得而知。但编者认为,一个空洞无物的标题留给读者的先入印象会让其阅读兴趣受到影响;而一个太过玄虚或偏离诗歌主题的标题同样会给读者造成误读,译文2"FORTUITOUS CONCOURSE"标题即是如此,"fortuitous"意为"偶然发生的;(尤指)巧合的"(happening by chance, especially a lucky chance that brings a good result)";"concourse"一词有多重释义,"(尤指机场或火车站的)大厅,广场;聚众参加盛会;车道,马路,林荫路;人群汇合,争先恐后的情形;人流或车流汇合的地方"。当然诗歌主题偏重于仲春时节男女于郊野邂逅暗生情愫这一层语义,那么,"concourse"一词也许会产生多维解读,难以取舍。译文3"In the Wilds Grew Creepers",编者认为为四种译文中最为忠实者:倒装句式与原诗完全一致,方位词"野"译为"in the wilds",既力求忠实传达原诗故事发生的文化背景;"有"为语助词,译为实义动词"grew",同时借助于添加介词"in",译者试图加强汉诗原标题的隐性语义;"creepers"为"蔓生、攀爬植物",与原诗"蔓草"语义非常契合,而且结构紧凑利落,基本与原诗标题四字结构音节、音位高度相配。译文4"The Creeping Grass"删减了故事的重要场景"野",削弱了诗歌标题统摄全诗的象征作用,仲春时节,男女于"野外"相遇而情愫渐生的场景铺垫必不能少。"creeping"可做形容词,或"creep"的现在分词,后者具有较强的动作性意味,表示"缓慢行进的,慢慢爬行的",但与译文3"grew"动态视觉效果相比,还是不够直观和形象,而且蔓草生长与男女爱意滋长的关联象征义无法呈现。

诗歌主体分为两章,每章六句,从摹景到写人再到抒情三级跃进,从"景—人—情"层级推进,上演了一幕从"适我愿兮"邂逅生情的初体验到"与子偕臧"两情相悦情感渐变感人至深的爱情剧,读者不免怀想起三千年前这对男女如此动人的恋爱场景。

第一章【野有蔓草,零露漙兮】首句摹景非为重点,诗歌重点在于状物和抒情,但此句的翻译统摄写人句到抒情句场景的移步换位,译文1 "On the moor is the creeping grass//And how heavily is it loaded with dew!"采用倒装句,与原诗句式一致;词义方面,"moor"意为"旷野;荒野;高沼",语义基本到位,"creeping grass"语义契合;第二句"零露漙兮"意为仲春露水下降,落于蔓草之上,被动句式"how heavily is it loaded with dew"非常准确地表现出此种意境,尤其"loaded"是对"漙"的神译之笔。句尾语助词"兮"作为《诗经》惯用技巧,在于加强语气,抒发情感,译文采用"how...!"结构值得肯定。音韵方面,并无特色,与理雅各以无韵体译汉诗的主张有关。

译文2 "Where creeping plants grew on the wild//And heavy dews declined,"相比于译文1,句式结构倒显得不够简洁有力,尤其"where...And"虽然有前后句对

照的意图,但略显画蛇添足,汉诗行或句之间往往采用隐性关联,英语即使需要借助于关联语词,也不可过泛。"declined"的多义复指性令第二句语义歧变,即可理解为"凝露下降",亦可理解为"凝露渐少"。

译文 3 "In the wilds grew creepers//With dew-drops so heavy and thick."句式简洁,与原诗诗行长度基本保持一致,"grew"作为动态动词(dynamic verb),要比译文 1 系动词(static verb)"is"更能表现出仲春时节草木旺盛葳蕤生发之势,洋溢着向上的生命力(vitality),为男女主人公相会、相爱,以至相携而归,创设了丰富的空间感和动态感。但第二句采用"with"结构,以形容词"heavy and thick"来译动态词"溥",似乎削弱了晨露浓重降着于蔓草之上的画面感。

译文 4 "Afield the creeping grass//With crystal dew o'erspread,"许渊冲教授在翻译《诗经》时,一直试图保持原诗的形、音、义三维要素的完整和完美,但掣肘于两种语言天然的句式文法差异,也许以英语来置换汉诗之"形",势必会因形舍义,因义害音。此译文基本与原诗字字对应,"afield"意为"在野外,在田野里",对应"野有";"零露"译为"crystal dew"属误译,"零"并非指"通透"之意;"溥"译为"o'erspread(覆盖)",即蔓草上有晶莹剔透的露水覆盖,语义尚可。音韵上,"野""有","零""露"两组头韵丧失。

【有美一人,清扬婉兮】此行第一句"有美一人",四种译文均以"there be (was/was/'s)"句型来译:

译文 1 "There was a beautiful man,"

译文 2 "There was the fair one all alone,"

译文 3 "There was a girl, beautiful and bright,"

译文 4 "There's a beautiful lass"

看来几位译者对于本句结构的认知趋同,仅在"美人"的语义理解上有异,孰胜孰劣,要看原诗所指。"美人"一词,译文 1 译为"a beautiful man",译文 2 "the fair one all alone",译文 3 "a girl, beautiful and bright",译文 4 "a beautiful lass"。以诗歌叙述口吻分析,"有美一人"应出于诗中男子之口,故而,实难理解译文 1 的译者之立场(即使在 1876 年韵体译文中理雅各仍以 man 入诗:"There a handsome man drew nigh",是否误解有待探讨!),最后一行"And he and I were happy together",似乎译者误解了原诗的叙述角度。译文 2,译者似乎认为汉诗的"一人"为确指数量,因此,通过"all alone"(仅仅一人,独自)加强语义,但与"one"语义重置,而且延长了诗行的长度。译文 3 "a girl, beautiful and bright"与下一句"Her features so delicate and charming",四个形容词的连续使用,似乎对"美"和"清扬婉兮"的解读语义重复,且均陷于笼统,反而将"美人"的形象模糊化。相比之下,译文 4 "a beautiful lass"中的"lass"(少女,小姑娘)一词更贴合诗歌口语体,在男性视域里,娇美纯洁的少女(lass)也许比风姿绰约的熟女(woman)更有魅力,也是一见钟情再见倾心的有力伏笔。

翻译"清扬婉兮"时,译者首先需要对该句的语义准确理解,"清扬"在古汉语中属于单纯词,语义不可将两个字分立而解,单一"扬"意为"眉毛及其上下部分",两字合并成为不可再分的语素,泛指"清秀的眉宇(额头)"。"婉"意为"文静温柔",一般用于形容女子的仪容或身姿。译文 1 "Lovely, with clear eyes and fine forehead!"中"lovely"语义与前置修饰词"beautiful"重复;"clear eyes and fine forehead"表明译者将"清扬"一词拆解,而英语"brow"一词实际就包括了人的面部"eyes"和"forehead"不可分割的区域,因此,分译似乎多此一举。译文 4 "With clear eyes and fine forehead"与此完全一致,许教授是否借用译文 1 的译法,不得而知。译文 2 "Bright-eyed, good-looking, kind."中,前两词基本达意却语义交叠,"good-looking"一词应包括"bright-eyed"这一层语义;而且"kind"一词何处而来,明显为译者创造性增余信息,原诗男子与女子偶遇,并不知美人是否"人好",因此似有与上一句"declined"趁韵的用意。译文 3 将"清扬婉"糅合取义,笼统译为"Her features so delicate and charming"(她的五官精致而迷人)。

【邂逅相遇,适我愿兮】对于本句的理解可谓各有其理,但英译文却多数趋同,向误解的歧路愈走愈远。当然,这种讹误走向与汉语语言古今语义产生畸变有关。本诗文后注疏释义部分释"邂逅"为"愉悦,相悦之状;一旦、偶然、瞬间。"此种解读来自比较权威的《疏》之释义:"不期而会"四字专释"邂逅",沿伪至今,直以邂逅为途遇之通称,学者失其义久矣。《绸缪传》:'邂逅,解说也。'解说犹说怿,即是适我愿之意。(中略)'解说',乃相悦以解之意,思见其人,求而忽得,则志意开豁,欢然相迎,即所谓'邂逅'矣。"亦作"邂遘""邂觏"。今义一般指陌生人不期而遇,看来是有违《诗经》传统训诂学释义的。而且,如果取"不期而遇"意,"邂逅"与"相遇"自然产生语义重复或抵牾,故此,训诂释义更为恰当,即"遇到她(美人)我心情愉悦,(久盼心上人的)愿望终于得偿",前后文意始能顺通。英译文没有任何译者意识到这种歧误,均在"邂逅"上下足了功夫。

第一章 《诗经》英译鉴赏与评析

译文 1 "We met together accidentally//And so my desire was satisfied." 在叙事人称的考虑上比较周到，"we"一词为第二章郊野相遇的男女彼此互生情愫的美好结局预设了充足的先决条件，而非单方一厢情愿的多情行为。"together"用来强调"met"的相互性也是不错的用词，"accidentally"一词明显为"邂逅"之解，但该多音节词冗赘拗口的音效，严重削弱了《诗经》短促简洁、铿锵有力的音韵悦耳效果。第二句"desire"一词有多种释义："1. a wish, craving, or longing for something; 2. something that or somebody who is wished for; 3. a strong wish for sexual relations with somebody; 4. a strong wish to have sex with sb.",其中所包含的"性的欲求"这一层语义会让诗歌蒙上一层猥琐不雅的色彩；而且"desire"与"satisfy"一词搭配，语义比较倾向于表示"满足欲望；随心所欲"。"适我愿兮"句中的"愿"，实际更倾向于描述男子对女子的"衷情爱慕之愿"，使用"adoration, affection"等词即足以表达此种相遇生恋的内心活动。

译文 2 "Chance brought us to each other's side//And all my wish was gratified." 中，"chance"一词意为"机会；机遇；偶然"，译者取"邂逅"之今义，并无"愉悦"之意，"each other's side"意指"肩并肩；并肩而行"，且不说语义生硬，更不能认为达于诗意，"side"一词与下一句"gratified"同样有凑韵之嫌。第二句"And all my wish was gratified"，"wish"带有对美好未来的憧憬和祈盼之意，与诗歌男主人公对郊野相遇的"美人"心生爱慕企盼携手的愿望非常吻合，自然要优于情感外露甚至太过强烈的"desire"一词；"gratify"意为"to please or satisfy sb."，在传译"邂逅（愉悦）相遇"到"适我愿兮"的情境过渡上，较译文 1 更为自然，语义更加丰富。

译文 3 "By chance we met each other//She embodied my long-cherished wish." 的第一句在选词方面并无特别之处，句式与译文 2 相差无几，而且杨宪益先生同样认为"邂逅"为"偶然相遇"之意。第二句增译了汉诗隐性主语代词"she"，译者意在明晰原诗前后句之间的逻辑关系。"embody"意为"使具体化，体现；使形象化；使（精神）肉体化"，译者在选用该词时，具体倾向于哪种释义，的确令人困惑，但如果结合其宾语"my long-cherished wish"，语义倾向性则会豁然明朗。"long-cherished"意为"梦寐以求的；心仪已久的"，该词是对"适"语义的过度解读，意即男主人公终于遇到渴望已久的心仪美人，如与其"结合"，方能"适我愿"矣。

译文 4 "When I meet the clear-eyed//My desire's satisfied." 中，将语义"邂逅"省去未译，仅译作"meet"显得语义单薄，男主人公偶遇心仪女子怦然心动的情境无迹可求。第一人称"I"弱化了男女相遇的双向性和交互性,无法为第二章尾行"与子偕臧"(彼此相悦)的美好结局起到前期铺垫作用。"the clear-eyed"意为"目光犀利的",很明显与"clear eyes"(眼眸清秀)的语义相去甚远。"My desire's satisfied"所带来的负面联想(negative association),如前所述,令本诗男女爱慕的美好意境发生偏离。

第二章【野有蔓草,零露瀼瀼】为《诗经》多数诗歌各章首句一唱三叠的常用技巧,在语义上变化不大;个别用字的替换,仅起到音韵跳跃的调节作用。故而,该句实际与第一章首句"野有蔓草,零露漙兮"的区别仅表现在"漙兮"置换为"瀼瀼"。"瀼瀼"为《诗经》常见的复沓叠词,亦称为重言词。单字单音的重叠排比使用往往有不同目的,其一,增强语义表达效果,增强语言气势;其二,增加诗歌的韵律感、音效感,"瀼瀼"(ráng ráng)声母韵母的重复,较之"漙兮"更加增强了诗歌音节和谐悦耳的音乐效果;其三,便于诗歌的歌咏和识读,利于诗歌在民间的传播或童蒙教育的推广。具体而言,单一的"瀼"意为"露水",但叠用的"瀼瀼"意在突出"露水之重"。

四种译文第二章首句与第一章首句译法完全相同,恕不赘言。

译文1"On the moor is the creeping grass//Heavily covered with dew!"。采用了过去分词结构"Heavily covered with dew!","heavily"一词有加强露水凝重之意。整体句长明显比第一章的"And how heavily is it loaded with dew!"句式更为简短,字数与原诗契合,音节紧凑清越,实为佳译。

译文2"Where creeping plants grew on the wild//And thick the dew-drops stood",与第一章第二句"And heavy dews declined"相比,译文内容变化较大。首先译者通过调整核心意象词的修饰语来强化语义的变化——从晨露初结的"heavy dews(零露漙兮)"到露水凝重的"the dew-drops(零露瀼瀼)"状态的变化;以及动词"declined"到表语前置倒装句式"thick...stood"的变化,将"露水降落于蔓草之上"的语义增强为"露水渐积渐浓",尤其"thick"一词语带双关,既可以强调露水之浓重,亦可暗指男女双方从相互生情到互相钟情的爱情升温和情感演进过程,此即为《诗经》以景喻情常用的比兴手法。

译文3为"In the wilds grew creepers//With dew-drops so full and round."。第二句同样为"with"介词结构,无法传译出露水渐浓的动态感;形容词短语"so full and round",岂能让西方读者理解"零露瀼瀼"的画面感,甚至还不如第一章的"so heavy and thick"语义准确有力。

译文4"Afield the creeping grass//With round dewdrops o'erspread,"与第一章"零露漙兮"句译文"With crystal dew o'erspread"相比,仅有两处微调,定语"crystal"(晶莹剔透的)置换为"round"(圆形的),也许如此调整仅在音韵方面起到音变作用,而对于露水从"漙"到"瀼瀼"的递增语势毫无帮助,读者只有依赖于核心意象词"零露"从单数的"dew"调为复数形式的"dewdrops"来感知露水凝重的语义推进。

【有美一人,婉如清扬】本行与第一章"有美一人,清扬婉兮"的区别在于第二句的语序以及语气尾助词"兮""如"两字的不同语法功能和语义指涉。"清扬婉兮"属于并置关系,不仅描述美人之眉眼(清扬),还有其整个仪容和身材美好的样子(婉兮);而"婉如清扬"则属于偏义词,重点趋向于最后的"扬"字,意在强调美人"顺美且清秀的眉目"。

四种译文是否能够准确把握诗歌修饰关系的变迁,从其不同的译文也许可以窥知译者翻译本行时的不同侧重。译文1、4两位译者均认为"清扬婉兮"与"婉如清扬"语义别无二义,因此本行译文与第一章完全一致。

译文2"Kind, as the looks were good."将第一章译文"Bright-eyed, good-looking, kind"三个描述性形容词(过去分词、现在分词)并置结构调整为"前置修饰词+完整句"结构,基本与原诗字字对应,即"kind(婉)+as(如)+the looks were good"。对照发现,译者似乎认为"婉"的意义为"kind","清扬"意为仪容娇美,故此行采取模糊译法译为"the looks were good"。

译文3"There was a girl, beautiful and bright//Her features so charming and delicate."仅仅将"delicate and charming"语序倒置以对应原诗的词序结构变化。

【邂逅相遇,与子偕臧】如何理解本行第二句对英译文的走向至关重要。前文注疏部分释"臧"有二义:如读 zāng 音,意为"善良,美好"。据《疏》解:"'偕臧',谓偕之于善,有互相勖勉意。"如读 cáng 音,意为"隐匿,藏起身来"。第一义使诗歌朝向一见倾心的浪漫主题高度靠拢,第二义可能会有关于"性"联想方面的暗示。虽然有来自权威学者的"高见",而且读 cáng 音更符合三行尾韵特质,但纯洁浪漫的爱情诗是本书在选择诗篇时的真正意图和倾向,望读者谅解。

"邂逅相遇"四种译文前后章译法完全一致,故略去不表。显而易见,译文1译者采取第一种解读,男女一见倾心,遂有喜结连理的愿望,"And he and I were happy together"中,"happy"一词就足以表达彼此爱慕的美好愿景。

译文 2 与译文 1 见解一致,"Our mutual happiness to share"在诗歌的简洁性、与原诗行字数的相符程度和音韵顿挫上更胜一筹,尤其"mutual happiness"更能说明爱情并非单向行为,而是男女两性均可主动大胆去追求的人间美事。

译文 3 "Together with her life will be happy","together with her"从句式结构上更加契合原诗"与子"的语义;"life will be happy"是对两人相爱携手共同幸福生活的一种憧憬。译文对整体语义的传递毫无违和感。

译文 4 "Amid the grass let's hide!"无疑偏向"性"指涉这一表层语义,"让我们藏匿于蔓草之间",后文不说自明,西方读者自然做出联想。那么,翻译"思无邪"的《诗经》时,到底向西方世界传达哪一种声音,我想还是需要慎重思量!

下面再谈谈本诗的韵律。

《野有蔓草》一二章行中韵散乱无则,而行末尾韵整饬谨严。第一章三行统一押"兮(xī)"韵,"兮"作为《诗经》中常见语助词,具体词义及文法功能往往取决于诗行中的不同占位。行中用"兮",如"叔兮伯兮,倡予和女"(《国风·萚兮》),一般起语词间隔、音节补位作用,无实际语义;行末用"兮",功能较为复杂,其一,补位音节,凑成四字诗行;其二,句末感叹词,用于抒发惊愕、意外、愉悦等情感,类似于"啊""呀";其三,形容词后语缀,可理解为"……的样子"。本诗"零露漙兮""清扬婉兮"及"适我愿兮"中的"兮"兼具以上几种功能,充分表现出男主人公先感于脚下"蔓草葳蕤,晨露降结"的静谧之美,再到偶遇眉目清秀、仪容娇美的女子后的惊喜之情,最后与女子双双携手愉悦而归的幸福之感,因此,本句中的"兮"对本诗主题起到起兴铺垫、渲染烘托的独特作用。

第二章三行尾韵词"瀼(ráng)""扬(yáng)""臧(zāng/cáng)"严格押"áng/āng"韵,饱满的后鼻尾韵,鼻腔至口腔中的回环共鸣音直抵心腹,令男主人公对天造之遇发自内心的感动与意外之喜吐发于外,读者难免随声会意而心生艳羡。

那么,四种译文对原诗行两组尾韵"xī""áng/āng"的关注并传译的情况各不相同,译文 1 为理雅各 1871 年无韵体,基本打破原诗用韵规律,行内、行末均未严格用韵,整体音乐效果自然无法与 1876 年理雅各的韵体译文相比:

1 On the moor, where thickly grew

Creeping grass, bent down with dew,
There a handsome man drew nigh,
'Neath whose forehead, broad and high,
Gleamed his clear and piercing eye.
'Twas by accident we met;
Glad was I my wish to get.

2　　Where the grass creeps o'ver the moor,
With the dew all covered o'ver,
There the finest man found I,
'Bove whose clear and piercing eye,
Rose his forehead, broad and high.
Chance gave us a meeting rare,
And we both were happy there.

　　用韵体译文不仅在语义、诗歌意象上有多处改进，而且奇偶句尾采用高度谨严整饬的全韵组"grew/dew""nigh/high/eye""met/get""moor/o'ver""I/eye/high""rare/there"，极大地提升了英译文的视听音乐性（audio-visual musicality）。

　　译文2采用半韵（half rhyme）法，"declined""kind""gratified""stood""good""share"等词，并未遵循原诗的音韵效果。译文3两章偶句行尾词"thick/charming/wish""round/delicate/happy"无任何用韵效果。

　　译文4两章均使用单韵（女韵，feminine rhyme）"grass/lass"及双韵（男韵，masculine rhyme）"o'erspread/forehead""clear-eyed/satisfied"，基本韵律规则为抑扬格五音步 ababcc ababcc。这种韵律为莎士比亚创作的 *Venus and Adonis* 中的韵格，非常完美地再现了《野有蔓草》极强的韵律效果。因此，如果单纯考量译文韵律价值，许渊冲先生"音美"的主张通过其译文得到了很好的诠释。

第二章

《楚辞》英译鉴赏与评析

【导读】

楚言楚语话屈原

荆州之名源于《尚书·禹贡》:"荆及衡阳惟荆州",为古九州之一。楚文王元年(公元前689年),楚国迁都于郢(今荆州);后秦统一六国,定治江陵。春秋战国时楚国首都,称之为"郢(yǐng)"。几千年前,楚国的大夫屈原就曾在这片热土上谱写了《离骚》《九歌》和《天问》,开创了传唱千古的楚辞之风!

初见荆州古城墙,内心十分震撼:我仿佛走进了遥远的楚国历史。春秋战国的风,吹打在雄奇伟岸的古城墙上;三国的雨,飘落在这一片热血沸腾的土地上。

如今的荆州城墙,是在春秋战国的土城基础上,由明清两代重建修缮而成其现貌,其延续时代之久,跨越朝代之多,恐怕没有哪座古城垣能与之匹敌。古城墙逶迤挺拔,保存较为完整,城门、城楼风貌犹存,在护城河的映衬下,见证了荆楚风云,诉说着历史沧桑。

走在荆州城的大街小巷,时常见到与三国有关的景致,或是一座公园廊亭,或是一家餐厅的门头装帧,我的思绪跟随着这些仿造的历史景致回到遥远的过去。两千多年前,年轻的屈原学识渊博,善于辞令,又通晓治乱兴衰之理。意气风发的他,立志要实现满腔的宏伟抱负:要使楚国变得强大,在列国纷争中立于不败之地;结束连年战乱,免除天下劳苦大众颠沛流离之苦,一统天下。加上楚怀王的信任,更令这位青年热血沸腾,俊逸的身形健步如飞,每一刻都在为天下苍生的福祉而奔波呼号!

屈原对真善美有至高的追求,作品中的"他"饮清露凝霜,食琼枝秋菊:"朝饮

第二章 《楚辞》英译鉴赏与评析

木兰之坠露兮,夕餐秋菊之落英。……折琼枝以为羞兮,精琼爢以为粻"(《离骚》);他的志趣不流于俗,喜爱佩戴香花异草:"扈江离与辟芷兮,纫秋兰以为佩。……制芰荷以为衣兮,集芙蓉以为裳"(《离骚》)。屈原的美言美行千古传颂,至今,荆楚地区的女子仍喜在身上佩戴香花。江浙一带的人们偏爱白兰花和茉莉,白兰花别在衣领处,茉莉穿成手环戴在手腕上。而荆楚的女子独爱栀子,常常将其别在衣领上,或是戴在头上,佳人走过,清香四溢,沁人心脾。

屈原真挚热烈的爱国情怀、高尚远大的政治理想、坚毅忠诚的赤子之心,无不渗透在他作品的字里行间。他仰慕先王之道,希望楚王能效法尧、舜,而引桀、纣为诫:"彼尧舜之耿介兮,既遵道而得路。何桀纣之昌披兮,夫惟捷径以窘步"(《离骚》);他倡导选贤任能,修明法度,从而富国强兵:"昔三后之纯粹兮,固众芳之所在。杂申椒与菌桂兮,岂惟纫夫蕙茝""不抚壮而弃秽兮,何不改乎此度"(《离骚》);他主张行德政,讲仁义:"皇天无私阿兮,览民德焉错辅""瞻前而顾后兮,相观民之计极。夫孰非义而可用兮?孰非善而可服?"(《离骚》);他关心人民疾苦,为民请命:"皇天之不纯命兮,何百姓之震愆?民离散而相失兮,方仲春而东迁"(《哀郢》),"长太息以掩涕兮,哀民生之多艰"(《离骚》);他追求真理,思考深邃,在《天问》中提出 170 多个问题,涉及天文、地理、社会、历史、哲学等诸多领域:"遂古之初,谁传道之?""夜光何德,死则又育?""东流不溢,孰知其故?东西南北,其修孰多?"(《天问》)。

然而,屈原高远且进步的政治理想对楚国旧贵族集团的利益构成了威胁,最终导致他"忠而被谤"。前有上官大夫、楚怀王宠姬郑袖等向楚怀王进谗言,令怀王疏远并贬谪屈原;后有令尹子兰诬陷、迫害屈原,终使得楚顷襄王将屈原流放。即使在颠沛流离的困境中,屈原也并未动摇意志,放弃理想,有诗为证:"亦余心之所善兮,虽九死其犹未悔"(《离骚》);他要效仿南方的橘树,不易其志:"受命不迁,生南国兮。深固难徙,更壹志兮"(《橘颂》)。长达二十余年的两次流放,把一位踌躇满志、正当盛年的"美政"推崇者变成一位垂垂老矣的暮年之人,这期间有多少哀愁,多少怨愤,又有多少对故土的思念和眷恋?即便身处困境,屈原依然不改初心,郁郁不得志的他时时刻刻梦怀故国,心系百姓。郢都沦陷以后,他不忍看到家国衰败废颓,人民流离失所,宁愿清白慷慨地就义赴死,也不愿屈辱苟且地混沌余生。

屈原在文学史上留下了浓墨重彩。出身于楚国贵族的屈原,自幼接受良好的教育,又浸润在"百家争鸣"的思潮中,自能汲取众家思想之长,博采百家散文之风，从丰富瑰丽的诸子文章中获得灵感。他的文风洒脱，思想高尚，辞藻华美，使得一大批青年才俊被他的惊世才华、宏伟抱负和高洁品格吸引，譬如宋玉。于是，具有划时代意义的《楚辞》在荆楚这一片富饶而神奇的热土上应时而生。那一句"路漫漫其修远兮，吾将上下而求索"的千古绝唱，不仅回响在荆楚之地上，更激荡在整个神州大地上，绵亘至今。

【《楚辞》英译简介】

《楚辞》是继《诗经》之后我国古代诗歌发展史上重要的里程碑。有研究者认为，《诗经》中"十五国风"里的"二南"，即《周南》与《召南》，基本为楚地的乐歌。"楚辞"融合了战国时期南、北文学艺术传统，继承并发展了"二南"的乐歌特质，最终形成了自己独特的风格。因这些诗歌中大量引用楚地的风土物产和方言词汇，故而被称为"楚辞"；又因其代表作品为屈原的《离骚》，"楚辞"又被称为"骚体"诗，与《诗经》合称"风骚"，对后世诗歌创作产生了极其深远的影响。

西汉末年，刘向编订诗歌总集，命名为《楚辞》，收录了屈原、宋玉等人的作品，以及东方朔、王褒、刘向等人仿效屈原、宋玉的作品，共计十六篇。刘向的《楚辞》原本已佚，东汉王逸的《楚辞章句》是现存最早的《楚辞》注本，其中增入王逸自己所作《九思》，成十七篇，分别是：《离骚》《九歌》《天问》《九章》《远游》《卜居》《渔父》《九辩》《招魂》《大招》《惜誓》《招隐士》《七谏》《哀时命》《九怀》《九叹》《九思》。这十七篇的篇目所构成的《楚辞》也成为后世的通行本。南宋洪兴祖以《楚辞章句》为基础作《楚辞补注》，此外，南宋朱熹的《楚辞集注》、清代王夫之的《楚辞通释》和戴震的《屈原赋注》等都是《楚辞》比较著名的注本。

今人研究"楚辞"，多集中于屈宋二人，尤其是屈原的作品，因他是"楚辞"的代表人物，作品数量丰富、内容广泛、思想深刻，最能体现"楚辞"的艺术特色。

由于《楚辞》内容博大精深、主题深奥、语句晦涩，虽然历代不乏学者对《楚辞》进行校勘、注疏、释义，但对某些作品的主旨、意境、字、句，甚至诗篇整体的理解依然是仁者见仁，智者见智，基于此，《楚辞》外译的难度自然不可小觑。即便如此，国内外仍有许多译者不懈努力，大胆译介，也产出了一定数量的优秀作品。17世纪时，日本出版了《注解楚辞全集》。19世纪上半叶开始，西方陆续有《楚辞》外译作品问世。虽然《楚辞》英译起步较晚，但势头强劲。到2017年，《楚辞》已有约40个英译本（包括39个选译本和1个全译本），涉及历代国内外不同译者。

第二章 《楚辞》英译鉴赏与评析

以下为本章拟对比的五位译者及其译作的简介。

1. 杨宪益、戴乃迭

杨宪益,祖籍淮安盱眙(今江苏省淮安市),中国著名翻译家、外国文学研究专家和诗人。戴乃迭(Gladys Yang),杨宪益的夫人,著名翻译家和中外文化交流活动家。在近半个世纪的时间里,杨宪益、戴乃迭联袂将大量的中国文学作品译为英文,从先秦文学到中国现当代文学,多达数十种,他们也因此成为中国译界的传奇人物。1955 年,外文出版社出版了杨宪益、戴乃迭夫妇选译的《楚辞选》,共 24 篇。大卫·霍克斯评价说这是匠心独运的一座丰碑,像蒲伯译荷马史诗一样富有诗感。后外文出版社曾多次再版《楚辞选》。

2. 大卫·霍克斯(David Hawkes)

大卫·霍克斯,英国著名汉学家、翻译家和红学家,师承亚瑟·韦利(Arthur Waley)。他早年在牛津大学研读中文,1948 至 1951 年来华留学,就读于北京大学中文系,1959 至 1971 年期间担任牛津大学中文教授。众所周知,20 世纪 70 至 80 年代,霍克斯与他的女婿,汉学家约翰·闵福德(John Minford)合译了《红楼梦》。霍克斯用十年时间翻译了《红楼梦》前 80 回,闵福德则翻译了由高鹗续写的后 40 回,书名译为 *The Story of the Stone*。由此,西方世界拥有了第一部全本 120 回的《红楼梦》译本。而早在 1959 年,霍克斯就翻译出版了《楚辞》全译本:*The Songs of the South: An Anthology of Ancient Chinese Poems by Qu Yuan and Other Poets*。这也是迄今为止唯一的《楚辞》全译本,自出版之日起就受到了许多学者的美誉。1985 年,英国企鹅图书出版公司出版了该书的修订版,其中补充了大量注释,比之前的版本更为详尽。许渊冲评价说"他的译法介乎直译与意译之间,从微观的角度来看,比前任更准确,但从宏观的角度来看,却只能使人知之,不能使人好之、乐之。"

3. 许渊冲

许渊冲,北京大学教授,我国著名翻译家,在国内外出版中、英、法文译著百余本。2014 年,他荣获国际翻译界最高奖项之一的"北极光"杰出文学翻译奖。许渊冲翻译的《楚辞》先后由湖南出版社、中国对外翻译出版公司出版,在《楚辞》英译本中占有极其重要的分量。杨成虎评价说:"许渊冲的译文着力表现'骚体'的特征,在选词造句上宁美不信……许译念起来朗朗上口,让人有诗的感觉,只是他过多地省略了原文本中词语的文化信息。(中略)许译使用了单行与单行押韵,双行与双行押韵,中间加 oh,这在英诗中是一种很好的尝试……"

4. 卓振英

卓振英,浙江师范大学外国语学院翻译系教授,中国英汉语比较研究会常务理事、典籍英译学科委员会召集人。在长期的古典诗词英译实践中,卓振英形成了较为系统的译诗观念,其译著《楚辞》(*The Verse of Chu*)于2006年出版,是"大中华文库"系列书目之一。译本一经出版,即刻引起了翻译界的广泛关注与高度评价。有学者评价其《楚辞》英译的特色为"以诗译诗与借形传神",即借用英诗的各种诗体,力求通过"形变"达到传情传神的效果。

【楚辞经典篇章英译鉴赏之一】

离骚(节录)

日月忽其不淹兮①,春与秋其代序②。
惟草木之零落兮③,恐美人之迟暮④。
不抚壮而弃秽兮⑤,何不改乎此度⑥?
乘骐骥以驰骋兮⑦,来吾道夫先路⑧!

【注疏】

①忽,"疾"貌。淹,停留。
②春秋,代四季。代序,即代谢。
③零落,凋落。
④美人,屈原自喻。迟暮,晚暮,喻年老。
⑤抚壮,任用年德盛壮之士。弃秽,废弃逸侄秽恶之人。
⑥此度,指国之旧有法度。
⑦骐骥,骏马,喻君王威势。骋,《说文》马部:骋,直驰也。
⑧来,助动词。道:《文选》作"导",同引导之义。"来吾道夫先路",乃屈赋特殊句式,以通常结构而言,为"吾来道夫先路""来道"连读。

【白话释义】

日落月出周而复始啊,春去秋来年复一年。想到草木一到秋天便凋零啊,我便担心佳人青春的逝去。为何不趁着年轻改变秽恶的行为啊,为什么不改变现在的法度？驾着骏马我将要奔驰啊，你来吧，我要为你在前面引路！

【创作背景】

《离骚》为战国时期诗人屈原所创作的诗篇，是中国古代最长的政治抒情诗，是"楚辞"最重要的代表作。

屈原（约公元前340—公元前278年），中国战国时期楚国诗人、政治家。芈姓，屈氏，名平，字原。他所处的时代，列国争雄，以秦楚最强，两国都有统一中国的可能。为了强国，屈原认为变法图强是楚国唯一的出路。而要变法，必然会侵害旧贵族的利益，因而遭到他们的强烈反对和阻挠。楚怀王听信谗言，开始疏远屈原，罢免他的"左使"之职，而让他做一个闲散的三闾大夫。此外，在公元前318年，楚、魏、韩、赵、燕五国联合攻秦失败后，秦国的一系列举措使得楚国面临极大的军事威胁。屈原主张联合当时另外一个强国齐国，以抗秦。此项主张再一次遭到了亲秦投降派的反对和阻挠。以上官大夫、靳尚、楚怀王幼子子兰、楚怀王宠姬郑袖为代表的亲秦派不断打击和排挤屈原，对楚怀王施加影响。这场亲秦与抗秦的斗争最后以屈原的失败而告终，他先后被流放于汉北、江南，一生的政治理想付诸东流。在此背景下，屈原用诗歌来倾吐自己忧国忧民、眷恋故土、郁志难舒的愁绪和愤抑。司马迁在《史记·屈原列传》里说："屈平正道直行，竭忠尽智，以事其君，谗人间之，可谓穷矣。信而见疑，忠而被谤，能无怨乎？屈平之作《离骚》，盖自怨生也。"所以，《离骚》被认为是屈原被楚怀王疏远之时，是屈原根据楚国的政治现实和自己的不平遭遇，"发愤以抒情"而创作出的一首政治抒情诗。

【主题鉴赏】

司马迁在《史记·屈原贾生列传》中说："'离骚'者，犹离忧也。"班固《离骚赞序》云："离，犹遭也；骚，忧也，明己遭忧作辞也。"

全诗可分为两大部分，第一部分从"帝高阳之苗裔兮"至"岂余心之可惩"，主要描写屈原对过往经历的回顾，以及对楚王反复无常、不辨忠奸、昏庸无能的作为的愤慨。首先屈原叙述自己的出身，自幼就独具才能，并努力自修美德；接着写他立志辅佐楚王，力图使楚国更加强大；然而由于屈原的政治主张和改革措施触犯了旧贵族势力的利益，因此招致诽谤和诬蔑。楚王听信谗言，罢黜和放逐了屈原；同时，屈原为祖国精心培养的人才也纷纷变质。诗人既怨恨楚王昏聩，又痛恨宵小之辈之害人误国。即便如此,诗人仍然坚持自己美好的政治理想,誓与邪恶势力一争到底。

第二部分从"女媭之婵媛兮"至篇末,主要描写屈原对未来道路、对政治理想的探索与追求。首先,女媭劝他明哲保身,但是屈原否定了女媭的建议。接着屈原想通过上天下地来决定去向。结果天门不开,下地寻求天帝的意见也不成功。然后屈原去找灵氛占卜,灵氛劝他去国远游,诗人犹豫不决。于是又去找巫咸请教,巫咸则劝其暂留楚国等待明君的赏识与倚重。诗人权衡各方利弊,决定听取灵氛的建议,离开楚国远行。但是,就在他神志飞扬,飘然神游之际,他向下界一瞥,忽然看到了故土的壮丽河山。他不禁悲从中来,心痛难忍,决定重投祖国的怀抱。最后屈原在极度的痛苦中决心"从彭咸之所居",以死来殉其"美政"的理想。

全诗描写了诗人为实现宏伟的政治理想而坚持奋斗,抒发了他遭谗被谤的苦闷心情,表达了他热爱祖国、眷顾苍民的深厚感情。他刚正不阿,不屈不挠,对自己崇高的政治理想忠贞不渝,对腐朽黑暗的楚国旧势力深恶痛绝,抨击他们结党营私,谗害贤能,邪恶误国的罪行。最后诗人以死殉国,体现了他高尚的情操和凛然的正气。

【英译版本】

译文1 杨宪益、戴乃迭

LI SAO

Without Delay the Sun and the Moon sped fast,
In swift Succession Spring and Autumn passed;
The fallen Flowers lay scattered on the Ground,
The Dusk might fall before my Dream was found.

Had I not moved my Prime and spurned the Vile,
Why should I not have changed my former Style?
My Chariot drawn by Steeds of Race divine
I urged; to guide the King my sole Design.

译文 2 大卫·霍克斯

LI SAO 'ON ENCOUNTERING TROUBLE'

The days and months hurried on, never delaying;
Springs and autumns sped by in endless alternation:
And I thought how the trees and flowers were fading and falling,
And feared that my fairest's beauty would fade too.
Gather the flower of youth and cast out the impure!
Why will you not change the error of your ways?
I have harnessed brave coursers for you to gallop forth with:
Come, let me go before and show you the way!

译文 3 许渊冲

SORROW AFTER DEPARTURE

The sun and the moon will not stay, oh!
Spring will give place to autumn cold.
Grass will wither and trees decay, oh!
I fear that beauty will grow old.

Give up the foul while young and strong, oh!
Why won't you my lord, change your style and way?
Ride your fine steed, gallop along, oh!
I'll go before you lest you stray.

译文 4 卓振英

TALES OF WOE

The sun and th' moon in due course rise and fall so swift;
While spring and autumn for each other in turn shift.

'Tis true that wither may the plants, which today thrive;
To meet th' Beauty in her youth 'tis wise that I strive.

I am determined to purge the vile in my prime;
Shouldn't the Institution be reform'd in time?
Riding on the steed I would rush and charge ahead
As path-breaker, though sweat and blood I might shed.

【汉诗训诂与译文鉴赏】

从诗体形式上看,"楚辞"打破了《诗经》以四言为主的句式,使用五言、六言,甚至七言、八言的句子,并大量使用"兮"字。该字多出现在句中或句尾,帮助调节音节和节奏,有时还能起到某种结构助词的作用,非常灵活而且富于情感表现。"楚辞"的体制也突破了《诗经》短章之局限,可以写出如《离骚》般的鸿篇巨制。"楚辞"也开启了"赋体"之先河,并影响其后历代散文的创作。此外,"楚辞"的许多作品想象力丰富、神话色彩浓郁、语言瑰丽、思想玄妙,抒发了诗人们的强烈情感和忧患意识。

以《离骚》为代表的《楚辞》创造了独特的"骚体"式,其主题深刻广泛、内容博大精深、语言独具特色,故其英译难度极大。加之《楚辞》的时代离现代太过久远,即使历朝历代都有学者对其不断进行勘校、注疏、释义,要想深刻理解《楚辞》的主旨也绝非易事,甚至不同的学者对某些字、句的理解也有很大差异。国内外诸多译者因其参考的注疏版本不同,中文造诣不同,以及所秉持的翻译理念和策略的差异,致使诸多译文呈现出丰富多样的趋势,既有令人叫绝的精彩之笔,也有差强人意的缺憾之处。但无论是何种风格,即使高下有别,中国诗歌史上的这一块瑰宝仍被各位译者精心地翻译而成。因此,在欣赏不同译文时,我们应该带着思考,用客观、审慎的眼光,用虔敬的态度来欣赏每一位译者的作品,若一味挑剔、百般苛责,反而会忽略了最为本质的内容。

《楚辞》内容庞博杂糅,历代学者研究《楚辞》的著述浩如烟海,学术界对其中的许多内容至今仍有争议,这也导致了《楚辞》的译者可能因采纳不同学者的注疏释义而给出不同的译文。上表所列即为从《离骚》节录片段中选出来的一些词句及其英译,可以看出四种译文各有千秋。

【离骚】"离骚"二字,自古以来有多种解释。司马迁《史记·屈原贾生列传》

有言:"'离骚'者,犹离忧也。"《离骚赞序》中,班固云:"离,犹遭也;骚,忧也,明己遭忧作辞也。"王逸《楚辞章句》云:"离,别也;骚,愁也。""离骚"即"离别的忧愁"。有学者认为《离骚》是楚国古曲名《牢商》,也有学者认为"离骚"即"牢骚"。比较通用的说法是"离"通"罹",意为遭遇,"骚"意为忧愁,《离骚》是诗人遭遇忧愁而写成的诗作。

杨、戴并未翻译"离骚"二字,只是用拼音拼写出来。霍克斯采用拼音加意译的方法,他对"离骚"的理解是"遭遇麻烦"。许采纳的是王逸之说,将"离骚"理解为"离别后的忧伤"。而卓译为"tales of woe",意为比较悲惨的经历或者故事。相比较而言,卓译更接近普遍接受的观点,也更耐人寻味。

【草木】王逸《楚辞章句》云:"零、落,皆堕也。草曰零,木曰落。""草木"一般指草本植物和木本植物。杨、戴将"草木"统译为"Flowers",偏义于"草",而略"木"之意。霍克斯将"木"译为"trees",以"flowers"来指代"草"。许译"木"为"trees",而"草"直译为"grass"。卓用"plants"指代所有植物。综上,霍译和许译更接近原意,且霍译则更有诗意。

【美人】对"美人"之理解,学术界众说纷纭,大部分学者认为"美人"是实际的人物指代,但具体指代的是谁又说法不一。比较普遍的观点有:一是指君王,大致有两种认识,其一指楚怀王,王逸最早执此说,其《楚辞章句》云:"美人谓楚怀王也。人君服饰美好,故言美人也。"朱熹等后世许多学者均持此说。其二指楚怀王之子楚顷襄王,近代学者蒋天枢在其《楚辞校释》中提出此观点。二是屈原自指。唐代学者陆善经较早提出此说,现代许多学者如游国恩、汤炳正等都执此说。三是兼指楚怀王和屈原,朱冀《离骚辩》云:"盖句法从《国风》'西方美人'来,则谓之称君也可。若与后文'嫉余之娥眉'对看,即谓大夫自况也亦可。"并由此开启后世学者认为"美人"泛指一切贤人,包括明君与贤臣之说。杨、戴并未直接译出"美人"一词,但从其译文来看,此译从第二种观点,即认为"美人"指代屈原自况,故有"my"之译法。霍译、许译、卓译均根据字面意思把"美人"译为"beauty",避免了确切的指代,让读者自去感受,去理解,不失为取巧译法,忠与不忠,读者自有定夺。

【壮】《说文》:"壮,大也。"王逸《楚辞章句》:"年德盛曰壮。"朱熹《楚辞集注》:"三十曰壮。"杨、戴译和卓译同为"my prime",意为"我最好的全盛时期"。结合整句来看,他们认为"抚壮"和"弃秽"的人是诗人自己。霍译使用了暗喻手法,"Gather the flower of youth and cast out the impure!",其中"the flower of youth"也比较符合"壮"之隐喻。从主语看来,霍克斯认为是"你"来"抚壮"和"弃秽",

此处应当指的是君王。许译为"young and strong",也是对"壮"的准确翻译,结合整句来看,许译认为"抚壮"和"弃秽"的是君王。这四种译文各有其精妙。

【秽】《说文》:"秽,芜也。"王逸《楚辞章句》:"秽,行之恶也,以喻谗邪。百草昧稼穑之秽,逸佞亦为忠直之害也。"朱熹《楚辞集注》:"草荒曰秽,以比恶行。"四位译者皆直接译出"秽"之喻义,杨、戴译和卓译为"the vile",对照他们前文对"壮"的翻译,"the vile"均指自己品性中不好的一面。霍译为"the impure",结合整句来看,可以理解为不纯洁、不道德之人。许译"the foul"指邪恶、道德败坏之人。此三种译文都译出了"秽"之意,因对原文的理解有异,对译文的处理也因之有别。

【此度】王逸认为"此度"乃是"惑谗之度","改此度"即"言愿君务及年德盛壮之时修明政教,弃远谗佞,无令害贤,改此惑谗之度,修先王之德法也。"杨、戴将"此度"译为"my former Style",承前的主语是"我",因而此处译为"我(之前)的方法"。霍、许则承前译为"你(之前)的方法或道路"。卓将"此度"译为"the Institution",意为制度、规定。霍译和许译比较接近原文之意。

【骐骥】王逸《楚辞章句》:"骐骥,骏马也,以喻贤智,言乘骏马一日可致千里,以言任贤智则可成于治也。"历代学者皆执此说。四种译文中使用的是"steed"或"courser",均意为"骏马"。"courser"常为诗歌用词,较"steed"更文雅,更接近"骐骥"在汉语中的感觉。

【楚辞经典篇章英译鉴赏之二】

九歌·湘夫人①(节录)

　　　　帝子降兮北渚②,目眇眇兮愁予③。
　　　　嫋嫋兮秋风④,洞庭波兮木叶下⑤。
　　　　登白薠兮骋望⑥,与佳期兮夕张⑦。
　　　　鸟何萃兮蘋中⑧,罾何为兮木上⑨?
　　　　沅有芷兮澧有兰,思公子兮未敢言⑩。
　　　　荒忽兮远望,观流水兮潺湲⑪。

【注疏】

①湘夫人,湘水的女神。

②据《山海经》,湘江之神为天帝之女,故称"帝子"。北渚,北面小洲。此为由湘水入郢必经之路。此处"兮"代"于"字。

③眇眇,即渺渺,远望不见之貌。愁予,使我忧愁。此"兮"代"然"字。

④嫋嫋(niǎo),清风徐拂貌。此"兮"代"之"字。

⑤波,兴起水波。下,脱落。此"兮"代"而"字。

⑥登,广雅释诂,"蹬,履也。""蹬"即"登"之后起字。白薠,草名。骋望,纵目眺望。此处"兮"代"以"字。

⑦与,去声,古多训"为"。佳期,指与湘夫人的约会。夕张,于夜间陈设铺张。此处"兮"代"而"字。

⑧萃,聚集。蘋,水草。此处"兮"代"于"字。

⑨罾(zēng),渔网。此处"兮"代"于"字。

⑩沅、澧,皆水名。公子,指湘君。"未敢言",谓思念之情不敢外露。此二"兮"皆代"而"字。

⑪荒忽,犹仿佛,不明了貌。此"兮"代"而"字。潺湲,水流貌。此处"兮"代"之"字。

【白话释义】

湘夫人降临在北面的洲岛,望眼欲穿,不见伊人,使我愁绪如潮。嫋嫋地、徐徐地吹拂着萧瑟的秋风,洞庭湖扬起微波,万木落叶飘飘。我站在薠草芊芊的地方纵目遥望,我与佳人约会在黄昏,已及早准备周到。唉!鸟雀为何群集在蘋泽之中?渔网又为何张挂在高高的树梢?沅水有白芷啊,澧水有幽兰,怀恋湘夫人啊,未敢直言!心思恍惚迷惘啊,放眼远眺,失魂落魄地静观那流水潺湲。

【创作背景】

《九歌》是屈原十一篇作品的总称。"九"是泛指,并非实数。《九歌》共十一篇:《东皇太一》《云中君》《湘君》《湘夫人》《大司命》《少司命》《东君》《河伯》《山鬼》《国殇》《礼魂》。诗歌中创造了大量神的形象。《九歌》原是古乐章名,一般认为《九歌》是在民间祭祀乐歌的基础上加工而成。至于创作时间,王逸《楚辞章句》认为:"昔楚国南郢之邑,沅湘之间,其俗信鬼而好祠。其祠必作歌乐鼓舞以乐诸神。屈原放逐,窜伏其域,怀忧苦毒,愁思沸郁,出见俗人祭祀之札,歌舞之乐,其辞鄙陋,因作《九歌》之曲,上陈事神之敬,下见己之冤结,托之以风谏。"但也有研究者认为《九歌》作于屈原放逐之前,仅供祭祀之用。

《湘夫人》是《九歌》中的一篇。大约自秦汉时起,湘水流域就流传着湘君与湘夫人的爱情传说。湘水是楚国境内的一大河流,湘夫人被认为是湘水女性之神,与湘水男性之神湘君是夫妻。又说湘君和湘夫人的原型脱胎于古帝舜和他的两位妻子。舜的两位妻子是尧帝的两个女儿娥皇与女英,她们追随丈夫到沅湘,据说舜死后,娥皇、女英悲伤痛哭,后投湘江自尽。屈原根据这个传说创作了诗歌《湘君》和《湘夫人》。

【主题鉴赏】

《湘夫人》是《九歌》中的一首,和《湘君》是姊妹篇,都是描写爱情的诗篇。《湘君》的主人公是湘夫人,描写的是她对湘君的情感,而《湘夫人》的主人公是湘君,描写的是他久候湘夫人而不见,内心焦虑、惆怅、迷惘,深陷无尽的相思之苦。

诗歌先描写湘君在洞庭湖畔焦急地等待湘夫人的到来。"嫋嫋兮秋风,洞庭波兮木叶下",洞庭湖秋水荡漾,岸边树叶飘落,早早到达约会地点的湘君望断秋水,却不见心上人到来。焦急的他甚至问道:"鸟何萃兮蘋中,罾何为兮木上?"他的内心充满了失望和困惑,不知道为何湘夫人仍然不见踪影。

接着,诗人以比兴手法来描写湘君对湘夫人的相思之情。"沅有芷兮澧有兰,思公子兮未敢言",水泽之畔的香草兴起的是湘君对伊人的相思;流水潺潺,时光流逝,而伊人何在?"麋食中庭"和"蛟滞水边"与前文中对鸟和网的描写一样,是隐喻性的比兴。等待爱人而不见,焦虑的湘君不由得想到这些反常之情形。他在急切地寻觅,幻想中听到伊人召唤,于是与她一起乘车而去。

湘君幻想中与湘夫人约会的场景,是全诗中最浪漫、最富想象力的部分。湘君在水中用奇花、异草、香木来搭建和装饰他与湘夫人相会之所,荷、荪、椒、桂、兰、辛夷、药、薜荔、蕙、石兰、芷、杜衡等十多种植物搭配在一起,色彩明艳,香气芬芳。只有这样精美绝伦之所才适合迎接心爱之人,只有这样流光溢彩之所才能见证他们缠绵悱恻的爱情。最后湘君从美好的幻想中惊醒,又重新陷入苦苦的等待和相思之中。

许多学者认为《九歌》中的爱情都是难以圆满的爱情,是屈原失意人生的映射和写照,故他们认为诗中湘君苦苦等待的伊人最终并未降临。

又有学者认为,《湘夫人》中湘君听到湘夫人的召唤是真实的,伊人降临之后与之共赴祭坛,即用奇花、异草、香木搭建的水中之室。最后一部分描写的正是湘夫人降临之后,湘君与她逍遥快乐的相会情景。

【英译版本】

译文1　杨宪益、戴乃迭

THE LADY OF THE XIANG RIVER

The Queen upon the Northern Shore descends,
And Sorrow to her Eyes more Beauty lends.
The Autumn Breeze sighs as it flutters slow;
The Lake is ruffled, and the Leaves drift low.
I gaze afar amid the Clover white,
At Dusk desiring my Beloved's Sight.
Why are the birds gathering the Reeds among,
While idly from the Trees the Nets are hung?
Besides the Stream Orchids and Clover grow;
I long for him, but dare not speak my Woe.
Now in the Twilight dim after I gaze,
And watch the flowing Water's rippling Maze.

译文2　大卫·霍克斯

JIU GE 'NINE SONGS'
'THE LADY OF THE XIANG' (XIANG FU-REN)

The Child of God, descending the northern bank,
Turns on me her eryes that are dark with longing,
Gently the wind of autumn whispers;
On the waves of the Dong-ting lake the leaves are falling.
Over the white sedge I gaze out wildly;
For a tryst is made to meet my love this evening.
But why should the birds gather in the duckweed?

And what are the nets doing in the tree-tops?

The Yuan has its angelicas, the Li has its orchids:

Ant I think of my lady, but dare not tell it,

As with trembling heart I faze on the distance

Over the swiftly moving waters.

译文 3 许渊冲

TO THE LADY OF RIVER XIANG

Descend on northern isle, oh! my lady dear,
But I am grieved, oh! To see not clear.
The autumn breeze, oh! Ceaselessly grieves
The Dongting waves, oh! with fallen leaves.
I gaze afar, oh! 'mid clovers white
And wait for our tryst, oh! in the twilight.
Among the reeds, oh! can birds be free?
What can a net do, oh! atop a tree?

White clover grows, oh! beside the creek;
I long for you, oh! but dare not speak.
I gaze afar, oh! my beloved one,
I only see, oh! rippling water run.

译文 4 卓振英

SONG TO THE LADIES OF THE XIANG RIVER

When would Your Highnesses descend on the North Isle?

Eager expectancy makes my yearning heart ache.

I see only th' leaves falling in the autumn winds

And the waves surging in the boundless Dongting Lake!

For th' tryst in th' twilight I have prepar'd tents and all.

O'er th' clovers white I gaze afar but nothing see.
Were I like a bird which wrongly rests on th' duckweed?
Were I casting my fishing net atop the tree?
Th' Yuan River boasts of angelicas and th' Li of
Orchids; but alas, no word of love dare I say!
Peering into the distance, I can only see
The murmuring waters babbling away!

【汉诗训诂与英译鉴赏】

【帝子】王逸《楚辞章句》云："帝子,谓尧女也。……言尧二女娥皇、女英随舜不反,堕于湘水之渚,因为湘夫人。"朱熹认为"帝子"是"湘夫人,尧之次女女英,舜次妃也",并认为《湘君》中的"君"为"尧之长女娥皇,为舜正妃者也。"汤炳正《楚辞今注》："据《山海经》,湘江之神为天帝之女,故称帝子。"从王逸之说者众。

杨、戴将"帝子"译为"The Queen",避开了原文用词,而选用了能表示其身份的"queen"来指称,对象为一人。霍译为"The Child of God",从《山海经》之说。许译为"my lady dear",也指称一人。只有卓译"Your Highnesses"指称为两人。一般认为此诗是湘君在等待湘夫人,故用来称呼王室成员的"Your Highnesses"似乎不符合人物之间的关系。相较而言,霍译和许译更为贴切。

【嫋嫋】王逸《楚辞章句》云："嫋嫋,秋风摇木貌也。"朱熹《楚辞集注》："嫋嫋,长弱之貌。"汤炳正《楚辞今注》："嫋嫋:清风徐拂貌。"故此,嫋嫋的秋风并不是疾风,而是柔和的风。杨、戴的"sighs as it flutters slow"用动词来表现秋风"嫋嫋"之貌;霍克斯译为"Gently whispers",表现风之轻柔;许译为"Ceaselessly grieves",使用了拟人的修辞手法;卓译并未译出秋风之态,只是留给读者想象空间。四种译法,霍译更为贴切,且更有诗意。

【洞庭波】朱熹《楚辞集注》说道："……秋风起则洞庭生波。"汤炳正《楚辞今注》："波:兴起水波。"故,"波"在诗句中为动词。杨、戴将"波"译为"(The Lake) is ruffled","ruffle"指水面泛起涟漪,译文生动形象;霍译"the waves of the Dongting lake",许译"The Dongting waves"都是把"波"译为名词,表现力就弱了许多;卓译为"the waves surging",是波涛汹涌之意,因嫋嫋的秋风而起的波浪应该不会如此猛烈,故杨、戴的翻译更胜一筹。

【蘋】《说文》:"蘋,蓱也。無根,浮水而生者。"姜亮夫《重订屈原赋校注》云:"蘋,水草。"四个译本中,杨、戴和许将"蘋"译为"the Reeds",意为芦苇,显然与原文不符。"鸟何萃兮蘋中,罾何为兮木上",此句说的是"鸟当集木巅而言草中;渔网当在水中而言木上,以喻所愿不得失其所也。"若是"蘋"指的是芦苇,鸟栖于芦苇之上也是可以的,但无法形成强烈的对照之感。霍译、卓译为"the duckweed",即水中的浮萍,是比较切合原文的翻译。

【公子】王逸《楚辞章句》:"公子,谓湘夫人也。重以卑说尊,故变言公子也。言己想若舜之遇二女,二女虽死,犹思其神,所以不敢达言者,士当须介,女当须媒也。"朱熹注:"公子谓湘夫人也,帝子而又曰公子,犹秦已称皇帝,而其男女,犹曰公子公主,古人质也。"也有学者认为"公子"是湘君自指,如现代学者姜亮夫、汤炳正等。

杨、戴将"公子"译为"him",颇令人费解;霍译为"my lady",单数指称,与"帝子"对应,当指湘夫人;许译为"you",直抒胸臆,表达对"my lady dear"的思念之情;卓译并未译出"公子"一词,但结合上下文看,"word of love"的对象应当是此诗开头的"Your Highnesses"。

【楚辞经典篇章英译鉴赏之三】

九歌·山鬼①(节录)

若有人兮山之阿②,被薜荔兮带女萝③。
既含睇兮又宜笑④,子慕予兮善窈窕⑤。
乘赤豹兮从文狸⑥,辛夷车兮结桂旗⑦。
被石兰兮带杜衡⑧,折芳馨兮遗所思⑨。
余处幽篁兮终不见天⑩,路险难兮独后来⑪。

【注疏】

①山鬼,即山神。

②若,若有所见,疑似之词。人,山鬼。阿,山之曲隅。此"兮"代"于"字。

③被薜荔,谓"山鬼"披薜荔、香草为衣。带女萝,以女萝为带。女萝,蔓生植物,多附于松柏,又称松萝。此"兮"代"而"字。

④睇,《说文》,"目小视也。"含睇,指微开其目,目光含而不露。宜笑,善笑,爱笑。此"兮"代"而"字。

⑤子,指山鬼。慕,爱慕。予,迎神男巫自称。善窈窕,言善于作态。窈窕,姿态美好。此"兮"代"而"字。

⑥乘赤豹,言以赤豹驾车。赤豹,指豹毛赤而文黑。从文狸,以文狸为侍从。文狸,毛黄黑相杂之狸。此"兮"代"而"字。

⑦辛夷车,以辛夷香木为车。结桂旗,结桂枝为旗。此"兮"代"而"字。

⑧被石兰、带杜衡,与上文"被薜荔""带女萝"写"山鬼"山间独居之服不同,此言"山鬼"因即将降临享祭而换装。此"兮"代"而"字。

⑨芳馨,指香花芳草。遗,赠。所思,"山鬼"谓己所思之人。此"兮"代"以"字。

⑩余,"山鬼"自称。处,居住。幽篁,幽深的竹林。此"兮"代"而"字。

⑪险难,犹艰险。独后来,"山鬼"谓己降临祭坛独迟。此"兮"代"故"字。

【白话释义】

【释义1】我这人啊,居住在群山的幽僻角落,身披薜荔之衣,系的衣带是女萝。美目迷人而含情流盼,口齿美好而巧笑妩媚,您爱慕我淑善娴雅,容态姣美。我乘着赤豹所驾之车,随后侍从的是花狸。辛夷木的大车上,编结桂枝为旗。身披石兰之衣,系的衣带是杜衡,折取芳馨的花草,向所思之人馈赠。我居息于幽密的竹林深处,终日不见青天,山径又险阻艰难,因此来得独晚。

【释义2】仿佛有人从那山隈经过,披着薜荔做的衣裳,系上女萝为腰带。含情脉脉嫣然一笑,你将羡慕我窈窕娴娜。驾车的赤色豹子文狸紧随其后,用辛夷做车,桂枝为旗。披着石兰杜衡为带,摘取香花打算送给情人。我住在竹林深处不见天日啊!路途险阻而姗姗来迟。

【创作背景】

《山鬼》为《九歌》的第九首,一般认为屈原的《九歌》是其在民间祭祀乐歌基础上加工而成。《九歌》中创造了大量神的形象,其中有不少诗篇描述了神的爱情生活,如《湘君》《湘夫人》《云中君》等,《山鬼》也是如此。关于创作时间,王逸认为是在屈原被放逐后,也有研究者认为是在其被逐之前。

此篇为祭祀山神的乐歌,但也有学者提出《山鬼》表现的是"人神恋爱"。

【主题鉴赏】

关于《山鬼》一诗,学术界对"山鬼"这一文学形象以及其主题的理解一直以来都没有定论。但是研究者们对《山鬼》的形象与意境的理解有以下几种说法:

主题一:山神说

许久以来,在学术界比较流行的说法是"山鬼"即"山神"。明代学者汪瑗认为:"谓之《山鬼》者何也?盖鬼神通称也,此题曰《山鬼》,犹曰山神、山灵云耳。"当代文艺理论家马茂元认为:"山鬼即山中之神,称之为鬼,因为不是正神。"又说:"山鬼即山神。古籍中,鬼神二字往往连用。"在楚辞的现代研究界中,"山神说"是最为流行的说法。

主题二:瑶姬说

有一部分学者认为"山鬼"即"山神",并且此"山神"就是"巫山神女"瑶姬。如清人顾成天在其《九歌解》中说到:"曰《山鬼》篇云:楚襄王游云,梦一妇人,名曰瑶姬,通篇辞意似指此事。"郭沫若认为:"'於山'即'巫山'。因为'於'古音'巫',是同声假借字。"他还旁征博引证明"巫山神女"即"帝之季女"瑶姬。当代不少楚辞研究家也认为诗篇中的"山鬼",就是"巫山神女"。

主题三:祭祀表演说

另有学者认为《山鬼》描写的是祭祀表演,旨在迎"山神"。根据祭祀礼俗,巫者迎神要将自己装扮成神灵的样子,神灵才肯"附身"受祭。这篇诗歌描写的正是装扮成山鬼模样的女巫迎神灵而不遇,以此来表现民间众人虔诚迎神以求其庇佑的场景。诗中的"君""公子""灵修",均指山鬼;"余""我""予"等第一人称,则指迎神的女巫。

诗歌文本刻画了一位美丽多情的少女,她"被薜荔兮带女萝",把自己装扮得异常美丽;她"既含睇兮又宜笑",含情的眼神,柔美的笑意让人眼前一亮。再看她的车驾随从:"乘赤豹兮从文狸,辛夷车兮结桂旗……",红色的豹子、斑斓的花狸为她驾车,芳香的辛夷木做成的车上装饰着桂枝。

第二章 《楚辞》英译鉴赏与评析

"山神说"认为这个少女就是山神自己,她"处幽篁兮终不见天",不辞辛苦赴约去见心上人却不遇。她一扫之前喜悦的心情,开始哀愁、烦忧,四处寻找。"怨公子兮怅忘归",哀怨之情油然而生。心上人终究失约,她只能在阴沉肃杀的氛围中暗自神伤。而"祭祀表演说"认为这个少女由女巫装扮而成,她的目的是迎山神,而神灵不至,内心向往的庇佑得不到实现,故而惆怅满怀。

【英译版本】

译文1 杨宪益、戴乃迭

THR SPIRIT OF THE MOUTAINS

A Presence lingers in the Mountain Glade,
In Ivy and Wistaria Leaves arrayed.
My laughing Lips with gay and sparkling Glance
By sprightly Beauty ev'ry Heart entrance.
With Foxes Train, on tawny Leopards borne,
Jasmine and Cassia Flags my Steeds adorn.
Clad in Rock Orchid, in Azalea decked,
I pluck the fragrant Herbs for my Elect.
Where Reeds gloom darkly and obscure the Day,
Late am I come through steep and weary Way;

译文2 大卫·霍克斯

JIU GE 'NINE SONGS'
'THE MOUTAIN SPIRIT' (SHAN GUI)

There seems to be someone in the fold of the mountain
In a coat of fig-leaves with a rabbit-floss girdle,
With eyes that hold laughter and a smile of pearly brightness:
'Lady, your allurements show that you desire me.'
Driving tawny leopards, leading the striped lynxes;

A car if lily-magnolia wit banner of woven cassia;
Her cloak of stone-orchids, her belt of as arum:
She fathers sweet scents to give to one she loves.
'I am in the dense bamboo grove, which never sees the sunlight,
So steep and hard the way was, therefore I am late'

译文 3　许渊冲

THE GODDESS OF THE MOUTAIN

In mountains deep, oh! looms a fair lass,
In ivy leaves, oh! girt with sweet grass.
Amorous looks, oh! and smiling eyes,
For such a beauty, oh! there's none but sighs.

Laurel flags spread, oh! over fragrant cars
Drawn by leopards, oh! dotted with stars.
Orchids as belt, oh! and crown above,
She plucks sweet blooms, oh! for her dear love.

The bamboo grove, oh! obscures the day;
I come too late, oh! hard is the way.

译文 4　卓振英

SONG TO THE GODDESS OF MOUTAINS

(*Sing Wizard as usher:*)
A soul lingers beyond the mountain crest,
In Ivy and Angelica she's dress'd.
(*Sing Goddess of Mountains Incarnate:*)
My smiles are sweet and my eyes are tender,
And people admire my figure slender.

On th' leopard-drawn magnolia cart I make
A trip, musk foxes following in the wake.
(*Sing Wizard as usher*:)
Laurel flags waving, wild ginger wreaths I wear,
In hand a bouquet for th' one for whom I care.
(*Sing Goddess of Mountains Incarnate*:)
I come from bamboo groves which obscure th' sky,
And my arrival th' rugged paths have delay'd.

【汉诗训诂与译文鉴赏】

【山鬼】"山鬼"有多种解释,如"山神说""瑶姬说""祭祀表演说"等,不一而足。四种译文中,杨、戴与霍克斯将"山鬼"译为"spirit",意为鬼魂、幽灵,与原文所指有不符。许、卓译为"goddess",指女神,更符合大部分学者的观点。

【有人】王逸《楚辞章句》:"有人,谓山鬼也。"后世学者皆认为如此。杨、戴将"有人"译为"A Presence",有"(看不见的)灵气、鬼怪"之意;霍译为"There seems to be someone",并未暗示此为何人;许译的"looms a fair lass",指一位漂亮少女的身影若影若现;卓译为"A soul",指"幽灵"。故杨、戴与卓译更接近原文。

【含睇】"睇",《说文》:"目小视也。……南楚谓眄曰睇。"王逸《楚辞章句》云:"睇,微眄貌也。""眄",意为"斜着眼看"。汤炳正《楚辞今注》云:"含睇:指微开其目,目光含而不露。"故此,"含睇"描绘出山鬼微睁其目,眼神微微斜视的样子,一个活泼俏皮的少女形象跃然纸上。杨、戴将"含睇"译为"sparkling Glance",轻轻一瞥,目睛亮闪闪之貌;霍译为"With eyes that hold laughter",指的是眼中带着笑意;许译文中的"amorous"意为"柔情的,表示爱情的",但是该词也带有"色情的"之意,故不妥。卓译为"my eyes are tender"并未译出山鬼脸上灵动的表情,略有欠缺。相较而言,杨、戴译文更能表现出原文的意境。

【宜笑】王逸注:"言山鬼之状,体含妙容,美目盼然,又好口齿,而宜笑也。"洪兴祖《楚辞补注》云:"《诗》云:'巧笑倩兮,美目盼兮'……山鬼无形,其情状难知,故含睇宜笑以喻姱美,乘豹从狸以譬猛烈,辛夷杜衡以况芳菲不一而足也。"现代学者姜亮夫认为"宜笑"若按字面解,意为"适合于一笑也",若结合上下文而言,"则有两义:一、所以表目之美……二、则指颜面齿牙。……"四种译文基本上都把重心放在"笑"上:杨、戴译为"My laughing Lips with gay",霍译为"a smile of pearly brightness",许译为"smiling eyes",卓译为"My smiles are sweet",各有千秋,相较而言,笔者认为霍译更具诗意。

【芳馨】《说文》曰:"芳,香草也。"《说文》曰:"馨,香之远闻者。"故"芳馨"泛指各种香花香草。四种译文中杨、戴所译"the fragrant Herbs"偏指有香味的草;霍译为"sweet scents",而"scent"指的是令人愉悦的香味,但并不一定指的是植物发出的味道;许译为"sweet blooms",意为香花,并未涵盖香草;卓译为"a bouquet",指的是花束,既未提及香草,也未强调其香味。屈原作品里提到大量的香花香草如杜衡、薜荔、椒、辛夷、桂、兰、蕙、石兰、芷等,故"芳馨"不应该只是指香草或者香花,而是都包含在内。相较而言,杨、戴的翻译最贴近原文。

【幽篁】对于整句"余处幽篁兮终不见天",王逸注:"言山鬼所处,乃在幽昧之内,终不见天地,所以来出,归有德也。或曰:幽篁,竹林也。"朱熹曰:"幽,深也;篁,竹丛也。"四种译文中霍、许、卓都将"幽篁"译为"bamboo grove(s)",且又各自用了"dense""obscure"来突出"幽"字,是非常符合原文的翻译。杨、戴译为"Reeds",即"芦苇"之意,与原文不符。

【楚辞经典篇章英译鉴赏之四】

九章·橘颂(节录)

后皇嘉树,橘徕服兮①。
受命不迁,生南国兮②。
深固难徙,更壹志兮③。
绿叶素荣,纷其可喜兮④。
曾枝剡棘,圆果抟兮⑤。
青黄杂糅,文章烂兮⑥。
精色内白,类可任兮⑦。
纷缊宜修,姱而不丑兮⑧。

【注疏】

①后皇,"后"当为"侯"之同音借字,为发语词。皇,盛大。嘉树,美树。徕,

即"来"。服,习惯。二句赞叹橘树高大盛美,适应南土。

②命,天命,此指自然禀性。迁,移植。南国,南土。古有橘只生淮南而不生淮北的说法。

③深固,指橘树之根。徙,迁移。壹志,专一的志向。

④素,白。荣,花。纷,花叶茂盛貌。

⑤曾,即"层"。剡(yǎn),尖利。棘,刺。抟(tuán),即"团"。

⑥文章,文采。烂,斑斓,此指橘初熟时青黄相间,色彩鲜丽。

⑦精色,纯粹之色。内白,指橘实纯洁。类可任,洪兴祖《楚辞考异》:"一云'类任道兮'。"任,抱,此谓橘实精纯,如君子抱道自守。

⑧纷缊,茂盛披离貌。宜修,修饰得好。姱,美。

【白话释义】

天地间有此嘉美之树,橘树生来就习于水土。禀受天地赋予的生命特征,永不变异,繁衍生长于南方土地。根深蒂固,难以迁徙,专一的意志绝不改易。碧绿的叶子,素白的花朵,纷纷美盛,可爱可喜。层层叠叠的树枝,尖锐丛密的棘刺,团团的圆果,累累稠密。果实之色青绿、金黄,交揉错杂,花纹色彩灿烂明丽;外有鲜明的色泽,内瓤又白又好,像是抱守正道的贤者,表里如一。纷然繁茂,修饰合宜,美得出类拔萃,无与伦比。

【创作背景】

《九章》共有九篇作品,东汉著名学者王逸在其《楚辞章句》中将其排序:《惜诵》《涉江》《哀郢》《抽思》《怀沙》《思美人》《惜往日》《橘颂》《悲回风》。一般认为这九篇作品都出自屈原一人之手,但是其写作的时间和地点一直存在争议。如王逸认为它们都是屈原流放于江南时所作,也有很多学者认为这九篇作品并非一时一地所作。

至于《九章·橘颂》,有学者认为它是屈原早期的作品。汤炳正在其《楚辞今注》写道:"大约在顷襄王元年,屈原遭到奸佞小人的谗言陷害被流放,尚未启程之前,他写下这篇《橘颂》。"

《晏子春秋》有云:"橘生淮南则为橘,生于淮北则为枳",说的是橘树的习性奇特,只有生长在南国,结出的果实甘美无比;若是种植在北地,果实则又苦又涩,只能称之为"枳"了。楚地多橘树,屈原深感橘树这种"受命不迁,生南国兮"的秉性,恰好与自己矢志不渝的爱国情志一致,因此,才写下了这首咏物诗篇《橘颂》。

【主题鉴赏】

《九章·橘颂》是一首咏物抒情诗,第一部分咏物,主要描写橘树及其果实;第二部分借物抒情,表达诗人的情感和志向。本节录部分为《橘颂》的第一部分,诗人对橘树及其果实进行了细致的描写,表现出诗人对橘树"外美"的爱慕和赞美。"后皇嘉树,橘徕服兮",开篇诗人就称赞橘树为"嘉树"。一树碧绿,深深根植于南国的土壤,"受命不迁",独自傲然挺立。素白的花朵,映衬着繁茂的绿叶,质朴而美丽。若是有外来的侵犯,面对它层层枝叶间的"剡棘"不免望而却步。春华秋实,默默吸收南国土壤养分的橘树回报给人们的是"青黄杂糅,文章烂兮"的"圆果"。屈原笔下的南国之橘,正是如此"纷缊宜修"。

在诗歌的第二部分,诗人主要歌颂的是橘树的内在精神,即"内美"。"嗟尔幼志,有以异兮",橘树自开始就与众不同,且有"独立不迁"的坚定志向;尔后,它更是"横而不流""秉德无私",它独立于世,不流于俗,秉持美德。面对如此高尚、坚贞、超然的南国之橘,诗人祈愿能与橘树长相为友,甚至敬之为师长,以之为榜样。诗人借此表达了自己的志向,即使遭谗被废,也要坚定自己的操守,保持公正无私的品格。

《橘颂》从诗歌形式上来看以四言为主,间以"兮"字,略近于《诗经》基本句式结构;从诗歌写法上看,《橘颂》可被称为中国诗歌史上最早的咏物诗。

【英译版本】

译文1 杨宪益、戴乃迭

ODE TO THE ORANGE

Here the Orange Tree is found,
Shedding Beauty all round.
Living in this Southern Grove
From its Fate it will not move;
For as its Roots lie fast and deep,

So its Purpose it will keep.

Will green Leaves and Blossoms white,

It brings Beauty and Delight.

Yet Foliage and sharp Thorns abound

To guard the Fruit so ripe and round.

Golden Clusters, Clusters green

Glimmer with a lovely sheen.

While all within is pure and clear,

Like Heart of a Philosopher.

Grace and Splendour here are one,

Beauty all and Blemish none.

译文 2 大卫·霍克斯

'IN PRAISE OF THE ORANGE-TREE' (JIU SONG)

Fairness of all God's trees, the orange came and settled here,

Commanded by him not to move, but only grow in the South Country.

Deep-rooted, firm and hard to shift: showing in this its singleness of purpose;

Its leaves of green and pure white blossoms delight the eye of the beholder,

And the thick branches and spines so sharp, and the fine round fruits,

Green ones with yellow intermingling to make a pattern of gleaming brightness,

Pure white beneath the rich-hued surface: a parable of virtuous living;

Its lusty growth to the gardener's art respondent, producing beauty without blemish.

译文 3 许渊冲

HYMN TO THE ORANGE TREE

Fair tree on earth without a peer,

Laden with orange, you grow here, oh!

You are destined not to be moved

In the southern land you are loved, oh!

Your roots' too deep from us to part;

What's more, you have a single heart, oh!

You have green leaves and flowers white.

What an exuberant delight! oh!

Your branches thick armed with sharp pine

Are laden with fruit round and fine, oh!

A riot of yellow and green,

What a dazzling splendid scene! oh!

Within you're pure; without you're bright,

Like a man virtuous and right, oh!

Luxuriant and trimmed, you thrive;

No blemish but charm's kept alive, oh!

译文 4　卓振英

ODE TO THE ORANGE TREE

Oh, under th' sky and on the earth

Your solemn existence you claim.

You live in th' south with joy and mirth,

Adhering firmly to your aim.

Deep-rooted and distraction-tight,

You defy attempts to you sway.

What with leaves green and flowers white,

You're gloriously lush and gay.

Oh, dotted with many a prick,

What golden fruits your branches bear!

>Having as a foil the leaves thick,
>They bear a splendid charm to share.
>
>The outside red and th' inside white,
>Justice your peels seem to embrace.
>Luxuriant and trimmed right,
>You brim with unusual grace.

【汉诗训诂与译文鉴赏】

【橘颂】四种译文中,霍译、许译、卓译都把"橘颂"之"橘"译为"orange tree",只有杨、戴译为"orange"。根据全诗来看,应当是"orange tree"才是符合原文的翻译。

【后皇】王逸注:"后,后土也。皇,皇天也。"皇天后土为古人对天地之敬称。朱熹曰:"后皇指楚王也。"汤炳正云:"后皇:'后'当为'侯'之同音借字,为发语词。皇:盛大。"从王之说者多。杨、戴译为"here",并未译出原文之大气磅礴;霍译为"God",当从朱熹之说;许译为"on earth",译出了"地",未译出"天",卓译为"under th' sky and on the earth",是最符合王逸之说的译法。

【嘉树】《说文》:"嘉,美也。"朱熹注:"嘉,喜好也,言楚王喜好草木之树,而橘生其土也。"王逸认为"嘉"即"美"之意,后人多从此说。杨、戴将"嘉树"译为"the Orange Tree",少了"嘉"之意,卓译并未直接翻译"嘉树",霍译和许译都用为"Fair"来译"嘉",是为原文之意。

【受命】姜亮夫注:"受命,即受天地之命也。"汤炳正云:"命:天命,此指自然禀性。"王逸曰:"……言橘受命于江南,不可移徙,种于别地则化为枳也。屈原自比志节如橘,亦不可移徙也。"故此,诗中"受命"当指橘树的受天命即得其自然秉性,不可移徙至北方,若移徙之后其性即改,不产橘而化为枳。杨、戴译"its Fate"和许译"(are) destined",都符合原文之意;霍译为"Commanded by him","him"指的是上文的"God",大概也能表达天命,但是会引起英语读者的误会;卓译为"Adhering firmly to your aim",少了受天命的神圣感。

【剡棘】王逸注:"剡,利也。棘,橘枝刺若棘也。"四种译文中,杨、戴用"Thorns",霍、许用"spines"来译"棘","剡"则都译为"sharp",符合原文之意。卓译为"many a prick",少了"尖利"之意。

【宜修】王逸曰:"……言橘类纷缊而盛,如人宜有修饰,形容尽好,无有丑恶也。"姜亮夫注:"宜修者,宜于修饰;橘宜于年年芟繁去蠹,与他树不同,故曰宜修也。"另有学者观点稍有差异,如汤炳正曰:"宜修:修饰得好。"杨、戴译为"Grace and Splendour",大约从汤炳正之类说法;许译为"trimmed",指修剪植物;卓译为"trimmed right",在"修剪"的基础上加上"right",表示修剪得宜,此译文最为贴近原文。而霍译为"to the gardener's art respondent",距原文相差较远。

【楚辞经典篇章英译鉴赏之五】

九辩(节录)

悲哉,秋之为气也①!萧瑟兮②,草木摇落而变衰。

憭栗兮③,若在远行;登山临水兮,送将归④。

泬寥兮,天高而气清⑤;寂寥兮,收潦而水清⑥。

憯凄增欷兮,薄寒之中人⑦。

怆怳懭悢兮,去故而就新⑧。

坎廪兮⑨,贫士失职而志不平。

廓落兮⑩,羁旅而无友生;惆怅兮⑪,而私自怜。

燕翩翩其辞归兮,蝉寂漠而无声⑫;

雁廱廱而南游兮,鹍鸡啁哳而悲鸣⑬。

独申旦而不寐兮,哀蟋蟀之宵征⑭。

时亹亹而过中兮,蹇淹留而无成⑮。

【注疏】

①气,气候,气氛,气象。

②萧瑟,深秋清寒的感觉。衰,衰败枯槁。

③憭栗(liǎo lì),凄怆哀凉。

④将归,指将要归去的人。以上"在远行"与"送将归"都是比喻说法,故以"若"字领起,以状写秋气萧瑟、一岁将终时人的心境。

⑤泬(xuè)寥,空旷貌。气清,《说文》:"无垢秽"。
⑥寂漻,水平静貌。漻(lǎo),大水。此谓水势收敛,水质清澈。
⑦憯(cǎn)凄,内心伤痛貌。增,不断地。欷(xī),歔欷,哀叹声。薄寒,指秋日的轻寒。中人,袭人。
⑧怆怳(chuàng huǎng)、懭悢(kuǎng lǎng),均为悲伤失意貌。去故就新,指季节更换。
⑨坎廪(lǐn),坎坷不平貌。羁旅,客寓在外。友生,即朋友。
⑩廓落,空旷寂寞貌。志,意。
⑪惆怅,失意貌。
⑫辞归,谓冬季将至,燕将辞去此地飞回南方。寂漠,即寂寞。
⑬廱廱,和谐的鸣声。鹍鸡,鸟名,形似鹤。啁哳(zhāo zhā),细碎的鸣声。
⑭申旦,由黑夜到天明。宵征,夜行。
⑮亹亹(wěi),乃"昧昧"之音近借字,在此为晚暮之意。蹇(jiǎn),语气词。淹留,久滞。

【白话释义】

悲伤啊,这充满肃杀气氛的暮秋!金风萧瑟,那叶儿凋零草儿枯黄。心中凄凉,如游子远行在他方,满怀惆怅,似登高临水送别友人一样。碧空万里啊,天高而气爽,秋水平静啊,那小川清澈而明朗。薄寒袭人,我止不住歔欷涕下,情怀恍惚,我远离故土去他乡。仕途坎坷啊,贫士遭贬内心难平,孤独寂寞啊,做客异乡举目无亲,暗自哀怜啊,难诉心中的无限愁闷。燕子翩翩,今又辞别北国飞回南方,秋蝉默默,终日寂寞无声不再歌唱。群雁廱廱和鸣,向南飞行,鹍鸡啁哳悲啼,令人伤心。我孤独一人通宵难寐,怎堪听那蟋蟀彻夜哀鸣。时光荏苒,转眼年事过半,我滞留在外,迄今一事无成。

【创作背景】

《九辩》是"楚辞"中的一首长篇抒情诗,共二百五十余句,一般认为是宋玉所作。王逸认为宋玉作《九辩》于楚顷襄王执政时期。朱熹《楚辞集注》:"《九辩》者,屈原弟子楚大夫宋玉之所作也。"也有个别学者认为此篇为屈原所作,但支持者甚少。

宋玉,战国末期辞赋家,生卒年不详,生于屈原之后,一般认为他是屈原的弟子。

关于宋玉创作《九辩》的目的,一说是为屈原代言,如王逸在其《楚辞章句》中说宋玉"闵惜其师忠而被逐""以述其志"。另一说认为此诗是宋玉对个人遭遇的自述,他自悯不幸,同时也揭露了当时楚国政治混乱、奸佞当道的社会现状。

【主题鉴赏】

《九辩》,古乐调名。王逸《楚辞章句》云:"辩者,变也。"明末清初学者王夫之《楚辞通释》说:"辩,犹遍也,一阕谓之一遍。盖亦效夏启《九辩》之名,绍古体为新裁,可以被之管弦。其词激宕淋漓,异于风雅,盖楚声也。后世赋体之兴,皆祖于此。"以此观之,"九辩"是由多个乐章组合起来的一种复合乐调。

宋玉的《九辩》运用象征比兴的手法,以悲秋为引,借景抒情,用暮秋之景带出自身的不幸遭遇:报国无门、怀才不遇、宦途失意,进而揭露当时楚国朝政昏聩、国家衰败之情状。

此处节录部分是被誉为"千古绝唱"的一段悲秋文字。"悲哉,秋之为气也!草木摇落而变衰。"开篇点出悲秋主题,暮秋象征的正是宋玉所处的倾颓时代。接着,诗人把秋天万木凋落与个人遭遇联系起来:"坎廪兮,贫士失职而志不平","廓落兮,羁旅而无友生"。一介寒门贫士,为报效国家、施展抱负而背井离乡远赴京都,不料却遭此失职厄运,只能沦落天涯,孤苦伶仃。"时亹亹而过中兮,蹇淹留而无成",人过中年却事业无成,忠君爱国、忧国忧民的他本就位卑言轻,现如今却遭奸人构陷,见疏于君王,失职流浪于外。于是,这位流离困顿、独自飘零的诗人面对西风落叶萧瑟不堪的秋景,触景生情,悲凉凄怆之感油然而生。他眼见的是树木的凋零,耳听的是秋虫的哀鸣,无不笼罩着悲凉惨凄的色调。

《九辩》在诗歌形式上承袭屈原,却又带有自己的独特风格和创新之处,甚至在某些方面青出于蓝胜于蓝。从文学艺术上看,《九辩》的艺术感染力使得"宋玉悲秋"成为一代经典,并且开启了中国"悲秋"这一传统文学的母题,对后世文人产生了极大影响,并进而促生出许多相关主题的优秀作品。从语言运用美学效果上看,《九辩》句式参差错落,节奏感很强。诗人大量使用双声叠韵词,如"憭栗""怆怳懭悢""廓落""惆怅""啽哳"等,以及叠音词,如"翩翩""靡靡""亹亹"等,使得诗歌朗朗上口,增加了韵律感和节奏性。故此,《九辩》成为中国文学史上举足轻重的美学作品。

【英译版本】

译文1　大卫·霍克斯

JIU BIAN 'NINE CHANGES'

Alas for the breath of autumn!
Wan and drear: flower and leaf fluttering fall and turn to decay;
Sad and lorn: as when on journey far one climbs a hill and looks
down on the water to speed a returning friend;
Empty and vast: the skies are high and the air is cold;
Still and deep: the streams have drunk full and the waters are clear.
Heartsick and sighing sore: for the cold draws on and strikes into a man;
Distraught and disappointed: leaving the old and to new places turning;
Afflicted: the poor esquire has lost his office and his heart rebels;
Desolate: on his long journey he rests with never a friend;
Melancholy: he nurses a private sorrow.
The fluttering swallows leave on their homeward journey;
The forlorn cicada makes no sound;
The wild geese call as they travel southwards;
The partridge chatters with a mournful cry.
Alone he waits for the dawn to come, unsleeping,
Mourning with the cricket, the midnight traveler.
His time draws on apace: already half is gone;
Yet still he languishes, nothing accomplished.

译文2　许渊冲

Nine Apologies
Song Yu

Ah! Sad as death
Is Autumn's breath.

What a bleak day, oh!
Leaves shiver, fade, fall and decay!
Forlorn and dreary, oh!
As on a journey weary,
Climbing the hill, oh!
To see a friend off across the rill.
Empty and bare, oh!
The sky is high with chilly air.
Silent and drear, oh!
The river sinks with water clear.
Grieved, I heave sigh on sigh, oh!
Penetrated with the cold drawing nigh.
Heart-broken at the view, oh!
I leave the old for the new.
Rugged the way, oh!
The jobless poor is discontent with the day.
Lost in space endless, oh!
I stay on my journey friendless.
So desolate, oh!
I secretly pity my fate.
Swallows fly wing home-bound, oh!
Forlorn cicadas make no sound.
The honking wild geese southward fly, oh!
Clattering partridges mournfully cry.
Waiting for dawn alone I cannot sleep, oh!
The crickets fighting at night makes one weep
Fast, fast, half my days have passed, oh!
I have done nothing that could last.

译文 3 卓振英

The Nine Cantos

Canto I

Oh, how saddening is autumn as a season!
Plants do wither and leaves fall in its soughs and chill,
Which is suggestive of th' tramp in a place remote,
Or of sending off a friend beyond th' hills and rill.

Void and empty th' sky is high, and the draught is cold;
With little rain the rivers are wretchedly clear.
To the sorrow and grief of the unprotected,
The early chill adds a depressing atmosphere.

Compell'd to leave home for a strange place, I'm distress'd;
Reliev'd of my post, indignation in me does burn.
A wanderer who finds no companions but grief
And distress can just tell himself his own concern.

The swallows, dipping and darting, are faring home,
And the cicadas become taciturn amain.
The wild geese, cawing plaintively, are now soughbound,
And the partridges are cuckooing with pain.

Melancholic at night I lie awake till dawn,
Th' crickets chirping here and there as if with distress.
How time flies! Half my life has silently passed
Without any visibility of success!

【汉诗训诂与译文鉴赏】

【九辩】王逸注:"辩者,变也,……九者,阳之数,道之纲纪也。"另一说如王夫之

《楚辞通释》说:"辩,犹遍也,一阕谓之一遍。"霍译为拼音加意译:"JIU BIAN 'NINE CHANGES'",当从王逸之说。卓译为"The Nine Cantos","canto"意为诗歌中的一个章节,故"The Nine Cantos"即为九个章节,当从王夫之观点。许译为"Nine Apologies",此处"apology"意为辩解,辩护。三家各执一词,笔者认为前两者各有道理,而许译则不甚符合原文之意。

【憭栗】王逸注:"思念暴戾,心自伤也。"朱熹曰:"憭栗,犹凄怆也。"汤炳正也认为"憭栗"意为"凄怆哀凉"。霍克斯将"憭栗"译为"Sad and lorn":犹言诗人伤心寂寥,凄凉无助,所加冒号在全诗中一贯到底,与原诗保持格式上的近似;许译为"forlorn and dreary",其中"forlorn"有被抛弃之意,与原诗意境相符;卓译并未翻译"憭栗"一词,只用"th' tramp in a place remote"来引人遐思,但是诗人不是普通的流浪者,而是有雄心抱负却失职的怀才不遇之人,此译与原文相较,有部分内容并未译出。

【怆怳懭悢】王逸注:"中情怅悯,意不得也。"朱熹云:"怆怳懭悢,皆失意貌。"汤炳正也说:"怆怳懭悢:均为悲伤失意貌。"霍译为"Distraught and disappointed","distraugt"很能表现出诗人失意到忧心如焚的地步;相较而言,许译"Heart-broken"和卓译"distress'd"虽都能表现伤心失意,但失于平淡,不及霍译深刻且生动。

【去故而就新】王逸注:"初会龃龉,志未合也。""龃龉"同"龃龉",指上下牙齿对不齐,比喻意见不合,互相抵触。朱熹曰:"去故就新,别离也。"汤炳正认为"去故就新"指的是"季节更换"。此处霍译为"leaving the old and to new places turning",从朱熹之说;许"I leave the old for the new",并未指明"old"和"new"之具体意义,令读者心有疑惑;卓译为"Compell'd to leave home for a strange place",诗人离开的地方并非自己的家,而是工作的地方,此处有不妥。

【贫士】"贫士"当是诗人自己,霍译中的"esquire"旧指先生、绅士,应为最准确者;许译为"The jobless poor",与诗人身份不符;卓译为"me",表明了身份,却没有译出"贫"之意,这既是诗人即使在职也是位轻言微之因,也是他遭谗被疏的重要背景。

第三章

汉五言诗英译鉴赏与评析

【导读】

五言之冠冕

汉魏六朝是中国古代诗歌发展的重要阶段,中国古代诗歌在此阶段由原始时期逐步发展进入到成熟时期。《古诗十九首》的产生,打破了汉代诗歌界的没落困境。继四言诗的耀世光辉之后,中国古代诗歌迎来了五言诗的灿烂绽放,为汉代诗界注入了新鲜的生命力。五言诗自问世以来,即受到诗歌界的高度重视,历代评论家们对五言诗的代表作《古诗十九首》评价甚高,颇为推崇。

《古诗十九首》最早录于南朝梁昭明太子萧统之《文选》,因作者湮没无考,故统冠以"古诗"之称。十九篇均以首句为其诗题,列入"杂诗"一类。历来学界对《古诗十九首》的作者和成篇年代存在颇多争议。一般认为,"古诗"写于东汉末年,也有学者认为产生于西汉末年。还有当代学者经过考证,认定"古诗"应成于魏晋初期。关于十九首的作者,更是众说纷纭。钟嵘《诗品》中说"人代冥灭",认为十九首的具体作者无法做出定论。徐陵《玉台新咏》认为其中有八篇为枚乘所作,后来有人提出十九首全部为枚乘的作品。除此之外,傅毅、曹植、王粲等人都被认为是十九首的部分作者。马茂元先生在《古诗十九首初探》中对此表示异议,"《诗品》曰:'逮汉李陵,始著五言之目。古诗眇邈,人世难详,推其文体,固是炎汉之制,非衰周之倡也。自王、杨、枚、马之徒,辞赋竞爽,而吟咏靡闻。……'谓五言诗起于李陵,足见李陵以前的枚乘时代,还没有五言诗的出现,而枚乘诗'吟咏靡闻',根本他就是没有从事过诗的创作。"这一论点得到当代许多学者的支持,当今诗界普遍认为,《古诗十九首》为中下层文人历时所作,而非一人一时的作品。

　　大凡文学作品，必然会直接或间接地反映当时社会民众的情感特征，而《古诗十九首》的成品年代处于汉末，在这样一个动荡的社会大环境下，其主要题材大致包括妻子对丈夫的思念，远方游子对故土、亲人的怀念，底层大众对扬名立万的渴望，或劝诫人们应该秉持及时行乐的人生态度等。但总体来说，《古诗十九首》按其内容可以归纳为两类：思妇诗和游子诗。清代沈德潜在《说诗晬语》中说："大率逐臣弃妻，朋友阔绝，游子他乡，死生新故之感"。思妇诗，顾名思义即是从妇女的角度来诠释作者的内心情感活动。思妇诗主要表达的是妻子与丈夫久别生出的愁苦和幽怨，同时，也感叹自己的青春易逝和对美好爱情的赞美。《古诗十九首》中以思妇的口吻来叙述的包括《行行重行行》《庭中有奇树》《迢迢牵牛星》《明月何皎皎》《凛凛岁月暮》《青青河畔草》《冉冉孤竹生》《客从远方来》和《孟冬寒气至》。游子诗，顾名思义，大多表达的是游子远在他乡的思乡情结。《涉江采芙蓉》从男性的角度来表达丈夫对远在家乡的妻子的思念。游子诗中还有表达失意的苦闷，知音难觅的惆怅，以及及时行乐的思想。马茂元先生对这两类诗歌主题的判断得到普遍认可，他认为，"综括起来，有这两种不同的题材的分别，但实质上是一个问题的两面。……其中思妇诗不可能是本人所作，也还是出于游子的虚拟。因而把同一性质的苦闷，从两种不同角度表现出来，这是很自然的事。"

　　汉代以降，五言诗以其灵活多变的抒情性，叙事方式的丰富性和富有节奏感的音律性，逐渐在诗界占据了统领地位。刘勰《文心雕龙》谓："观其结体散文，直而不野，婉转附物，怊怅切情，实五言之冠冕也。"钟嵘《诗品》置十九首于上品，并评曰："文温而丽，意悲而远，惊心动魄可谓几乎一字千金。"清沈德潜《说诗·语》云："古诗十九首不必一人之辞，一时之作。大率逐臣弃妻，朋友阔绝，游子他乡，死生新故之感。或寓言，或显言，或反复言。初无奇辟之思，惊险之句，而西京古诗，皆在其下，亦即国风之遗。"刘玉伟在《玉台新咏古诗十九首》中评价道："《古诗十九首》的体制相似，长短相近，是文人五言诗趋于成熟的作品，同时又吸取了汉代民歌的汁液，善于用典而不失质直。它是《国风》之外'温柔敦厚，怨而不怒'诗教的又一代表，继承了《诗经》《楚辞》的抒情传统，下启建安诗风，情感发乎胸臆，风格高古，向为诗家尊奉，历代拟作层出不穷。"此评论颇为中肯，正如钟嵘对《古诗十九首》的评语"惊心动魄，一字千金"，绝不是过分推崇之说！

　　《古诗十九首》在中国古典文学发展史的重要地位，主要是它所取得的艺术成就。《古诗十九首》是最为典型的抒情作品，无论是一整篇还是一篇中的某些部分,无不充满了感情。首先,《古诗十九首》中常见以对环境的描写来比兴作者的心情,烘托整首诗的感情意境。刘熙载在《艺概》中说:"《十九首》凿空乱道,读之自觉四顾踌躇,百端交集,诗至此,始可谓言之有物矣!"叶嘉莹教授认为汉代诗歌的精髓在于诗人在痛苦之中而写出了"人生最基本的感情":离别的感情,失意的感情,忧虑人生无常的感情。这三类感情都是人生最基本的感情,或者可以叫作人类感情的"基型"或"共相"。古往今来每一个人在一生中都会有生离死别的经历;每一个人都会因物质或精神上的不满足而感到失意;每一个人都对人生的无常怀有恐惧和忧虑之心,而《古诗十九首》就正是围绕着这三种基本的感情转圈子。

【《古诗十九首》英译简介】

《古诗十九首》在中国古典文学发展史上占有极其重要的地位。隋树森在《古诗十九首》序中说:"(古诗十九首)便是这五言新体诗的星宿海。它一方面继承了诗三百篇,一方面又开创了建安魏晋的五言诗的先河。它的艺术价值也到了纯熟的境界,它既有完整优美的外形,又有丰富充实的内容,而表现的手法,特具的风味,更是妙得难以用语言形容出来。"由于《古诗十九首》在中国诗歌文学发展史上的重要地位,历来受到国内外研究者的重视,国内外译者对《古诗十九首》的翻译,共计23种之多。但这些英译版本中只有四位译者将十九首古诗全部翻译完整,他们是肯尼斯、托尼·巴恩斯通和周平、许渊冲、汪榕培。

如果按照译者的国籍来划分的话,外国译者对《古诗十九首》的翻译多达18个版本,其中肯尼斯所著的 The Nineteen Ancient Poems、托尼·巴恩斯通和周平合著的 The Anchor Book of Chinese Poetry 涵盖了全部十九首古诗。另外一位著名的译者亚瑟·韦利翻译的 One Hundred and Seventy Chinese Poems 包括了十九首古诗中的十七首。

肯尼斯是香港大学中文系的荣誉教授,他推崇翻译应该尽可能地从意思和形式上与原文保持一致的理论,认为译文应该减少读者查阅文献的负担,用简单的语言精确地表达原文的内容。The Nineteen Ancient Poems 一书,除了十九首古诗之外,译者还将中国历代著名的评论家对《古诗十九首》的评析翻译了出来,包括刘勰、钟嵘、刘熙载和王国维等的评论,让读者在阅读诗歌之后,还可以大致了解中国古代文艺评论界对诗歌的评析。

托尼·巴恩斯通是美国惠蒂尔学院的英文教授,曾担任美国国家艺术基金会委员等职务。周平在斯坦福大学获得亚洲文学博士学位,相继在里德学院、欧柏林学院和华盛顿大学任教。他们的 The Anchor Book of Chinese Poetry，翻译了从周朝到现当代中国诗歌600多首，其中包括《古诗十九首》里面的全部作品。在对十九首古诗翻译的基础之上，还附加了简介和注疏。他们的翻译更注重音韵美，力求译文保持自然、和谐的音韵。

亚瑟·韦利曾任剑桥大学国王学院荣誉院士，是非常有影响力的汉学家，多次将中国和日本的文学作品译为英文。他所著的 One Hundred and Seventy Chinese Poems 是中国诗歌的经典著作。韦利对五言诗的翻译更自由，在句子长短、句式和音韵上都是采取自由的原则。韦利的译文选词也相当讲究，能灵活运用各种翻译技巧。

2012年，由许渊冲先生翻译的《汉魏六朝诗古代诗歌1000首》正式出版。这是迄今为止汉乐府诗歌较为完整的翻译。许渊冲是中国翻译界的大家，曾被誉为"诗译英法唯一人"，主张译诗要体现"三美论"。

2006年由湖南人民出版社出版了《汉魏六朝诗三百首》一书，诗集所选诗歌上自汉代，下至隋朝800余年间影响深远的古代诗歌。汪榕培先生译著辉煌，先后完成了《英译老子》《英译易经》《英译诗经》《英译庄子》《英译汉魏六朝诗三百首》等，为向世界传播中国古典文化做出突出贡献。

2003年由外文出版社出版了杨宪益、戴乃迭合译的《汉魏六朝诗文选》一书，书中选译了汉魏六朝时期最具有影响力的、流传最广的诗歌。杨宪益与夫人戴乃迭曾合译《红楼梦》《儒林外史》等历史名著，在国内外深受好评。

【汉五言诗经典篇章英译鉴赏之一】

青青河畔草

青青①河畔草，郁郁②园中柳③。
盈盈④楼上女，皎皎⑤当⑥窗牖⑦。
娥娥⑧红粉⑨妆，纤纤⑩出素手⑪。
昔为倡家女⑫，今为荡子⑬妇⑭。
荡子行不归，空床难独守。

【注疏】

①青青，形容草木茂盛的样子。河畔草，指沿着河边生长的草，看起来一望无

际,连成一片,举目望去,更使人思念远方的家乡。蔡邕《饮马长城窟行》:"青青河畔草,绵绵思远道。"与此同义。

②郁郁,形容植物生机盎然。

③柳,汉代人有折柳送别的风俗,柳树易触动离人的忧伤之情。三辅黄图曰:"灞桥在长安东……汉人送客至此,折柳赠别。"

④盈盈,同"嬴"。《广雅·释诂》曰:"嬴嬴,容也。"表示女性仪态美妙,容貌姣好状。

⑤皎皎,原义指"白",多形容月光。此诗中形容女子皮肤白皙。

⑥当,临近,靠。

⑦牖(yǒu),窗的一种,用木条横直制作而成,亦为"交窗"。古代通常把在屋上的称为"窗",墙上的称为"牖"。段玉裁注:"交窗者,以木横直为之,即今之窗也。在墙曰牖,在屋曰窗。"

⑧娥娥,女性美丽娇媚的样子。《方言》曰,"秦晋之间,美貌曰之娥。"

⑨红粉,胭脂之类的化妆品。红粉妆,明艳的妆容。

⑩纤纤,形容手细长的样子。

⑪素手,"素"即白之意。洁白的手指。

⑫倡家女,从事歌舞表演的女性。倡,古代以唱歌为职业的女艺人。

⑬荡子,游荡在外,出远门的人,尤其指常年漫游四方而不归家的人。

⑭妇,妻子。

【白话释义】

河边绿油油的青草地,园中郁郁葱葱的柳枝。
楼上那位美丽的女子倚窗而立,白皙的皮肤好比明月。
她的妆容那么动人,一双纤手伸出来又白又细。
她从前是有名的歌伎,现在嫁给了一个常年游荡在外的男人。
浪子在外一直不归,留她一人可怎么面对这空荡荡的房间呢?

【主题鉴赏】

这首诗最早见于南朝梁萧统编的《文选》,作者为无名氏,《玉台新咏》作"枚乘诗",列为枚乘《杂诗九首》中的第五首。唐代释皎然的《诗式》中,认为此诗为傅毅、蔡邕所作。

鉴赏一

从主题来看,这是一首典型的思妇诗,是女主人公自述内心寂寞的诗歌。整首诗采用第三人称的口吻,这在《古诗十九首》中并不多见。王国维在《人间词话》中点评此诗时写道:"古今淫鄙之尤,以其真也。"王国维认为,这首诗赤裸裸地表达了女子寂寞难耐的苦闷,若以传统儒家的道德观来审视的话,这篇诗文不啻为"悖逆"之作。然而,因其"真也",王国维并没有因此否定此诗的价值。姜任修在《古诗十九首绎》中提到,"伤委身失其所也。妙在全不露怨语,只备写此间、此物、此景、此时、此人,色色俱佳,所不满者,独不归之荡子耳。结只五字,抵后人数百首闺怨诗。"这段评语,算是正式为这首诗正名。

此后,对此诗的解读众说纷纭。陈祚明点评道:"此诗所以为性情之物,而同有之情人人各具,则人人本自有诗也。但人有情而不能言,即能言而言不尽,故推《十九首》以为至极。"马茂元曾道:"只是由于封建士大夫对于诗中所暴露的'空床难独守'的思想不敢正视,……未免说得太直截了当了。"

该诗主人公原是一位颇具名气的歌舞伎,后嫁为良家妇,谁知丈夫在外流连不归,徒留她一人当窗自怜。诗歌开头两句依然采用"兴"的手法。"青青河畔草",这样的诗句在古诗中很多,汉乐府中就有"青青河畔草,绵绵思远道"之句。我们会发现,诗人往往习惯于把相思怀远之情寄托于对春草的赞美中。游子在外不归,思妇深闺独守,苦闷寂寞,凭窗远望,期盼着心爱之人早日归来。可极目所见,只有一片片的青草,绵延至天边,相思之情愈加刻骨,令人黯然。"郁郁园中柳",字面上是描绘柳枝随风飘荡的样子。而"柳"是有特殊意象的,在中国传统文化中,"柳"通"留",和"别离、送别、相思"有密切关系。所以古人喜欢折柳送别,这里诗人就用"草""柳"带出整首诗思念的基调。"盈盈楼上女,皎皎当窗牖。"这两句从远景拉近到主人公本身,转而描述女主人公的美好形象。"盈盈"用来形容女性美好的姿容,作者的用词如同电影拍摄一般,拉近镜头,开始描述女主人公的美丽。"皎皎"一词有两种解释,通常用来形容月光皎皎,清洁明亮。这里亦可用来形容女性光彩照人的样子。"窗"在中国古典文化中也有特殊的寓意,通常用倚窗而立,形容一个人顾盼自怜而无人欣赏的孤寂心情。因而"皎皎当窗牖"不仅赞美女主人公美丽的容貌,也侧面描写了她独自一人,四顾无人的凄凉心境。

【娥娥红粉妆,纤纤出素手。】娥娥就是漂亮的意思,用来形容美丽的女子,中国女性至今也有在名字中选用"娥"这个字眼的传统。有学者指出中国文化中著名的"嫦娥""窦娥",都是选用这个字,形容美貌的女性。"红粉妆"就是描述女主人公涂抹打扮的举动。"红粉"是化妆品的一种,类似于今天的胭脂,涂抹在脸上,使得女性看起来白里透红,更加迷人。"纤纤出素手"也是中国诗歌形容女性美貌的传统手法,"纤纤"即纤细、细长之意,"素手"就是白净的样子。白白的手伸出来,是那么纤细,那么漂亮。中国的文学作品中,常常用局部描写来取代整体渲染,有一种别样的美在里面。比如,纤细的手,纤细的脚踝,甚至漏出一个边的抹胸,都是用细节的描写来突出整体美,具有别样的美感。

【昔为倡家女,今为荡子妇。】这两句又是一转,从对女子美貌的描述,转到对其心理的描述,并为最后的结尾做准备。这里的"倡家女",不是娼妓的意思,而是指从事歌舞表演的艺人,点明她以前是从事歌舞表演的女艺人。那现在呢?现在嫁人,成为"妇"了。重点在于,这个男人是"荡子"。这里的"荡子"也不是像现代语言中"浪荡子"的意思,而是指羁旅在外、远游忘返的男子。这两句里有一个对比,过去女主人公的生活是精彩丰富的,她是从事歌舞表演的人,过的想必是活色生香、热闹非凡的日子。而现在,她嫁给了一个成日在外、常年不归的男人,这里面暗含的前后对比非常强烈,也由此引出了最后两句结尾的感叹。明陆时庸《古诗镜》谓之"罄衷托出"之语。

【荡子行不归,空床难独守。】远辞家园的夫君,一去不返,留我一个人守着空荡荡的床,这样寂寞难耐的生活让我该怎么办?这样的滋味可真难过啊!

从结构上来讲,此诗通篇排偶,句句生发,环环紧扣,上下句互相说明,尤以六句叠字句法令人赞叹。严羽在《沧浪诗话·诗评》中论道:"一连六字,皆用叠字,今人必以为句法重复之甚。古诗正不当以错论也。"顾炎武在《日知录》中也说:"连用六叠字,亦极自然,下此即无人可继。"这些评论都是对此诗在写作手法上的极高赞誉,尤其对诗中叠字的运用,更是从形、音、意几个方面丰富了诗歌的感情色彩,令人印象深刻。

鉴赏二

另一种对《青青河畔草》的解读是,此诗假托妇人之口,其实是以妇人喻仕途之人。历来赞同此种解读的大有人在。张铣曰:"此喻人有盛才,事于暗主,故以妇人事夫之事托言之。"方延珪曰:"以女之有貌,比士之有才,见人当慎所有於。"曾原曰:"此诗刺轻于仕进而不能守节者也。"张庚曰:"此诗刺也,虽莫必其所刺谁何,要亦不外乎不循廉耻而营营之贱丈夫,若以为直赋倡女,倡女亦何足赋而费此笔墨耶?凡士人不能安贫而自衒自媒者直为之写照矣。"姜任脩曰:"闺怨之诗,伤委身失其所也。或曰:'燥进而不砥节,故比而刺之。'"陈沆曰:"此(枚乘)去吴游梁之时所作。荡子行不归,则譬仕吴不见用也。虽独守者,行云有反期,君恩倘终还也。"这些大抵都是认为此诗并非如字面浅层所传达的思妇诗,而是仕途坎坷的诗人表达对命运的埋怨,满腹才华却无人赏识,因而倍感孤独的落寞之感。

【英译版本】

译文1 艾兹拉·庞德

The Beautiful Toilet

Blue, blue is the grass about the river
And the willows have overfilled the close garden.
And within, the mistress, in the midmost of her youth,
White, white of face, hesitates, passing the door.
Slender, she puts forth a slender hand.
And she was a courtesan in the old days,
And she has married a sot,
Who now goes drunkenly out
And leaves her too much alone.

译文2 许渊冲

Green, green, the riverside grass,
Fair, fair, the embowered lass.
White, white, from the windows she sees
Lush, lush, the garden's willow trees.
In rosy, rosy dress she stands;
She puts forth slender, slender hands.
A singing girl in early life,
Now she is a deserted wife.
Her husband's done far, far, away.

How can she bear her lone, lone day!

译文 3　汪榕培

  Green, green spreads the bank-side grass;
  Lush, lush grow the garden willows.
  Fine, fine stands upstairs the lass.
  Fair, fair her shape behind the windows.
  Bright, bright beams her rouged face;
  Soft, soft are her slender hands.
  Once a singing-girl with poise and grace;
  Now she's wife to one who roves the lands.
  As he wanders in an unknown zone,
  It's hard for her to go to bed alone.

译文 4　亚瑟·韦利

  Green, green,
  The grass by the river-bank.
  Thick, thick,
  The willow trees in the garden.
  Sad, sad,
  The lady in the tower.
  White, white,
  Sitting at the casement window.
  Fair, fair,
  Her red-powdered face.
  Small, small,
  She puts out her pale hand,
  Once she was a dancing-house girl,
  Now she is a wandering man's wife.
  The wandering man went, but did not return.
  It is hard alone to keep an empty bed.

【汉诗训诂与译文鉴赏】

【青青河畔草】"青青"是形容草木茂盛的样子。起首第一句描述河边的草木是那么繁茂，一望无际，使人不由想起未归的游子。张玉毂曰："首两句以草柳青青郁郁，兴起芳年之女。继以'盈盈'四句，就所见之女，述其不耐深藏，艳妆露手，已为末句'空床难独守'埋根。后之四句点明履历，而以游子不归，坐实空床难守。似乎三个英译版本中，都把"青青"解为"青葱"之意，这样与原诗稍有不符。庞德(Pound)把"青青"直接译为"Blue, blue is the grass about the river"。优势是用"Blue, blue"恰如其分地体现了原诗中"青青"两字叠用的音效。弊端是叠词"青青"并非指草木之色，而是言其茂盛葳蕤之貌，翻译为"blue"误解其本意。许版的翻译与此类似，只是把"blue"改为"green"。汪版突出的一点是加入了一个"spreads"，把汉语中隐含的一望无际的意思翻译出来了。

【郁郁园中柳】"郁郁"之意为茂盛。方廷珪以为这两句是以物比兴少女的青春美貌。庞德(Pound)译为"And the willows have overfilled the closer garden."。这句翻译，尤其是"overfilled"一词甚好，充分体现了原诗中柳树青葱繁茂遮蔽园子的情形。许译为"fair, fair, the embowered lass."。这个翻译非常传神，放弃了原句中的柳树的表层字面意思，转而关注原句中对少妇的比兴。用"fair"来形容女性白皙的皮肤、娇美的形貌，与后文相互呼应。然后以"embowered lass"描绘出一个在郁郁葱葱的河畔眺望远方的女性形象。但遗憾的是，为了押韵的缘故，许译调整了语序，与原文顺序不符。汪译版选用"lush"这个词，形容柳树繁盛之意，两次连用，兼顾了原诗中叠字的形式。

【盈盈楼上女】"盈，容也。"它是形容女性美丽的容貌之意。"楼上女"，原诗作者采用蒙太奇手法将"镜头"一转，从远处的青草、柳树逐渐拉近到对楼上美丽女性的细节描述。庞德(Pound)对"盈盈"此句的翻译颇为不妥，他选用了"mistress"这个单词，此词多指情妇。显然，他受原诗"倡家女"一句的影响，把女主人公理解为行为放荡的女性。另外，他另加了一个"midmost of her youth"，突出女主人公的年轻，但原文中此句并无此意，与原诗意思不符。许版译文为"in rosy, rosy dress she stands"。此句是与"娥娥红粉妆"一句合并翻译的。但实际上，既没有翻译出"盈盈"的美貌之意，又添加了"rosy dress"这个原诗中没有的意象。汪译为"Fair, fair her shape behind the windows"，相比而言，这句的翻译更为地道。选用"fair"一词形容女性的美貌，契合"盈盈"之意；然后用"her shape behind the windows"表现原诗中"楼上女"之意,把后面的"当窗牖"的意思也放进来了。

【皎皎当窗牖】"皎"即"白","皎皎"原意是月光明亮之意,这里是形容在春光照耀下"楼上女"明艳的风采。庞德(Pound)并没有直接翻译静态的描写,而把这句诗翻译为一副画面感极强的动态图景:"White, white of face, hesitates, passing the door."。"hesitates, passing"是动作描写,虽与原句意思不完全符合,但也不失为一种更为形象传神的灵活翻译,把对楼上依窗而立的美丽女子的静态形象,转化为慢慢走过来怅惘若失的动态画面。许版译文没有对这句话采取直接翻译,忽略了描写性,并入其他句的翻译之中。汪版也是将两句并为一句来翻译,选用"bright"一词来译"皎",较为贴切。"rouged face",指涂抹了胭脂的脸庞,结合下句中的"娥娥红粉妆"。说文解字曰:"粉,所以傅面者也。"徐锴注曰:"古傅面以米粉,又染之为红粉。"此同于《韵会》:"古傅面亦用米粉。又染之爲红粉。""妆"又作"粧、装",装饰之义,即是涂抹化妆的意思。

【纤纤出素手】"纤纤"即为细之状。"素"即"白",这里指肤色。三个版本的译文类似,都选用了"slender"表现"纤纤"之意。庞德和许都选用了"put forth"一词描述"出"这个动作。"出素手"形容女子凭窗而立的姿态。相比而言,汪译并未特意强调"出"之动作意味,突出描绘了纤细白皙的双手,同时还兼顾了叠字温软的音韵效果。

【倡家女】这个词的理解歧义颇多。"倡",发歌也。《诗·郑风》:"叔兮,伯兮,倡余和汝。"这是"倡"的本义,"和"相对应,因而泛指以唱歌为生的艺人。《礼记·乐记》曰:"一倡而三叹"。《说文解字》曰:"倡,乐也。"段玉裁《说文解字注》曰:"以其戏言之谓之徘,以其乐言之谓之倡,或谓之优,其实一也。"司马迁《报任安书》:"倡优蓄之,人主之所轻也。"《史记·外戚世家》:"其家故倡也。"以上可见,"倡女"是一种在汉代非常普遍的职业,发展至后代,就是常说的歌舞表演者。综上所述,庞德译文中选用的"courtesan"一词就不甚妥当。"courtesan"多指妓女或交际花,与原诗在这一点上不符。而许版和汪版的翻译,都采取了"singing girl"的说法,更贴近原诗文化背景。

【今为荡子妇】句中的"荡子"一词,在各个译文中也差异甚多。"荡子"与"游子"含义相近,却有区别。《列子》曰:"有人去乡土游于四方而不归者,世谓之狂荡之人也。"因此,"荡子"本义是指长期游于四方而不归故乡的人。与现代所说的浪荡子、败家子不是同一个含义。庞德在其译文中用了"sot"一词来翻译"荡子"。"sot"多指酒鬼、醉鬼,与诗中原义差别明显。许版用动词译法"gone far, far, away"来替换原诗中的名词。汪版也用了类似的方式,"roves the land",以动作来解释"荡子",否则无法确切地传达原诗的含义,因为英文中并无对等语词与之契合。

【荡子行不归,空床难独守】原诗最后一句在翻译过程中不太容易把握。何焯曰:"梁邓鉴(又作邓铿,笔者注)《月夜闺中诗》云:'谁能当此夕,独宿(或为"处"——编者注)类倡家'可用释此诗。"这两句总体描写女子的愁苦之情。据前文可知,该女子过去为歌舞表演者(倡家女),生活应该是热闹喧嚣的。现在丈夫却远游不归,自己正值青春盛时却独守空房,这样不幸的遭遇是多么悲哀啊。三个译文版本对此句的翻译各有所长,都贴切地传达了原句的含义。庞德译文中稍有不妥之处在于他依然坚持了前面对"荡子"一词的不当解读,依然翻译为"goes drunkenly out"。许版的译文采取意译,放弃了"床"这个字眼,译为"her lone, lone day",含蓄蕴藉而意味绵长,更好地传递出女主人公独自一人生活无趣而生出的愁情与苦闷。

【汉五言诗经典篇章英译鉴赏之二】

涉江采芙蓉

涉江①采②芙蓉③,
兰泽④多芳草⑤。
采之欲遗⑥谁,
所思⑦在远道⑧。
还顾望旧乡,
长路漫浩浩⑨。
同心而离居⑩,
忧伤以终老。

【注疏】

①朱自清解释"涉江"是《楚辞》的篇名,屈原所作的《九章》之一。本诗是借用这个成辞,一面也多少暗示诗中主人公的流离转徙。《涉江》所叙述的乃是屈

原流离转徙的情形。

②今作"採"。

③莲花的别名，亦作"夫容"，又名"芙蕖"，或称"菡萏"。《尔雅》曰："荷，芙蕖。"郭注云："别名芙蓉，江东呼荷。"《诗经·郑风·山有扶苏》："隰有荷华。"《郑笺》曰："未开曰菡萏，已发曰芙蕖。"

④《本草拾遗》曰："兰草生泽畔。""泽"乃低洼之地。"兰泽"就是生长着兰草的洼地。陈柱曰："二句谓涉江原欲采芙蓉，而涉江之后，且有兰泽，内又多芳草也。"

⑤即指兰而言。朱自清以为此句用《招魂》中"皋兰被径兮斯路渐"的语意。他引王逸注："渐，没也。言泽中香草茂盛，覆被径路。"并说"这正是'兰泽多芳草'的意思。(《招魂》)那句下还有'目极千里兮伤春心，魂兮归来哀江南'二语。本诗'兰泽多芳草'引用《招魂》，还暗示着伤春思归的意思。"马茂元的看法与朱自清类似。他说："'芳草'，指兰。《楚辞·离骚》：'兰芷变而不芳兮，荃蕙化而为茅。何昔之芳草兮，今直为此萧艾也。'以芳草称兰，古代诗歌常见。又《楚辞·招魂》：'皋兰被径兮斯路渐。'原文的'兰'，注文里称为'芳草'，足见'兰'和'芳草'在用法上是二而一的东西。这是因为兰在许多芳草中最为特出的缘故。这句承接上句说，'涉江采芙蓉'之后，又在兰泽里采了很多兰草。"

⑥音"畏"，赠予。

⑦所思念之人，此处指在旧乡之妻。陈柱曰："涉江采芙蓉，兰泽多芳草。"二句是："谓涉江原《楚辞》曰'折芳馨兮遗所思'。"《楚辞》曰："折芳馨兮遗所思。"吴闻生曰："远道即指旧乡，盖思乡之作也，而笔情甚曲。"

⑧道之远方，此处指下句之旧乡，尤言"远方"。吴闻生曰："远道即指旧乡盖思归之作也，而笔情甚曲。"

⑨犹言漫漫浩浩。漫漫，路长貌。杨雄《甘泉赋》："指东西之漫漫。""漫"，古通"曼"。《楚辞·离骚》："路曼曼其修远兮，吾将上下而求索。"浩浩，水势盛大，无穷尽也，此处形容路途广宽无尽。《楚辞·九章·怀沙》："浩浩沅湘。"这里用以形容路途的广宽无边。郑玄《毛诗笺》曰："回首曰顾。"闻人倓云："漫漫，路长貌。浩浩，无穷尽也。"方延珪曰："欲遗又远莫致。"

⑩夫妻本是同心，当厮守一处，今却迫于环境而分开两地，各在天涯。本句含义与结构或从《楚辞》中"何离心之可同兮"变化而来。同心，古代常用的成词，《易·系辞(上)》中就有"二人同心，其利断金"的话，但一般都用来男女之间的关

系,尤其指夫妻情感之融洽。由《楚辞·九歌·湘君》:"心不同兮媒劳,恩不甚兮轻绝。"蜕化而来。这个词俗称夫妻情融意洽,"永结同心",后世男女相爱,以锦带绾为连环回文式,名曰"同心结"。苏小小诗:"何处结同心",亦取于此。离居,异地而居,未能厮守一处,是"同心"之对称词。"同心"言情爱之深,"离居"谓相思之切。语出《楚辞·九歌·大司命》:"折疏麻兮瑶华,将以遗兮离居。""离居"也是《楚辞》的成词,而兼取"采芳相遗"之意。吕向曰:"同心谓友人也。"陈祚明曰:"望旧乡,属远道人;忧伤终老,彼此共之。"《玉台新咏》作枚乘第四。陆时庸曰:"落落语致,绵绵情绪。'同心而离居,忧伤以终老;''怅惘何所言,临风送怀抱;''此物何足贵,但感别经时。'一语馨衷,最为简会。"

【白话释义】

流离转徙折莲花,
兰泽畔边兰花香;
折了之后赠给谁?
所思人儿在远方。
回首极目望旧乡,
相距漫漫道路长。
夫妻同心逼离居,
终老难见最忧伤。

【主题鉴赏】

本诗是从《楚辞》脱胎而来,巧妙地继承了《楚辞》的优良传统。

杨效知指出,这首诗最突出的艺术特点就是"骚"风自如。张琦曰:"《离骚》滋兰树蕙之旨"。《楚辞》中屈原的作品,有许多写采撷芳草赠人的诗。司马迁《史记·屈原列传》云:"其志洁,故其称物芳。""芳草"者,就是美好与光明,理想和追求的象征。也就是说,他用来表示象征意义的客观事物和思想感情,都是洁"志"与物"芳"的统一体。杨效知认为,这首诗除了反映夫妻之间有缠绵悱恻的笃诚情感外,还蕴含着他们在被隔离、被压迫的现实生活里对理想生活仍然热烈追求的意志。作品闪烁着追求理想的火花,诉说着不幸中的人们的共同愿望,使这首诗比其他以怀念乡土家室为题材的诗歌高出一着,达到了思想内容和艺术技巧上的高度统一。正知陆时雍评曰:"落落语致,绵绵情绪。"方东树评价此诗"节短而托意无穷,古今同慨。故对涉江而言之'涉江','旧乡'欲用屈子言,'旧乡莫予知'故涉江而求知音。求而多得,终亦相与为无所遗。'远道'即指黄农虞夏也。'旧乡'本昔与远道之人所同居,今反而远而漫漫,所以终老忧伤也。"

从选词到造句,这首诗的语言与《楚辞》有着高度的相似性,正如钟惺评曰:"别有其妙"。隋树森《古诗十九首集释》的序里说:"古诗十九首……的艺术价值也到纯熟的境界,它既有完整优美的外形,复有丰富充实的内容,而表现的方法,特具的风味,更是妙得难以用言语形容出来。它是五言诗的规范,后来的诗人,不但多多受其影响,并且许多作家,如陆机、刘烁、谢惠连、鲍照、鲍令晖、江淹、沈约、孟浩然、韦应物、杨亿、洪适、陈襄、张宪、王文运等,都有拟作,如果把这些诗收集起来,数量应当不少。这寥寥的十九首,真抵得上后来无数的篇什,所以研究中国文学史的人,没有不喜欢它的,钟嵘评为'一字千金',绝不是过分推崇之语。"

鉴赏一

这是一首以游子思乡为主题的诗。刘履《古诗十九首旨意》曰:"客居远方,思亲友而不得见,虽欲采芳以为赠,而路长莫致,徒为忧伤终老而已。"这首诗写出了漂流异地的游子,想念他在家乡的妻子,又欲归不得的惆怅感情。李因笃评曰:"思友怀乡,寄情兰芷,(离骚)数千言,括之略尽。"这首诗的作者和屈原身份不同,但相同的是诗里写采芙蓉和兰草,"将以遗所思"。朱自清认为:"这首诗意旨只是游子思家。"朱筠认为,此诗凝练秀削,一起托兴便超"采之"二句,幽折得妙;"在远道",非谓其人走向远方去,不在目前便是。此是行者欲寄居者,观下文可见。言"所思在远道",为之奈何? 转而思之,乃我离人非人离我也;于是"远望故乡",但见"长路漫浩浩"而已。如此"同心",却致"离居","忧伤"其胡能已。然岂为"忧伤"而有两意,亦惟"忧伤而终老"焉已耳! 何等凛然! 比唐棣逸诗十倍真挚。如此言情,圣人不能删也。张玉毂同样把此诗诠释为怀人之诗。前四先就采花欲遗,点出己之所思在远。"还顾"两句则从对面曲揣彼意,言亦必望乡而叹长途。后二人同心离居,彼己双顶;忧伤终老,透笔作收;短章中势却开展。

杨效知说:"这首诗里真挚的感情是通过由相思而采芳草,由采芳草而思远道,由远道而望旧乡,由望旧乡又回到相思来表现的。这种回环曲折、苦闷复杂的内心深处的矛盾描写,有力地表达了主题。'采芳草,遗所思',对美好生活和'同心'人的情感是那么的深厚而笃志,其中渗透着生活的理想,反映了生活中的积极向往的心态。""同心"而"离居","忧伤以终老"。"同心"是指夫妻,并非指君臣。

"离居"的前提是夫妻同心,"离居"是苦者现实的处境,造成这种现实处境的各种客观因素都包括在"而离居"的"而"字里。

我们通过反复吟诵其诗,是可以体会到诗人的"忧伤"的,而且是"终老"的"忧伤"。换句话说,要想过着安逸幸福、全家团聚的生活是办不到的。夫妻是共同生活的终身伴侣,亲亲热热地在一起生活是双方共同的理想和照望,"愿得一心人,白头不相离。"(《乐府·白头吟》)请问,谁愿"离居"呢?古今中外,实在少有。"悲莫悲兮生别离",这种"离居",既是人间最悲痛的事情,又是对当时黑暗社会的控诉。最后,只好以"忧伤以终老"作罢,到死亦相爱作结。

鉴赏二

另有学者认为这是一首反映君臣关系的诗,主要表达"臣不得于君"的主题。张庚认为"此亦臣不得于君之诗。开口'涉江'何等勇往;中间'还顾'何等无聊;结语何等凄咽。诗尾四十字,真一字一泪。吴氏曰:'芙蓉''芳草',喻仁义也。'多芳草',言富于仁义也。'还顾'二句看不彻也,若谓就所思之居处而言,故曰:'远道';就我之往徙而言,故曰'长路';非有二也。若然,则直望之可也。夫人心之所思,目必注之,情之常也;何用'还顾'二字,致文意上下不蒙。况明明说出'旧乡',则'长路'断非'君门'矣。观'涉江'二字起,明是言身在途中。前瞻君门,则有九重之隔;"还望旧乡",则又"长路浩浩";真进退维谷矣。其所以致此者,良由君心素同而一旦离居故耳。同心则所谓一德一心也;而乃离居焉,安得不'忧伤终老'乎?若'所思在远道'下即接'同心'二句,岂不直接明快?然少意味,故以'还顾'二句作一波折,然后接出;不但意极婉曲,而居度亦甚纡余矣。玩'同心而离居','而'字必有小人诡间矣。玩'忧伤以终老','以'字有甘心处之而无怨意,此忠臣立心也。"陈沆也持有类似的看法,曰:"枚乘在梁忧吴也。"王开运亦曰:"去吴游梁,追念故国。"姜任脩释曰:"终老绝也"。怀忠事君,死而不容自梳,岂间于远乎?采芳远遗,以彼在远道者,亦正还顾旧乡,与我有同心耳。夫君心本同,以有离之者而分居阔绝焉。能不"维忧用老"乎?曹子恒《燕歌行》蓝本于此,或曰:"枚叔久游梁思归而仿楚声焉。"

鉴赏三

也有研究者综合上述两种观点,认为这首诗既表达了游子思乡之情,也委婉地传达了不得于君的遗憾。隋树森在《古诗十九首》中解释道:"客居远方思亲友而不得见,虽欲采芳以为赠,而路长莫致,徒为忧伤终老而已。详此诗亦枚乘久游于梁而不归,故有是言。及孝王薨而归,则已老矣。未几武帝以安车蒲轮征之,竟死于道。"芙蓉生于江,故涉江采之;芳草生于泽,故可直道取而不言涉。芳草,草之有芳者,不止于兰;兰草之尤芳者,故以命泽。不言"采",蒙上也。上"采"字单指芙蓉,下"采"字兼诸芳草。明明为"遗所思",却又曰:"采之欲遗谁?"若顾聊为自诘之词,若有遗忘者,宕出下文,以见其人之可思而兼顾其道之甚远也。长路,即"远道";"还顾"两字从"思"字生。此亦不得于君之诗。"涉江"四句云云,犹屈子以珍宝香草为仁义,而思以报贻于其君也。

张清钟认为:"本诗是叙述一位漂泊异乡之游子,想念在家乡妻子而欲归不得之愁苦悲情,或以为是思君或怀友之作。"诗分三部:前四句就采芳欲遗,点出所思在远;中二句以顾望乡路遥长而难致,反亲离居之忧伤;末两句以同心而离居之矛盾,徒哀忧伤以终老之衷情与无可奈何。前四句以一个离乡背井之游子自述,长久离家,一日看见水中及沼泽边开满美丽芬芳之莲花与兰花,想起家中爱花之妻子,因兴起涉江去采,采下之后才想起所思念之人在远处,将如何送致。其"道远"有第一首"相去万余里,各在天一涯,道路阻且长,会面安可知"之意。"涉江"是楚辞篇名。四句之语辞亦由楚辞:"采芳洲兮杜若,将以遗兮下女""被石兰兮带杜衡,折芳馨兮遗所思""折疏麻兮瑶华,将以遗兮离居"等句衍化而成。此诗人或有屈原流离转徙之伤。后四句承前四句以所采之花,无法致送所思念之人,因顾望旧乡作无奈自慰,然面回旧乡之路却长远无际,宽广无边,令人失望。因兴起夫妻本同心,当厮守一起,而今却分开两地,各在天涯一方之伤感,面对此无可奈何之离居,亦唯有作忧伤以终老之感伤。

综观此诗,只有八句,与"庭中有奇树"同为十九首最短之两首。就结构而言,由相思而采芳草,由芳草而望旧乡,由望旧乡又回到相思,情节回环曲折。就笔法而言,虽复沓却能变化。首二句皆言采芳草,但上句说"采"字,下句变省去此字。两语句式各别,且背景又各不相同。"远道"与"旧乡""长路漫浩浩"同是一事。"远道"是泛指,"旧乡"是专指,"远道"是"天一方","长路漫浩浩"是从这一方到那一方之空间。相思之深切,皆借此而显出。既采莲,又采兰,是唯恐恩情不足。既说远道,又说路长,更加上漫浩浩,有会面安可知之意,是相思又是忧伤,处处反映出诗人内心复杂之苦闷与矛盾。

【英译版本】

译文 1　汪榕培

I Wade the Stream

I wade the stream to pluck lotus flowers;
The orchid marsh abounds in scented grass.
To whom shall I present the grass and flowers?
Close in heart but far apart is my lass.
When I look back upon my homeward way,
The way that lies ahead is long and cold.
We're heart to heart but distance holds its way;
Grief is mine until my heart grows old.

译文 2　西顿

I forded the River to pluck the hibiscus,
and in the orchid marsh the many fragrant grasses:
To whom shall I give what I have taken?
The one I think of is on a far-off way;
Does he still turn to gaze on his old home?
On the long road the distance slowly grows,
the single heart we share is forced to dwell in two places:
naught but grief and worry as slowly we grow old.

译文 3　许渊冲

I gather lotus blooms across the stream
In orchid marsh where fragrant flowers teem.
To whom shall I send what I pluck today?
The one I love is living far away.
I turn my eyes towards our old abode.
O What can I find but a long, long road.

Living apart, how can we be consoled?

Our hearts are one,

I'll grieve till I grow old.

译文 4 亚瑟·韦利

Crossing the river I pluck hibiscus-flowers:

In the orchid, swamps are many fragrant herbs.

I gather them, but who shall I send them to?

My love is living in lands far away.

I turn and look towards my own country:

The long road stretches on for ever.

The same heart, yet a different dwelling:

Always fretting, till we are grown old!

【汉诗训诂与译文鉴赏】

【涉江采芙蓉】"涉江"一词形容动态性动作,表示出一种勇往直前的决心。汪用"wade the stream",西顿用"forded the River",韦利用"Crossing the river"。三个译者选用三个不同的动词,表示的意思类似,都有涉水而过之意。"wade"和"ford"两词的使用更胜一筹。许替换掉原诗的动词,换成介词短语"across the stream",原诗的意思传达到了,但似乎没有表现出动态的行为,诗中的气势和决心没有表现出来。不过"stream"与下句的"teem"在音韵上和谐完美。

【芙蓉】莲花的别名《尔雅》曰:"荷,芙蕖",郭注云:"别名芙蓉,江东呼荷。"汪、许都使用的是"lotus",而西顿和韦利都用的是"hibiscus"一词。"hibiscus"在 *Longman Dictionary of Contemporary English* 中的解释是"木槿",与原诗中的芙蓉相去甚远,可能是误读。

【芳草】即指兰而言。朱自清以为此句用《招魂》"皋兰被径兮斯路渐"语意。马茂元的看法与朱自清类似。他说:"'芳草',指兰。……注文里称为'芳草',足见'兰'和'芳草'在用法上是二而一的东西。这是因为兰在许多芳草中最为特出的缘故。"汪译为"scented grass",西顿译为"fragment grass",许译为"fragment flower",韦利译为"fragment herbs"。这里,"grass"和"flower"都可以,而"flower"更合适些,从上文注疏中可以看出,原诗中的"芳草"是兰草之意,理解成兰花更符合其含义。"herbs"常指用于调味的香草或草药,和诗中的兰草不是同一类植物,与原诗意思不符。

【遗】同"赠"乃赠予之义。汪选用"present",西顿选用"give",许和韦利都选用"send",三个词都能如实地传达原诗的含义。

【所思在远道】"所思",所思念之人,此处指在旧乡之妻。"远道",道之远方,此处指下句之旧乡,尤言"远方"。汪译为"Close in heart but far apart is my lass.",用"close in heart"意译"所思之人",表示我思念的是与我心心相印的那个人,极为形象传神,但是"far apart",离我那么远,前后构成鲜明的对比,心理效应强烈。而"lass一词指"女朋友""少女"之义,实际上原诗应该是指远在旧乡的妻子,这个词的选用不太恰当。西顿译为"The one I think of is on a far-off way","think of"多指"to have formed a possible but not firmly settled plan for",即"思考,想,考虑"之义,与"思念"不是一回事。许和韦利的翻译非常类似。许译为"The one I love is living far away.",而韦利译为"My love is living in lands far away."。韦利的翻译中比其他几位译者多加了个"lands"一词,更好地传达出原诗中"远道"一词与下句的"旧乡"相呼应之义。

【还顾望旧乡,长路漫浩浩】"漫",古通"曼"。漫漫:路长貌。杨雄《甘泉赋》:"指东西之漫漫。""浩浩"指水势盛大,此处形容路途广宽无尽。《楚辞·九章·怀沙》:"浩浩沅湘。"汪译为"When I look back upon mu homeward way, The way that lies ahead is long and cold."。这句话采取了静态的翻译,"当我回望故乡的方向,只看到前面是一条漫长又寒冷的路途。"译文中加了"cold"一词,虽然原诗中没有这个词,译者根据自己的理解,把回乡之路形容为漫长又寒冷,其凄凉之义显露无遗。许的翻译类似,也是静态的译法,"I turn my eyes towards our old abode. O What can I find but a long, long road."。很明显,许先生的翻译更重视音韵上的传达,连用"long, long"对应汉语中的"浩浩",从形态和音韵上对叠字的翻译更到位。韦利和西顿的翻译都使用的动态的翻译。韦利译为"I turn and look towards my own country: The long road stretches on for ever."。"stretch"一词的选用很有意境,可以想象一个人看着漫漫长路,仿佛那条路还在不断延伸一般,没有尽头。西顿译为"Does he still gaze on his old home? On the long road the distance slowly grows."。"grow"一词与"stretch"表层语义上异曲同工,都是把静态的长路翻译成动态的"长路在漫延"之义,但在想象力的延展上稍逊于后者。西顿的翻译采用了第三人称,这样似乎没有用第一人称更能体现出原诗中悲切的感受。

【同心而离居】夫妻本是同心,今却分开两地,各在天涯。本句或从《楚辞》:"何离心之可同兮"变化而来。一般都用来男女之间的关系,尤指夫妻情感之融洽。"离居"即指相思之切之义,亦出自《楚辞·九歌·大司命》:"折疏麻兮瑶华,将以遗兮离居。"汪译为"We're heart to heart but distance holds its way",意思上最接近原诗。"heart to heart"的使用比其他几位译者的表达更容易让人理解,也更贴近原诗中相亲相爱的意思。许版的翻译稍做更改,译为"Living apart, how can we be consoled? Our hearts are one, I'll grieve till I grow old."。可能出于押韵之故,这里面加了一个"console"这个原诗中没有的字眼,但从意境上与原诗基本保持一致。唯一遗憾的是,这样一来,译文的语序与原诗稍有出入。

【忧伤以终老】汪、许及西顿对"忧伤"一词的翻译是一样的,均选用"grief"一词,或名词或动词。韦利使用的是"fret"一词,似乎不是很妥当。"fret"一般是指为无谓的琐事而焦虑、烦恼,无法再现原诗中那种发自内心深处终生不得相见的分离之苦和悲切之伤。

【汉五言诗经典篇章英译鉴赏之三】

行行重行行

行行①重行行
与君生别离②。
想去③万余里,
各在天一涯④。
道路阻且⑤长,
会面安可知⑥?
胡马⑦依⑧北风,
越鸟⑨巢南枝⑩。
相去⑪日已远⑫,
衣带日已缓⑬。
浮云蔽白日⑭,
游子不顾⑮反。

思君⑯令人老⑰,
岁月忽已晚⑱。
弃⑲捐勿复道⑳,
努力加餐饭㉑。

【注疏】

①行,走也。"行行",走啊走。"行行"两字相重叠,一是为了加重语气,二是为了添补音节。"重行行",张玉毂曰:"重行行,言行之不止也。"同时也有强调愈走愈远之意。

②生离别,活生生地离别。《楚辞·九歌·少命司》:"乐莫乐兮新相知,悲莫悲兮生别离。"此处似套用该句语意。张铣曰:"此诗意为忠臣遭佞人谗谮见放逐也。"张庚曰:"此臣不得于君之诗,借远别离以寓意。"朱自清认为有"暗示""悲莫兮"的意思(《释古诗十九首》)。马茂元认为"生别离"犹言"永别离"。所谓"生别离"并非指人生一般的别离,而是有别后再难相聚的含义,因而是最可悲的。这句和《古诗为焦仲卿妻作》中的'生人作死别'用意相近。所以下边会说,'会面安可知'"。

③去,距离遥隔之意。

④天一涯,犹言"天一方"。"涯"音"宜"(yí)。《广雅》曰:"涯,方也。"六臣本校云:"善作一天涯。"胡克家《文选考异》曰:"李陵诗云'各在天一隅',苏武诗云'各在天一方',句例相似,恐'一天'误倒。"马茂元《古诗十九首》探索曰:"'天一'一作'一天',误倒。"

⑤且,毛诗曰:"溯洄从之,道阻且长。"陈祚明曰:"阻且难行,长则难至,是二意,故曰且"。"阻且长",言路途艰险且遥远。《诗经·秦风·蒹葭》:"所谓伊人,在水一方;溯洄从之,道阻且长"。"阻且长"是用此意。朱自清认为这里有暗示"从之不得"的意思。李家言认为自"相去余万里"至"会面安可知"四句全用《蒹葭》之意,"各在天一涯"即是从"在水一方"变来,"相去余万里"是"在水一方"的补充,"会面安可知"是"道阻且长"的补充(《国文杂志》三卷三期《行行重行行》)。

⑥安可知,"安",焉也。"知"一作"期",义同。薛综《西京赋注》:"安,焉也。"

⑦胡马,产于北方胡地的马。

第三章　汉五言诗英译鉴赏与评析

⑧依，《玉台新咏》："依，作嘶"，义通。

⑨越鸟，"越"，即"百越"之地，"越鸟"就是南方的鸟。

⑩李善《文选注》引《韩诗外传》云："诗曰'代马依北风，飞鸟栖故巢'。皆不忘本之谓也。"《盐铁论·未通篇》曰："故'代马依北风，飞鸟翔故巢'，莫不哀其生。"《吴越春秋》曰："胡马依北风而立，越燕望海日而熙，而类相亲之义也。"不管是"不忘本""哀其生"，还是"同类相亲"，都是比喻人类乡土室家的情感。正像李周翰曰："胡马出于北，越鸟来于南，依望北风，巢宿南枝，皆思归国"。纪昀曰："此以一南一北，申足'各在天一涯'意，以起下相去之远，作'依'为是。"又曰："胡马两句，有两出处：一出《韩诗外传》即《善注》所引不忘本之意也。一出《吴越春秋》，'胡马依北风而立，越燕望海日而熙'，同类相亲之意也。"这里意思都是一样的，都是以马和鸟比喻眷恋故乡。胡马南来后依恋于北风，越鸟北飞后仍筑巢于向南的树枝，较旧喻似更深一层。这两句用比喻来代替抒情。言外谓"鸟兽尚依恋故乡，何况人呢？""胡马""越鸟"尚且如此，难道游子旧不思恋故乡吗？

⑪相去，离家。

⑫远，久也。此指时间而言，谓离别之久。

⑬缓，宽松。《说文》曰："缓，绰也。"谓人因相思而日益消瘦，故衣带越来越松。

⑭浮云蔽日，古代文学中最流行的比喻。一般习惯用于逸臣之蔽贤。"白日"，隐喻君王；"君王"是比喻邪佞。《文子》："日月欲明，浮云蔽之。"陆贾《新语》："邪臣之蔽贤，犹浮云之障日月。"《古杨柳行》："逸邪害公正，浮云遮蔽日。"这里则以之象征她远游未归的丈夫。我国古代封建社会里，君臣之间的关系和夫妻之间的关系，在观念上是一致的。"浮云"，是猜想他另有新欢，象征彼此之间的情感的障碍(马茂元，《古诗十九首探索》)。

⑮顾，念也。郑玄《毛诗笺》曰："顾，念也。""反"同"返"。"不顾反"，就是不想回家。刘良曰："白日喻君也，浮去为逸佞之臣也，言逸臣蔽君之明，使忠臣去而不返也。"朱自清认为本诗可能还用这个意思。不过也有两种可能：一是游子也许在乡里被"谗言"所害，远走高飞，不想回家；二也许是乡里中"谗邪害公正"，是非黑白不分，所以游子不想回家。前者是专指，后者是泛指。

⑯思君，李周翰曰："思君谓恋主也。恐岁月已晚，不得效忠于君。"这里的"君"，指伴侣。

⑰老，指所谓"老态""老相"。意谓"只为想念你，使我变得老的多了。"孙鑛

曰："自《小雅》'维忧用老'变来。"

⑱朱自清说："和'东城高且长'一首里'岁暮一何速'同义，只指秋冬之际岁月无多的时候。意谓一年倏忽又已将尽，自己年华老大，究竟等到几时呢？"马茂元说："'岁月'，指眼前的时间；'忽已晚'，言流转之速。"

⑲弃，与"捐"同义。"弃捐"，犹言丢下。刘向《战国策序》："儒术之士，弃捐于世。"

⑳勿复道，不必再说了。吕延济曰："勿复道，心不敢望返也。"

㉑勉励之辞。吕延济曰："努力加餐饭，自勉之辞。"谭元春曰："人皆以此劝人，此似独白以自劝，又高一格一想。"北京大学中国文学史研究室《两汉文学史参考资料》说："'弃捐'两句有二解：一，'弃捐'，抛弃；'勿复道'，不必再说了。'努力餐饭'是勉励游子的话。"张玉穀释此两句说："不恨己之弃捐，惟愿彼之强饭。"朱自清更以《史记外戚世家》中的"行矣，强饭，勉之！"和《饮马长城窟行》中的"上有加餐食"两例证明下句是当时勉励别人的通用语。因此他说："'弃捐'就是……'被弃捐'；……所以她含恨说：'反正我是被抛弃了，不必再提罢；你自己保重就好！'"上句犹言"丢开不谈罢"，下句则已"努力加餐饭"自慰。言"一切不管吧，我还是努力加餐，留得身体在，也许他年还有相见的机会。"今按，陆机《拟行行重行行》："去去遗情累，安处抚清琴。"曹植《赠白马王彪》："心悲动我神，弃置莫复陈。"刘琨《扶风歌》："弃置勿重陈，重陈令心伤。"句法与此诗"弃捐勿复道"相类，故上句显然应解为"这些话都丢开不说吧"为是；但下句则以朱说为是。故余冠英综合两说，释为"最后表示什么都不谈，只希望在外的人自家保重"，最为明顺确切。

【白话释义】

走啊走，不停地走，
与君活生生的分手。
别后相隔万余里，
两人各在天尽头。
路途艰险且遥远，
会面的机会不知有没有？
北马南来仍恋北风，
南鸟北飞仍筑巢向南的树枝。

相离愈来愈远,
相思使我衣宽人瘦。
坏人当道一手遮天,
远走的他不愿归还。
只为想念他增添皱纹,
一年倏忽又将尽叫我如何等待。
哎!什么都不说了,
只希望在外的人自己珍重。

【主题鉴赏】

人们对这首诗主题的理解,与上一首《涉江采芙蓉》类似,也存在两种观点。一种观点认为该诗阐释了君臣因受到谗言而别离不得见的感受,另一种观点则将其解读为一首思妇诗,表达了妻子对远游丈夫的思念之情。

鉴赏一

历代文学研究者中,不乏有人认为这首诗主要是表达了臣不得见于君之遗憾,反映了忠臣遭谗言被放逐之后,与帝王"生别离"的悲怆心情。陆时庸曰:"一句一情,一情一转。'行行重行行',衷何倦也。'与君生别离',情何惨也。'相去日已远,衣带日已缓',神何悴也。'浮云蔽白日,游子不顾反',怨何温也。'弃捐勿复道,努力加餐饭。'前为废食,今乃加餐,亦无奈而自宽云耳。此诗含情之妙,不见其情;蓄意之深,不知其意。"陈祚明曰:"用意曲尽,创语心警。"邵长蘅曰:"怨而不怒,见于加餐一结。忠信见疑,往往如此。"姚鼐曰:"此被谗之旨。"方延珪曰:"此为忠人放逐,贤妇被弃,作不忘欲返之词。顿挫绵邈,真得风人之旨。"张琦曰:"此逐臣之辞。谗诏蔽明,方正不容,可以不顾返也;然其不忘欲返之心,拳拳不已,虽岁月已晚,犹努力加餐,冀幸君之悟而返之已。"刘履曰:"贤者不得于君,退处遐远,思而不忍忘,故作是诗。"

鉴赏二

另一种主流说法认为本诗主题是歌颂思妇对爱情的忠贞。张玉毂曰:"此思妇之诗。"方树东曰:"此只是室思之诗。"马茂元曰:"此是思妇诗,……是东汉末年动荡不宁的社会现实的反映。……生离死别的悲惨,在动荡不宁的社会里,是一种带有特征性的普遍的生活现象。……如果我们把这首诗和游子思妇之作联系起来加以体会,就会得出进一步的理解:无论属于哪种,它所反映的都是两地相思的别恨离愁,这是时代所给予他们的悲哀,在游子和思妇之间,行迹虽然隔离,但彼此是心心相印的。所以在这首诗的最后两句里,诗人暂时搁下这剪不断、理还乱的离愁,转而向对方致以贴切的安慰和深长的祝愿,归结全篇:在乱世人生里,这种相亲相爱、终始不渝的情感的流露,是如何真挚动人啊!"

【英译版本】

译文 1　汪榕培

On and On

On and on, alas, on and on!
Far away from me you will be gone!
You'll be away o'er ten thousand *li*,
A world apart between you and me.
As the way is tough and long, my dear,
Who knows if we can meet this year?
The steeds from Hu would neigh in northern breeze;
The birds from Yue would nest in southern trees.
Day by day, the farther you will go,
Day by day, the thinner I will grow.
As the drifting cloud may shroud the sun,
So the roving man may seek new fun.
Thought of you has made me look so old
When it comes to me that days are cold.
Do forget about it! Let it be!
I hope you'll eat your fill and be carefree!

译文 2　许渊冲

You travel on and on
And leave me all alone.

Away ten thousand *li*,

At the end of the sea.

Severed by a long way,

Oh, can we meet someday?

Northern steeds love cold breeze

And Southern birds warm tress.

The farther you're away,

The thinner I'm each day.

The cloud has veiled the sun,

You won't come back, dear one.

Missing you makes me old,

Soon comes the winter cold.

Alas! Of me you're quit,

I hope you will keep fit.

译文3 伯顿·华兹生

On and on, going on and on,

Away from you to live apart,

Ten thousand li and more between us,

Each at opposite ends of the sky.

The road I travel is steep and long;

Who knows when we meet again?

The Hu horse leans into the north wind;

The Yueh bird nests in southern branches;

day by day our parting grows more distant;

day by day robe and belt dangle looser.

Shifting clouds block the white sun;

the traveler does not look to return.

Thinking of you makes one old;

years and months suddenly go by.

Abandoned, I will say no more

but pluck up strength and eat my fill.

译文 4 亚瑟·韦利

On and on, always on and on

Away from you, parted by a life-parting

Going from one another ten thousand "li"

Each in a different corner of the World.

The way between in difficult and long,

Face to face how shall we meet again?

The Tartar horse prefers the North wind,

The bird from Yueh nests on the Southern branch.

Since we parted the time is already long.

Daily my clothes hang looser round my waist.

Floating clouds obscure the white sun,

The wondering one has quite forgotten home.

Thinking of you has made me suddenly old,

The months and years swiftly draw to their close.

I'll put you out of my mind and forget for ever

And try with all my might to eat and thrive.

【汉诗训诂与译文鉴赏】

【行行重行行】"行",即"走"。"行行",即"走啊走"。张玉毂认为"行行"两字叠用,不仅为了加强语气,也有越走越远之意。四位译者对此认识基本趋同,都在译文中反复使用"on and on"。汪和韦利没有使用动词,只是重复副词"on and on",一来形式上对应,二来内容上也同样加强语气。许使用了动词"travel",华兹生使用了动词"go",更强调走路这个动作。

【生离别】活生生的相别离。《楚辞·九歌·少命司》:"乐莫乐兮新相知,悲莫悲兮生别离。"马茂元认为"生别离"就是永远别离、难以再相见的意思。四个译文版本里,韦利对此句的翻译意思最为精准,"Away from you, parted by a life-parting."。"life-parting"一词的选用,把这辈子再难以相见这层意思准确再现。汪和许的翻译在音韵上更胜一筹。汪使用了"gone",许使用了"alone",都与上句中的"on"音韵相配,鼻音重置令悲从心生,遗恨绵绵。

【相去万余里,各在天一涯】"去"就是离开的意思。"天一涯"就是天各一方。六臣本校云:"善作一天涯。"天一涯",汪版译为"A world apart between you and me",选用了"world"一词来表示天涯海角。韦利对该词的翻译类似,也使用了同样的英语单词。许版译为"Away ten thousand Li, At the end of the sea."(离我很远,走到了海的另一端。)与原诗意思相近,而且"sea"和上句中的"li"押韵效果精妙。华兹生的版本较为直接:"each at the end of the sky",直接翻译了"天一涯"这个词语,不过意思上似乎并无不妥。

【道路阻且长,会面安可知】陈祚明认为:"阻且难行,长则难至,是二意,故曰且"。"阻且长"就是表达回家的路途艰险而且遥远。这句话中"艰险"和"漫长"两个意思应该都在译文中体现为最佳。汪版译为"As the way is tough and long",华兹生译为"The road I travel is steep and long.",分别使用了"tough"和"steep"来再现原诗中"阻"的含义。不过,华兹生的译文在意思上稍有歧义,也可以理解为"我走过的路是多么艰难又漫长",而原诗的意思是"回家的路途的那么遥不可及又充满艰难",意思上有些偏差。

【胡马依北风】胡马,产于北方的马;"依"就是马嘶。北方马到了南方,依然会在北风中嘶鸣。汪对"胡马"的翻译易造成误解"The steeds from Hu",可能会被误读为来自"胡"这个国家或者这个地区的马匹,这样的话,"依北风"的意思就讲不通了。但是汪对这个"依北风"的翻译却很到位"neigh in northern breeze",很精准地传达了原文的意思。许版"Northern steeds love cold breeze","胡马"翻译的比汪版的准确,不过"love clod breeze"又有些偏差了。胡马嘶鸣是因为感觉到了这风是来自故乡的,因为思乡才发出悲鸣,"love"这个词的使用没有很好的体现这层意思。韦利的译文与之类似,用了"prefer"一词,都给读者一种胡马喜欢北风的错觉,容易造成误读,更没有了原诗中那种思乡却不得回的悲切之情。华兹生的译文似乎没有理解原诗的意思,"The Hu horse leans into the north wind"中的"lean into"一词在这里讲不通,更与原诗毫无干系,可能把"依"理解为"依靠"了。

【越鸟巢南枝】"越",即"百越"之地,"越鸟"就是南方的鸟。越鸟北飞后仍筑巢于向南的树枝,用来比喻游子的思乡之情。四位译者对"越鸟"有两种译法:

"birds from Yueh"和"Southern birds",两种译法都忠实于原诗的意思。对于"巢南枝"一词,华兹生和韦利都使用了"branches",汪和许都使用的是"trees"一词。相比较而言,"branches"更符合汉语的意思。鸟选择树上靠向故乡那一边筑巢,以示对故土的怀念。如果译为"trees"就编成了南边的树,意境上不如"branches"传神。

【相去日已远,衣带日已宽】"相去",离家;"远",久也,表示离别之久;"缓",宽松。《说文》曰:"缓,绰也。"因相思而日益消瘦,因而衣带越来越松。汪版和许版的翻译非常类似。汪版译为"Day by day, the farther you will go//Day by day, the thinner I will grow."。许版的更为简洁"The farther you're away//The thinner I'm each day."。两位译者都把"衣已宽",译成"thinner",就是"为伊消得人憔悴"之义,衣带渐宽,人渐消瘦,思念是多么折磨人啊!华兹生和韦利的翻译类似,都是直接翻译字面意思。华兹生译为"Day by day our parting grows more distance//Day by day robe and belt dangle looser.",韦利译为"Since we parted the time is already long//Daily my clothes hang looser round my waist.",这两个英译版意思准确,但是从音韵和意境上稍逊一筹。

【浮云蔽白日,游子不顾反】是古代最流行的文学比喻,一般习惯用"白日"隐喻君王,这里则象征远游未归的丈夫。我国古代封建社会里,君臣之间的关系和夫妻之间的关系,在观念上是一致的。马茂元认为"浮云",是家乡的妻子猜测丈夫另有新欢,原先的感情有了障碍。"顾",即念,"不顾反",就是不想回家。汪译显然是认可马茂元的解读,译为"As the drafting cloud may shroud the sun//So the roving man may seek new fun.",把丈夫可能已有新欢的意思直白地呈现在译文里,这也就是远游的丈夫不愿意回家的缘故。许版译为"The cloud has veiled the sun//You won't come back, dear one."。汪版和许版的翻译,对"白日"就直接译为"sun",而华兹生和韦利都译为"white sun",这样的说法似乎是直接按字面意思逐字对译,而英语中并无此种表达,因此,该译法有些牵强。

【思君令人老,岁月忽已晚】这里的"君",指伴侣。"老"即指所谓"老态""老相",就是"只为想念你,使我变得老的多了。"朱自清认为"岁月忽已晚"指一年倏忽又将要结束,自己年华老去,究竟还要等到何时呢?"汪版和许版的翻译在这一句上也是非常类似的,大致与朱自清的解读比较接近,分别选用了"days are cold"和"comes the winter cold"表示"忽已晚"之的隐喻义。

马茂元认为"岁月",指眼前的时间,而"忽已晚"形容时间流转"速度之快"。两位外国译者的看法都与马茂元的解读趋近,"忽已晚"分别译为"years and months suddenly go by"和"The months and years swiftly draw to their close",都强调岁月流逝之快。

两类译文是对原诗的两种不同理解,从本诗的整体而言,两类译文各有侧重,前两个译文取隐喻义,后两者取象征义。

【弃捐勿复道,努力加餐饭】"弃"即"捐",两字同义。"弃捐"就是丢下、抛弃之义。"勿复道"就是不必再说的意思。四个版本的译文对这一句的解读基本趋同,大体都认同其表示"既然已经被抛弃了,也就不必再多说"之义;对"努力加餐饭"却有两种立场相反的解释,一是指自己多多吃饭,自己多保重,另一种是虽然你抛弃了我,我还是希望你远在他乡保重自己的身体。华兹生和韦利采取的是第一种理解,译为"but pluck up strength and eat my fill."和"And try with all my might to eat and thrive.";汪和许则承袭第二种阐释,"I hope you'll eat your fill and be carefree!"和"I hope you will keep fit."。

笔者更倾向于第一种理解,原因在于,既然上句自述已被抛弃,无话可说,只能自己保重自己的身体了。如果理解为"那你自己多保重吧",说到底又原谅丈夫的背叛,与整首诗哀怨悱恻的主题情绪不甚符合,叙述口吻发生偏离和逆转,过于戏剧化收场,从而削弱了原诗的感情基调和审美阈值。

【汉五言诗经典篇章英译鉴赏之四】

迢迢牵牛星

迢迢①牵牛星②,
皎皎③河汉④女⑤。
纤纤擢⑥素手⑦,
札札⑧弄机杼⑨。
终日不成章⑩⑪,
泣涕零⑫如雨。

河汉清且浅,

相去复几许⑬？

盈盈⑭一水间，

脉脉⑮不得语。

【注疏】

①迢迢，远也。《玉台新咏》作"岩岩"。吕延济曰："迢迢，远貌。"焦林《大斗记》曰："天河之西，有星煌煌，与参具出，谓之牵牛。天河之东，有星微微，在氐之下，谓之织女。"毛苌《诗传》曰："河汉，天河也。"张衡《西京赋》："千云雾而上远状，亭亭以苕苕，"李善注曰："'亭亭苕苕，高貌。'然则'迢'与'苕'迥别混而一之非是，不得以古字假借为词。"

②牵牛星，天鹰星座主星。俗称扁担星，在银河南。

③皎皎，明也。

④河汉，银河。

⑤河汉女，指织女星，天琴星座主星，在银河北，与牵牛星隔河相对。张庚解释此两句说："俗写织女之系情于牵牛，却先用'迢迢'二字将牵牛推远，以下方就织女写出许多情织。句句写织女，句句归到牵牛，以见其'迢迢'。'皎皎'名与首句是对起。故下虽就织女以写牵牛之'迢迢'却句句仍只写织女之'皎皎'。盖'皎皎'光辉洁白貌。"

⑥擢，举。张铣曰："擢，举也。札札机杼声。"《说文》曰："机杼之持纬者。"方延珪曰："擢素手，喻质之美；弄机杼，喻才之美。"

⑦素手，质美之手。

⑧札札，张铣曰："札札，机杼之声。"

⑨机杼，"机"，织机上转轴的机件；"杼"，织机上持纬的机件。《说文》曰："杼，机之持纬者。"指旧式织布机上的梭子。因为"机""杼"是古代织机上主要的机件，所以"机杼"就成为织机的总称。"

⑩终日不成章，即织女终日没有织出成品。

⑪章，指成品上的经纬文理。"不成章"，此用《诗经·小雅·大东》："跂彼织女，终日七襄；虽则七襄，不成报章"之语意。孔《疏》曰："言虽则终日历七辰，有西而无东，不成织法报反之文章也。言织之用纬一来一去，是报反成章；今织女之星，驾则有西而无东，不见倒反，是有名无成也。"方延珪曰："按古人多以朋友托

之夫妇,盖皆是以人合者。首二句喻以卑自托于尊,次二句喻情好之笃,中六句因汲引不至而怪之,后四句见士之怀才当以诗举,末则深致其望之词。大意是为有成言于始相负于后者而发。""报章",指往复成章。意思说,织女空有其名,她走起来一直向西去,不能像人那样用梭织布,一来一去,一往一复;既然不能来去往复,自然也就织不成章。原义是专就星的形象而言的,这里借以指织女的内心恩怨,与原义各别。陈祚明曰:"'不成章''不盈顷筐'之意。"方延珪曰:"心有所思,故不成章。"

⑫零,落也。"零如雨",言涕泪纵横。《诗经·邶风·燕燕》:"瞻望弗及,泣涕如雨。"

⑬相去复几许,言牛女二星相距也并没有多远。周密《癸辛杂识》前集曰:"以星历考之,牵牛去织女,隔银河七十二度。""几许",犹言几何,说距离不远。

⑭盈盈,水清浅貌。

⑮脉脉,相识貌。"脉脉",李善注曰:"《尔雅》曰'脉,相视也。'郭璞曰'脉脉,谓相视貌也'。"张玉榖评末四句说:"末四(句)即顶(紧接)'河汉',写出彼此可望而不可即之意。"

【白话释义】

> 心爱的牵牛离得远远,
> 痴情的织女明眼望穿。
> 她举起纤细柔长的手,
> 扎扎地穿引着织布机上的线。
> 终日织布没有进展,
> 相思之泪如同雨点。
> 银河水既清且浅,
> 你我相距并没有多远。
> 虽只一水之隔,
> 却相视而不得言传。

【主题鉴赏】

这首《迢迢牵牛星》流传很广,其中的诗句至今广为传颂。从诗句的字面意思看,是典型的思妇诗。也有人认为这是借用织女之情比喻臣子不得重用之憾。

鉴赏一

　　马茂元认为这首诗是秋夜即景之作,借天上的牛女双星,写人间别离之感。因为是思妇词,所以从女方的哀怨着笔。诗从想象出发,充满着浓厚的浪漫气息,在《十九首》里这是最为特殊的一篇。这种幻想之所以产生,就诗的题材来说,它是以双星的恋爱故事为背景;就诗的思想来说,它完全是现实生活的反映。两者结合起来,就凝成了诗的优美形象。牵牛和织女的爱情,是农村男耕女织的基本劳动生活的反映;而造成他们悲剧的原因,也有着它的社会现实意义。为什么被限制在一河之间,"脉脉不得语"呢?据说是天帝的罚责。《太平御览》卷三十一引《纬书》云:"牵牛星荆州呼为河鼓,主关梁。织女星主瓜果。尝见道书云:'牵牛娶织女,取天帝钱二万,备礼,久而未还,被逐在营室也。'言虽不经,是为怪也。"阶级社会里,统治阶级在经济力量上处于支配的地位,被剥削,被压迫的是广大人民。当他们由于贫困而丧失了和平安定的时候,社会上生离死别的现象就不断地发生。这就是牛女恋爱故事的悲剧产生在东汉社会末年的原因。同时,东汉末年也是游子思妇为基本内容的《古诗十九首》的时代背景。张清钟也认为本篇为怨妇之诗,系秋夜即景之作,全篇刻画了织女望牵牛之心情,借牛女之故事写夫妇离别之感。

鉴赏二

　　刘履曰:"此言臣有才美,善于治职,而君不信用,不得以尽臣之忠;犹织女有皎防纤素织之质,勤于所事,不得与牵牛相亲,以尽夫妇之道也。惟其不得相亲,有所思系,心不专在,故虽终日机织,不成文章,唯有泣涕而已。夫河汉既清且浅,相去甚近,一水之间,分明盼视,而不得通其语,是岂无所为哉?含蓄意思,自有不可尽言者耳。"吴淇曰:"此盖臣不得于君之诗,特借织女为寓。通篇全不涉渡河一字,只依《毛诗》从织上翻出意来,是他占地步,直瞩万仞之巅。"张庚、朱筠的观点与吴淇相同。张玉毂道:"此怀人者托为织女忆牵牛之诗,大要暗指君臣为是。诗旨以女自比,故首二句虽似平起,实首句从对面领题,次句乃点题之笔也。中四接叙女独居之悲,既曰'织女',故只就'织'上写。末四即顶'河汉',写出彼边可望而不可即之意,为'泣涕如雨'注脚,即为起手'迢迢'二字隐隐兜收,章法一线。"姚鼐曰:"此近臣不得志之作。"张琦曰:"忠臣见疏于君之辞。"

第三章 汉五言诗英译鉴赏与评析

【英译版本】

译文 1　许渊冲

Far, Far Away the Cowherd Star

Far, far away the Cowherd Star;
Bright, bright riverside Weaving Maid.
Slender, slender her fingers are;
Clack, clack her shuttle's tune is played.
She waves all day, no web is done;
Like rain her tears drip one by one.
Heaven's River's shallow and clear;
The two stars are not far apart.
Where brimful, brimful waves appear,
They gaze but can't lay bare their heart.

译文 2　杨牧之

Parted Lovers

Far, far away, the Cowherd,
Fair, fair, the Weaving Maid;
Nimbly move her slender white fingers,
Click-click goes her spinning-loom.
All day she weaves, yet her web is still not done
And her tears fall like rain.
Clear and shallow the Milky Way,
They are not far apart!
But the stream brims always between
And, gazing at each other, they cannot speak.

译文 3　汪榕培

Far, Far Away

Far, far away resides the Cowherd Star,
Fair, fair the Weaver Maiden Star.
Slim and soft are her tender hands;
Clicks and clack sounds the loom that stands.
She stops and drops the shuttle time and again,
Shedding floods of tears like pouring rain.

Clear and shallow is the Milky Way,
That separates them miles and miles away.
Surge and surge the waters from north to south;
She loves and loves but has to shut her mouth.

译文 4　亚瑟·韦利

Far away twinkles the Herd-boy star;
Brightly shines the Lady of the Han River.
Slender, slender she plies her white fingers.
Click, click go the wheels of her spinning-loom.
At the end of the day she has not finished her task;
Her bitter tears fall like streaming rain.
The Han River runs shallow and clear;
Set between them, how short a space!
But the river water will not let them pass,
Gazing at each other but never able to speak.

【汉诗训诂与英译鉴赏】

【迢迢牵牛星，皎皎河汉女】"迢迢"，即"远"之义。吕延济曰："迢迢，远貌。"

第三章 汉五言诗英译鉴赏与评析

"皎皎",即"明亮"之义。"河汉女",指织女星,在银河北,与牵牛星隔河相对。原诗中"皎皎"两字用得很妙,既指明亮的星座,又比喻"河汉女"的美貌,所以在翻译上也就有两种解读。许版译为"Far, far away the Cowherd Star; Bright, bright riverside Weaving Maid. ",直接用"bright"把"皎皎"的原义表达出来。杨版和汪版都用"fair"来解释"皎皎"之义,显而易见,"fair"语义的想象空间要大于"bright",更具美感。尤其汪译"Far, far away resides the Cowherd Star, Fair, fair the Weaver Maiden Star. ",在意思上更为明确,"far"与"fair",以及"far"与用来解释"牵牛""织女"星座属性的两个"star"的连用,兼顾了头韵、尾韵极为完美的音韵效果,前后诗行结构平衡匀称,与汉语原诗叠字、偶句结构保持了高度的统一性,堪称精美高妙的译文。韦利的译文更多的是自己的发挥,用个人理解阐释了这两句:"Far away twinkles the Herd-boy Star; Brightly shines the Lady of the Han River. "。从前面几首诗的译文大致可以看出,国外译者更倾向于用动词来表示静态的事物。韦利对这两句的翻译别有韵味,用动作性动词描述静止的星辰,仿佛给其赋予了人的生命力。

【纤纤擢素手,札札弄机杼】"擢""举"的意思。"素手",漂亮白洁的手。"札札",机杼工作时发出的声音。"机",织机上转轴的机件。"杼",织机上持纬的机件,"机杼"合起来即是织机的总称。这两句原诗从静态的星辰,转为动态的织布的动作,开始从织女这个角度来描写。翻译中除了要确定其中"擢""札札"和"机杼"的选词,还要体现原诗中叠字的使用。许版译文"Slender, slender her fingers are; Clack, clack her shuttle's tune is played. ",放弃了对"擢"这个动作的描绘,重点放在了"素手"上,选用"slender"这个词。中国传统文化中,描绘女性的手,总用"柔荑""素手"这类形容词,就是表示白净的、柔软的、细嫩的,这些特质被认为是女子手美的主要特征。

汪版的翻译与之类似,没有直译"擢"这个动作,连用三个形容词,"slim""soft""tender"来强调手的美丽特征。杨版选用了"move"这个动词解释"擢",而韦利用"ply"(来回重复,熟练使用工具)。相比而言,"ply"似乎更符合织布时双手来回在织机上穿梭的动作。对"札札"声响的翻译,四位译者选词类似,都用了拟声词"click"和"clack"来形容机织吱吱呀呀的声音。"机杼",许译为"shuttle",汪译为"loom that stands",杨和Waley都译为"spinning-loom",意思上都比较准确。相对而言,许版和韦利的译文更侧重对叠词的翻译,而汪版的译文更侧重原诗的韵律美感效果。

【终日不成章，泣涕零如雨】"章"，指成品上的经纬纹理，这里用以喻指织女心不在焉的样子。正如方延珪所言："心有所思，故不成章。""零如雨"，即涕泪纵横。许版和杨版的译文类似，分别译为"She waves all day, no web is done."和"All day she waves, yet her web is still not done."。韦利的翻译更为自由，译为"At the end of the day she has not finished her task"避免了翻译"章"的意思，不过"task"这个词的选用，使得译文失去了原诗的意味，太过于平淡无味。汪译最为精彩，"She stops and drops the shuttle time and again"，这里完全描绘出织女心有所思，不能投入织布的那种凝滞状态，"不成章"的原因就是因为思念，无法专注于织布，时不时地停下来。

【河汉清且浅，相去复几许】表示银河又清又浅，牛女二星的距离并没有多么远。这两句是为诗最后两句结尾做准备，即使清且浅，他俩却相隔不得见面，可望而不可即。许、杨和韦利的翻译基本一致，都直译为相隔不远之义，只有杨版的译文从诗整体出发，译为"That separates them miles and miles away"，把原诗中的递进关系，翻译为转折关系，与最后两句的意思相一致，而且语义上采取夸张手法，以助推主人公想见不得见的感情效果。

【盈盈一水间，脉脉不得语】此行为本诗最为优美却令人伤感之处。"盈盈"形容水清且浅，重复强调上面说的"河汉清且浅"的意思。整首诗的点睛之笔也在这里，既然一再强调说，分割两人的银河既不宽也不深，怎么两人就"不得语"呢？从这个结尾，也演化出各种不同的解读，前文已经阐述过这一点，此不赘言。

许版和杨版的译文都选用了"brim"这个词来表示原诗中的"盈盈"。"brim"原义是指"充盈""注满"，这里选用这个词，无法恰当表达原诗中"清又浅"的意思，反而有种河汉水很深且多的误导，不太妥当。汪版和韦利都是用译者的个人理解来诠释这句话的。汪版译为"Surge and surge the waters from north to south"，转而形容水浪汹涌翻腾的样子，为最后一句做了铺垫。韦利译为"But the river water will not let them pass"（但是这银河却无法跨越），放弃了原诗中转折的结构，直接表达其中想要传达的意味。这四个版本的译文都没有按照原诗结构进行翻译，而是进行了二次加工，如果可以试着用原诗的角度来阐释，也许更为恰当。

"脉脉不得语"中，"脉脉"是形容两个人对视的样子。李善注曰："《尔雅》曰：'脉，相视也。'"杨和韦利都采取了直译法，分别译为"And, gazing at each other, they cannot speak." 和 "Gazing at each other but never able to speak."。两个人相互凝望，却无法交谈。许版译的比较巧妙："They gaze but can't lay bare their heart."，两人不敢，或者无法向对方表露心声，表达爱意。这里用"lay bare their heart"委婉地表达了原诗中"不得语"那种痛苦和愁闷。但汪版译文"She loves and loves but has to shut her mouth."中的"love"一词，迭复意义不大，无法再现"脉脉"的神态，而且"shut her mouth"过于口语化，生硬且粗暴，译者似乎希望用一个粗暴的词来表现"不得语"的内心纠葛和辗转。但该译文选用从织女的角度来阐释的一致性，整首诗都是从织女的视角来描述的，保持了人称上的整体性。

【汉五言诗经典篇章英译鉴赏之五】

生年不满百

生年不满百，常怀千岁忧。
昼短苦夜长，何不秉①烛游！
为乐当及时，何能待来兹②？
愚者爱惜费，但为后世嗤③！
仙④人王子乔，难可与⑤等期。

【注疏】

①秉，刘良曰："秉，执也。"

②兹，《吕氏春秋》曰："今兹美禾，来兹美麦。"高诱曰："兹，年也。"《鹤林玉露补遗》云："〈公羊传〉诸侯有疾曰负兹。注：兹新生草也。一年草生一番，故以兹为年。"

③嗤，《说文》曰："耻，笑也。"

④仙，李善或本作"山"，《列仙传》曰："王子乔者，周灵王太子晋也。好吹笙，作凤鸣。道人浮丘公接以上嵩山。"

⑤与，五臣注本作"以"。吕向曰："难可与之同为不死也。"

【白话释义】

　　　　人生在世不满百岁，
　　　　心中却装着一千载的忧虑。
　　　　白天太短而夜晚却又太长了，
　　　　为何不点着蜡烛去恣意玩耍呢？
　　　　寻找快乐莫错过了时光，
　　　　怎么能等到来年再说呢？
　　　　愚蠢的人总是吝啬钱财，
　　　　只落得被人嘲笑的地步。
　　　　幻想像王子乔一样成仙，
　　　　是永远不可能实现的诱惑。

【主题鉴赏】

鉴赏一

　　有学者认为这首诗表达了及时行乐的主题。马茂元在《古诗十九首探索》中提到："这首诗中所强调的，仍然是及时行乐的思想；而诗人的感慨则是针对着'爱惜费'的愚者。乱世的人生，朝不保夕，即使老寿，也不满百年，正不必'怀千岁忧'，对未来许多问题作长远的考虑；而况爱惜身外的钱财，那就更是可怜可笑了。……最后用轻松的笔调，突然一转，点明神仙只是传说，不是一般人所能企慕的。这就进一步说明了世人所能掌握的只是'不满百'的'生年'与起句相呼应；而及时行乐，就更不容有所顾虑和等待了。"张庚云："此教人及时为乐也。'昼短'四句则作者之自得也。人生时日，昼夜各半，即日日为乐，只得一半，何不继之以夜，以纾我之生年乎？"吴淇有言："此诗重一'时'字，通篇止就'时'上写来。'年不满百'人岂不知？'忧及千岁'者，为子孙作马牛耳！'爱惜费'乃忧之效，'后世'正指'子孙'。曰：'田舍翁得此足矣'，乃是后世嗤也。'昼短'二句最警策人生，既不满百年，夜且去其半矣；以夜继昼，将以纾吾之生年也。"刘履道："此勉人及时行乐，且谓仙人难可与，使之省悟。盖为贪吝无厌者发也。"陆时庸曰："起四句名语创获，末二句将前意一喷再醒。'为乐当及时，何能待来兹'念此已是抚然至赞'少年不努力,老大徒伤悲'益嗟叹自失;乃知此言无不可感。"邵长蘅曰:"多为乐所误,为一种人言之,惜费,又为一种人言之。"杨效知:"这首诗,主旨是和《东城高且长》《驱车上东门》相类似,都是劝告人们及时行乐,宣扬的是享乐主义的思想,同时,也是对吝啬鬼和求仙者的嘲讽。"

鉴赏二

另一种阐释是这首诗是嘲讽吝啬鬼的。"愚者爱惜费,但为后世嗤",一针见血地讥讽了财迷的心态。方廷珪曰:"直以一杯冷水,浇财奴之背。"张庚曰:"因思'怀千岁忧'者,其愚者也。愚者只'爱惜费','爱惜费'忧之效也。'后世'虽泛指,而子孙亦在其中。祖父怀忧惜费,以遗子孙,而子孙恣意挥霍,不惟旁人嗤其愚,即子孙之挥霍亦是嗤其徒自苦耳。此二句紧顶'千岁忧'句讲。结引王子乔而叹美之,一以唤醒怀忧者,一以自贤其所得也。'仙人'二字从'愚者'楔出。既出'仙人',便指王子乔以实之,否则王子乔三字突兀。"董讷夫曰:"立意旷达,足以唤醒醉梦。"

鉴赏三

还有人提出这首诗是嘲讽修仙者的。"仙人王子乔,难可与等期。"张玉毂《古诗十九首赏析》中说:"仙人难期,破其迷惑。"饶学斌《月午楼古诗十九首详解》曰:"末两句乃承'常怀千岁忧'紧转,方正破其'摧木''犁墓'为忧处。谓人生无几,不及时行乐,而忧怀千岁,至以邱墓为忧也,所忧亦太多矣。以若所忧,则必等诸王子乔之乘鹤以逝,化鸟而鸣,斯可免于忧矣。夫子乔以前,既无子乔,子乔以后,亦无子乔;是王子乔之乘鹤以逝,化鸟而鸣,固仙人中出于其类,而又拔乎其萃者。斯无俟此庸庸碌碌者高相颉颃,而始知难与等期也。仙人既难与等期,凡属斯人,其生寄死归,孰不遗此臭皮囊?"正如朱筠评论曰:"末两句又用轻松之笔,将人唤醒。"

【英译版本】

译文 1　汪榕培

Man scarcely lives more than a hundred years,

But tastes a thousand years of cares and fears.

Since the day is short and night is long,
Let's spend the night with feasting and with song!
We should enjoy ourselves while we may;
Why should we wait until the future day?
Only fools begrudges time and cost;
They'll be derided when everything is lost!
Forget about Prince Qiao's immortal state!
How can we hope to share his lucky fate!

译文 2　许渊冲

Few live as long as a hundred years.
Why grieve over a thousand in tears!
When days grows short and long grows night,
Why not go out in candlelight?
Enjoy the present time in laughter!
Why worry about the hereafter?
If you won't spend the wealth you've got,
Posterity would call you sot.
We cannot hope to rise as high
As an immortal in the sky.

译文 3　亚瑟·韦利

The years of l lifetime do not reach a hundred,
Yet they contain a thousand year's sorrow.
When days are short and the dull nights long,
Why not take a lamp and wander forth?
If you want to be happy you must do it now,
There's not waiting till and after-time.
The fool who's loath to spend the wealth he's got
Becomes the laughing-stock of after ages.

It is true that Master Wang became immortal,

But how can we hope to share his lot?

【汉诗训诂与译文鉴赏】

【昼短苦夜长,何不秉烛游!】白天那么短夜晚也那么长,何不干脆点着蜡烛游乐呢？这里的"秉烛游",就是游乐玩耍的意思。汪版译为"Let's spend the night with feasting and with song!"。译文没有直接照着字面意思翻译,而是按译者的理解,把原诗所表达的游乐的意思准确译出。而许版和韦利则是选择了按字面表述来翻译,许版译为"Why not go out in candlelight?",韦利译为"Why not take a lamp and wander froth?",都是把"秉烛游"直接译为"手拿着蜡烛到处游走"的意思。相比较而言,汪版的译文更为恰当地传达了原诗的精髓,与整首诗的主题更符合。

【为乐当及时,何能待来兹?】此两句较易理解,大家及时行乐,何必要一等再等呢？"兹",高诱曰,"年也。"《鹤林玉露补遗》云:"《公羊传》诸侯有疾曰负兹。注:兹新生草也。一年草生一番,故以兹为年。"汪版译为"We should enjoy ourselves while we may; Why should we wait until the future day?",是对原诗的直接翻译,"我们应该趁现在就享受吧,何必要等那个所谓的未来呢？"与原诗意思相符,兼顾押韵。韦利译为"If you want to be happy you must do it now. There's not waiting till and after-time.",劝导的意味似乎更浓,选用了"must"这个词,与整首诗的劝诫主题相吻合,只是稍显严肃,不似原诗语调那么轻松。许版译为"Enjoy the present time in laughter! Why worry about the hereafter?",是三个版本中最为传神的译文,在保持音韵美的基础之上,把"不要再等啦"的意思译为"何必为以后的事情忧虑呢？"这样翻译更贴近原诗的主旨,且与后文的"愚者爱惜费,但为后世嗤"二句联系更密切。

【愚者爱惜费,但为后世嗤】《说文》曰:"嗤,笑也。"愚蠢的人总是特别看中钱财,为了子孙后代,不惜自己吝啬。哪里知道这样的行为在后世看来,确实很可笑,遭人嘲讽,甚至连自己的子孙也对此不以为然。三个版本的译文虽然选词不尽相同,但意思都是类似的,都选择了对原诗这两句的直接翻译。其中许版的译文"If you won't spend the wealth you've got, Posterity would call you sot."更为押韵,且选词相较而言简单些,读起来朗朗上口。

【仙人王子乔,难可与等期】想像王子乔那样成仙,是不可能的。这里一是讽刺那些修仙者,二来更是为了劝诫人们,生命那么短暂,还是及时行乐的好。汪版译为"Forget about Prince Qiao's immortal state! How can we hope to share his lucky fate!",强调了尾韵,用祈使句表达劝说的意味。韦利译为"It is true that Master Wang became immortal, But how can we hope to share his lot?",选用转折语气来对比仙人的命运和普通人的命运不可同日而语。许版的译文中将"王子乔"这个名字删去不译,可能是出于外国读者无法理解的考虑,其实也未尝不可。翻译就是译者的再加工,只要意思没有出入,译文的措辞也可以按照译者的理解来进行再创造。

第四章

六朝诗英译鉴赏与评析

【导读】

慨当以慷，忧思难忘

六朝即魏晋南北朝，具体指曹魏、晋朝以及南朝的刘宋、南齐、南梁、陈朝的六个朝代。六朝始于公元220年曹丕篡东汉帝位，自立曹魏，终于公元589年隋朝灭南陈，重新统一中国，前后共369年。司马光在《资治通鉴》以此六朝作为正统王朝编年纪事。

魏晋南北朝（220年—589年），是中国历史上的一段长达三四百年的混乱时期，朝代更迭速度很快，并存有多个政权并存的局面，有相当长的时间是南北对峙，大致可以分为三国（魏蜀吴三国并立）、西晋、东晋、十六国时期、南北朝时期（南朝与北朝对立，共150年）。

在诗体方面，经过先秦的《诗经》与《楚辞》，以及在汉朝时期蓬勃发展的汉乐府，到了六朝初期，已经转为建安文学。建安为东汉统治者汉献帝的年号，事实上，在建安时期曹氏政权已经兴起。文学史上的"建安文学"，一般指建安前几年至魏明帝最后一年（239年）这段时间的文学，实即曹氏势力统治下的文学，因其主要创作时间在建安时期，故此称作"建安文学"。建安文学的代表作家主要为曹氏父子（曹操、曹丕、曹植）与建安七子（孔融、陈琳、王粲、徐干、阮瑀、应玚、刘桢）等人。建安作家的文学作品，与作家自身的经历紧密关联。他们直抒胸襟，在动荡的战乱时代，充满了渴望建功立业的雄心壮志。由于其时正是汉献帝建安年代，故后世称其为"建安文学"。曹操率先打破当时盛行的骈体文格式，采用通脱的文体，追随他的文人学士亦积极响应，不仅因此出现了一个文学繁荣的局面，而且使一代文风得以转变。建安文学为推动中华民族的政治、经济、文化的发展做出了重大的贡献,尤其是对后来的文化发展产生了深远的影响。又因为此时的文风刚健雄浑,故亦称"建安风骨"。在本章节,我们选取了建安文学代表人物曹操的《观沧海》,希望通过赏析这首诗的创作背景以及分析对比不同英译版本,使大家更好地了解建安文学的特点。

魏末晋初,司马氏专权,其间七位名士:阮籍、嵇康、山涛、刘伶、阮咸、向秀与王戎,在当时的山阳县(今河南省焦作一带)聚集在竹林喝酒纵歌,人称"竹林七贤"。《晋书·嵇康传》:嵇康居山阳,"所与神交者惟陈留阮籍、河内山涛,豫其流者河内向秀、沛国刘伶、籍兄子咸、琅琊王戎,遂为竹林之游,世所谓'竹林七贤'也。"南朝宋刘义庆《世说新语·任诞》说他们"陈留阮籍、谯国嵇康、河内山涛,三人年皆相比,康年少亚之。预此契者:沛国刘伶、陈留阮咸、河内向秀,琅琊王戎。七人常集于竹林之下,肆意酣畅,故世谓竹林七贤"。这七个人在政治态度上的分歧比较明显。嵇康、阮籍、刘伶等由于曾仕魏而对执掌大权、已成取代之势的司马氏集团持不合作态度。嵇康被杀害,阮籍佯狂避世。向秀在嵇康被害后被迫出仕。阮咸入晋曾为散骑侍郎,但不为司马炎所重。山涛起先"隐身自晦",但40岁后出仕,投靠司马师,历任尚书吏部郎、侍中、司徒等,成为司马氏政权的高官。王戎入晋后长期为侍中、吏部尚书、司徒等,历仕晋武帝、晋惠帝两朝。竹林七贤的时代,社会处于动荡时期,司马氏和曹氏争夺政权的斗争异常残酷,导致民不聊生。文士们不但无法施展才华,而且时时担忧生命,因此崇尚老庄哲学,从虚无缥缈的神仙境界中去寻找精神寄托,用清谈、饮酒、佯狂等形式来排遣苦闷的心情。竹林七贤在文章创作上,以阮籍、嵇康为代表。阮籍的《咏怀》诗82首,多以比兴、寄托、象征等手法,隐晦曲折地揭露最高统治集团的罪恶,讽刺虚伪的礼法之士,表现了诗人在政治恐怖下的苦闷情绪。嵇康的《与山巨源绝交书》,以老庄崇尚自然的论点,说明自己的本性不堪出仕,公开表明了自己不与司马氏合作的政治态度,文章颇负盛名。刘伶所作的《酒德颂》,向秀的《思旧赋》等,也是优秀的文学作品。我们在本章,选取了阮籍的《咏怀》其一,作为具体分析解读的文本。

东晋时期始于公元317年。司马睿在建康(今江苏南京)即位晋王,成为实际意义上的晋朝统治者,东晋王朝因此建立。陶渊明开创了田园派风格,也写了大量的隐遁诗。而谢灵运则是与陶渊明的田园诗派相对应的山水诗派代表人物。此间其他重要的东晋诗人还包括太康年间的陆机、潘岳、刘琨、郭璞等。

第四章 六朝诗英译鉴赏与评析

南朝梁(502年—557年)期间,梁代昭明太子萧统主持编选的《昭明文选》是中国现存编选最早的诗文总集,它选录了先秦至南朝梁代八九百年间、一百多个作者、七百余篇各种体裁的文学作品。之后,皇太子萧纲主持,由徐陵编纂的《玉台新咏》收录了大多自汉至梁的作品,内容多为男女抒情诗歌以及日常生活场景,刻画出古代女子丰富的感情世界,也展示出了深刻的社会背景和文化内涵。在南朝萧梁时期,乐府已经从汉时的官署名称转变为诗体。刘勰《文心雕龙》于《明诗》之外,另有《乐府》专章。《昭明文选》《玉台新咏》也都开辟了《乐府》专栏。此时的乐府包括文人诗歌及民间歌诗,统称为"乐府"。北朝诗歌可见于郭茂倩的《乐府诗集》,有的是用汉语创作,有的则为译文,虽然只有六七十首,却内容深刻,题材广泛,反映了广阔的社会生活,富有粗犷豪放的气概,呈现出另外一幅北方风情民俗的画卷。由于北方各族统治者长期混战,反映战争的题材就要多一些,有描写战争和徭役带给人民苦难的诗歌,也有歌颂剽悍的尚武精神的作品。《木兰辞》与《敕勒歌》都是当时的代表作。限于篇幅,我们并未选取此时的诗歌作品。

六朝诗歌在中国诗歌发展史上,占据着重要的位置。在题材方面,出现了咏怀诗、咏史诗、游仙诗、玄言诗、宫体诗、田园诗、山水诗等题材。在诗歌的辞藻方面,仍旧能看见汉赋的影子。南北朝后期,追求华美的风气愈来愈甚,藻饰、骈偶、声律、用典,成为普遍使用的文学手段。汉魏六朝诗歌不仅开拓出了五言诗的新领域,而且对后期的七言诗、歌行体以至律绝,都起到了桥梁的作用。从这个时期开始,在五言诗与七言诗中逐渐萌发出律诗的萌芽。五言律诗与七言律诗开始有了雏形,具体表现为五言绝句、五言律诗、七言绝句与七言律诗。

【六朝诗英译简介】

六朝诗的英译版本,散见于各类古代诗歌的翻译中。

弘征与熊治祁编写的《大中华文库》系列书籍,其中《汉魏六朝诗三百首》由汪榕培翻译。书中收集了从两汉至隋八百多年间的诗歌三百余首。这三百多首诗歌反映了这段时期诗歌创作和发展的概貌。本文采用中英文对照的方式编写,还附有作者诗人简介和译文,具有很强的可读性。

吴伏生的《阮籍咏怀诗(英汉对照)》于1988年出版,是系统地将阮籍咏怀诗翻译为英文作品的一本书。

许渊冲也曾经翻译《汉魏六朝诗》,这本书包括了魏晋南北朝时期著名的诗篇英语翻译。

耶鲁大学教授孙康宜的《抒情与描写:六朝诗歌概论》(Six Dynasties Poetry),以陶潜、谢灵运、鲍照、谢朓、庾信作为代表,介绍六朝诗歌。

德裔美籍汉学家傅汉思(Hans Hermann Frankel)的著作《中国诗选译随谈》(The Flowering Plum and the Palace Lady: Interpretations of Chinese Poetry),对中国古代诗歌按其主题风格与体彩进行分门别类,选择有代表性的名篇进行英译解读。此书现在已经成为英语世界了解中国古诗的重要著作之一,其中就包括不少汉魏六朝诗。

【六朝诗经典篇章英译鉴赏之一】

观沧海

曹操

东临碣石①,以观沧②海。

水何澹澹③,山岛竦峙④。

树木丛生,百草丰茂。

秋风萧瑟,洪波涌起。

日月之行,若出其中。

星汉灿烂,若出其里。

幸甚至哉,歌以咏志⑤。

【注疏】

①碣石,指碣石山,位于河北省昌黎县北部。

②沧海,通"苍",青绿色。

③澹澹[dàn],水波摇荡的样子。

④竦峙[sǒng zhì],耸立。竦,通"耸",高。

⑤此句为乐府歌结束用语,与诗歌本身并无多大关系。意为:我庆幸到了极点,因此吟诵此歌以明心志。

【白话释义】

向东来到碣石,观看苍色的大海。

水波摇荡,岛屿耸立。

树木到处生长,各种草木繁盛。

秋风吹袭,波浪涌上来。

太阳月亮,仿佛都从这里升起。

银河闪耀,仿佛从这里流出。

多么高兴和令人振奋呀,写下诗篇表明我的心境。

【创作背景】

曹操,字孟德,沛国谯(今安徽亳县)人,是中国历史上魏晋时期著名的政治家、军事家、诗人。曹操在公元190年,趁讨伐董卓之际,开始建立自己的武装。他于建安元年(196年)迎汉献帝于洛阳,后又迁至河南许昌,开始了"挟天子以令诸侯"的政治手段;建安五年(200年),因官渡之战,曹操逐渐统一了北方地区,结束了中原地区持续多年的政治战乱;建安十三年(208年),经赤壁之战,曹军退败于孙权与刘备的联军,魏蜀吴三国鼎立之势始成;建安二十五年(220年)正月,曹操病逝于洛阳。曹丕称帝后,追尊曹操为魏武帝。

曹操所处的时代,三国时代,群雄竞起。除了作为军事家与战略家在政治军事领域的成就,曹操也有很高的文学修养。

曹操的著述,据清姚振宗《三国艺文志》考证,有《魏武帝集》30卷录1卷、《兵书》13卷等十余种,然多已亡佚,今存者唯《孙子注》。明代张溥辑有《魏武帝集》,收入《汉魏六朝百三家集》中。丁福保《汉魏六朝名家集》中也有《魏武帝集》,所收作品略多于张溥辑本。1959年,中华书局据丁福保本,增加《孙子注》,又附入《魏志·武帝纪》《曹操年表》等,重新排印为《曹操集》。有关曹操作品的注释,主要有黄节注的《魏文帝魏武帝诗注》,北京大学出版组1925年版,人民文学出版社1958年校正重排,改称《魏武帝魏文帝诗注》。

目前现存的曹操诗集,一共有26首。题材基本分为:征战、咏叹、仙游。其中仙游题材类诗歌,占了大约一半的比重,然而其仙游诗却不出名。曹操比较广为流传的诗篇,多为慷慨悲凉类的征战咏叹诗歌。

历代诗评,对曹操的评价都不甚高。一般都将其列为三流的诗人。钟嵘的《诗品序》里,将曹诗列为下品。究其原因,应是大量诗歌,本身并无意境之美,更多流露出来的是仙游逃避的消极思想。随着社会不断发展,世人对曹操的诗歌评价才渐渐高起来,主要是大家对曹操咏叹类诗歌的赞赏加大了许多。

　　本诗所处的年代为建安十二年(207年),此时曹操已经基本统一了北方广大地区。是年,曹操北征乌桓,得胜回朝,路过碣石山,写下著名的《步出夏门行》组诗。《观沧海》就是其中的一首。

【主题鉴赏】

　　四言诗在《诗经》之后,已经衰落了。自曹操又开始创作四言诗,四言诗才重新焕发了生机。他的四言诗雄浑悲壮,很有时代的气质。

　　通过这首《观沧海》,我们不仅看到了苍凉大海的奇特景致,更能看出曹操的诗歌雄浑壮阔、意境辽远的气质。

　　曹操的诗歌,有政治领袖人物的宏大气势。他的诗歌,不拘囿于普通诗人的悲春伤秋,抑或怀才不遇。曹操的战争大格局眼界,使得他的诗歌更具有悲凉沉雄的意味。这首《观沧海》,借景抒情,表面写波澜壮阔的大海,实际则抒发了诗人兼政治家的雄浑伟大的气质。

　　这首诗属于汉乐府《步出夏门行》。《步出夏门行》又名《陇西行》,属于汉乐府中《相如歌 瑟调曲》。"夏门"原指洛阳北面西头的城门,在汉代称夏门,在魏晋时期成为大夏门。曹操的《步出夏门行》借用了汉乐府中的旧题,写成了一系列的短小组诗,一共分为五个部分。第一部分为序曲《艳》,之后分别为《观沧海》《冬十月》《土不同》《龟虽寿》。这些分部诗歌,本没有题目,是后人为了方便,由每首的第一句话中,取词而确定的题目。

　　曹操的诗歌,一定程度上受乐府诗的影响,但他虽使用乐府旧题,内容方面往往不袭古人,反而另辟蹊径,表现出独特的韵味。《步出夏门行》本是乐府诗中感叹人生无常,须及时行乐的曲调。但是到了曹操这里,却被他发挥成一统天下的精神抱负。

　　曹操北征乌桓的胜利,巩固了他的大后方,也为日后统一北方奠定了坚实的基础。曹操在胜利归来之际,面对着雄伟壮阔的大海。波澜壮阔的大海,一望无际的视野,秋风袭来,百草随风起舞,波光粼粼,仿佛群星闪耀。曹操的诗歌,一改秋日萧瑟悲凉的场景。这些宏大的海面景色,激起了诗人内心振奋向上的昂扬斗志。他不仅描述眼前的景色,并且将自己的宇宙观也纳入其中,日月之行,仿佛都是从眼前的大海中一跃而出的。辽阔的河汉,也是从眼前的大海中涌现出来的。碣石山作为历史名山,秦始皇和汉武帝都曾经登临过。曹操登临碣石山的时候,遥想古人,不仅仅是想到秦皇汉武求仙访道,遥望海上仙山。更是会联想到这两位历史上的皇帝,都是以统一国家为名的。此时,曹操站在碣石山上,一定也会想到自己的历史责任。从空间遥想到时间,一瞬间,诗人宏伟的历史抱负,远大的胸襟与眼前波涛汹涌的苍茫大海融汇在一起,在诗歌中,曹操踌躇满志,渴望建功立业,一统天下的英雄气概,完全借着大海的形象体现出来了。

【英译版本】

译文 1 许渊冲

The Sea

I come to view the boundless ocean

From Stony Hill on eastern shore.

Its water rolls in rhythmic motion,

And islands stand amid its roar.

Tree on tree grows from peak to peak;

Grass on grass looks lush far and nigh.

The autumn wind blows drear and bleak;

The monstrous billows surge up high.

The sun by day, the moon by night

Appear to rise up from the deep.

The Milky Way with stars so bright

Sinks down into the sea in sleep.

How happy I feel at this sight!

I croon this poem in delight.

译文 2 托尼·巴恩斯通、周平

Watching the Blue Ocean

I go to the east coast cliff

To watch the blue ocean.

How vast the water's waves and waves

While widespread cliffs and isles just up.

Trees and bushes cluster

And a hundred weeds grow rampant.

The autumn wind grieves

As billows rise one by one.

The journey of the sun and moon

Starts out there in the middle.

The scintillating River of Stars

Spills upward out of it.

How lucky I am to be standing here

Feeling such passion, I must chant this poem!

译文 3　汪榕培

Walking Outside the Xia Gate

When I climb atop the Rocky Hill,
I view the vast East Sea at will.
The waters quietly ebb and flow;
The island mountains skyward go.

The trees are growing dense and green;
The grass is sprouting lush and clean.
When autumn winds sweep o'er the shore,
Huge waves and billows surge and roar.

The sun and the moon on their way
Seem to rise there from day to day.
The stars that shine bright in the sky
Seem to grow there far and nigh.

第四章 六朝诗英译鉴赏与评析

【汉诗训诂与译文鉴赏】

这首《观沧海》本身没有题目。如前所述,这首诗出自曹操的《步出夏门行》组诗,题目是后人为了方便而设置的。

在英译版本里,译文 1 仅仅简单地将题目翻译为 The Sea,译文 2 是直接将后人所加的题目译为 Watching the blue ocean,而在译文 3 中,则使用了原诗最初的题目"步出夏门行",译为 Walking Outside the Xia Gate。从英诗读者的角度来考虑,译文 1 包括的信息有缺失,而译文 3 过于忠实原文,在没有任何注释的情况下,会导致读者不知所云,译文 2 最为恰当地反映了诗歌要所表达的主旨。

【碣石】山名,一般指碣石山。山名出自《书·禹贡》:"导岍及岐……太行、恒山,至于碣石,入于海。"在《汉书·武帝纪》也提及:"行自泰山,复东巡海上,至碣石。"在《史记·孝武本纪》:"上乃遂去,并海上,北至碣石,巡自辽西,历北边至九原。"曹操在《观沧海》中,也提及"东临碣石,以观沧海"。但是对于碣石所处的位置,历来各有争论。目前有三种说法:一是河北昌黎,二是辽宁绥中,三是山东无棣。第一处指河北昌黎县北部的碣石山。在碣石山上,有时候碣石山余脉的柱状石头,也被称为碣石。在此处可以远观渤海。第二处是辽宁省绥中县。第三处碣石山,指的是山东省无棣县城北的碣石山。据无棣旧县志记载,古时该山近河傍海,距海口仅十余里,为导航标识之山,人称"碣石山"。《观沧海》一诗,写于建安十二年(207 年),曹操征乌桓得胜回师经过碣石山时。

对于"碣石"的翻译,在三个版本中都没有非常具体的体现。在译文 1 中,碣石被翻译为"Stony Hill";在译文 2 中,碣石被翻译为泛指的"coast cliff";而在译文 3 中,被翻译成"Rocky Hill"。无论是译文 1 还是译文 3,提出来的这个看似特指的名字,都是普通的石头山,并没有体现出"碣石"这个概念。

【沧海】"沧"同"苍",指青绿色。在译文 1 中,"沧海"被翻译为"boundless ocean",失去了颜色这部分。在译文 2 中,"blue ocean"很好地表达了沧海的意思。而在译文 3 中,沧海被翻译为"vast East Sea"。支持碣石所在地为昌黎及绥中县说法的人,认为沧海一般指的是渤海;而支持碣石所在地为无棣县的人,认为沧海的所在地就是东海。

【澹澹】指水波动荡的样子。在译文 1 中,直接翻译为"Rolls in rhythmic motion"。然而,水波荡漾,与有节奏的运动毕竟不同。在译文 2 中,则直接用"vast waves"来形容,大浪当前和水波动荡是不一样的景象,因此这个翻译并不是非常确切。相对而言,译文 3 中的"quietly ebb and flow",则比较好地描述了水波轻轻晃动的感觉，与"澹澹"这个词的意思最为接近。

【竦峙】原意指高高地耸立。译文 1 使用"stand"这个词，不甚明确。译文 2 使用了"widespread"和"up"两个词来形容，但是诗歌中并没有涉及山岛的"大范围分布"这一概念，因此翻译也不是非常确切。而在译文 3 中，则直接使用了"skyward go"，有"高耸"的意思在里面，然而 go 一词的使用，却过于宽泛。

【树木丛生】译文 1 中的"tree on tree"不知所云，翻译得并不精确。译文 2 中，使用了"trees and bushes cluster"，然而我们也能看到，"cluster"更表现出的是，一群类似的物体集结，有分类、排列整齐的意味。然而曹操原诗中所强调的"丛生"，表现的却是杂乱而富有生气的景象，因此使用"cluster"并不适合。在译文 3 中，使用"dense and green"来表达，展现出浓厚的绿色的景象，与原意稍有差别，但是效果很好。

【百草】在原诗中是泛指，译文 1 沿用了前面"tree on tree"的说法，直接描述为"grass on grass"，这种特意为了排列美观进行的翻译，没有表现出原诗的意思。而译文 2 中，或许因为译者是外国人的缘故，泛指的"百"字，被直接翻译为特指的数字"a hundred"，而"草"被直接翻译为"weed"。在英语的语境里，"weed"是长在错误地方的植物，是"需要被清除的"杂草，是不被人喜欢的植物，有负面的意思。而中文中"百草"更有正面积极的意思，神农尝百草，百草富含的蕴意，不仅仅是植物，还有药用价值。曹操诗歌中"百草丰茂"体现出来的是，即使是在秋天，草木仍旧焕发出勃勃生机。在日常经验中，秋风起，百草衰，往往秋天的草，被更多地描述成颓丧的形象。但是，此时此刻，因满怀建功立业的远大志向，故在诗人曹操的眼里，即使秋风中的百草，也是长势繁盛的，显示了强劲的生命力。这不是现实的白描，而是诗人意志的体现。而译文 2，并没有很好地表现出这一点。译文 3 中，"草"虽然被翻译成"grass"，没有错处。但是在表现"丰茂"的时候，用了"sprout"这个词，"sprout"原意指从种子发芽，是幼苗成长的状态，完全不能反映出秋来百草成熟繁盛的景象。因此，这个"sprout"的使用，也不甚恰当。

【萧瑟】原意指风吹。在译文 1 中，"drear and bleak"中，"bleak"无法表达原意。在译文 2 中，"grieve"能表示出来悲凉的意味，但是如果考虑到原诗的上下文，由于有了"秋风萧瑟"，风吹起来，才会导致后面的"洪波涌起"，那么在译文 2 中，就缺失了这一项，因此，这也不是很好的翻译。在译文 3 中的"sweep o'er the shore"，将"秋风吹"具体化了，但是也同时局限了秋风吹的范围——读者是无法从近岸的水中，欣赏到"洪波涌起"这样的大波浪的。

【洪波】一词，在三个版本中，都被翻译成了"billow"。在译文 1 中，

"monstrous"用来修饰 billow,而 monstrous 这个词本身,有可怖、丑陋的意味,是负面的词汇。曹操的诗歌中,"洪波涌起"不仅仅是诗人眼前的风景,更是诗人壮阔胸襟,想要一统天下的英雄气概,如同洪波一样。这是诗人内在的激动心情的写照。这样的积极向上的情怀,用"monstrous"来形容,是不确切的。在译文 3 中,用"huge waves"与"billows"搭配使用,来形容"洪波"非常的恰当。

【星汉】特指银河。在译文 1 中,考虑到翻译归化,使用了西方人熟知的"Milky Way"形容"星汉",但是加上"with stars",则显得累赘。原诗中的"星汉",在中国人的眼中,不仅仅是一群星星的聚集,更有"星汉流转""时间流逝"的概念。曹操在使用"星汉"这一概念时,不仅仅是写了具体的大海波光粼粼,仿佛"星汉",更表明了往透历史,时光流逝,期待"改朝换代"的时间概念。而且,诗人对于这种时间上的更新,是有信心的,是满怀希望与期待的,所以才会用"灿烂"来形容星汉。译文 1 中的"Milky Way"则无法体现原诗的这一点,而译文 2 的"River of Stars"则是非常地恰当,一方面表现出了群星聚集的形式,另一方面也体现出河汉流转的意味。相对而言,译文 3 中的"the stars in the sky"则是寻常普通的翻译了,没有很好地表现出原诗的意蕴。

在韵律方面,我们可以看到,许渊冲和汪榕培都是尽量使诗歌保持韵律的。在每一个小节里,译文 1 遵循的是 abab 的韵律,而在译文 3 中,遵从的是 aabb 的韵律。甚至,译文 3 中,为了韵律的完美,译者还将曹操原诗中最后的两句"幸甚至哉,歌以咏志"都舍弃了。虽然在乐府中,"幸甚至哉,歌以咏志"本来就属于结构上的诗歌结束语,与原诗并无多大联系,假如取消,也无损于原诗的表达。但是在《观沧海》一诗中,联系诗人前面看到的壮阔景色,振奋向上的心情,用"幸甚至哉"来描述,丝毫不为过分,而"歌以咏志"则恰到好处地表达了诗人借景抒情的心意。这个结构性的句子,在本诗中,属于巧妙的化用,不可舍弃。译文 3 为了韵律完美,舍弃了这句话,非常可惜。而在外国人译文 2 中,原本的韵律诗,被翻译成无韵律的自由诗,终有缺憾。

曹操的《观沧海》属于四言诗,比起常见的五言诗,更为短促,迫使读者集中注意力,读起来也更加紧凑。仿佛行军中的号令,整齐划一,深沉强劲,整首诗体现出一种紧致严肃的力量感。而这些在三个英译版本中,这样的短句形式都被长句子延长了。长句子缓解了力量,这种喷薄而出的力量,被消散了许多,不能不说是一个遗憾。

【六朝诗经典篇章英译鉴赏之二】

咏怀·其一

阮 籍

夜中不能寐,起坐弹鸣琴。
薄帷①鉴②明月,清风吹我襟③。
孤鸿④号外夜,翔鸟鸣北林。
徘徊何所见,忧思独伤心。

【注释】

①帷,帐幔。

②鉴,照。

③襟,衣服的前胸部分。

④鸿,大雁。

【白话释义】

半夜无法睡眠,起来开始弹琴。
月光透过纱帐,清风吹拂衣裳。
孤独的大雁在野外悲号,飞翔的鸟儿在北林鸣叫。
走来走去看见了什么,忧愁独自伤心而已。

【创作背景】

  阮籍,字嗣宗,陈留尉氏(今河南开封)人,是三国时期魏朝的诗人。他曾任步兵校尉,所以后人又称其为阮步兵。阮籍为"竹林七贤"之一,与同时代的嵇康并称为"嵇阮"。

  阮籍出生于建安十五年(210年),其时,曹魏政权尚有实力。正始十年(249年),魏主曹爽为司马懿所杀,司马氏篡取曹魏政权。《晋书·阮籍传》说:"籍本有济世志,属魏、晋之际,天下多故,名士少有全者,籍由是不与世事,遂酣饮为常。"又说"(阮籍)时率意独驾,不由径路,车迹所穷,辄恸哭而反。尝登广武、观楚、汉战处,叹曰:'时无英雄,使竖子成名!'登武牢山,望京邑而叹。"由于阮籍曾经在曹魏为仕,且抱有同情之心。而他对于司马氏独断专行,排除异己的做派又很不屑。阮籍曾经不得已在司马氏门下做过骑常侍、步兵校尉等官职。他采取了消极对应的方法来明哲保身,终日放任性情,以酒买醉,用宿醉去逃避现实的苦闷。司马氏对阮籍放浪形骸、违背礼法的行为不甚追究,阮籍得以终其天年。

阮籍的《咏怀》系列诗歌,在钟嵘的《诗品》中,被列为上品。王夫之也称阮籍之作为"旷代佳作"。阮籍作品今存赋六篇、散文九篇、诗九十余首。阮籍的诗歌代表了他的主要文学成就,其中最著名的就是五言《咏怀》八十二首。张溥辑《阮步兵集》,收入《汉魏六朝百三家集》中。上海古籍出版社 1978 年整理出版了《阮籍集》。其注本有黄节的《阮步兵咏怀诗注》,由人民文学出版社于 1957 年出版。

【主题鉴赏】

阮籍所处的魏晋之交,是中国历史上最为动荡的时期之一。"朝不保夕",不仅是下层社会普遍的感受,身为知识分子,更是敏感地意识到了时局的动荡不安。那个时期出现的竹林七贤,短暂的避世,终究逃不过现实政治的残酷——与当权者谋利,内心抗拒;与当权者抗争,则会被杀头。竹林七贤最终或随波逐流,或舍命一去。在这样的背景之下,阮籍没有直接与司马政权抗争,也没有趋炎附势违背内心。他的内心充满了苦闷,如履薄冰,心中不安。《咏怀》八十二首就是他内心世界的真实写照。这些诗中,有些表达了他避世离居的心态,有的表达了他愁苦忧闷的心情。诗人以咏怀组诗,抒发郁郁情怀。

【英译版本】

译文 1　汪榕培

Meditations

As I stay awake until midnight,
I get up from the bed and play the lute.
Through the curtains comes the bright moonlight;
The gentle breeze is blowing at my suit.

  In the wilderness shrieks the solitary swan;
  In the northern woods screams the circling bird.
  What do I see while I pace on and on?
  Alone I'm sad for what I saw and heard.

译文 2　吴伏生、格雷厄姆·哈蒂尔

1

  Midnight, and I can't sleep.
  Sitting up, I play upon my harp.

  My gauze curtains mirror the moonlight;
  a fresh breeze, fluttering my sleeves.

  The lone swan cries, crossing the wilderness;
  Birds shriek, flying from the northern woods.

  Pacing the courtyard, pacing the courtyard,
    what can I see?

  Only anxiety, fretting my heart.

译文 3　许渊冲

  I cannot sleep deep in the night;
  I rise and sit to play my lute.
  Thin curtains mirror the moon bright;
  Clear breezes tug my lapels mute.
  A lonely swan shrieks over the plain;
  Hovering birds cry in north wood.
  What do I see, pacing in vain?
  My heart is grieved in solitude.

第四章 六朝诗英译鉴赏与评析

【汉诗训诂与英译鉴赏】

以上的三篇翻译者分别为汪榕培、吴伏生和格雷厄姆·哈蒂尔（Graham Hartill）、许渊冲。通过几种译文中对诗中同一"意象词"的翻译，可见译者对诗歌本事的把握差异迥然。

本诗为阮籍《咏怀》诗八十二首中的第一首。译文1使用了"Meditations"作为标题。"meditation"可以被翻译为"沉思或者冥想"，但是，这种沉思主要是强调个体使用某一种冥想技巧去训练专注力，达到精神上的纯净状态和情绪上的平静状态。从诗歌的背景中我们得知，阮籍的忧思，其实是纷杂而苦闷的情绪，他本身并没有任何想要通过冥想达到内心平静的要求，反倒是借助诗句来宣泄内心的愁苦郁闷，因此，标题使用"Meditations"并不合适。而译文2与译文3则依照原诗，不自拟标题，译文2仅简单地标注了数字1作为诗歌编号。

【夜中】指中夜，半夜。入夜而眠，本是正常的作息时间，然而诗人却无法入睡。"夜中"这个时间节点，反映出诗人挣扎入睡的过程已经很漫长了。时至夜中，夜深人静，适合休息，诗人却依然对入眠无能为力。"不能寐"这三个字，一则表达了诗人想入眠而不能的困境，二则表达了诗人心有情思，反复思虑以致心绪无法平静，不能入睡。在译文1与译文2中，"夜中"均被翻译为"midnight"，而在译文3中，则被翻译为"night"。对比而言，译文3过于简单，直接使用"night"（晚上）这么一个宽泛的词语，没有时间的延后造成的困境感，不能更好地体现原诗的意境。

【寐】译文1中使用了"stay awake"这样的说法来表示"不能寐"，而译文2与译文3，使用了相同的"sleep"。从"夜中不能寐"的句意而言，"sleep"更着重于描述入睡的状态，入睡仿佛变成了此刻诗人最重要的目标，而"stay awake"则直白地显示，诗人是有所思虑，不能入睡的原因跃然纸上。尽管"stay awake"与"寐"并不是一一对应的词语翻译，然而结合整句意思，这个翻译的效果是最好的。

【起坐】在三个版本中的翻译均不同。"夜中不能寐，起坐弹鸣琴。"这句话本是化用了王粲的《七哀诗》诗句："独夜不能寐，摄衣起抚琴。"既然是与后面的弹琴相关联，那么"坐"这个字就非常重要了。"起坐"本为两个动作，因"不能寐"而起身，因弹琴而"坐"下。译文3中，"rise and sit"恰当地表现出了这两个连贯的动作。译文1中，"get up"仅仅表示了停止睡眠的动作，但是忽略了"坐下"这个动作。译文2中，"sitting up"显示了诗人弹琴时的端正状态，但是却和前一句中

· 179 ·

的"夜中不能寐"断了联系,在语意上无法连续表达,不甚为美。

【琴】指古琴。琴初为五弦,汉朝之后为七弦。古琴深受古代文人的喜爱,琴声不仅能传递出弹奏者的心声,亦是文人吟唱的伴奏乐器,更是被奉为文人修身养性的方式。当古琴超越了作为乐器的形态成为文人高尚情操的代表时,它已经成为一个象征物,因此陶渊明才会在墙上挂一架古琴以明心志。译文1与译文3中,"琴"被翻译成了"lute"。lute也称鲁特琴,是文艺复兴时期在欧洲流行的曲颈拨弦乐器,有些类似于中国的琵琶。两位译者使用这样的翻译,或许是为了使英语读者能够联想到他们熟悉的拨弦乐器。译文2使用了西方人比较熟悉的"harp"(竖琴)来描述,同鲁特琴一样,都是使用了归化策略来翻译这个词语。竖琴类似我国的传统乐器——箜篌,但竖琴和箜篌,均属于大型拨弦乐器,都不适合诗人于卧室中弹琴的场景。无论是鲁特琴,还是竖琴,都没有体现出来中国古琴特有的文化意蕴以及古琴与文人之间的文化连接。诗歌句子遇到类似的问题,或许可以通过音译与加注的方式进行解决。

【帷】帷幕,本义指围在四周的布幕,《说文》中:"在旁曰帷。"三种译文中都是用"curtain"来描述"帷"。但是"薄"字,译文1中没有提及,译文2中被翻译成"gauze"(纱),译文3中被翻译成"thin"(薄),后两者均体现出来了"薄帷"的特点。

【鉴】古代用来盛水或冰的青铜大盆。《说文》中提及:"鑑,大盆也,一曰鑑诸,可以取明水于月",后指用青铜制成的镜子,当动词时意为"照"。译文2与译文3均将"鉴"翻译为"mirror"(镜子),镜子照着月光,有从物体表面反射光线的意思,与"薄帷"的松软质地不甚符合。而译文1中把整个句子翻译为"Through the curtains comes the bright moonlight",对"鉴"字做了意译,比较符合原意。

【清风】中的"清"本义指"水清"。在《素问·五常正大论》中"其候清切"的标注为"大凉也",故"清风"可指"凉风"。三种译文都采用了"breeze"来表达"轻风"的概念。在表达"清"的概念时,译文1使用了"gentle",从诗人身体的感受方面形容风;译文2使用"fresh"表达"风从户外来"的概念,与"风吹衣襟"相照应;译文3中的"clear",用在白天尚可,在当前"夜半"的情景中,不甚恰当。

【孤鸿】中的"鸿",在旧时指雁属中类似天鹅的大型禽类,因其飞得很高,所以很多时候用来比喻志向远大的人。在《史记·陈涉世家》中就提及"嗟呼,燕雀安知鸿鹄之志哉。"鸿雁是群居动物,无论雌雄,一生只有一个伴侣,因此又被认为是忠贞的象征。在本诗中"孤鸿号外野","孤鸿"无论是失偶还是失群,都是哀伤的象征,故此才有"号"出现。"号"者,痛声也。译文1中的"solitary"表示动物离群独居;译文2中的"lone"同"alone",都表示独处;译文3中"lonely"则直接是孤独的情绪表达。结合句意,译文3中的"lonely"更恰当一些。这里的"孤鸿"一方面指外野的孤雁形单影只,另外一方面也是诗人自我的形象。雁失于群,归属茫茫,夜中哀号,诗人戚戚。

【翔鸟】译文1译为"circling birds"(飞鸟盘旋)。首先,诗中并未提及"盘旋"。飞鸟盘旋的原因有多种,有的是因为借助热空气盘旋上升扩大视野更好地寻找食物,有的是因为寻找降落地点之前先盘旋观察,有的是为了躲避天敌,林林总总,原因不等,但通常情况下,这类情况发生在夜间的概率很小。再者,使用"circling"(盘旋)这一视觉动态表达,与"夜中"的场景也不符合。故此译文1中的"circling"不是一个很恰当的翻译。译文2中直接避免了翻译"飞翔"这个概念,有信息损失。译文3中使用了"hovering birds"来代表飞鸟,"hovering"一般指在空中的某一个范围。关于"北林"在《诗经》中已有提及。《诗经·秦风·晨风》:"䳰(yù)彼晨风,郁彼北林。未见君子,忧心钦钦。如何如何,忘我实多!"后人往往用"北林"一词表示忧伤。"翔鸟鸣北林"能大致表现出这些飞鸟所在的方位,比较符合诗句的意思。

在韵律上,译文1尽量遵循了ababcdcd的韵脚;译文3中使用了同样的韵脚;而在译文2中,我们看不到明显的押韵。对于这一点,吴伏生(2005)也有解释,他的翻译参考了侯思孟(Donald Holzman)的阮籍诗英译,"我们所遵循的宗旨,是以诗译诗。在忠于原诗意义与含意的基础上,我们力求将英语译文写成优美的诗篇。因此,我们的译文比较自由灵活。另外,鉴于无法在英语译文中重现汉语五言诗的格式,我们英译文所采用的是无韵自由诗体,这也是多数当代西方学者,翻译家翻译中国古诗所采用的形式。"

【六朝诗经典篇章英译鉴赏之三】

饮酒·其五

陶 潜

结①庐②在人境,而无车马喧。
问君何能尔③?心远地自偏。
采菊东篱下,悠然见④南山⑤。

山气日夕佳,飞鸟相与还。
此中有真意,欲辨⑥已忘言。

【注疏】

①结,建造;构造。
②庐,简陋的房屋。
③尔,如此;这样。
④见,通常做"现"。
⑤南山,泛指南边的山。
⑥辨,辨识;辨析。

【白话释义】

在人间修筑房屋,周围没有任何喧闹。
试问您如何能这样平静?心远离了,住处就偏僻了。
东边的篱笆下采菊花,南山悠然现出。
傍晚的夕照和山色非常美,飞鸟相约归巢。
这其中有深深的意味,我想辨析的时候,已经忘记了言语。

【创作背景】

陶潜,亦名陶渊明,自号五柳先生,私谥靖节先生,浔阳郡柴桑县(今江西省九江市)人,东晋、刘宋时期的文学家。

陶渊明出身于没落的官宦家庭,为东晋大司马陶侃曾孙。他幼年生活贫困,勤于学习,对于诸子百家群书都有所涉猎。

陶渊明早年曾任江州祭酒、镇军参军、建威参军及彭泽县令等职,后因与上层失和,"不为五斗米折腰",毅然辞官回乡。从晋安帝义熙二年(406年)起,他隐居不仕,进入刘宋之后,陶渊明贫病加剧,江州刺史檀道济去劝他弃隐出仕,但是他不受馈赠,不为所动,始终不放弃隐居求志的风范。正如他的诗作:"历览千载书,时时见遗烈。高操非所攀,谬得固穷节。"陶潜于宋文帝元嘉四年(427年)病故。

归乡的这二十余年,是他创作最丰富的时期。陶渊明流传至今的作品有诗一百二十余首,另有文、赋等。后人一般认为陶渊明是田园诗人的代表人物。

第四章 六朝诗英译鉴赏与评析

陶渊明的诗在南北朝时影响似乎不大。刘勰著《文心雕龙》，对陶渊明只字未提。钟嵘《诗品》虽列之为中品，却推之为古今隐逸诗人之宗。梁代昭明太子萧统对陶渊明推崇备至："其文章不群，词采精拔，跌宕昭彰，独超众类。抑扬爽朗，莫之与京。"《文选》收录陶渊明的诗文十余首，是作品被收录较多的作者。后世对陶诗评价渐高，唐宋之后尤甚。

【主题鉴赏】

陶渊明的诗歌表现出了蔑视权贵、遗世独立的气节。他的诗风朴实自然，对后世诗歌的创作影响大而深远。他的诗个性分明，情感真挚，平淡质朴，不大用典，简洁含蓄，"质而实绮，癯而实腴"，富有意境和哲理，主观写意，杂有儒、道各家思想。除了传统儒家思想外，也深受道家思想的影响。陶诗"通篇浑厚，难以句摘"，不致力于锤炼，写来天真自然。

【英译版本】

译文 1　威廉·埃克

Written While Drunk

I built my house near where others dwell,
And yet there is no clamour of carriages and horses.
You ask of me "How can this be so?"
"When the heart is far the place of itself is distant."
I pluck chrysanthemums under the eastern hedge,
And gaze afar towards the southern mountains.
The mountain air is fine at evening of the day
And flying birds return together homewards.
Within these things there is a hint of Truth,
But when I start to tell it, I cannot find the words.

译文 2　亚瑟·韦利

I built my hut in a zone of human habitation,

Yet near me there sounds no noise of horse or coach.
Would you know how that is possible?
A heart that is distant creates a wilderness round it.
I pluck chrysanthemums under the eastern hedge,
Then gaze long at the distant summer hills.
The mountain air is fresh at the dusk of day:
The flying birds two by two return.
In these things there lies a deep meaning;
Yet when we would express it, words suddenly fail us.

译文 3　方重

Drinking Wine (V)

Among the busy haunts of men I build my hut,
But near to no noise of wheels or trampling hoofs.
— you would stop to ask me how —
The distant heart creates a distant retreat.
Picking chrysanthemums under the eastern fence,
Leisurely I look up and see the Southern Mountains.
The mountain air is good both day and night,
And the birds are flying homewards together.
In such things I find the truth of life.
I would tell how, but have forgotten the words.

【汉诗训诂与译文鉴赏】

【庐】本义指田中看守庄稼的小屋,亦泛指简陋的居室。译文 1 中的"house",内容不甚符合诗中的原意。译文 2 与译文 3 均使用"hut","hut"一般指简陋搭建的房子或者临时的遮风避雨处,相对而言,译文 2 和译文 3 更符合诗人的本意。

【人境】在译文 1 中,"人境"用"where others dwell"来替代。"dwell"一般指居住在某个特定的位置,"others"则显示出诗人与众人的隔离感。译文 2 中,用"a zone of human habitation"表示这是有人居住的地带。译文 3 中,"haunt"指的是一个地方长期有人居住,而译文 3 中使用的"busy haunts of men",不仅表明了有人居住,而且点出了忙碌的状态,与下文中的车马喧闹相对应。比较而言,译文 3 更好一些。

【车】本义指陆地上有轮子的运输工具。在中国古代,一般而言,马车都是两轮的形式。译文 1 中的"carriage",有两轮的,也有四轮的,译文 2 中的"coach"指的是四轮马车。从语义准确的角度看,"carriage"更准确一些。在译文 3 中,译者以"wheels"指代马车,用"trampling hoofs"指代马,虽然没有按照字面直译,但是语义表达非常形象化,文学的美感就此显示出来,是一处很好的翻译。

【喧】本义指声音大而嘈杂。译文 1 中的"clamour",指的是一种响亮而混乱的声音,特别是那些激烈地尖叫的声音。这个意思和诗人说的人居环境中自然的喧闹有所不同,因此译文 1 的翻译不是很确切。另外两个版本的翻译,使用的是"noise",就比较合适了。

【远】本义指走路的路程长。《说文》中提到,"远,辽也。"引申义为距离大,相隔远,与近相对。译文 1 中用了"far",译文 2 与译文 3 中用了"distant"。一般而言,"far"指在空间中的距离远,而"distant"可以是空间的距离远,也可以指精神上或心理上的距离远。原诗的"心远"是心理上的距离感,因此选择"distant"来表达或许更为确切。

【偏】本义指不正,倾斜。《说文》中解释为"偏,颇也。"译文 1 和译文 3 中使用"distant",译文 2 中使用"wilderness"。"wilderness"偏重于旷野无人烟,而在诗句中"地自偏"强调的更多是诗人心理上与芸芸大众之间的距离。"天下熙熙,皆为利来。天下攘攘,皆为利往"。市井的喧闹,是凡人热切向往的生活。于诗人而言,他从内心里是抗拒这些热闹的,向往的是离群索居,逃遁社会,退而求其次,要求自己"心远",从精神的空间中与世俗隔离。车马隆隆,并非听不见,听而不闻,心静才能如此。

【采】从爪,从木,在甲骨文中,"采"的上部分像"手",下部分像"树木及其果实",表示以手在树上采摘果实和叶子,本义表示用手指或指尖轻轻摘取来。《说文》中提及,"采,捋取也。"译文 1 和译文 2 中,都使用"pluck"这个词。"pluck"指快速使劲的动作。而译文 3 中使用的"pick",一般指小心缓慢的动作。诗人采菊东篱,心情是放松的,期间还能悠然远望山景,他的动作必定是从容不迫的。因此在这个词语的翻译上，译文3是准确的。

【篱】本义为篱笆，指的是用竹、苇或树枝等编成的蔽障物，以保护场地。在译文1与译文2中，都是用"hedge"这个词语。"hedge"一般表示用茂密的小灌木丛或者低矮的树木所围起来的树篱。这种树篱在西方的园林建筑中非常常见，但是在中国的园林中很少使用。树篱需要时常修剪，以保持整齐划一的形式。而中国园林更看重自然形态，因此对树木的修剪非常有限，即使修剪，也是依照树木自然的形态所做的修正。译文3中的"fence"，指用板材或者竖杆围起来的遮拦物。中国文化中的篱笆，与fence的本意最为接近。

【见】古同"现"，表示出现，显露。译文1与译文2都是用"gaze"，译文3使用"look up and see"。这两类翻译，都是以诗人的角度，通过主观的"看"的动作来连接看到的景物。而"见"在本诗中，同"现"，是外界景物自然显现出来的状态，类似"appear"这样的词比较适合本意。如果译者都采用了从诗人角度看见山景的方向，那么，译文3中的"look up and see"则更为确切一些。"gaze"一般指长时间地盯着一个物体看。在诗中，诗人悠闲地在篱笆边采摘菊花，也许是一抬头，也许是一转身，眼光扫过，南山的景色显现出来。如此不经意的一瞥，与"gaze"的意思差别很大。

【南山】泛指诗人居所附近南边的山。在陶渊明的诗歌中，屡次提及南山。比如在《归园田居五首》之三中，他写道："种豆南山下，草盛豆苗稀。"在《杂诗十二首》之七中，也有"家为逆旅舍，我如当去客。去去欲何之，南山有旧宅。"的句子。"种豆"，表明距离南山很近。丁福保《陶渊明诗笺注》认为"南山"应"指庐山而言"，这一观点为人们所普遍接受。在《饮酒》中，远望庐山或许能说得过去，但是"种豆南山下"，解释起来就比较困难。译文1中，将"南山"翻译为"southern mountains"，比较符合诗文原意。译文2使用的是"summer hills"，这是原文中没有出现过的意思。而且，菊花在秋天盛开，也无法推断出诗文中有关"summer"（夏天）的描述，summer hills未免草率。译文3中，"Southern Mountain"译为专有名词，实际上南山这样一个特指的山名并不存在。将"南山"作为专有名字翻译，容易引起误会。

【相与】指偕同、一起。译文1与译文3都翻译成"together"，但是译文2中的"two by two"，有成双成对的意思。原诗中"飞鸟相与还"，飞鸟应是合群结伙，傍晚归巢的形象。译文2中增加的细节，不符合原意。

第四章　六朝诗英译鉴赏与评析

【真意】在原诗中并没有表明"真意"到底是什么。诗人在院子篱笆下,闲适采花,远望南山,日暮景色优美,倦鸟相与归巢。如此美好的田园景象,诗人置身其中,感受到了"真意"。逯钦立在《陶渊明集》(逯钦立校注)中写道,"真意,自然意趣。《庄子·渔父》:真者,所以受于天也,自然不可易也。故圣人法天贵真,不拘于俗。""自然意趣"到底是什么?探寻究竟,这"真意"仿佛道家描述的"道"一般:可以说出来的,都是普通的道理;不能言说的,才是那终极的"道"。大道深藏于自然之中,在某一个黄昏,诗人手持菊花,沉浸在四周优美的田园景色之中。在平静自然的环境中,诗人一瞬间便体会到了"真意"。他或许深深地感受到,这个从前只存在于书本中的概念名词,在此刻是真实存在的。在这一瞬间,诗人与天地自然融为一体,天人合一使他完全感受到了"真意"的震撼力量。近处的篱笆、花草,远处的夕阳、南山,如如不动的大地,以及悠然飞翔的鸟群,所有的生命与非生命,在此刻,在它们身上,都体现出来无所不在的"真意"。超越这些物质的表象,"真意"一瞬间直达诗人的灵魂并与之震荡。译文 1 中"a hint of truth","真意"若隐若现,似有还无,很能恰当地表达出来原诗的韵味。相对而言,译文 2 中的"a deep meaning"就过于平常了。至于译文 3 中的"the truth of life",这个译文增加了解读,将"真意"局限到了具体方面的真理,对原诗解读有误导的嫌疑。如果诗人都能感受到这么具体的真理,后面又为何提及在"辨"上的困难呢。

【辨】本义为判别、区分、辨别。《说文》中提到,"辨,判也。"《尔雅》里提到"辨,别也。"原句"欲辨已忘言"中,关于"辨"字,历来有不同的解读。逯钦立《陶渊明集》(逯钦立校注)中写道,"欲辨已忘言,是说归鸟群使人感受到真朴自然意趣,忘了再去辨析。李善注:'言者,所以在意也;得意而忘言。'"书中提及作者从大自然得到启发,悟到了人生的真意,但它是无法用语言表达,也无须明白说出来的。译文 1 和译文 3 使用了"tell",究其意思,貌似这更多的是类似于对"辩"字的英译。如果所谓的"真意"已经被诗人得知,只是苦于语言的局限性而无法用文字表达出来,那么,使用"辩"就比较合适。但是,这个被提及的"真意"到底是什么,我们可以从前面的分析中看到,诗人自己是只能感知到"有这么一个'真意'",而不能得知"这个'真意'是什么",因此,译文 2 用"express"来表达"辨"这个词更适合当前的语境。

第五章

唐诗英译鉴赏与评析（上阕）

【导读】

人面桃花已成梦 桃花依旧笑春风

中国堪称"诗之国度"，几千年前的中华先民，便唱出了"日出而作，日入而息，凿井而饮，耕田而食，帝力于我何有哉"这样质朴无华的民谣，据说这首诗也是中国诗歌史上最早的文字记录。而后，在这块温暖而富饶的土地上，诞生了中国文学史上最早的诗歌子集《诗经》。有学者认为，《诗经》开启了中国诗歌创作的先河，成为以后历朝历代诗歌创作的灵感源泉。

有唐一代，汉诗的发展至为成熟，诗歌俨然成为唐代文化中最为娇艳的艺术瑰宝。诗歌文化以极大的穿透力渗入到唐代文化的方方面面。帝王将相、达官缙绅、赶考士子、游子宦客、平民百姓，都在用诗歌，要么勾画着精忠报国的经世之略；要么打发着觥筹交错的游宴之绪；要么绞尽脑汁，想写一首迎合达官贵人口味的诗篇；要么望不尽乡关路远，忘不掉慈母容颜；要么村社酒席散，吟诗话桑麻。诗歌成为他们生活中极为重要的组成部分，成为反映唐代真实政治、经济、文化、生活的一面镜子。不信您听听"卖炭翁"从南山伐薪烧炭，送至南门，伫立雪中的呼号声；"石壕吏"中老妪被抓充军的恸哭声；大明宫里白头宫女在闲坐时说玄宗的嗟叹声；或者登高时节，遍插茱萸少一人时的叹息声。当然，唐诗留给我们的不只是这样令人悲伤的声音，更多的则是那些童稚的、浪漫的、静谧的、空灵的、悠远的诗篇；或者那些禅境的、闺房的、思乡的、爱国的、恋旧的诗篇。至今当我看到太液池里洁白如雪的鹅，自然会想起骆宾王的"鹅，鹅，鹅，曲项向天歌"；三月桃花盛开时，长安城南的桃花坞，崔护那首"人面桃花相映红"还有隐隐的相思痛；每逢中秋月圆时,定会想起杜甫的"露从今夜白,月是故乡明"的思乡苦;或者张九龄的"海上生明月,天涯共此时"的幽幽思恋情;船过三峡,也会吟诵李白的"两岸猿声啼不住,轻舟已过万重山"的快意和壮美;去了蓝田,便想看看李商隐的"蓝田日暖玉生烟"是何样的景致;甚至偶过华清池,亦会写出这样的伤古旧怀:

《贵妃赋》
　　谁在历史里等你
　　　等待红尘里
　　　　久违的笑靥

　　驿站马啸荔枝甜
　　千门万壑何时还
　　华清水暖惹人厌

　　花萼楼的香囊
　　丢进了龙兴湖
　　含元殿的更漏沉睡了
　　一千年

　　不解格桑花
　　优伶的身段
　　曲江一曲有谁怜
　　黄渠别了春寒
　　长恨歌声空愁怨
　　长生殿前蹴鞠闲
　　马嵬坡下尺素断
　　春宵难度枕席眠
　　萤萝小扇美如萱

　　字里行间
　　肤如凝脂
　　发如烟
　　……

这些都是唐人留给我们的弥足珍贵的文化财富。

可以毫不夸张地说，唐诗不仅仅是中华文化的一种象征和符号，更是中华文化之集大成者；唐诗亦不仅仅享誉中国，更是早已走向了国际舞台，成为西方许多学者、诗人研究和创作的素材和原料。这样的论断绝非妄言痴语，仅凭唐诗的外译盛况便可窥知一二。单看唐诗英译现象，就充分证明了唐诗在国外的流行程度非同一般。那些有名的译者、学者，随便找出几位，连同他们研究唐诗、翻译唐诗的成果，便可让人心生钦佩，肃然起敬。比如美国著名诗人、翻译家、批评家艾兹拉·庞德（Ezra Pound）所译的《华夏集》（*Cathay*，又译作《神州集》），美国著名汉学家宇文所安（Stephen Owen）先生唐诗研究系列专著《初唐诗》《盛唐诗》《晚唐诗》，中西兼通的翻译家、学者叶维廉先生的唐诗杂论系列专著，以及大陆唐诗翻译专家许渊冲先生，为中西读者鉴赏唐诗之美精心烹制出的"饕餮盛宴"。所以，静下心来，放下杂念，读读唐诗，学学唐诗英译，无论是神奇的方块字，还是26个字母的神奇组合，一定可以让人忘记此乡，而心往他乡，意纵天高。

（田荣昌 执笔）

【唐诗英译简介】

唐诗英译经历了300年时空沧桑才发展到今天的成绩。了解其发展变迁，我们才能更好地分析赏析唐诗英译作品。我们可以把唐诗英译大致分为如下三个阶段：

一、"间唐诗"阶段：从1741年到1915年。在这段时期，译介者通过间接翻译的手段传播唐诗的文学形象。

迄今所知最早的英译唐诗出现在让·巴普蒂斯特·杜赫德（Jean Baptiste du Halde）1735年在法国出版的《中华帝国全志》（*A Description of the Empire of China and Chinese-Tartary*）中。在该书的第二卷中，《少年行二首（其一）》从法语被转译成英语，并按散文体印刷。

1829年，德庇时爵士（Sir John Francis Davis，中文名又译为爹核士、戴维斯、大卫斯）出版了《汉文诗解》（*Poeseos Sinicae Commentarii：The Poetry of Chinese*）。该书分为两部分：第一部分介绍中国诗歌从《诗经》到明清诗歌的渊源和形式演进过程，第二部分则是部分诗歌的翻译和赏析。书中介绍了李白的生平，并翻译了两首唐诗：王涯的《送春词》和杜甫的《春夜喜雨》，尝试向英语读者证明唐代是

"中国诗歌艺术最完美的时代"。凭着对中国传统文化系统的了解,德庇时在《汉文诗解》中提到一些颇有见地的观点。比如他指出,中国诗歌往往"意在言外""含而不露",不像欧美诗歌那样浅白直露地表达诗人的所见所感。如果停留在读懂字面意思上,而不了解诗歌用词的渊源和典故,也不试图了解诗歌的创作背景,就会对中国诗歌产生偏见,认为诗歌内容简单,不具有丰富的思想。德庇时在唐诗英译的历史进程中首开先河,其功绩不可抹杀。

在"间唐诗"阶段,唐诗英译的最大特点是以转译(间接翻译)为主。转译(indirect translation)指"翻译文本不直接译自最初的源语文本,而译自另一语言为中介的翻译过程"。这有两种情况:一是译本译自与源语和目的语都不同的一种中介语言;二是译本译自用目的语译成的文本,这种转译相当于改写(rewriting),尚不能称为真正意义上的翻译。

二、"近唐诗"阶段:从1915年艾兹拉·庞德的《华夏集》出版发行到1947年。这个阶段的英译作品语义、风格和文化上更忠实于唐诗文本,因此其塑造的唐诗异国形象更接近于唐诗的原初形象。

这一阶段最重要的以唐诗英译为主的译本当属艾兹拉·庞德于1915年推出的《华夏集》。《华夏集》掀起了用自由体译介包括唐诗在内的中国古诗的"诗学大潮",开创了美国"意象主义"新诗运动的革命。庞德在《华夏集》中翻译了19首诗,其中14首是唐诗,包括李白的《送别》《长干行》《玉阶怨》等,卢照邻的《长安古意》,王维的《送元二使安西》等。庞德深信中国诗歌的精髓能为西方新诗运动提供丰富的养料。《华夏集》不仅是译本具有重要影响的中国诗译诗集,也是英美现代派诗歌的主要作品之一。

亚瑟·韦利(Arthur Waley)是"近唐诗"阶段影响力仅次于庞德的唐诗英译译者。韦利的第一本中国古典诗歌英译集《中国诗选》(*Chinese Poems*)由私人出资在伦敦印刷。此书包括先秦至唐宋的诗歌52首,其中唐诗包括李白、杜甫、白居易的译诗。此书仅仅16页,且为非正式出版物,但印成后立即在英国学界和读者中引起了极大反响。韦利因译介中国古典诗歌而取得巨大成就,于1953年荣膺英国女王诗歌勋章。

三、"典唐诗"阶段:从1947年白英的《白驹集》(*The White Pony*)出版至今。随着唐诗的译介传播,在文化语境、意识形态、读者接受度等方面的推动下,唐诗的翻译逐渐成熟,为唐诗在英语世界甚至在全世界的传播起了很大的推动作用。

1947年,曾任教于西南联大的美籍汉学家白英(Robert Payne)主编的《白驹集:从古到今中国诗选》(*The White Pony: An Anthology of Chinese Poetry from the Earliest Times to the Present Day*)正式出版。该书是一部具有较大影响力的、以唐诗英译为主的诗歌选集,收录的诗歌时间跨度大,从《诗经》到现、当代诗歌,其中有译自唐代李白、杜甫、白居易等诗人的作品,译诗主要由卞之琳、袁家骅、张小怿等负责。该书在纽约和多伦多同时出版,其中收录的唐诗英译对美国的中国古诗翻译和研究都起到了非常重要的作用。该书的译诗采用直译为主的自由体译诗,更好地向西方读者介绍中国古诗,比之前所有选集都更详尽更可靠。

20世纪70年代是唐诗英译的蓬勃发展的年代。华裔学者叶维廉(Wai-Lim Yip,1937—)所著《中国诗学》(*Chinese Poetry: Major Modes and Genres*)于1970年在伯克利出版,该书选译了包括唐诗在内,自《诗经》到元曲的150多首中国古诗。此书被美国一些大学作为教材多次重印。

而最重要最有影响力的是华裔学者柳无忌(Liu Wu-chi)和罗郁正(Irving Y. Lo)合编的诗集《葵晔集——中国三千年诗词选》(*Sunflower Splendor—Three Thousand Years of Chinese Poetry*)。这是迄今为止最为完备的英译中国诗词选集,其中包括唐代李白、杜甫等40余位诗人的287首诗作。

20世纪八九十年代,宇文所安(Stephen Owen)推出了两部流传很广、影响很广的著作:《初唐诗》(*The Poetry of the Early Tang*)和《盛唐诗》(*The Great Age of Chinese Poetry: the High Tang*)。《初唐诗》对初唐诗歌做出了系统而细致的研究,论述了"宫体诗"与初盛唐诗歌的关系;而《盛唐诗》则进一步论述初唐和盛唐诗的关系,并对盛唐诗人做出视角新颖的分类。

在唐诗英译的"典唐诗"阶段,中国学者做出了很大的贡献,促进了以唐诗为主的中国诗翻译理论和实践的发展和部分唐诗经典的异域经典化历程。

【唐诗经典篇章英译鉴赏之一】

金缕衣

无名氏

劝君莫惜金缕衣[①],
劝君须惜[②]少年时。

花开堪③折直须④折,
莫待无花空折枝。

【注疏】

①金缕衣,缀有金线的衣服,比喻荣华富贵。
②须惜,另有版本为"惜取"。
③堪,可以,能够。
④直须,不必犹豫。
⑤莫待,不要等到。

【白话释义】

我劝你不要顾惜华贵的金缕衣,
我劝你一定要珍惜青春少年时。
花开易折的时候就要抓紧去折,
不要等到花谢时只折了个空枝。

【创作背景】

这是中唐时的一首流行歌词。据说元和时镇海节度使李锜酷爱此词,常命侍妾杜秋娘在酒宴上演唱(见杜牧《杜秋娘诗》及自注)。歌词的原作者已不可考。

【主题鉴赏】

"劝君莫惜金缕衣"此句是赋,以物起情,又有兴的作用。而"有花堪折直须折"是对须惜少年时的继续深入。诗中没有"人生几何"式的直截了当的感慨,而用花来比少年好时光,用折花来比莫负大好青春,既形象又优美,因此在内涵上又远远大于及时行乐这一单一思想,从而创造出一个充满意象的想象空间,这也是艺术表现所带来的文字美感。而"莫待无花空折枝"这句意为"错过青春会导致无穷的悔恨",但诗人并没简单地用"老大徒伤悲"这类直抒胸臆的句式来表达,而是紧紧朝着折花方面来说,继而有了"无花空折枝"的奇崛之语。此句未有悔字,却悔意无穷,这也显示了"空折枝"的艺术说服力和文学想象力。

【英译版本】

译文 1　弗莱彻

Riches

If you will take advice, my friend,
For wealth you will not care,
But while fresh youth is in you,
Each precious moment spare.
When flowers are fit for culling,
Then pluck them as you may
Ah! Wait not till the bloom be gone,
To bear a twig away.

译文 2　许渊冲

The Golden Dress

Love not your golden dress, I pray.
More than your youthful golden hours!
Gather sweet blossoms while you may,
And not the twig devoid of flowers!

译文 3　赵彦春

Clothes of Gold

Cherish not your clothes of gold;
Cherish your time ere you're old,
Pluck your rosebuds while you may;
Wait not to pluck a bare spray.

译文 4　龚景浩

Garment Stitched with Gold Threads

Care not so much for expensive clothing;
You should treasure a lot more your prime years.
Pick the flowers while they are blooming,
Soon nothing'll be left save bare boughs and tears.

译文 5　许景城

Gold-Thread Garments

Care not for gold-thread garments;
Spare yet for golden moments.
Gather rosebuds while you may,
Wait not till the bloom's away.

译文 6　许景城

Gold-Thread Garments

Not for gold-thread garments, you should care,
But for prime, golden hours, you should spare.
Gather your sweet rosebuds while you may,
Never wait till the bloom is away.

【汉诗训诂与英译鉴赏】

首先，这六个译文对"诗题"的翻译，除弗莱彻外，其他几位译者都采用比较直接的译法。弗莱彻把金缕衣译成"财富"，考虑到他的受众群，这个翻译似乎更容易被西方或是英语读者接受，然而从忠于原文的原则考虑，似乎后面几个版本的译法要更为确切些。

下面我们将从具体翻译方面，来评判各版本的特点。从格律上看，《金缕衣》

是一首七绝,每行 7 个字,共 4 行,28 个字。第一、第二、第四行押韵,韵式为 aaba。七绝属格律诗,讲究平仄,该诗对应平仄情况如下:

仄平仄仄平仄平

仄平仄仄仄平平

平平仄仄仄平仄

仄仄平平平仄平

律诗的平仄有"一三五不论,二四六分明"之说。《金缕衣》首句为"仄起平入式",第一、二句的平仄对应不严密,就连平仄必须对应的二、四句也不对应,而三、四句的平仄对应则比较严格。第二、四句均以平声收尾,符合诗韵要求。第一、第二句的平仄对应不严格,不知是否因为《金缕衣》是曲词的缘故。

对于诗作本身,比较六个译文版本,弗莱彻的译文更倾向于自由体诗的格式,而其他译者则采用格律体格式译诗。我们无法确切地说哪一种译诗形式更佳,毕竟我们需要考虑译诗的时期、目的及受众群。弗莱彻译诗的时期正是西方世界开始了解中国诗词的阶段,受众应该是希望了解中国诗词且母语是英语的人群,用转译及"跨行连续法"的译诗更容易被读者接受。

除去弗莱彻版本,其他译文都采用了韵律格式,许(渊冲)版和龚(景浩)版都采用 abab,而赵(彦春)版和许(景城)版则采用 aabb。虽然和原诗的 aaba 韵式不同,但毕竟以格律体译诗更符合原诗音律特色。

原诗中一、二句式相同,都以"劝君"开始,"惜"字两次出现,在此用了重复,"莫"与"须"这正反两意又在重复中有变化,两句意韵相通,"金缕衣"这里是指华贵的东西。而"劝君须惜少年时",就是说比"金缕衣"更重要的是"少年时"。秋娘一再"劝君",用对白语气致意殷勤,有很浓的歌味,娓娓道来,极富风韵。两句一否一肯构成诗的反复和咏叹,其旋律节奏也是迂回徐缓的。

许版用了"love..., more than"及"I pray"句式,虽然意思基本相符,但用词似乎稍显生硬刻板,无法传达原诗对白语气中的劝诫安慰的温婉口吻,反倒有一种传教者居高临下的说教口气,令人惶惑不安。

赵版中"cherish not"和"cherish"的使用似乎更接近原诗中"劝君莫惜……,劝君须惜……"这种近距离的话语特质及前后对照句式结构,但"ere"似乎又过于书面。龚版中"care not"和"you should treasure"比较接近原诗口语体的特点,但用词缺乏诗歌艺术色彩,过于平淡庸常。许版 1(译文 5)中"care not"及"spare yet"的对仗不错,"garments"和"moments"也有很巧的尾韵效果,但许版 2(译文 6)

中"not for…, but for…"及"you should care"和"…spare"似乎从音律和用词方面结合得更好一些。

三、四句单从诗意上看与一、二句差不多,但又有不同。一、二句直抒胸臆,为赋法,三、四句用譬喻方式,为比义,说有花应如何、无花又怎样。"有花堪折直须折"这句正面说及时行乐,"莫待无花空折枝"这句反面说及时行乐。语调节奏变得俊急热烈,对青春、爱情的大胆讴歌,热情奔放,不但真率大胆,而且形象优美。"花"两次出现,"折"三现,又有"莫待"与前文"莫惜"呼应,自然构成回文式的复叠美(refrained aesthetics)。这一系列天然工妙的字与字、句与句、联与联的迭复回环,使得诗句朗朗上口、语语可歌。除形式美,其亦徐缓回环到热烈,构成此诗的内在韵律,诵读起来使人感到惋惜哀叹,又引人哲思,青春几何,为欢趁早?!

比较几个译文,对"花"的翻译有 blossoms、rosebuds 和 flowers 几个版本,其中 rosebuds 过于具体化,flowers 又失去韵味,blossoms 似乎较好,能表达出花开全盛的意思。而"折"字的翻译有 gather、pluck 和 pick,比起前两个,pick 不仅指"采摘",还可表示"采撷精华"之意,似乎内涵更为丰富,也更能表达主观行动的需求,且音节上急促有力,有迫急难抑、加强语势的效果。

总之,以上各版本各有特色,兼备长短,可见诗歌翻译中形与义的平衡、韵律与意向的双赢确实极难。

【唐诗经典篇章英译鉴赏之二】

春江花月夜

张若虚

春江潮水连海平,海上明月共潮生。
滟滟①随波千万里,何处春江无月明?
江流宛转绕芳甸②,月照花林皆似霰③。
空里流霜④不觉飞,汀⑤上白沙看不见。
江天一色无纤尘⑥,皎皎空中孤月轮⑦。
江畔何人初见月?江月何年初照人?
人生代代无穷已⑧,江月年年只相似⑨。
不知江月待何人,但见⑩长江送流水。

　　　　白云一片去悠悠⑪,青枫浦上⑫不胜愁。
　　　　谁家今夜扁舟子⑬? 何处相思明月楼⑭?
　　　　可怜楼上月徘徊⑮,应照离人⑯妆镜台⑰。
　　　　玉户⑱帘中卷不去,捣衣砧⑲上拂还来。
　　　　此时相望不相闻⑳,愿逐月华流照君。
　　　　鸿雁长飞光不度,鱼龙潜跃水成文㉑。
　　　　昨夜闲潭㉒梦落花,可怜春半不还家。
　　　　江水流春去欲尽,江潭落月复西斜。
　　　　斜月沉沉藏海雾,碣石㉓潇湘㉔无限路。
　　　　不知乘月几人归,落月摇情满江树。

【注疏】

①滟滟,波光荡漾的样子。

②芳甸,芳草丰茂的原野。甸,郊外之地。

③霰(xiàn),天空中降落的白色不透明的小冰粒。此处形容月光下春花晶莹洁白。

④流霜,即飞霜,古人以为霜和雪一样,是从空中落下来的,所以叫流霜。这里比喻月光皎洁,月色朦胧、流荡,所以不觉得有霜霰飞扬。

⑤汀(tīng),水边平地,小洲。《说文》(段玉裁注):"水平谓之汀,因之洲渚之平谓之汀。"徐锴注:"水岸平处。"

⑥纤尘,微细的灰尘。

⑦月轮,指月亮,因为月圆时像车轮,所以称为月轮。

⑧穷已,穷尽。

⑨另一种版本为"江月年年望相似"。

⑩但见,即只见、仅见。

⑪悠悠,即沙茫,深远。

⑫青枫浦,地名,位于今湖南浏阳市境内,这里泛指游子所在的地方。《楚辞·招魂》:"湛湛江水兮上有枫,目极千里分伤春心。"浦上,水边。《九歌·河伯》:"送美人兮南浦。"因而此句隐含离别之意。

⑬扁舟子,飘荡江湖湖的游子。扁舟,小舟。

⑭明月楼,月夜下的画楼。这里指闺中思妇。曹植《七哀诗》:"明月照高楼,流光正徘徊。上有愁思妇,悲叹有余哀。"

⑮月徘徊,月光偏照闺楼,徘徊不去,令人不胜其相思之苦。
⑯离人,此处指思妇。
⑰妆镜台,梳妆台。
⑱玉户,形容楼阁华丽,以玉石镶嵌。
⑲捣衣砧(zhēn),捣衣石、捶布石。
⑳相闻,互通音信。
㉑逐,追随。
㉒月华,月光。
㉓文,同"纹"。
㉔闲潭,幽静的水潭。
㉕碣(jié)石,山名,位于河北昌黎县北,自汉代起逐渐隐没于大海中。此处泛指中国北方之地。
㉖潇湘,潇水与湘江合称,代指湖南地区。古诗中常用二水合称泛指江南极远之地。"碣石潇湘无限路",意指从北到南,距离遥隔,离人难见。

【白话释义】

春天的江潮水势浩荡,与大海连成一片,一轮明月从海上升起,好像与潮水一起涌出来。

月光照耀着春江,随着波浪闪耀千万里,所有地方的春江都有明亮的月光。

江水曲曲折折地绕着花草丛生的原野流淌,月光照射着开满鲜花的树林,好像细密的雪珠在闪烁。

月色如霜,所以霜飞无从觉察。洲上的白沙和月色融在一起,看不分明。

江水、天空成一色,没有一点微小灰尘,明亮的天空中只有一轮孤月月高悬空中。

江边上什么人最初看见月亮,江上的月亮哪一年最初照耀着人?

人生一代代地无穷无尽,只有江上的月亮一年年地总是相像。

不知江上的月亮等待着什么人,只见长江不断地输送着流水。

游子像一片白云缓缓地离去,只剩下思妇站在离别的青枫浦不胜忧愁。

哪家的游子今晚坐着小船在漂流?什么地方有人在明月照耀的楼上相思?

可怜楼上不停移动的月光,应该照耀着离人的梳妆台。

月光照进思妇的门帘,卷不走;照在她的捣衣砧上,拂不掉。

这时互相望着月亮,可是互相听不到声音,我希望随着月华如水去照耀着您。

鸿雁不停地飞翔,而不能飞出无边的月光;月照江面,鱼龙在水中跳跃,激起阵阵波纹。

(此二句写月光之清澈无边,也暗含鱼雁不能传信之意。)

昨夜里梦见花落闲潭,可惜的是春天过了一半自己还不能回家。

江水带着春光将要流尽,水潭上的月亮又要西落。

斜月慢慢下沉,藏在海雾里,碣石与潇湘的离人距离无限遥远。

不知有几人能趁着月光回家,唯有那西落的月亮摇荡着离情,洒满了江边的树林。

【创作背景】

这首诗的创作背景虽已无具体文字资料可考,但据诗歌内容可做如下推测:作者创作此诗时,也许是宦游在外,也许是羁留异乡。在一个月朗风清、春暖花开的夜晚,作者漫步江边,他仰望挂在天边的一轮皎月,沐浴着湿润润的江风,面对着滚滚流去的江水,嗅着淡淡的花香,不禁在景色中沉醉。于是他感慨万千,诗兴大发,临江赋诗,从月升写到月落,以"春""江""花""月""夜"为背景,抒发孤舟游子的相思之情和明月楼中思妇的相思之苦,同时探索人生哲理与宇宙奥秘。

【主题鉴赏】

这首诗以写月升作起,以写月落为结,把从天上到地下这样寥廓的空间,从明月、江流、青枫、白云到水纹、落花、海雾等众多的景物,以及客子、思妇种种细腻的感情,通过环环紧扣、连绵不断的结构方式组织起来。由春江引出海,由海引出明月,又由江流明月引出花林,引出人物,转情换意,前后呼应,若断若续,使诗歌既完美严密,又有反复咏叹的艺术效果。

诗歌前半部重在写景,是写实,但如"何处春江无月明""空里流霜不觉飞"等句子,也同时体现了人物的想象和感觉;后半部重在抒情,情是在景的基础上产生的,如长江流水、青枫白云、帘卷不去、拂砧还来等句,景中亦自有情,结尾一句,更是情景交融的名句。全篇有情有景,亦情亦景,情景交织成有机整体。诗歌写了许多色彩鲜明的形象,如皎月、白沙、白云、青枫,等等。这些景物共同造成了柔和静的诗境,这种意境与所抒发的绵邈深挚的情感,十分和谐统一。

诗歌每四句一换韵,平仄相间,韵律婉转悠扬。为了与缠绵的感情相适应,语言采用了一些顶针连环句式,如"春江潮水连海平,海上明月共潮生。""江月何年初照人?人生代代无穷已。""何处相思明月楼,可怜楼上月徘徊。""江潭落月复西斜,斜月沉沉藏海雾。"一唱三叹,情意无穷。诗中还使用了一些对偶句,如"谁家今夜扁舟子?何处相思明月楼?""鸿雁长飞光不度,鱼龙潜跃水成文",等等。句中平仄讲究,如"滟滟随波千万里,何处春江无月明?江流婉转绕芳甸,月照花林皆似霰。",平仄变换与律诗相和,使诗歌语言既抑扬顿挫,又清新流畅。

总而言之,诗人凭借对春、江、花、月、夜的描写,尽情赞叹大自然的绮丽景色,讴歌人间纯洁爱情,把游子对思妇的共情扩大开来,与对人生哲理的追求、对宇宙奥秘的探索结合起来,从而汇成一种情、景、理水乳交融,优美而邈远的意境。

【英译版本】

译文 1 许渊冲

The Moon over the River on a Spring Night

In spring the river rises as high as the sea,
And with the river's tide uprises the moon bright.
She follows the rolling waves for ten thousand li,
Where the river flows, there overflows her light.
The river winds around the fragrant islet where
The blooming flowers in her light all look like snow.
You cannot tell her beams from hoar frost in the air,
Nor from white sand upon Farewell Beach below.
No dust has stained the water blending with the skies;
A lonely wheel-like moon shines brilliant far and wide.
Who by the riverside did first see the moon rise?
When did the moon first see a man by riverside?
Many generations have come and passed away;
From year to year the moons look alike, old and new.
We do not know tonight for whom she sheds her ray,
But hear the river say to its water adieu.

Away, away is sailing a single cloud white;
On Farewell Beach pine away maples green.
Where is the wanderer sailing his boat tonight?
Who, pining away, on the moonlit rails would lean?
Alas! The moon is lingering over the tower;
It should have seen her dressing table of the fair.
She may roll curtains up, but light is in her bower;
She may wash, but moonbeams still remain on the stone.
She sees the moon, but her husband is out of sight;
She would follow the moonbeams to shine on his face.
But message-bearing swans can't fly out of moonlight,
Nor letter-sending fish can leap out of their place.
He dreamed of flowers falling o'er the pool last night;
Alas! Spring has half gone, but he can't homeward go.
The water bearing spring will run away in flight;
The moon over the pool will sink low.
In the mist on the sea the slanting moon will hide;
It's a long way from northern hills to southern streams.
How many can go home by moonlight on the tide?
The setting moon sheds o'er riverside trees but dreams.

译文 2　曾冲明

The Moon Shines over Spring River

During spring the tide makes the river as high as the sea,
Along with the tide the bright moon rises above the sea.
She makes the waves glitter for thousands of miles,
Where the spring river flows there the moonlight shines.
The river winds around the green islet full of plants
In the moonlight look like a frost the fragrant flowers.

We cannot express how fly in the air the bright beams,

We cannot see clearly white sands on beach by the river.

No dust has stained the waters blending with the skies;

The moon shines brilliant like a single plate made of silver.

Did I come to riverside to watch the moon tonight first?

When would the moon see me as a traveler at home first,

The world continues endless, generation after generation.

The moon shines above the river alike from year to year.

But who knows for whom the moon shines bright and wait?

We can see the long river send off its waters forever.

And we can just watch the white clouds in the air float.

The riverside with green maples fill my heart with griefs.

Who else sail the little boat on the river tonight besides?

Where is her chamber in the moonlight and how far is it?

What a pity to watch the moon lingering over her chamber!

It should be that she isn't at the dressing at present.

The curtain should not be rolled up and the window closed.

She might come out to wash clothes on that bank of river.

We cannot see and hear each other though we look at the banks.

I wish just to follow the moonlight to shine on you, my dear.

But neither the birds nor the moonlight couldn't send my love

I watch the ripples form as the fishes swim under the waters.

Last night I dreamed of petals falling on our shallow pond.

I'm sorry I can't be back yet though has gone half a spring

The spring comes to the end along with the river flowing

The moon declines again over the deep river right now

Where the declining moon sinks into a thick frost;

It's a long way from the Rock Jieshi to the Xiang River.

And how few travelers could return home in the moonlight?

The setting moon makes the traveler homesick at the green riverside.

译文 3   赵彦春

Spring, River, Flower, Moon, Night

The spring river swells, level with the sea
Wherein, the moon rises with tide, so fair.
Her light follows waves for ten thousand li,
And the spring river is bright everywhere.
The river winds across a fragrant mead;
The moon snows the blooms with her snowy light.
Of hoarfrost in the air one takes no heed,
And on the shoal you fail to see sand white.
No dust, of one hue are river and sky;
So lone, the moon above shines bright and bright.
Who riverside did the moon first espy?
To whom the moon riverside first shed light?
From older generations new ones grow
And find the moon this year just like that last.
For whom the moon's waiting for I don't know
And only see the river flowing past.
Away, away floats a wisp of cloud white;
On the Green Maple Shoal I feel so sad.
Who's rowing a canoe against the night?
Who's by a moonlit rail missing her lad?
Over her roof the moon lingers to stay
And illumines her dresser through the door.
The screen rolled down, the light won't go away;
Brushed off the block, it comes along once more.
They gaze far, each out of the other's sight
She'd go with the moonbeams to fondle him.
But wild geese can never outfly the light.

Nor can fish leap over the ocean's brim.
Last night some flowers fell he had a dream;
Though spring's half over, he can't go back yet.
Spring's fleeting off with the water downstream
And the moon's westering again to set.
The slanting moon looms amid the sea brume;
From him to her stretches an endless way.
How many can by moonlight return home?
The moon moves the riverside trees to sway.

译文 4　佚名（网络资源，未署名）

Spring River's Flowery Moon-Night

As Spring River surges to sea-level height,
The moon arises from sea with swelling tides
To glisten on waves for thousands of miles
Till the river is awash with moonlight.
While the river wanders round the fresh strand,
All flowers under moonlight turned snow-white,
Unnoticed in the air is frost in flight,
Invisible in the field is white sand.
With the lonely moon in firmament bright
And the river as speckless white as the sky
Who's first to see the moon on the riverside?
And when did the moon on man first shed light?
As endless are the offsprings of mankind,
Years after years the moon looks all alike,
For whom is it on the river standing by
As waters leave the banks far, far behind?
Like a piece of white cloud drifting away
That can't appease sorrow at Qingfeng bay,

Whose man tonight rowing the boat is he?
Where in moon-lit bower love-sick is she?
Grieve for the bower haunted with moonlight
That should reflect upon her toilet stand,
That draperies can't draw up out of sight,
And that can't be smashed by her laundry band.
Since we share the same sight rather than sound,
I'd chase the moonshine that flows upon you,
As flying swans are but in moonlight found
And diving fish only leave ripples in view.
Last night of petals falling to a lagoon
I dreamed, yet haven't been home for half a spring,
Oh, spring will flow away with river's stream,
As west o'er the lagoon now sets the moon.
The moon now sunk beneath the misty sea,
Vast from Jieshi to Xiaoxiang it must be,
Has anyone gone home by treading moonlight
That trembles feelingly on a river-tree?

【汉诗训诂与译文鉴赏】

诗歌的视象可分为内视象和外视象。内视象指诗歌具体内容借助审美主体呈象能力而显示主体想象世界中看得见的具体物象；外视象指诗歌本身的外部形式如诗行排列，特殊的字、词书写形式等物象。汉语语意视象之所以绝妙无伦决定于汉诗媒介——汉语本身的特殊存在方式，即：汉字是规则的单字音节，无性、数、格、时态之类的曲折变化，其语法极富弹性，因而用于句子组合时，具有极大的灵活性，可以由诗人随心所欲地排列、嵌镶，而生出无穷无尽的视象、音象、意象、味象等。也正因为这个原因，中国诗人们才可以得心应手地运用视象蒙太奇手法，像变魔术般驱使汉字而创造出气象万千的美丽的汉语语意视象。

蒙太奇手法（德文写做 Zusammenstellung、法文写做 Montage），即电影剪辑，意谓把已经摄影、录音、显像的电影胶片片段根据分镜头剧本进行组接。剪辑者通过剪辑创造出和现实有别的电影时空关系,并以主观意图为基础组建出各种画面,表现各种各样的想法,从而产生层出不穷的审美效果。即使是同一个素材,只要改变剪辑的切断和连接的顺序,就会产生在本质上完全不同的作品。众所周知,这种风行全球的艺术理论正是爱森斯坦(Sergei M. Eisenstein)受中国诗的启发而系统创建起来的!难怪中国诗中的语意视象画面如此酷似电影中的蒙太奇镜头。

一行诗往往由一幅或若干幅画面组建而成。我们在欣赏一首诗中的语意视象时,宛如一个个电影镜头牵动我们的视线上下左右、忽远忽近、流动不居地扫视。比起中国画的散点透视手法,中国诗中的语意视象透视手法要更不拘一格、变幻无端。诗歌中的视象排列亦不同于照相:照相是平面的,若干景物一下全收进视野;而诗中的语意视象却是经过诗人的艺术选择,或故意将某些画面前置,或故意将某些画面后置,或通过某种修辞手段(如对仗形式之类)将画面并置而产生互相对立但又互相补充的张力审美效果。由于诗人可以巧妙地打破客观世界物象的时空关系和存在方式,将它们切割、修改,或放大、缩小,或夸张、突出,或交叉、融合,或伴之以音、辅之以彩,然后以某种别出心裁的时空顺序组合起来,最后在审美主体的头脑中产生意想不到的视象审美效果。

所谓时空杂糅型视象指的是时间和空间错杂交织而产生的特殊的艺术视象效果。例如吴文英的《齐天乐·与冯深居登禹陵》:"三千年事残鸦外,无言倦凭秋树。""三千年事"虚指远古历史陈迹,而重心放在"三千年"这一时间概念上;继言"残鸦外",谓长空鸦影消逝之处,此为空间概念。三千年历史陈迹固不可能在长空鸦影消逝之处,而在诗人笔下,却偏能时间空间错杂交织,远古苍茫接踪于鸦影渺然之天宇尽头。诗人浩茫心事驰骛八极,无所寄托而生出的惆然若失之慨溢乎言表,所以只好"无言倦凭秋树"了。

以上四个英译版本各有特色,由于篇幅有限,仅摘取诗题及部分译文予以鉴赏评析。

首先,对诗题的翻译。前文已经提过,汉字是规则的单音节字,无性、数、格、时态之类的词尾变化,其语法极富弹性,因而用于句子组合时具有极大的灵活性,可以由诗人随心所欲地排列、嵌镶,因而生出无穷无尽、气象万千的美丽的语意视象。该诗标题的"春、江、花、月、夜"五个字可以有多种组合方式:可以是在春(天)江(边)看花观月赏夜,也可以是春(天)看江(边)花赏月夜,也可以是春(天)江(边)的花在月夜里绽放……总之,可以有各种组合来理解,而英语的语法则要求明确词汇之间的修饰关系。许(渊冲)版译为"the moon over the river on a spring night",显然是把重点放在了"月"上,"江"是地点,"春夜"是时间,"花"却不见了。春天暗含开花,但具体视象(意象)则少了一个。曾(冲明)版"The moon shines over spring river",中心人在"月"上,"春江"包含时间和地点,"夜"和"花"通过"月"与"春"暗指,语言精练了,但少了两个具体视象。赵(彦春)版"spring, river, flower, moon, night",似乎采用一一对应译法,原题中的五个具象都在,但英语语言的词汇语法特点并不能反映汉语词语之间的相互关系,因此造成机械罗列且缺乏内在语义逻辑的现象。最后网络版"Spring river's flowery moon-night",也保留了原题中的五个具象,但语言形式略显生硬,不太符合英语表达习惯。总之,四个版本各有优劣,但由于两种语言的特点,都无法完全精准地保留原题意境。

下面我们将鉴赏四个版本对"春江潮水连海平,海上明月共潮生。滟滟随波千万里,何处春江无月明?"的翻译情况。

许译的"river rises as high as"非常形象,让人感受到了潮水的壮观,而"with the river's tide uprises the moon bright"将明月随潮涌生的画面完全描述了出来。曾版"makes the river as high as"中"make"用得稍显生硬,"above the sea"和上句"high as the sea"也有些重复。赵版中"swell"一词意思是"become bigger and rounder",似乎也欠准确,而"fair"在译文中显然是修饰"the moon"的,搭配有误。网络版本中"surge"一词比较生动,但"arise"一词却用的不是很准确。

下一句原诗中"滟滟"两字完美地描绘了江水波光荡漾的样子,集动感与光感于一体。许版的"rolling"一词描述了动感,缺少了光感;曾版"glitter"光感十足,动感稍欠;赵版"light follow"则有光而动态略缓;网络版"glisten"似乎略胜。原诗里的"千万里"也被译者译成两类:"ten thousand li"和"thousands of miles"。且不说英语母语者是否理解"li"(这里体现出当文化习俗不同时,翻译加注解的必要性),原文中的"千万里"不应是具体距离,应是概数,泛言空间遥隔,因此恐怕翻译成"thousands of miles"更妙些。

"江天一色无纤尘,皎皎空中孤月轮。江畔何人初见月?江月何年初照人?"可谓该诗的高潮之一。前两句由大到小,由远及近,从水天一色凝集在一轮古月上,给读者极强的画面感。

比较四个英译版本中,许版和曾版都用了"No dust has stained the water blending with the skies",水天一色的壮观景象呈现眼前,但原文中的"无纤尘"似乎不仅仅是描述眼前纯净无尘的自然景观，还给我们心境不染尘埃的超世之境，英语的"no dust"似乎并不能完全体现这种意境。空中的孤月皎皎之光，似乎也代表一种永恒的意境。许版的"far and wide"虽用词稍白，但意境接近，同样"wheel-like moon"似乎也给人时间不断向前的感觉。曾版的"made of silver"把皎洁明净的月光描述得很美，但"single plate"却稍显不足。赵版的"of one hue are river and sky"也生动描述了水天一色的景致，但"shines bright and bright"却给我们光线逐渐变亮的感觉，似乎不符原诗中静谧月色的意境。最后网络版的"firmament"和"speckles"两词用得不错——悠远旷古之意尽显，但译者把两句的顺序做了置换，原诗中由远及近、从水天一色凝集在一轮古月的镜头转移聚焦之感似乎没有了。

　　明朗澄澈的寰宇宇宙，是一个完全纯净的世界，引起诗人的遐思冥想："江畔何人初见月？江月何年初照人？"诗人神思奔腾，但又牢牢联系着人生，索求着人生的哲理和宇宙的奥秘。许版的"Who by the riverside did first see the moon rise? When did the moon first see a man by riverside?"非常准确地反映了原诗中的追问，而且还保留了 abab 的韵律，是比较成功的翻译。曾版译文"Did I come to riverside to watch the moon tonight first? When would the moon see me as a traveler at home first?"中用了"I"和"me as a travler at home"，似乎把问题具体化了，不再是原诗中的向天追问，而似乎仅仅是个人的思乡之情，失去了原诗中深远的意境。同样，赵版中"espy"的意思是"突然看到"，似乎使时间的久远性稍减，但"to whom … first shed light"的译法不错。最后，网络版中"And when did the moon on man first shed light?"一句，"light"为了和前面译文的"bright"押韵，改变了句中词语顺序，但总体译文平平，未见出彩之处。

【唐诗经典篇章英译鉴赏之三】

静夜思①

李　白

床②前明月光，疑③是地上霜。
举头④望明月，低头思故乡。

【注疏】

①静夜思,静静的夜里产生的思绪。《静夜思》是李白自制诗题的乐府新辞,效仿南朝民歌体格,故称"新乐府"。

②关于"床"的解读目前至少有五种较为流行的说法。一指井台。这已经有学者撰文考证过,中国教育家协会理事程实将考证结果写成论文发表在刊物上,还和好友创作了《诗意图》。二指井栏。从考古发现来看,中国最早的水井是木结构水井。古代井栏有数米高,成方框形围住井口,防止人跌入井内,这方框形既像四堵墙,又像古代的床。因此古代井栏又叫银床,说明井和床有关系,其关系的发生则是由于两者在形状上的相似和功能上的类同。古代井栏专门有一个字来指称,即"韩"字,古时又作"涵",《说文》释"韩"为"井垣也",即井墙之意。三说"床"即"窗"的通假字。本诗中的"床"字,是争论和异议的焦点。我们可以做一下基本推理。本诗的写作背景是在一个明月夜,很可能是月圆前后,作者由看到月光,再看到明月,又引起思乡之情。既然作者抬头看到了明月,那么作者不可能身处室内,在室内随便一抬头,是看不到月亮的。由此我们断定,"床"是室外的一件物什,至于具体是什么,很难考证。从意义上讲,"床"可能与"窗"通假,而且在窗户前面是可能看到月亮的。但是,参照宋代版本,"举头望山月",便可证实作者所言乃是室外的月亮。从时间上讲,宋代版本比明代版本在对作者原意的忠诚度上,更加可靠。四取本义,即坐卧的器具。《诗经·小雅·斯干》有"载寝之牀",《易·剥牀·王犊注》亦有"在下而安者也"之说,讲的即是卧具。五指胡床。马未都等认为,床应解释为胡床。胡床,亦称"交床""交椅""绳床",古时一种可以折叠的轻便坐具,是一种与马扎功能类似的小板凳,但人所坐的面非木板,而是可卷折的布或类似物,两边腿可合起来。现代人常为古代文献中或诗词中的"胡床"或"床"所误。至迟在唐时,"床"仍然是"胡床"(即马扎,一种坐具)。

③疑,好像。

④举头,抬头。

【创作背景】

李白《静夜思》的写作时间是公元726年(唐玄宗开元之治十四年),旧历九月十五日左右。李白时年26岁,写作地点在当时扬州的旅舍中,其《秋夕旅怀》当为《静夜思》的续篇,亦同时同地所作。

【主题鉴赏】

这首诗写的是在寂静的月夜思念家乡的感受。

诗的前两句,是写诗人在作客他乡的特定环境中刹那间产生的错觉:一个独处他乡的人,白天奔波忙碌,倒还能冲淡离愁,然而一到夜深人静的时候,心头就难免泛起阵阵思念故乡的波澜,何况是在月明之夜,更何况是月色如霜的秋夜。"疑是地上霜"中的"疑"字,生动地表达了诗人睡梦初醒,迷离恍惚中将照射在床前的清冷月光误作落在地面上的浓霜。而"霜"字用得更妙,既形容了月光的皎洁,又表达了季节的寒冷,同时烘托出诗人漂泊他乡的孤寂凄凉之情。

诗的后两句,则是通过动作神态的刻画,深化思乡之情。"望"字照应了前句的"疑"字,表明诗人已从迷蒙状态转为清醒,他翘首凝望着月亮,不禁想起,此刻他的故乡也正处在这轮明月的照耀下,于是自然引出了"低头思故乡"的结句。"低头"一词用语精妙,极为形象地营设出诗人完全陷入思念故乡的动态画面中。而"思"字又给读者留下丰富的想象:家乡的父老兄弟、亲朋好友,一山一水、一草一木,以及逝去的年华与往事……无不在思念之中。一个"思"字所包含的内容实在太丰富了。

胡应麟说:"太白诸绝句,信口而成,所谓无意于工而无不工者。"(《诗薮·内编》卷六)王世懋认为:"(绝句)盛唐惟青莲(李白)、龙标(王昌龄)二家诣极。李更自然,故居王上。"(《艺圃撷馀》)怎样才算"自然",才是"无意于工而无不工"呢?这首《静夜思》就是个榜样。所以胡氏特地把它提出来,说是"妙绝古今"。

这首小诗,既没有奇特新颖的想象,更没有精工华美的辞藻,它只是用叙述的语气,写远客思乡之情,却意味深长、耐人寻味,千百年来,如此广泛地吸引着读者。

月白霜清,是清秋夜景,以霜色形容月光,也是古典诗歌中所经常看到的。例如梁简文帝萧纲《玄圃纳凉》诗中就有"夜月似秋霜"之句;而稍早于李白的唐代诗人张若虚在《春江花月夜》里,用"空里流霜不觉飞"来写空明澄澈的月光,给人以立体感,尤见构思之妙。只是这些都是作为一种修辞的手段在诗中出现的,而本诗中的"疑是地上霜",是叙述,而非摹形拟象的状物之辞,是诗人在特定环境中刹那间产生的错觉。为什么会有这样的错觉呢?不难想象,这两句所描写的是深夜不能成眠、短梦初回的情景。这时庭院是寂寥的,透过窗户的皎洁月光射到床前,带来了冷森森的秋宵寒意。诗人朦胧地乍一望去,在迷离恍惚的心情中,真好像是地上铺了一层白白的浓霜。可是再定神一看,周围的环境告诉他,这不是霜痕而是月色。月色不免吸引着他抬头一看,一轮娟娟素魄正挂在窗前,秋夜的太空是如此的明净!这时,他完全清醒了。

秋月是分外光明的,然而它又是清冷的。对孤身远客来说,秋月最容易触动旅思秋怀,使人感到客况萧条,年华易逝。凝望月亮,也最容易使人产生遐想,孤身的远客想到故乡的一切,想到家里的亲人,想着,想着,头渐渐地低了下去,完全浸入于沉思之中。

从"疑"到"举头",从"举头"到"低头",形象地揭示了诗人的内心活动,鲜明地勾勒出一幅生动形象的月夜思乡图。

短短四句诗,写得清新朴素,明白如话。它的内容是单纯的,但同时却又是丰富的。它是容易理解的,却又是回味不尽的。诗人没有说的比他已经说出来的要多得多。它的构思是细致而深入的,却又是脱口吟成、浑然无迹的。从这里,读者不难领会到李白绝句的"自然""无意于工而无不工"的妙境。

【英译版本】

译文1 弗莱彻

The Moon Shines Everywhere

Seeing the moon before my couch so bright,
I thought hoar frost had fallen from the night,
On her dear face gaze with lifted eyes,
Then hide them full of Youth's sweet memories.

译文2 克兰默-宾

Thoughts in a Tranquil Night

Athwart the bed
I watch the moonbeam east a trail
So bright, so cold, so frail,
That for space it gleams
like hoar-frost on the margin of my dreams.

I raise my head,

Thesplendid moon I see;

Then drop my head,

And sink to dreams of thee —

My fatherland, of thee!

译文 3　徐忠杰

In the Still of the Night

I decry bright moonlight in front of my bed.

I suspect it to be hoary frost on the floor.

I watch the right moon, as I tilt back my head.

I yearn, while stooping, for my homeland more.

译文 4　许渊冲

A Tranquil Night

Abed, I see a silver light,

I wonder if it's frost aground.

Looking up, I find the moon bright.

Bowing, in homesickness I'm drowned.

译文 5　刘军平

Homesick at a Still Night

A silver moon hangs by the balustrade,

I fancy moonlight as frost on the ground.

Gazing up of the bright moon I'm looking,

Lowing my head of my native land I'm missing.

【汉诗训诂与译文鉴赏】

【意境美及朦胧美】王国维在《人间词话》中说:"言气质,言神韵,不如言境界。境界为本也;气质,格律,神韵,末也。有境界,而三者随之矣。"汉语是一种意境性、隐喻性的语言,模糊见长,朦胧见美。尤其是古诗,更是以模糊含蓄为美,因此英译汉语古诗也应关照汉语语言的含蓄朦胧特质。

美国诗人弗莱彻所译的标题有些离题,"The Moon Shines Everywhere",没有"静"的感觉,"shines"给人一种躁动耀目的感觉,而本诗要表达的感觉应该是"凄清静谧",方才引人思乡。弗莱彻只是摘取了诗中的意象"月亮",而缺乏对诗歌整体的把握。弗莱彻将"床"翻译成有些文学色彩的"couch",用词只是为了追求"形似"或其浅层语义。第二句他将"疑"字译成"thought",未免太直接单调,传达不出原诗神思不安的意境。第三句的"her"指代不是太明确,"on her clear face"意为明月似美女,指诗人望明月时勾起的对年轻时的甜蜜回忆,与原诗思乡主题相差太远。将"望明月"译成"凝视着她明亮的眼睛"有些矫揉造作,而且诗人应该是因为"疑"所以举头望了望月,然后又沉浸在乡愁中,所以"望"翻译为"gaze"可能不太合适,且"her clear face"会干扰读者的思绪。所谓"思故乡",具体"思"些什么?这一层窗户纸必须保留,千万不能给读者捅破,应留有充分的发挥想象的空间,方能让读者有充分想象的自由。可惜的是,弗莱彻却将"思故乡"缩小确定为"youth's sweet memories",这样是清晰了,然而李白诗中所洋溢着的那种朦胧的月光之美却消失了,也窄化了读者的想象空间。这或许是因为诗人弗莱彻不太理解在中国文化里,特别是汉语古诗所推崇的那种言不尽而意无穷的"朦胧美",不像英语,往往将话说透,将意表明,此乃中西文化差异之一端。

克兰默-宾将标题"静夜思"译为"Thoughts in a Tranquil Night",其中的"thoughts"并没有中文里那种思乡的情愫,只是在静谧的夜晚心有所思的意思,与诗歌的暗涵诗义自有差距。开头的英文单词"athwart",意为"横跨着,与……相反的方向",用法较生僻古旧,与原文童叟皆诵的口语化风格相距甚远。前两行给人的感觉是"一线明月显现在床上",而从原文中并不能确定月光是洒在床上,还是洒在床前的地面上,或是如所争议的洒在井栏边上,译文少了一些"歧义"。接着,译文添加修饰语"so bright, so cold, so frail",连用了三个"so + *adj.*"的结构,渲染了气氛,加强了月光明亮而寒冷、悲伤的意境,进而把月光描述得冷艳无比。其后一句"Like hoar-frost on the margin of my dreams"过于渲染,扩大了原作的意思。原诗以小而精的特点著称,但是译作明显过于冗赘,没有很好地表达诗歌这种文体的特点。随后,译者把月光比作梦中出现的霜,这样的意象与原文大相径庭,后几行译文表明思绪又沉浸到了月光梦里,再联想到故乡,与原文直接因月思乡的意境也有一定距离。原文意境里面的清冷,在译文的表述中更像是一种寒冷,而且乡愁表现得不是十分的强烈。该译文无疑是属于美国诗人庞德翻译李白诗时使用的创造性翻译的风格,即译者有随意发挥的翻译。与其说是翻译,不如说是仿写或再创作,这样的结果与原意不符,失去了原文的意境美。

若按"三美"标准来衡量,许版从用词上看简洁明了,非常接近原诗风格,意美、音美、形美基本上都达到了。其中用书面语"abed"来翻译"床前"更能译出古诗的意境,陌生化处理也是为了显示古诗之"古"的极好译法。用"silver light"来翻译"明月光"使读者能生出美好而丰富的联想。现在时时态的应用增强了该诗的即时性。最后一句"Bowing, in homesickness I'm drowned"则使游子思乡之情跃然纸上。十足乡愁,从"homesickness"中透出万般浮想,又从"homesickness"中延荡开去。句末用"drowned"把"moon bright"和"homesickness"的内在关联巧妙呈现,以求"月光"与"思乡"之间的相关性,体现了原诗"思故乡"的深远意境,可谓传神之笔。许渊冲先生译此诗的特点是准确把握原作的意旨,读来给人以无尽的遐想,同时也完美再现了中国古典诗歌的朦胧之美、想象之美。许译《静夜思》当然也有不足,如果把标题译成"homesick in a tranquil night"或许更好。

刘军平将标题译成"Homesick at a Still Night",非常准确地把握了原文思乡的本意。译文用词简单易懂,但稍显直白,总的来看,读者对标题的心理反应大致与原文相同。在正文的翻译中,刘军平的译文完全颠覆了其他译者对该诗的翻译。首先,他把"床"理解为"栏杆",因此将之译成"balustrade",整句的意象成了一轮明月悬于井栏之上,看来刘先生对"床"一词的第二种解读比较认可。接着,刘译把月光想象成地面上的霜,多了幻想,少了怀疑。刘军平与弗莱彻所译一样,把"望"翻译成"gaze",即"凝视",句尾没有突出动词,仅用从句来表达思念,翻译的意境似乎成了李白在凝视了月亮很久之后才低头思故乡的,这样就不分轻重主次了,也没有突出思乡的主旨,结果是同样歪曲了原意。

朱光潜说:"诗是具有音律的纯文学。"可见音律美也应是诗歌之美中不可或缺的部分。中英两种语言在语音和语调上有着本质的区别,汉语是声调语言,而英语则是重音化语言,这一区别导致英译汉语古诗很难保持原诗的音韵效果。然而许渊冲先生提出:"如果三者(音形义)不可得兼,那么首先可以不要求音似,也可以不要求形似,但是无论如何都要尽可能传达原文的意美和音美。"由此可见,在诗歌英译中音美仅次于意美,形最末。虽然在英语中无法找到与汉语诗歌一一对应的音律规则,但可以利用英语的语言规则再现原诗的音美。译者可以发挥英语语言的优势,尽力从韵律和节奏上再现汉语原诗的音韵效果。就韵律而言,一、二、四句末分别为光、霜、乡,统一押后鼻音 ang 韵,原诗尾韵即 aaba 模式。弗莱彻的译本中采用了"bright"和"might","eyes"和"memories"分别押腹韵,其韵律格式为 aabb,比较接近于原诗的音韵之美。另外弗莱彻还充分发挥英语的优势,通过"before"和"bright","frost"和"fallen"的头韵方式来体现译文的音美。许渊冲先生的译文把原诗 aaba 的押韵模式转换成了"light"和"bright","aground"和"drowned"的 abab 的押韵模式,该译文用娴熟的翻译技巧保持了原诗的韵脚,"light"和"bright","aground"和"crowned"押全韵(perfect rhyme),其英译的韵律与原诗趋近,体现了原文的音韵美感。

【唐诗经典篇章英译鉴赏之四】

将进酒[①]

李 白

君不见[②]黄河之水天上来[③],奔流到海不复回。
君不见高堂[④]明镜悲白发,朝如青丝[⑤]暮成雪。
人生得意[⑥]须尽欢,莫使金樽[⑦]空对月。
天生我材必有用,千金散尽还复来。
烹羊宰牛且为乐,会须[⑧]一饮三百杯。
岑夫子,丹丘生[⑨],将进酒,杯莫停[⑩]。
与君[⑪]歌一曲,请君为我倾耳听[⑫]。
钟鼓[⑬]馔玉[⑭]不足贵,但愿长醉不复醒[⑮]。
古来圣贤皆寂寞,惟有饮者留其名。
陈王[⑯]昔时宴平乐[⑰],斗酒十千恣[⑱]欢谑[⑲]。
主人何为言少钱,径须[⑳]沽[㉑]取对君酌。

五花马㉒，千金裘，呼儿将出换美酒，与尔㉓同销㉔万古愁。

【注疏】

①将进酒，属乐府旧题。将(qiāng)，请。
②君不见，乐府中常用的一种夸语。
③天上来，黄河发源于青海，因那里地势极高，故有此说法。
④高堂，房屋的正室厅堂。一说指父母。
⑤青丝，喻柔软的黑发。成雪，一作"如雪"。
⑥得意，适意高兴的时候。
⑦金樽(zūn)，中国古代的盛酒器具。
⑧会须，正应当。
⑨岑夫子，岑勋。丹丘生，元丹丘。二人均为李白的好友。
⑩杯莫停，一作"君莫停"。
⑪与君，给你们，为你们。君，指岑、元二人。
⑫倾耳听，一作"侧耳听"。
⑬钟鼓，富贵人家宴会中奏乐使用的乐器。
⑭馔(zhuàn)玉，形容食物如玉一样精美。
⑮不复醒，也有版本为"不用醒"或"不愿醒"。
⑯陈王，指陈思王曹植。
⑰平乐，观名，在洛阳西门外，为汉代富豪显贵的娱乐场所。
⑱恣(zì)，纵情任意。
⑲谑(xuè)，戏。言少钱，一作"言钱少"。
⑳径须，干脆，只管。
㉑沽，古通"酤(gū)"，买或卖，此指买酒。
㉒五花马，指名贵的马。一说毛色作五花纹，一说颈上长毛修剪成五瓣。
㉓尔，你。
㉔销，同"消"。

【创作背景】

关于这首诗的写作背景，业界历来说法不一，一般认为这是李白天宝年间(742年—756年)离京后，漫游梁、宋，与友人岑勋、元丹丘相会时所作。"将进酒"，唐代之前乐府歌曲的一个题目，内容大多为咏唱饮酒放歌之事。在这首诗里，李白"借题发挥"，借酒浇愁，抒发自己的愤激情绪。这首诗非常形象地表现了李白桀骜不驯的性格：一方面对自己充满自信，孤高自傲；另一方面在政治前途出现波折后，又流露出纵情享乐之情。当然，诗中也有英雄无门、号天怆地的愤懑和抑郁。全诗气势豪迈、感情奔放、语言流畅，具有很强的艺术感染力。

【主题鉴赏】

李白咏酒的诗篇极能表现他的个性，这类诗属他在长安放还以后所作，思想内容更为深沉，艺术表现更为成熟。《将进酒》即其代表作。

《将进酒》原是汉乐府短箫铙歌的曲调，题目意绎即"劝酒歌"，故古词有"将进酒，乘大白"云。作者这首"填之以申己意"（萧士赟《分类补注李太白诗》）的名篇，约作于天宝十一载(752年)，他当时与友人岑勋在嵩山另一好友元丹丘的颍阳山居为客，三人尝登高饮宴。（《酬岑勋见寻就元丹丘对酒相待以诗见招》："不以千里遥，命驾来相招。中逢元丹丘，登岭宴碧霄。对酒忽思我，长啸临清飙。"）人生快事莫若置酒会友，作者又正值"抱用世之才而不遇合"之际，于是满腔不合时宜借酒兴诗情，来了一次淋漓尽致的抒发。

诗篇发端就是两组排比长句，如挟天风海雨向读者迎面扑来。"君不见黄河之水天上来，奔流到海不复回"，颍阳去黄河不远，登高纵目，故借以起兴。黄河源远流长，落差极大，如从天而降，一泻千里，东走大海。如此壮阔景象，绝对不是肉眼可以看到的，作者是想象的，"自道所得"，言语带有夸张。上句写大河之来，势不可挡；下句写大河之去，势不可回。一涨一消，形成舒卷往复的咏叹味，是短促的单句（如"黄河落天走东海"）所没有的。紧接着，"君不见高堂明镜悲白发，朝如青丝暮成雪"，恰似一波未平、一波又起。如果说前二句为空间范畴的夸张，这二句则是时间范畴的夸张。悲叹人生短促，而不直言自伤老大，却说"高堂明镜悲白发"，一种搔首顾影、徒呼奈何的情态宛如画出。李白将人生由青春至衰老的全过程说成"朝""暮"之事，把本来短暂的说得更短暂，与前两句把本来壮浪的说得更壮浪，是"反向"的夸张。于是，开篇的这组排比长句既有比意——以河水一去不返喻人生易逝，又有反衬——以黄河的伟大永恒反衬生命的渺小脆弱。这个开端可谓悲感已极，却不堕纤弱，可说是巨人式的感伤，具有惊心动魄的艺术力量，同时这也是由长句排比开篇的气势感造成的。这种开篇的手法作者常用，其他如"弃我去者，昨日之日不可留；乱我心者，今日之日多烦忧。"沈德潜说："此种格调,太白从心化出",可见其颇具创造性。此诗两作"君不见"的呼告(一般乐府诗只于篇首或篇末偶一用之),又使诗句感情色彩大大增强。诗有所谓大开大阖者,此可谓大开。

"夫天地者,万物之逆旅也;光阴者,百代之过客也"(《春夜宴从弟桃李园序》),悲感虽然不免,但悲观却非李白性分之所近。在他看来,只要"人生得意"便无所遗憾,当纵情欢乐。五、六两句便是一个逆转,由"悲"而翻作"欢""乐"。从此直到"杯莫停",诗情渐趋狂放。"人生达命岂暇愁,且饮美酒登高楼"(《梁园吟》),行乐不可无酒,这就入题。但句中未直写杯中之物,而用"金樽""对月"的形象语言出之,不特生动,更将饮酒诗意化了;未直写应该痛饮狂欢,而以"莫使""空"的双重否定句式代替直陈,语气更为强调。"人生得意须尽欢",这似乎是宣扬及时行乐的思想,然而只不过是现象而已。诗人"得意"过没有?"凤凰初下紫泥诏,谒帝称觞登御筵"(《玉壶吟》)——似乎得意过;然而那不过是一场幻影,"弹剑作歌奏苦声,曳裾王门不称情"——又似乎并没有得意,有的是失望与愤慨,但并未就此消沉。诗人于是用乐观好强的口吻肯定人生,肯定自我:"天生我材必有用",是一个令人击节赞叹的句子。"有用"而"必",非常自信,简直像是人的价值宣言,而这个人——"我"——是须大写的。于此,从貌似消极的现象中露出了深藏其内的一种怀才不遇而又渴望入世的积极的本质内容来。正是"长风破浪会有时",应为这样的未来痛饮高歌,破费又算得了什么——"千金散尽还复来!"这又是一个高度自信的惊人之句,能驱使金钱而不为金钱所使,真足令一切凡夫俗子们咋舌。诗如其人,想诗人"曩者游维扬,不逾一年,散金三十余万"(《上安州裴长史书》),是何等豪举。故此句深蕴在骨子里的豪情,绝非装腔作势者可得其万一。与此气派相当,作者描绘了一场盛筵,那绝不是"菜要一碟乎,两碟乎?酒要一壶乎,两壶乎?"而是整头整头地"烹羊宰牛",不喝上"三百杯"决不甘休。多痛快的筵宴,又是多么豪壮的诗句!至此,狂放之情趋于高潮,诗的旋律加快。诗人那眼花耳热的醉态跃然纸上,恍然使人如闻其高声劝酒:"岑夫子,丹丘生,将进酒,杯莫停!"几个短句忽然加入,使诗歌节奏富于变化,读来朗朗上口。既是生逢知己,又是酒逢对手,不但"忘形到尔汝",诗人甚而忘却是在写诗,笔下之诗似乎还原为生活,他还要"与君歌一曲,请君为我倾耳听"。以下八句就是诗中之歌了。这句想奇之又奇,纯系神来之笔。

"钟鼓馔玉"意即富贵生活(富贵人家吃饭时鸣钟列鼎,食物精美如玉),可诗人以为"不足贵",并放言"但愿长醉不复醒"。诗情至此,便分明由狂放转为愤激。这里不仅是酒后吐狂言,而且是酒后吐真言了。以"我"天生有用之才,本当位至卿相,飞黄腾达,然而"大道如青天,我独不得出"(《行路难》)。说富贵"不足贵",乃出于愤慨,以下"古来圣贤皆寂寞"二句亦属愤语。诗人曾喟叹"自言管葛竟谁许",所以说古人"寂寞",也表现出自己"寂寞",因此才愿长醉不醒了。这里,诗人已是用古人酒杯,浇自己块垒了。说到"唯有饮者留其名",便举出"陈王"曹植作代表,并化用其《名都篇》"归来宴平乐,美酒斗十千"之句。古来酒徒历历,而偏举"陈王",这与李白一向自命不凡的性格分不开,他心目中树为榜样的是谢安之类的高级人物,而这类人物中,"陈王"与酒联系较多。这样写便有气派,与前文极度自信的口吻一贯。再者,"陈王"曹植于丕、睿两朝备受猜忌,有志难展,亦激起诗人的同情。一提"古来圣贤",二提"陈王"曹植,满纸不平之气。此诗开始似只涉人生感慨,而不染政治色彩,其实全篇饱含一种深广的忧愤和对自我的信念。诗情所以悲而不伤,悲而能壮,即根源于此。

诗人刚露一点深衷,又回到说酒了,而且看起来酒兴更高。是以诗情再入狂放,而且愈来愈狂。"主人何为言少钱",既照应"千金散尽"句,又故作跌宕,引出最后一番豪言壮语:即便千金散尽,也当不惜将出名贵宝物——"五花马"(毛色作五花纹的良马)、"千金裘"来换取美酒,图个一醉方休。这结尾之妙,不仅在于"呼儿""与尔",口气甚大,而且具有一种作者一时可能觉察不到的将宾作主的任诞情态。须知诗人不过是被友招饮的客人,此刻他却高踞一席,颐指气使,提议典裘当马,几令人不知谁是"主人",浪漫色彩极浓。快人快语,非不拘形迹的豪迈知交断不能出此。诗情至此,狂放至极,令人嗟叹咏歌,直欲"手之舞之,足之蹈之"。情犹未已,诗已告终,突然又迸出一句"与尔同销万古愁",与开篇之"悲"关合,而"万古愁"的含义更其深沉。这"白云从空,随风变灭"的结尾,显见诗人奔涌跌宕的感情激流。通观全篇,真是大起大落,非如椽巨笔不办。

《将进酒》篇幅不算长,却五音繁会,气象不凡。它笔酣墨饱,情极悲愤而作狂放,语极豪纵而又沉着。诗篇具有震动古今的气势与力量,这诚然与夸张手法不无关系,比如诗中屡用巨额数目字("千金""三百杯""斗酒十千""千金裘""万古愁"等)表现豪迈诗情,同时,又不给人空洞浮夸感,其根源就在于它那充实深厚的内在感情,那潜在酒话底下如波涛汹涌的郁怒情绪。此外,全篇大起大落,诗情忽翕忽张,由悲转乐,转狂放,转愤激,再转狂放,最后结穴于"万古愁",回应篇首,如大河奔流,有气势,亦有曲折,纵横捭阖,力能扛鼎。其歌中有歌的包孕式结构,有鬼斧神工、"绝去笔墨畦径"之妙,既非镂刻能学,又非率尔可到。全诗通篇以七言为主,而以三、五、十言句"破"之,极参差错综之致;诗句以散行为主,又以短小的对仗语点染(如"岑夫子,丹丘生"和"五花马,千金裘"),节奏疾徐尽变,奔放而不流易。《唐诗别裁》谓"读李诗者于雄快之中,得其深远宕逸之神,才是谪仙人面目",此篇足以当之。

【英译版本】

译文 1　宇文所安

Look There!

The waters of the Yellow River,

coming down from Heaven,

rush in their flow to the sea,

never turn back again.

Look there!

Bright in the mirrors of mighty halls

a grieving for white hair,

this morning blue-black strands of silk,

now turned to snow with evening.

For satisfaction in this life

taste pleasure to the limit,

And never let a goblet of gold

face the bright moon empty.

Heaven bred in me talents,

and they must be put to use.

I toss away a thousand in gold,

it comes right back to me.

So boil a sheep,

butcher an ox,

make merry for a while,

And when you sit yourself to drink, always

down three hundred cups
Hey, Master Ts'en,
Ho, Tan-ch'iu,
Bring in the wine!
Keep the cups coming!
And I, I'll sing you a song,
You bend me your ears and listen —
The bells and the drums, the tastiest morsels,
it's not these that I love —
All I want is to stay dead drunk
and never sober up.
The sages and worthies of ancient days
now lie silent forever,
And only the greatest drinkers
have a fame that lingers on !
Once long ago
the prince of Ch'en
held a party at P'ing-Io Lodge.
A gallon of wine cost ten thousand cash,
all the joy and laughter they pleased.
So you, my host,
How can you tell me you're short on cash?
Go right out!
Buy us some wine!
And I'll do the pouring for you!
Then take my dappled horse,
Take my furs worth a fortune,
Just call the boy to get them,
and trade them for lovely wine,
And here together we'll melt the sorrows
of all eternity!

译文 2 曾培慈(南纬 28°)

Do You Not See

The waters of the Yellow River come pouring from the sky,
Rushing towards the sea and never coming back?
Do you not see
Our elders' grievance over grey hair when they a mirror look into,
That was once ebony, now white as snow in their twilight years?
We should fully enjoy ourselves when we feel pleased,
Let not golden chalice mirror the moon without spirit.
There has to be a way and a purpose for my being,
The riches I've spent would one day be reacquired.
Butcher and cook lamb and beef for a happy feast,
Whenever there is an opportunity, have three hundred sips of liquor at least.
Master Cen, Danqiu, my friend,
Please drink up, let not your chalice lay neglected.
Let me sing you a song,
Please lend a ear and listen as I sing:
Grand banquets with an orchestra are not as precious as they seem,
How I wish for intoxication and how I wish out of which I never wake.
Throughout time sages and men of virtue have only the company of solitude,
Only those who drink leave behind a reputation next to their name.
Duke Chen of Wei gave a banquet at the Temple of Joy and Peace,
Providing pecks of wine at ten thousand pence each for all to indulge freely.
Being a host why would I excuse myself claiming lack of means?
I'd readily buy however much required to drink to our hearts' content.
A steed with vivid shades of hair, a fur coat worthy of a thousand gold pieces,
In exchange for more great wine I'll have my son pawn these,
To share with you in smoothing away our millennia of sorrow, gloom and grief.

译文 3　朱曼华

Urge to Drink

Don't you see the Yellow River flying from the heavenly sky?
Never going back until rushing currently fast to seaside.
Don't you see my hair gray in my chamber hall's mirror inside?
It was one night before my hair had turned white.
Alas, be pleased to enjoy yourself in time in life,
Cheer to the moon, and fill in your cup of wine.
I was born genius, surely to be employed with luck,
Much gold cash run out, more money would be back.
Cooking a whole body of sheep was just for fun,
It might be necessary to drink 300-cup of wine,
Toast to Dan Qiu, toast to Scholar Cen,
Urge them to drink series of cups in a line.
I would like to sing a song together with you,
Please listen to me carefully for my own show.
It's not valued for bells, drums and jewelry,
But long sleep after drink is full of much joy.
All the ancient scholarly elites were lonely,
Only tipplers' fame will ever last eternally.
Once Cao Zhi gave a banquet in Pingle Temple,
Luxuriously he ordered precious wine on the table.
Unnecessary for the host to worry in shortage of money,
It is necessary for me to drink to you directly and freely,
My flowery-dappled horse or priceless fur robe with jewelry,
Could be changed for good wine, help me order, my boy,
I'll release all of my eternal sorrows with you anyway.

译文 4 赵彦春

Drink Wine

Don't you espy

The Yellow River surge down from the sky;

Up to the sea it does tumble and flow.

Don't you espy

To my white hair in the mirror I sigh,

That at dawn is black and at dusk turns snow.

Do enjoy life while in prime you run high;

Not to the moon just your empty cup ply.

So born by heaven we must be of use;

Spend all the money and more will come up.

Cook lamb, kill cattle just for joy profuse;

Do gulp down three hundred fills from your cup.

Cen, my teacher,

Dan Qiu, friend mine,

Don't put down cups,

Do drink the wine.

I'll sing you a song of cheer,

Please listen, prick up your ear.

Bells, drums and dainties are precious no more;

Drink ourselves drunk, ne'er sober, lying down.

Obscure are the sages and saints of yore,

Only drinkers can enjoy high renown.

At olden times Prince Chen held a great feast;

He drank barrels and barrels with no stall.

How can a host claim to have money least?

I shall buy more and drink up to you all.

Dapple equines,

Gold fur that shines.
Call our son to pawn them, buy wine, buy more,
With you I will drink off our age-long sore.

译文 5　曾冲明

Do you not see the waters of the Yellow River
Come from the sky and flow to the sea forever?
Do you not see people at mirror in the high Hall,
Bewailing his black hair to change snow-white?
Drink your fill as you like in the highest delight,
Never leave the wine-cup empty in moonlight.
Heaven has made us talents not at all in vain.
A thousand gold coins spent will return again.
Kill a cow, cook a sheep for us to be merry,
Drink three hundred cups of wine to be happy!
Dear teacher and dear friend, cheer up!
Cheer up, do not put down your cup!
I will sing you a song, listen!
Listen to me carefully, please!
Music, dishes and treasure are all nothing to me!
Let me be forever drunk and never come to reason!
Forgotten are all sober sages,
Only some drinkers are famous.
Prince Chen paid ten thousand coins for a cask of wine,
His banquet in the Palace was for laughs and joys.
Why do my hosts say that my money is gone?
My boy, go and buy more, please.
For my good horse and my expensive furs,
We'll drink to drive away all of our woes.

译文 6　许渊冲

Invitation to Wine

Do you not see the Yellow River come from the sky,
Rushing into the sea and ne'er come back?
Do you not see the mirrors bright in chambers high
Grieve o'er your snow-white hair though once it was silk-black?
When hopes are won,
Oh! Drink your fill in high delight,
And never leave your wine-cup empty in moonlight.
Heaven has made us talents, we're not made in vain.
A thousand gold coins spent, more will turn up again.
Kill a cow, cook a sheep and let us merry be,
And drink three hundred cupfuls of wine in high glee.
Dear friends of mine,
Cheer up, cheer up!
I invite you to wine.
Do not put down your cup!
I will sing you a song, please hear,
O, hear! Lend me a willing ear!
What difference will rare and costly dishes make?
I only want to get drunk and never to wake.
How many great men were forgotten through the ages?
But real drinkers are more famous than sober sages.
The Prince of Poets feast'd in his palace at will,
Drank wine at ten thousand a cask and laughed his fill.
A host should not complain of money he is short,
To drink with you I will sell things of any sort.
My fur coat worth a thousand coins of gold
And my flower-drappled horse may be sold
To buy good wine that we may drown the woes age-old.

【汉诗训诂与译文鉴赏】

"风格"是作者在实践中逐渐形成的创作个性和艺术表现形式,能够反映作者的创作思想和理念。刘勰把风格分成八类:典雅、远奥、精约、显附、繁缛、壮丽、新奇、轻靡(《文心雕龙·体性》);李峤将风格分为十体:形似、质气、情理、直置、雕藻、影带、宛转、飞动、情切、精华(《评诗格》);王昌龄将风格分为五趣向:高格、古雅、闲逸、幽深、神仙(《诗格》);皎然将风格分为十九类,即高、逸、贞、忠、节、志、气、情、思、德、诚、闲、达、悲、怨、意、力、静、远(《诗式》);司空图将风格分为二十四种,即雄浑、冲淡、纤秾、沉着、高古、典雅、洗练、劲健、绮丽、自然、含蓄、豪放、精神、缜密、疏野、清奇、委曲、实境、悲慨、形容、超诣、超逸、旷达、流动(《诗品》);严羽将风格分为九品:高、古、深、远、长、雄浑、飘逸、悲壮、凄婉(《沧浪诗话》);清代桐城派主帅姚鼐将风格分成两大类:阳刚与阴柔(《惜抱轩文集》);王国维以境界论词,将风格分为壮美与优美(《人间词话》)。

唐代美学之林中有两株参天大树,风格论是其一。"炼字不如炼句,炼句不如炼意,炼意不如炼格"(《诗人玉屑》),更可见风格在诗歌中的重要性。唐诗风格各异,风格是其不可或缺的组成部分,从"初唐之始"到"盛唐之盛",再到"晚唐之变",诗人用不同风格的诗作谐写出唐诗的风格变迁史。上官仪之婉媚,王勃之雄丽,陈子昂之古风,李翰林之豪放飘逸,杜工部之沉郁顿挫,孟襄阳之清雅,王摩诘之质朴空灵,元、白之轻俗,储光羲之真率,高适、岑参之悲壮,张九龄之清澹,韦苏州之雅,刘禹锡之超然,韩愈之僻涩,李贺之诡谲冷艳,李商隐之瑰丽,孟郊、贾岛之寒瘦,杜牧之豪纵,温飞卿之绮靡,寒山之俚俗,众多诗人风格之显著,非行家亦可辨识。难怪谢榛说:"熟读初唐、盛唐诸家所作,有雄浑如大海奔涛、秀拔如孤峰峭壁、壮丽如层楼叠阁、古雅如瑶瑟朱弦、老健如朔漠横雕、清逸如九皋鸣鹤、明净如乱山积雪、高远如长空片云、芳润如露蕙春兰、奇绝如鲸波蜃气,此见诸家所养之不同也。"(《四溟词话》)

我们读诗时,会发现有的诗一气贯注,如大浪淘沙,滚滚东流,不可逆转。如李白的《蜀道难》,从"噫!吁嚱,危乎高哉!"到最后一句"侧身西望长咨嗟!"中间以重复咏叹"蜀道之难,难于上青天"相推宕,遂波澜起伏,层层转接,一浪高过一浪,几令人喘不过气来。李白的诗即是以极富个性化的磅礴气势和雄浑大气作为其风格代表。

在风格美方面,李白的飘逸、豪迈,谈吐天然,可谓举世无匹。风格美是人格美的反映，故李白的这一长处是无法模仿、无法企及的。李白之诗直抒胸臆者多，乐则大笑，悲则大号，狂则歌舞，变幻纵横，浩浩然，荡荡然，飘飘然，茫茫然，极易使读者手之舞之、足之蹈之，娱乐性极强。后人常以"飘逸"盖棺，颇切太白诗关节紧要处。一个"飘"字状其身态，一个"逸"字，描其心态，确是的论。

由于篇幅有限，这里着重以许渊冲的译文为代表来简要探讨一下李白的这首名作。标题"将"（qiāng）为"请"之意。"将进酒"就是请喝酒之意。作者借由劝酒抒发内心苦闷。西方没有劝酒的习俗，英语中的 cheers 主要用于祝酒，二者意义并不完全对等。许版采用直译的方法将之译为"Invitation to Wine"来传达中国文化中特有的劝酒之风，意合，形似，气质风格均与原诗比较相符。

诗篇开头以两个排比长句起势，黄河那滚滚之势恰合诗人追求自由、追求理想的豪放之气。许版保留意象，通过动词"come"搭配而出的两个词组"come from"和"(ne'er) come back"，以对仗的词形结构将滚滚而去的黄河水形象地表达出来。第二句中"高堂明镜悲白发"，用拟人修辞使读者产生情感共鸣，并用"一朝一暮"短暂时间跨度夸张地描写由"青丝"变"白发"的短促人生，使读者共生出对匆匆流逝的时光的惋惜和惆怅。许版出于对形美及音美的双重考虑，将其浅化为"once"，并通过"snow-white hair（白发）"和"silk-black（青丝）"名词加形容词构成的形容词组来突出这种对仗关系，在对照之中补偿了夸张手法所带来的意境，"snow""silk"，具象化用词形象逼真，入"目"三分，一下子将读者与诗人之间的距离拉近，极为有效地强化了人生匆促、悲时悯己的共情效果（empathy effect）。

【人生得意须尽欢，莫使金樽空对月。】首先，许版把"得意"理解成"称心如意"，而非"感到非常满意"，并将其"深化"为"when hopes are won"，这种形象化的译法便于读者理解其内在含义。另外，"金樽"是古代盛酒器，有的既可盛酒，又可温酒，多用铜制，故称为"金樽"，但语义并不在"金"上。为了避免文化差异对诗意的破坏，许先生将之浅化译为"wine-cup"，特意去掉"金"意，显然比第一、二版本中的"a goblet of gold"和"golden chalice"更为简洁明了。接着，又用"莫""空"等化译为"never""empty"，双重否定之中强调劝酒之意，月色与金樽、美酒相映成趣，意境之美、饮酒之乐也开始体现，情感也开始由悲（grieve）转为欢（high delight）。

【天生我才必有用，千金散尽还复来。】此句中，"必"和"还"充分表现了诗人的自信。许版中运用双重否定"not...in vain"，以及比较级"more"将此种自信之情表现得淋漓尽致。原诗中，"千金"和"三百杯"都是夸张辞格，许版保留了第一个,将"千金"等译为"a thousand gold coins",把 cup(杯)"深化"为cupfuls(满杯)来衬托诗人的冲天豪气。此时原诗也进入小高潮,即由欢进入乐,许版则用"merry"和"glee"再现了这种情感演变。

紧接着,诗人一边向朋友岑勋和元丹丘劝酒,一边以歌抒发愤懑。为了减少读者在此处所产生的文化隔阂,许版将岑勋和元丹丘译为"dear friends of mine"。在"请君为我倾耳听"一句译文中,许运用移就辞格在"ear"前加了"willing"一词,深化译法生动凸显主观感情的能动作用,不仅增强诗句的感染力,也使得读者将注意力立刻转移到下面的"歌辞"之上。

"钟鼓馔玉"指富贵人家宴饮时演奏的音乐和精美珍贵的食品,是中国语言文化中所特有的文化负载词。许版特意弱化其文化内涵,意译为"rare and costly dishes",还是可以传达出"钟鼓馔玉"所喻之意,从而使译入语读者更容易理解和接受原诗,不至于拘泥于原诗原字而令读者困惑不解,同时又满足了诗句音美的需要。

【古来圣贤皆寂寞】许译为"How many great men were forgotten through the ages?",这种转译法使诗的含蓄之美尽得显现,又令人叹息。下一句的"陈王"和"平乐宫"可能会给读者造成一定的文化理解障碍,许分别译为"the prince of Poets"和"Palace",词虽简而意可会。同时,为了凸显宴饮中的豪情,"feast'd ... at will"和"cask"的使用,展现了"斗酒十千",使用"laughed one's fill"与前文"feast'd ... at will"相互呼应,音韵谐美,充分表现出酒兴意浓与情感渐进巅峰的推进语势,既与前文呼应,又使译文意境得到升华。

【与尔同销万古愁】许版采取同前面"千金、三百杯、十千"相同的方法,虚译为"age-old",使读者在含蓄之中体味怀才不遇之悲,难耐寂寞之愁的经历是贯穿人类历史始终的,是"万古",甚至"千万古"的。这番悲与愁等诸多滋味在饮酒豪情之中融为人生佳酿,正是译者对整体意境的深入理解与把握和对细微之处的关照与斟酌,使原诗的意境与气魄很好地被表现出来。

【本章小结】

本章简介了唐诗英译300年的发展历程及为此作出杰出贡献的译者,并通过具体实例分析鉴赏唐诗英译的不同版本,探讨文化同质和诗的可译性,直译与意译,格律体和自由体,视象美及视同杂糅视象,意境美、朦胧美、音律美,以及诗的气质风格和气势等汉诗英译方面的问题。由于笔者水平有限,只能做理论与实践

第五章 唐诗英译鉴赏与评析(上阕)

分析结合的初步浅显尝试,在分析鉴赏译作过程中,自觉受益匪浅,同时也感到诗词翻译者的困难艰辛,鉴赏和评析者的左右为难。

约翰·德纳姆爵士(Sir John Denham)在所译维吉尔《伊利亚特》序言中说:"诗的灵魂如此精微,把它从一种语言倾倒入另一种语言,它就会蒸发",而译者们却在努力尝试捕捉"正在蒸发着的诗的灵魂",令吾辈后学者无比动容!

第六章

唐诗英译鉴赏与评析（下阕）

【晚唐诗经典篇章英译鉴赏之一】

雁门太守行①

黑云压城城欲摧②，甲光向日金鳞开③。
角声满天秋色里④，塞上燕脂凝夜紫⑤。
半卷红旗临易水⑥，霜重鼓寒声不起⑦。
报君黄金台上意⑧，提携玉龙为君死⑨。

【注疏】

①雁门太守行，古乐府曲调名。雁门，郡名，古雁门郡大约在今山西省西北部的代县。"天下九塞，雁门为首"，雁门关是长城的重要关隘，也是唐王朝与北方突厥部族的边境地带。

②黑云，厚重的乌云，此处指战争的尘烟滚滚，弥漫在城边天际。摧，毁坏。这句形容兵临城下的紧张气氛和危急形势。

③甲光，在太阳照射下的铠甲闪闪发光。金鳞，名词作状语，意思是像金色的鱼鳞一样。

④角，古代军旅中使用的号角，多用兽角制成，故称为"角"。

⑤燕脂，即胭脂，此处指塞上泥土的颜色如同胭脂色。崔豹《古今注》云："秦筑长城，土色皆紫。汉塞亦然，故称紫塞。"另一理解是"燕脂""夜紫"都是指战场的血迹。此句的意思是夜色中塞上泥土如同胭脂凝成，在暮色中浓艳得近似紫色。

⑥临,逼近,抵达。易水,河流名,大清河上源支流,源出今河北省易县境内。易水离塞上尚远,此处借荆轲刺秦的故事表示悲壮之意。战国时期燕太子丹送荆轲刺秦于易水作别,高渐离击筑,荆轲合乐高歌:"风萧萧兮易水寒,壮士一去兮不复还!"易水从而名扬天下。

⑦鼓寒,寒冷的天气使得战鼓声沉闷不响。声不起,鼓声低沉,不响亮。

⑧黄金台,也称作招贤台、金台、燕台。故址在今河北省易县东南,相传是战国燕昭王所筑,置千金于台上,以招徕人才。

⑨玉龙,一种珍贵的宝剑,这里代指剑。

【白话释义】

敌兵滚滚而来,扬起的尘烟弥漫在城头天际,似乎要摧毁整座城墙,

我军严阵以待,将士的铠甲在阳光的照射下像金鱼的鱼鳞一样闪闪发光。

在萧索的秋天里,战场上的号角声响彻天空,

塞上的泥土被血浸染,如同胭脂一般,在暮色中凝成暗紫色。

冷风翻卷着红旗,援军已抵达易河,

夜间天寒霜冻,战鼓声低哑沉闷。

为了报答国君的提携和赏赐,

将士们手握宝剑,誓死奋战。

【创作背景】

李贺,字长吉。关于他的这首《雁门太守行》的写作背景,有两种说法。

一种说法认为该诗是战争实录。姚文燮注《昌谷集》有云:"元和九年(814年)冬,振武军乱,诏以张煦为节度使,将下州兵两千镇讨之。振武即雁门郡,贺当拟此以送之,言宜兼程而进,故诗皆言师旅晓征也。"中国古代散文学会常务理事朱世英则从有关《雁门太守行》这首诗的一些传说和材料记载推测,认为此诗可能是写朝廷与藩镇之间的战争。李贺生活在"安史之乱"之后的中晚唐时期,藩镇蜂起,战乱不断。李贺所在时期曾发生的重大战争有:元和四年(809年),王承宗的叛军攻打易州和定州,爱国将领李光颜曾率兵驰救;元和九年(814年),李光颜身先士卒,冲击吴元济叛军的包围,杀得敌人人仰马翻,狼狈逃窜。

另一种说法认为李贺的《雁门太守行》只是沿用乐府旧题,而非实写雁门之事。据张固《幽闲鼓吹》载:唐宪宗元和二年(公元807年),李贺携带诗卷拜谒时

任国子监博士的文坛巨公韩愈,此诗便放在卷首,韩愈看后,颇为欣赏,此后对李贺多方举荐,并为其做《讳辩》。

我们更倾向于第一种说法,即该诗属于战争实录。原因有三:首先,该诗明显是一首叙事诗,有地点、人物和事件,有写实的特点。诗中的地名"易水""塞上",不但有据可考,且历来注家的观点基本一致:易水是指今河北省易县境内的河流,"塞上"则是指距离该河流最近,也是从易水能够望及的位于易县以西、涞源以东的王安镇、插箭岭一带的长城。二是依据汉乐府"缘事而发"的特点,李贺采用古题应该也是因袭其缘由。且郭茂倩《乐府诗集》中所收李贺的四十四题、五十六首乐府诗,都是题文相合的。由此可知,《雁门太守行》也并非信口胡诌。三是从诗人李贺所生活的年代,即唐朝的军事活动情况判断,诗中所反映的战争,大概就是唐元和四年唐宪宗讨伐叛藩的战役。

【主题鉴赏】

鉴赏之一:边塞战争诗

雁门关属长城关隘,位于今山西省忻州市代县以北约20公里处,其地势险峻,又处于游牧民族和农耕民族的相交地带,故为历史上的兵家必争之地。所谓"感于哀乐,缘事而发",苦寒而多征战的军旅生活催生了《雁门太守行》这一乐府歌行体。郭茂倩在《乐府诗集》中根据《古今乐录》所说的《雁门太守行》,将其题解为"《雁门太守行》歌古《洛阳令》一篇",就是歌颂当时洛阳令王涣的事迹。同时郭氏在辞末注明为"晋乐所奏",可知《雁门太守行》是在古辞《洛阳令》的基础上增加了曲调。梁简文帝萧纲也作有两首《雁门太守行》,属于边塞组诗,描写苦寒的戍军生活和边塞之战。对梁简文帝的《雁门太守行》,郭茂倩认为:"按古歌词,历述涣本末,与传合。而曰《雁门太守行》,所未详也。"依据吴兢《乐府古题要解》,该篇古辞小题《洛阳令》当属王涣本传,大题《雁门太守行》则是后人依据梁简文帝之词追加题名而成。总之,《雁门太守行》这一乐府曲调因其旋律、节奏、题材、内容的感染力而颇有影响,广为流传。此后无论实写战争郅郡、虚写雁门太守,抑或是对战争的质疑、对将士报国热情的歌颂等,都归并于此大题之下。

王琦在《李长吉歌诗汇解》同题下言:"梁简文帝所作,始言边城征战之思。长吉所拟,盖祖其意。"可见,以乐府旧题《雁门太守行》创作边塞诗自萧纲始,诗人李长吉则仿效其意,运用乐府古题《雁门太守行》,创作了这首边塞战争诗。

第六章　唐诗英译鉴赏与评析(下阕)

鉴赏之二:"危城守将说"与"歌颂攻城唐军说"

关于这首《雁门太守行》所要表达的具体的主题思想,历来注家众说纷纭。目前最流行的观点是"歌颂危城守将说"。如由北京大学编注出版的北京大学中文系教材《中国历代文学作品选》(上册)中,对于《雁门太守行》一诗的注释为:"这首诗描写在一座将被攻破的边城中所展开的激战和守将誓死报君的精神,表达了爱国主义感情。"林庚、冯沅君主编的《中国历代诗歌选》对《雁门太守行》一诗的注释为:"本诗写危城守将誓死报国的决心。"与这种"危城守将"观点相对的是"歌颂攻城唐军"之说。河南人民出版社编注的《李贺诗选读》一书中,对《雁门太守行》一诗的注释为:"李贺这首诗则是写平灭叛藩的战争。"上海古籍出版社出版的《李贺诗歌集注》中说:"《雁门太守行》《上之回》则歌颂了统一战争的胜利。"

"攻城说"更可信,原因有四。

一是"攻""守"两种观点的差异,主要在于对该诗第一句中"黑云"二字褒贬之意的理解上。持"危城守将说"的学者认为"黑云"是贬义词,描写了敌军来势汹汹之态;且"黑云"和"金鳞"应该属于两个场景,断不会有黑云压顶之时"金鳞开"的景象。因此,"黑云"描写敌军的攻势,"金鳞开"描写我军的阵势。但是,根据古书记载,"黑云"二字并非历属贬义。《晋书》有云:"凡坚城之上,有黑云如屋,名曰军精。"《军书》则记载:"攻城必观城气,若有黑云气,城必破。"因此,"黑云"二字并非绝对的贬义,亦不可就此断定是对敌军的描写。

二是从诗歌的整体性来看,该诗除了首句,其余七句明显都是描述"我军"的气势和悲壮场面。基于整体性的原则判断,首句应该也是描述"我军"的。

三是关于"黑云"压顶而"金鳞开"的疑惑。王安石曾有质疑,认为这两种情景同时出现不合常理,杨慎则在《升庵诗话》中嘲讽"宋老头巾不知诗",并声称自己见过类似景象。无论如何,既如诗中所述,黑云之下,仍有甲光向日,如何能轻易界定黑云与甲光分属城内城外两地?且城内之地较为狭小,"列阵以待"的阵仗更适合在平坦宽阔的城外。

四是从诗人李贺的基本思想来推断,作为传统的儒家士子,诗人报效朝廷、统一天下的思想根深蒂固。诗人曾在《南园》《上之回》两诗中都表达出对平灭叛藩胜利的喜悦和歌颂,将叛藩比做黄帝时期的蚩尤,对皇帝平灭叛藩的胜利大加颂扬。《上之回》一诗中,诗人极力描写平叛归来后的场面:"上之回,大旗喜。悬红云,挞凤尾。剑匣破,舞蛟龙。蚩尤死,鼓逢逢。天高庆雷齐坠地。地无惊烟海千里。"以表达自己喜不自胜的感情,而对讨伐藩王失败的统帅则曾作《吕将军歌》大加讥讽。以李贺的思想来看,《雁门太守行》应当也是诗人对将士"拼死攻城而夺取胜利"的讴歌,而非"困守危城、城破后以死报君"的将士形象。结合上文所述,该诗描写的应是唐宪宗元和四年(809年)秋末冬初朝廷讨伐河北成德叛藩王承宗的战斗场面。

从诗歌本身来看,该诗八句,描写了三个时段的战争场景:一个是白天,两军对垒;其次黄昏,两军交战;最后中夜,我军夜袭。首联采用对比手法,第一句"黑云压城城欲摧"比喻敌军众多,来势凶猛,"压""摧"二字极言敌我双方的力量悬殊,突出守城将士的艰难处境。第二句"甲光向日金鳞开"则说明守军披坚执锐、临危不惧的阵营和气势。颔联一动一静,相互映衬。第三句采用白描手法,突出静中之动。在万木摇落的深秋,暮色苍茫,一片沉寂,角声陡起,响彻满天。第四句则归于平静,诗人用"燕脂""夜紫"这种浓艳的色彩和"凝"字暗示战争的惨烈以及厮杀后暂时平静下的凝重气氛。颈联"易水"语用双关,既表明交战地点,又暗示将士们英勇赴死的悲壮豪情,"声不起"暗示夜袭的艰辛困苦。尾联化用战国燕昭王高筑黄金台招贤纳士的故事,表达了将士们报效朝廷的坚定决心。本诗贯彻了李贺一贯奇诡的构思和独特的意象。一般来讲,悲壮惨烈的战场不宜使用浓墨重彩的词汇,但是该诗却一反常道,浓艳斑驳的色彩几乎充斥于每行诗句。瑰丽的"金色""胭脂""夜紫""红""黄金"等颜色与厚重的"黑"、萧飒的"秋色"、清冷的"玉"色交织在一起,构成了一幅幅惊心动魄的战斗画面。整首诗意境苍凉,格调悲壮,奇异的画面准确地表现了特定时间、特定地点的边塞风光和瞬息万变的战争风云,歌颂了边关战士的英雄气概,抒发了诗人杀敌报国建功立业的抱负和志向。

【英译版本】

译文1 任治稷、余正

Yan Men Governor[1], a Lay

Black clouds loom heavy over the city,
And the city on the verge of caving in,

Armors gleam golden with open scales in the sun.

Battle horns fill the sky of an autumnal hue,

Frontier rouge[2] freezes into a nocturnal purple.

Battle banners half-furled over the Yishui River,

Drums go mute from heavy frost and cold.

To return the favor on the Golden Stage,

I tote my Yulong[3] sword to die for him.

1. In the mid-late reign of the Tang Dynasty, the governors of some northern prefectures had become fractionalized and intractable, seriously threatening the unity and stability of the nation. The poem depicts the wars waged in the north to suppress the disturbances. Lay is the name of an ancient tune taken from the collection of songs by the Musical Bureau.

2. Rouge here signifies blood.

3. Yulong, literally the "Jade Dragon", is the name of a famous sword.

译文 2　宇文所安

Song for the Governor of Wild Goose Barrier

Black clouds weigh down on the walls,

the walls seem about to collapse;

Light glinting from armor faces the sun,

golden scales appear.

Trumpet sounds fill the heaven,

within the colors of fall,

Borderland soil is tinted rouge,

that hardens to night's purple.

Our crimson banners stand half-furled

beside the river Yi;

The frost is heavy, drums are cold,

their sounds do not rally.

We will pay back the honor shown by our lord

upon the Terrace of Gold

And we take in hand the jade dragon-swords

and die now for our lord.

译文 3　罗伯特·爱诺

Song of the Warden of Goose Gate

Black clouds press on the city walls

till the walls are ready to fall.

In the light of the moon the chain mail gleams,

metal scales agape.

The call of the horns starts to fill the sky,

all amidst the colors of fall.

Like rouge painted skin, up over the pass,

the purpled night congeals.

Our banner withdraws towards the River Yi,

its crimson folds half furled.

In the thick frost of dawn, the drums grown cold,

their roll does not rise in the air.

We repay now the gold that you hung from the tower

to bring us to serve you, our lord —

Dragon swords clutched in our hands raised high,

now for our lord we shall die.

译文 4　傅乐山

Ballad of the Grand Warden of Goose Gate

Black clouds whelm on the city,

Till it seems the city must yield.

第六章　唐诗英译鉴赏与评析(下阕)

    Our chain-mail glitters under the moon,
      Metal scales agape.

    Clangour of horns fills the sky
      With colours of fall.
    Beyond the frontiers, like rouge from Yan
      Night's purple congeals.

    Our scarlet banners, half unfurled,
      Withdraw to the river Yi,
    So cold the drums, in the heavy frost,
      Their sound is dulled.

    We requite the king for his favours to us
      At Yellow Gold Tower,
    Clutching our Dragons of Jade
      We die for our lord.

译文 5　傅乐山

Ballad of the Grand Warden of Goose Gate

    Black clouds float over the city till morn,
      Unwilling the city yields.
     Our homes shine in the sun,
    And metal roofs shield under autumn trees
      Full with the colors of fall
      Faces beyond city walls—
    Look like a rare rouge as red congeals
      Over flags, forever true—
      Overly worn, overly used

注：最后一首英译，严格来讲是英诗创作；是外国学者受到《雁门关太守行》诗歌译文的启发而创作的同名诗歌。在此呈现给读者，以彰显诗歌无国界的艺术魅力，同时体会他者眼中中国古典诗歌的韵味。

【汉诗训诂与译文鉴赏】

唐诗是中华语言文化与诗词之大成。唐诗的篇幅一般都比较短（如绝句），每首唐诗都是由数行汉字构成的文化语篇，文学性强，文化内涵丰富。唐诗英译就是把唐诗文本中的文化韵味（诗意）传递进目标语言——英语。据前人的研究成果，唐诗翻译的核心是实现不同语域中的意境传递，而意境则是一种超越文本投射而引发的心理反应和美感体验。要实现这个目的，译者需要经历理解原诗、感受、表达和重建四个心理过程。然而，此过程不但涉及语言学、诗学和英汉文化背景，更由于翻译标准和技巧难以统一，且读者喜好各不相同，实现不同语符和语域间意境的传递可谓困难重重。

以上五篇英译，除最后一篇译文属于创作，其余四篇译文的译者都遵循了施莱尔马赫（Friedrich Schleiermacher）所说的阐释标准。即在翻译中，在译文语言切合译入语语言规范以及保留源语语言自身特征之间实现最佳平衡点。换言之，就是使得译文既能保留源语语言的风格和文化特色，又能为译入语文化的读者理解和接受。

从题目来看，"行"属于乐府歌行体，押韵宽泛，不受太多格律束缚。任治稷将"行"译为"lay"，其意指反复吟唱的叙事歌谣；傅乐山使用了"ballad"，意思是语言简单形式较长的叙事诗或抒情歌谣；宇文所安和爱诺则使用了"song"一词，指有曲调和唱词的歌曲。严格来讲，以上三个英语单词，语义上各有侧重，无法与汉语中的"行"实现完全的语义对等，但是至少说明各位译者都注意到"行"的文体特征。"雁门关"是长城关隘，历史上为兵家必争之地，任译将雁门关直接音译为"Yan Men"，傅乐山和爱诺译为"Goose Gate"，此两种翻译虽然形式对等："Yan Men"属于语音对等，"Goose Gate"则是词汇（字与字）对等，但是却没有实现译文和原文之间的意义对等，无法传递雁门关作为关隘的文化内涵。而依据功能翻译理论，意义对等应该优先于形式对等。相较而言，宇文所安所用的"Wild Goose Barrier"，则更能体现雁门关的文化内涵。至于"太守"一词的翻译，"governor"一词明显更接近"太守"之意，而"warden"更多指某个小地方的管理员，比如监狱长、护林员、看门人之类。

从文体来看,任治稷采取逐字逐行的直译,将原诗译为非韵文体;而三位外国译者则采取了同一种形式的文体。宇文所安给出的解释是:"七言诗的一个诗句经常被译成两行,并且第二行采用缩进的形式。因为七言诗始于歌曲,形式比五言诗更自由、更松泛。"任治稷的译文虽然在形式和词义上切合原诗,但是,汉语语言和英语语言在音节长短上的内在差异,势必使得逐字转化过来的译文,以译入语的审美观来看,僵化而缺乏诗性。相较而言,外国译者更关注译入语的规范性,形式更整端,也更能体现七言叙事诗的诗性美。

词汇是语言的要素,尤其表示事物的词汇,是诗歌中概念意义的构成要素。原文和译文中词汇的吻合程度,即忠实程度,决定着译文的质量。

【黑云压城城欲摧,甲光向日金鳞开】第一句诗句中,"黑云"都被译为"black clouds",差别主要在于对动词"压"和"摧"的翻译。任译将"压"译为"loom",其意是指危险以大的或者不明显的方式悄悄逼近;爱诺译为"press",指用外力按压;傅乐山译为"whelm",意思是"淹没"。虽然在深层意义上各译文都有形势危急的意思,但是与原诗句中"压"字的表层意义不符,深层意思也有偏差。宇文所安译为"weigh down",不但表层意义与"压"相符,表示"重",而且深层意义也完全吻合,表示一种强大的气势对人的心理产生的影响。同理,"摧"在原文中的意思则是"摧毁,沦陷",任将其直译为"cave in",表示屋顶或天花板坍塌,傅乐山意译"yield",表示"屈服、投降",二者都不如"collapse"或"fall"准确。

"甲光向日金鳞开"之中的"向日"二字,傅乐山和爱诺都译为"月下",即"In the light of the moon""under the moon",任、余二人和宇文所安则都译为"sun"。当然,这是因为译者所用的诗歌版本不同。王琦在《李长吉歌诗汇解》一书中,认为诗中的"向日"应为"向月",并评论"此篇盖咏中夜出兵,乘间捣敌之事",故宋朝之后出现有"甲光向月金鳞开"的版本。因此,译者或因所持版本不同,此处翻译概有差别。当然,笔者以为"向日"更为合理。众所周知,月光为银白色,而日光为金黄色,如果是"甲光向月",估计不会是"金"鳞开,而应该是"银"鳞开了。

"甲光向日金鳞开"之句,动词有二,一为"向"(朝向),二为"开"。任译中此二动词都被转化为介宾短语,另外增添了一个动词"gleam"(闪闪发光),与原诗行的句式出入较大。且"闪闪发光"是状态动词,加上两个介词短语,任译呈现的是一个静态的画面,没有传递出原诗的气势。爱诺和傅乐山采用了相同的译法,将动词"向"译为介宾短语,将动词"开"译为动作动词"agape",并增添了动词"glitter"或"gleam"(二者都表示闪闪发光),译为"月下甲光闪闪,金鳞开"。相对于任译来讲,他们的译文更具动态效果,更贴近原诗。但是"向"都被译为"在",气势上仍然略逊于原句。宇文所安的译文则将"向""开"两个动词都译为动作动词"face(朝向)""appear(出现)";句式上来讲,与原诗句的两个主谓结构完全对等,精确地传达出原句中"向日"和"金鳞开"的两个动作以及原诗句中两个动词之间的因果关系,同时凸显出了守军的阵仗和气势。此外,"金鳞开"的"开"字,虽然从表层意义来讲,应该是"张开"的意思,但是英语语域中没有这种类似的表达,译为"盔甲上的鳞片张开",会让英语读者觉得突兀且不知所云。采用归化策略,译为"appear",比译为"open"或"agape"要妥当,便于英语读者理解。

【角声满天秋色里,塞上燕脂凝夜紫】此联中的名词短语主要有"角声""秋色""燕脂"。"角"表示用兽角做成的号角。英语"horn"指"动物的角",但是没有汉语所特有的"军旅中传令"的文化内涵,所以将"角"直译为"horn"的时候,"角声"一词中的源语文化内涵就会消失殆尽,造成文化亏损,意境全失。要避免这种结果,只能选择目标语中有相同文化语义的词来翻译。因此,宇文所安译文中的"Trumpet sounds"一词更能体现文化语义上的对等。"秋色"一词没有特定的文化内涵,实现语义对等应比较易于入手。从上文的词汇对比表中可以看到,其中三位译者均将"秋色"译为"colors of fall",任译版本为"autumnal hue"。个人认为,"autumnal hue"虽然更具文学色彩,但是"hue"此处是单数,意指"色彩、色调","autumnal hue"更接近一种抽象的感觉,表示秋的色调。原诗中的"秋色"应该是强调充满各种斑驳之色、萧瑟之气的秋景,译为"colors of fall"应该更准确,更具包容性。此外,任治稷将"秋色里"的"里"译为介词"of"(秋色的天空),傅乐山译为"with"(带有秋色的天空),宇文所安译为"within"(在秋色里的天空),似乎注意到"里"的方位性,但是"within"更多是一种范围限定。相比之下,爱诺所译的"all amidst"更具诗义,尤为传神,表现出了原诗"秋色无边"的意思。"燕脂"一词则使用了暗喻的修辞手法,喻体是指燕地的胭脂,而本体却是"被血浸染的塞上泥土"。爱诺的翻译中,喻体变成了"涂抹了胭脂的皮肤",本体变成了"塞上的夜",与原诗相差较远。傅乐山将其直译为喻体"燕地的胭脂",舍弃了暗喻中的本体,语义有偏差。任译采用了直译加注的形式,将喻体译为"塞上胭脂",并注明此处"胭脂"指"血",语义上仍然不够契合。宇文所安则采取了转化的翻译技巧,舍弃了原诗中的暗喻修辞,将"塞上胭脂"这一名词短语译为"主谓结构"——塞上泥土被染成了胭脂色,直接译出原诗中的引申义。相较于前三位译者,宇文所安的译法在功能上更加对等,语义上更为兼顾。

整体上来讲,第四句"塞上燕脂凝夜紫"是"主+谓+宾"结构,意思是"塞上的泥土被血浸染,如同胭脂一般,在暮色中凝成暗紫色",句中的主语应该是"塞上泥土"。而傅乐山和爱诺都将该句译为"主+谓"结构,句中的主语分别译为"塞外的夜紫"和"塞上紫色的夜",谓语是"凝结",对原诗句的理解明显不够深入。任译和宇文所安的译法在句式上则更为对等,任译为"塞上胭脂凝结成夜间的紫色(Frontier rouge freezes into a nocturnal purple)",宇文则译为"被浸染成胭脂色的塞上泥土凝结成了夜的紫色(Borderland soil is tinted rouge, that hardens to night's purple)",这两种翻译在句式上与原诗句对等,说明两位译者对原诗句的理解比前两者更准确。但是,"freeze"一词更多是表示"因为温度较低而冻结或变得僵硬",宇文所安使用的凝固"hardens"一词,表示"因为时间长而凝结成固体",更为精确。

【半卷红旗临易水,霜重鼓寒声不起】此行歧义最少。第三句中的名词"红旗"和"易水"的翻译大同小异,差别主要在于对"半卷"和"临"的翻译。爱诺的翻译与原诗句差别最大:他将"临"转化为动词"withdraw"(后退),"半卷"译为"折叠成半卷";句式顺序上也与原句不同,译为"旗帜朝向易水后退,红色半卷"。其余三位译者都采取了句式对等的译法,只是三人所用的谓语各不相同。任的译句则取动词"半卷"作为句子谓语,原句中的动词"临"则被省略掉,用介词"over"代替,译文成为"红旗在易水上空半卷";宇文所安添加了一个系动词"stand"做谓语,从功能上来讲,stand half furled 就等同于汉语的形容词"半卷",原诗句中的谓语"临"则被略掉,用介词"beside"表示;傅乐山将"半卷"译为后置定语"half unfurled"(半展),原句中谓语"临"转换为动词"withdraw"(后退)。三者的译句和原诗句语义相等,但是严格来讲,傅乐山的译句在形式上更胜一筹,最接近原文。

第四句中"霜重鼓寒"四个字中隐含着一个因果逻辑关系:因为霜重,所以鼓寒。四个译文中,只有爱诺和傅乐山的译文能够凸显出这种逻辑关系,尤其是傅乐山的译文,更符合译入语读者的语言和审美观。此句的另一个难点是"声不起"三个字的翻译。原诗中的意思是"天寒霜降,以致鼓声低沉,不响亮"。任治稷译为"Drums go mute",意思是战鼓没有声音,不符合原义;宇文所安译为"their sounds do not rally",意思是战鼓的声音不振奋,将"低沉"译为"不振奋",二者的语义有偏差。爱诺译为"their roll does not rise in the air",意思是急促的战鼓声没有升到空中,语义上接近,但是形式上差别比较大。相较而言,傅乐山的译文"Their sound is dulled",意思是战鼓声音低沉,实现了形式和语义上的双重对等,翻译最为精确。

【报君黄金台上意,提携玉龙为君死】此联中的两个名词"黄金台"和"玉龙"都使用了修辞手法。前者属于用典(allusion),具有独特的文化内涵;后者则使用了"提喻"的手法,借以"宝剑之名"指代"剑"。爱诺将"黄金台"译为"台子上悬赏的黄金",既没保留原诗的修辞手法,而且破坏了汉诗"含蓄朦胧"的意境,实在不可取。任和宇文将"黄金台"分别直译为英语中的"golden stage"和"Terrace of Gold",但是"golden stage"在英语中只表示"金色的台子","Terrace of Gold"则表示"金子做的平台",二者都没有任何文化内涵。而源语中"黄金台"是"招贤纳士""礼遇有加"的象征。由于文化内涵的缺失,这两种直译在语义上严重不对等。相较而言,傅乐山采取直译加注的方式更为合适。同样,"玉龙"被直译为"Dragon swords"或者"jade dragon-swords",不但会造成源语文化亏损,而且破坏了原诗朦胧美的特点。而任译和傅乐山译文所采取的直译加注的方式更有助于原诗和目标语译文在语义上的对等。

此外,此联的句式值得推敲。句中所用"君"这一人称代词具有双关性,既可以指君王,也可以指第二人称"您"。"君"在作第二人称理解时,此联应属直接引语,是将士对君主宣誓效忠的画面。从这一点来讲,爱诺的翻译值得称赞。他将此联译为直接引语,"为了回报您——我们的君主"。任治稷、宇文所安和傅乐山也将此联译为第一人称,但是却都译为间接引语,报效朝廷、宣誓效忠的效果相对较弱。最后是对"黄金台上意"中"意"字的翻译。黄金台的典故是指燕昭王以重金招揽天下士的故事,是指"士为知己者死"的"知遇之恩",因此,将其翻译为"黄金"或者"荣誉"都不合适。相较而言,任治稷和傅乐山所译的"favor"(青睐,喜爱)更为贴切,语义的延伸性更大,为读者留下充分的想象空间,而非一词定音。

【晚唐诗经典篇章英译鉴赏之二】

秋夕①

杜 牧

银烛秋光冷画屏②,轻罗小扇扑流萤③。
天阶夜色凉如水④,坐看牵牛织女星⑤。

【注疏】

①秋夕,秋天的夜晚。

②银烛,银色而精美的蜡烛。银,一作"红"。画屏,画有图案的屏风。

③轻罗小扇,用质量上乘、质地轻柔的丝织品所做的轻巧的团扇。流萤,飞动的萤火虫。

④天阶,露天的石阶,此处语关宫殿的台阶。天,一作"瑶"。

⑤坐看,坐着朝天看。坐,一作"卧"。牵牛织女星,两个星座的名字,指牵牛星、织女星,亦指古代神话中的人物牵牛和织女。

【白话释义】

秋夜白烛的微弱烛光,令屏风的图案显得格外幽冷,
宫女手持轻盈柔软的团扇,扑打着飞来飞去的萤火虫。
在夜色的笼罩下,宫殿的石阶清凉如冷水,
宫女静坐于此,凝望着远空中的牛郎织女星。

【创作背景】

"七夕"是中国特有的传统岁时节日之一。现存文献中第一次提及牵牛和织女名字的是《诗经·小雅·大东》篇,其中有如此诗行:"维天有汉,监亦有光。跂彼织女,终日七襄。虽则七襄,不成报章。睆彼牵牛,不以服箱。"据袁珂《古神话选释》考证,这个故事内容大致如下:牛郎和织女因私自爱恋触犯天条,因此均受到处罚:织女被罚织布不能成章;牛郎被罚驾车不能挽箱(用车厢)。而俗传七月七日的鹊桥会不过是东汉以后后人所增益的喜剧结局。

汉末《古诗十九首》中的《迢迢牵牛星》第一次将织女和牛郎的故事写入诗歌。此后,随着七夕神话传说的流传和民俗活动的不断衍生,到魏晋南北朝时期,七夕节逐渐成为民间的重要节日,七夕诗也成为中国诗歌的一大传统和主题。

中唐之前,唐朝国力强盛,七夕节君臣宴饮之风极盛,催生了大量的七夕唱和宴饮诗,其内容和六朝之前相似,主要感慨牛郎女织之间的悲剧故事或描写乞巧风俗。安史之乱以后,国力渐衰,儒学式微,社会矛盾和冲突日渐彰显,七夕诗的题材和内容在深度和广度上都大有突破,诗人开始关注现实,或对牛郎织女故事进行反思和批判(杜甫《牵牛织女》),或对人与宇宙的关系进行深入

思考(刘禹锡《七夕二首》),或对人世情感进行审视(韦应物《七夕》)。长庆以后,唐朝危机加剧,政治局势波谲云诡,"森森明庭士"已皆如"缩缩循墙鼠","胆薄多忧惧"成为当时士子的一种普遍的心态。在这种震悚和恐惧的情绪高压下,晚唐诗人的视野变得狭窄,其时的七夕诗既不像汉魏初唐诗人那样关注牛女离别,也不像中唐诗人那样关注现实和宇宙,而是更关注自身的生活感受,以寄托内心的情感。

【主题鉴赏】

鉴赏之一:宫怨说

作为中唐"新乐府运动"的产物,宫词体滥觞于汉魏古乐府中的相和歌辞,并以宫殿或怨字为名:如《长门怨》《婕妤怨》《怨歌行》《长信怨》《蛾眉怨》《宫怨》等曲调。宫词最突出的情感和艺术特点就是"怨",或描写皇帝妃子之间因争宠失宠而心生凄怨之情,或通过今昔对比自怨自伤,或托喻香草美人感怀不遇。中唐之后的宫词在内容和对象上更趋于宽泛,多写不知名姓的宫女,并兼具咏史、纪实及怨刺上政的特点。

杜牧的《秋夕》,就是晚唐时期著名的宫词之一。诗人笔下的"秋夕"就是"七夕",名为"七夕",实为"宫怨"。全诗没有怨、愁、恨之类的词语,而以白描的手法,全篇写景。轻罗小扇,物中最轻者;流萤,虫中最飘忽者。以最轻至最飘忽者,描绘了宫女们寂寞孤独的生活情景,含蓄地表达了她们空虚凄凉的心情。该诗语言朴实无华,篇幅短小,文字无多,但却言近旨远,深有寄托。虽然没有明确抒情达意的辞藻,却内涵丰富,意蕴深厚。曾季貍《艇斋诗话》曰:"小杜《秋夜》宫词……含蓄有思致。星象甚多,而独言牛女,此所以见其为宫词也。"当然,在封建皇权专制体制下,使用主客体模糊的宫词,也是文人一种隐晦地抒发自己政治命运的方式,既是对唐代女性命运的一种观评,也更是对其自身际遇的反照。诗人通过对后宫女性孤寂幽旷生活的描写,对当时残酷的宫嫔制度进行了一定程度地抨击。

鉴赏之二:秋夜闲情说

诗人臧克家在《一字之差境界全非——重读杜牧的〈秋夕〉》一文中指出,这首诗既非写"宫怨",也非写"闺怨",而是写一个十二三岁少女的秋夜闲情。臧克家对《秋夕》立意的新解得到了施蛰存先生的响应。施蛰存在《唐诗百话·秋夕》中说:"杜牧这首诗,就有三个字,各本不同。'银烛'或作'红烛','卧看'或作'坐看',再加上'天阶'和'天街'。这其中,从根本上影响到诗意解读的,则是'天阶''天街'和另一个词——'瑶阶'。"可见,对《秋夕》立意的解释,主要基于诗歌文本的差异。施蛰存认为,《秋夕》原诗应是:

银烛秋光冷画屏,轻罗小扇扑流萤。
瑶阶夜色凉如水,卧看牵牛织女星。

如果是"天阶",那么就是皇宫中的台阶,而"瑶"的意思是"美玉,玉石","瑶阶",就是玉石砌成的台阶。任何一个富裕人家庭院中的台阶,都可以称为"瑶阶",它并不一定与皇宫有关。

从民俗活动这一角度看,南北朝时的梁朝人宗懔在《荆楚岁时记》中载:"七月七夜人皆看织女(星)。"该书还引西晋周处《风土记》中的民俗云:"七月七日其夜,洒扫庭中,露施几筵,设酒脯时果,散香粉于筵上,以祀河鼓(按:即牵牛)织女。"在古代的民俗活动中,人们对七夕还很重视,把它作为一个节日来看待,所以在夜晚看牵牛织女星应是一个很普遍很自然的现象。

此外,《唐诗三百首》的编者蘅塘退士对此诗的评语是:"层层布景,是一幅着色的人物画,只'卧看'二字,逗出情思,便通身灵活。""卧看"与"坐看"效果截然不同,前者描述的是一种逸致闲情,后者则烘托出一种寂寞凄凉的氛围。蘅塘退士的点评也说明他认为该诗的主题是秋夜闲情。

【英译版本】

译文 1 张庭琛,布鲁斯·M. 威尔森

An Autumn Evening

In the flickering autumn candlelight, the painted screen grows cold.
With a small fan of silk gauze[1], she scatters the drifting fireflies.
As chill waters of the night envelop the palace steps,
She sits to watch the "Herdsman" and "Weaver Maid".[2]

1. The poem portrays an imperial concubine fallen from favor. Her situation is thus analogous to that of the "small fan of silk gauze" discarded at summer's end.

2. Herdsman, Weaver Maid: Stars positioned south and north of the Milky Way. In popular

legend, they were lovers who meet only once a year on the seventh day of the seventh month, when magpies build a bridge for them to cross the "River of Heaven".

译文 2　许渊冲

An Autumn Night

The painted screen is chilled in silver candlelight,
　She uses silken fan to catch passing fireflies.
The steps seem steeped in water when cold grows the night,
　She lies watching heart-broken stars shed tears in the skies.

译文 3　许渊冲

An Autumn Night

Autumn has chilled the painted screen in candle-light;
　A palace maid uses a fan to catch fireflies.
The steps seem steeped in water when cold grows the night,
　She sits to watch heart-broken stars in love meet in the skies.

译文 4　徐忠杰

An Autumn Night

On the pictured screen, a candle throws its light.
One senses the chill of autumn, thought it be slight.
A lassie, holding in her hand, a light silken fan,
Goes about swatting fireflies as many as she can.
Scarcely visible, as twilight is near,
Cold as water, the stone pavements appear,
She lies down, as evening scenes into nocturne pass,
Watching the legendary stars "Cowherd and his lass".

译文 5　维基百科

Autumn Evening

Silvery candle, autumnal light, chills the painted screen
With small fan, of light silk gauze, she swipes at the flitting fireflies
On the palace steps, the night is cool, like water
Laying down, she gazes, the Weaving Girl and Cowherd stars

【汉诗训诂与译文鉴赏】

《秋夕》是晚唐诗人杜牧的名作。此诗的一大特点就是语言清新流畅、质朴无华却意境深远，字里行间无处不透露着失意宫女的孤独和凄凉。诗里所使用的"小""轻""冷""流""凉"等形容词都是大家司空见惯的词汇，"烛""画屏""罗""扇"等也都是再普通不过的名词，但是与"坐""看"等平平常常的动词巧妙地结合起来，就构成了一幅简单清新又意境深远的图画。全诗没有任何艰深冷僻的词语，言表之意一目了然，但蕴含其中的抒情和寄托却深远而耐人寻味。

以上五首英译中，译文 2 和 3 都是许渊冲所译，除了最后一句表明此两首英译所采取的原诗版本不同之外，其他三句的译法大同小异。从语义传递上来看，张庭琛的译文似乎更胜一筹。张的译文，不仅意思准确，并且用加注的方法对诗中所涉及的文化内涵一一说明。但是，此处的翻译并非针对普通语言，而是针对文学语言，尤其是文学中的精华——诗歌语言，因此翻译中所要考究的不仅仅是语言层面的内容，更应该传递出诗学语言的特点和语言之外的内容——神韵和意境。张的译文虽然语言准确，却没有了原诗中寂寥、清冷的意境，而译文 5 更是将语言形式对等推行到了极致，英文译文已经完全没有了原诗清新流畅的特点，诗意更是无从谈起。相对来看，徐忠杰和许渊冲的三篇翻译更佳，两人虽然对原文有所增删改动，但是整体来看，译诗语言简明，节奏轻快，韵脚整端，朗朗上口，读来诗意盎然。其中，徐忠杰的译文变动尤其大，译者不但在内容上做了较大变动，而且发挥了更多的创造性。徐舍弃了一些次要的如"银""小""凉"等意象，对精粹意象进行跳跃式整合，既有原作的视像性、简洁性的特点，又适用译入语的文化和艺术表达方式,令人耳目一新。

词汇是语言的主要要素。对词汇,尤其是表示事物的名词的翻译,说明了一个译者所持的翻译标准和翻译策略。译文 1 和译文 5 几乎使用了一模一样的译词,都选择了语义对等的英语词汇。如"轻罗小扇",译文 1 和译文 5 都译为"(a) small fan of (light) silk gauze","流萤"是被译为偏正短语"drifting/flitting fireflies","天阶"都译为"the palace steps",可谓中规中矩,一一对应。但是,诗歌并不是辞藻的堆砌,而是一种文学形式,一种文学语言,一种韵文体,分别以表意或表音为特征的汉语和英语,注定会产生一套适合表意或表音的诗歌形式和美学特征,而这种诗歌形式和美学特征是无法在彼此的语域中找到所对等的表达形式的。如果翻译中只一味维持词汇形式和词汇语义上的对等,势必会影响诗歌的整体形式和诗性功能。所以,译者必须在诗歌的形式对等和功能对等两者之间进行斟酌、取舍和平衡。要保持所译诗歌译文与原诗文本在诗性功能上的对等,就意味着必要时需舍弃词汇上的形式和语义对等。因此,对以上词汇的翻译,许渊冲的译文 2 和 3 就多有删减。比如"银烛秋光冷画屏",分别省略了"秋光"和"秋"字,"轻罗小扇"被简化为扇子"fan"或罗扇"silken fan"。许渊冲认为:"文学翻译,尤其是译诗,不是一种科学,而是一种艺术。"对等的文字不一定是最好的诗句,因此,必要时要舍"对等"而求"最好",充分利用译入语的表达方式,而不是对等的表达方式。

此外,中国古典诗歌语言简洁凝练,结构紧凑压缩,但却蕴含大量的历史典故和背景意义。比如,诗中的"扇"所指的意象,蕴含普泛意味的艺术母题——代表着失宠和被遗弃的女性的命运,而末句所提及的"牛郎织女",则是中国家喻户晓的爱情神话传说。这两处文化语义在英语语域中无法实现对等表达,必须用加注的办法予以说明,否则不但会造成源语诗歌中的文化亏损,而且译入语的读者也很难理解诗中的深层意味。从这个意义上来讲,译文 1 的处理比较合适,而许渊冲所翻译的牛郎织女"heart-broken stars shed tears"或者"heart-broken stars in love",令人不知所云,意境全失。相较而言,徐忠杰将其译为"the legendary stars 'Cowherd and his lass'",表明此处词汇与神话传说相关,在形式和语义上更接近原诗,也更容易为译入语读者所理解。

【银烛秋光冷画屏】第一句的画面感极强。首先,从七言诗的特征来讲,第二和第四音节的停顿本就容易使双音节名词取得某种程度的独立,因此,银烛、秋光、画屏,三个名词完全处于独立的状态,各自传达了一种具体的视觉印象。此外,从语法角度来讲,银烛、秋光、画屏三词皆有歧义。一方面,三者都可以解释为诗句的地点状语,这样就出现了三种理解:画屏在秋天里变冷;画屏在银色的烛光里变冷;银色的烛光、秋光在画屏上变冷。另一方面,"银烛""秋光"又可以解释为使役句的主语:秋光使得画屏变冷;银烛使得画屏变冷。究竟以上五种解释中的哪一种更合逻辑,实际上无须回答,因为诗性语言的魅力就在于松散的句法所造就的字词的复义性。同时,句法上的歧义突出了句子中名词的意象,诗句瞬间传递了四种独立的感觉:银烛、秋光、画屏,以及幽冷的感觉。

因此,不难理解五个译文中,首句的语法处理为何差异迥然。张译将"画屏"当作主语,"秋光""银烛"作为地点状语,译为"In the flickering autumn candlelight"和"the painted screen grows cold"。许译1则将其视作使役句,用被动语态表达,"画屏"依然是句子的主语,"银烛"成为地点状语,译为 The painted screen is chilled in silver candlelight。许译2仍然将该句视作使役句,但是用主动语态表达,"秋光"成为句子的主语,"画屏"是使役的对象,作为句子的宾语,"银烛"则处理为地点状语,译为"Autumn has chilled the painted screen in candle-light"。徐译则将"画屏"当作句子的地点状语,"银烛"成为句子的主语,译为"On the pictured screen, a candle throws its light"。无论译者采取哪一种处理方式,都会将原诗句的意义固化为一种具体的解释,而原有的复义性特点荡然无存。相较而言,维基百科展示的译文,采取了汉诗原本的句法特点,形式上和意义上最贴近原诗:Silvery candle, autumnal light, chills the painted screen,但是习惯严谨句法的译入语读者,估计很难欣赏这种诗歌语言形式。

【轻罗小扇扑流萤】从七言诗特征来讲,一般第一句与第二句常会构成对句。分析诗句的句法特征,本句与第一句一样,也是由两个独立的名词短语和动宾短语构成。虽然该句没有出现第一句那样的句法歧义,句法成分比较明确——主语省略,"轻罗小扇"是方式状语,"扑流萤"是谓宾结构,但是,两两相对的句式仍然有助于名词意象的独立,"轻罗""小扇""流萤",三个名词构成了三个明确意象,并凸显出动词"扑"的动作。

五个译文中,许译1和许译2都将"轻罗小扇"处理为谓语"使用轻罗小扇",弱化了"轻罗"和"小扇"的意象。张庭琛等和维基百科都使用了原诗的句法,将"轻罗小扇"译为方式状语"with small fan, of light silk gauze",应该说更贴近原文。

徐忠杰使用了伴随状语"holding in her hand, a light silken fan",句式稍有变动,但是所译的句式中仍然突出了"轻罗小扇"的名词意象。此外,动词"扑"的翻译也是一大要点。"扑"是指用"扁平的东西快速地拍打",徐忠杰的"swat"和维基百科的"swipe at"符合该动作的特点。而张庭琛等的"scatter"指"驱散",许渊冲的译为"catch",意思是"捉",用词不够精准。

值得一提的是,徐忠杰在此句中所增加的主语是"a lassie"(一个少女),不同于其他译者所增添的"a palace lady"(一个宫女)。此外,徐忠杰在该句中增加了两个短语,"goes about"和"as many as",汉语意思是"来回走,尽可能多地扑打流萤",用来突出少女活泼灵动的神态。可见,徐忠杰所采用的原文是"秋夜闲情说"的版本,而其他四个译文则使用了"宫怨说"的版本。

从"宫怨"的角度来翻译《秋夕》,就不得不注意"扇"的翻译。在中国传统文化中,"扇"所指的意象往往蕴含普泛意味的艺术母题——代表着失宠和被遗弃女性的命运。

班婕妤《怨歌行》云:"常恐秋节至,凉飙夺炎热。弃捐箧笥中,恩情中道绝。"范摅《云溪友议》有:"旧宠悲秋扇,新恩寄早春。"李渔《意中缘·先订》:"万一结之后,见美而迁,使奴家有秋风纨扇之悲,如何是好!"显而易见,诗中的"轻罗小扇"象征着持扇宫女被遗弃的凄惨命运。对蕴含特定文化内涵的意象词,翻译时必须如张庭琛等那般以加注的方式进行解释说明,才更有助于诗歌意象的有效传递,也有助于英语读者把握诗歌的主旨。

【天阶夜色凉如水】天阶,指皇宫里的石阶,张庭琛等及维基百科均将其译为"palace steps"。许渊冲的两篇翻译中都省略了"天"字,译为"steps",他认为,对等的文字不一定是最好的译文,必要时要舍"对等"而求"最好",充分利用译入语的表达方式,而不是对等的表达方式。但是,许渊冲的第1篇译文中添加的主语"she"和省略"天"之后的台阶"steps",模糊了诗句中人物的身份和环境。相较之下,许渊冲的第2篇译文中增加的主语"a palace maid"表明了人物的特殊身份,一定程度上暗示了主语所处的环境,更契合原诗"宫怨"的主题。在句式上,维基百科的译文采取了与原诗句一模一样的句式,而张庭琛等和许渊冲都将原诗句的主谓结构变成了动宾结构。将"夜色凉如水"译为英文,变成了"凉如水的夜色笼罩着台阶",突出了幽冷、冰凉的感觉。

徐忠杰明显采取了"瑶阶"的版本,将其译为"the stone pavements"。"秋夜闲情"凸显得是少女的"情思和灵动",因此,徐忠杰在此句翻译上变动较大,创造出了较强的时间感和空间感:"twilight is near, stone pavements appear"。"拂晓将至",本是时间维度的变化,却制造出空间维度的变化;"瑶阶渐显",本是空间的改变,同时又呈现出时间维度的变化。译文中的时间、空间二者融为一体,在相对相映中各自改变,这种轻柔的动感既符合闲情的主旨,又衬托出了画中人物灵动的形象。此句译文处理得极为巧妙!

【坐看牵牛织女星】从"宫怨说"来看,"坐看"二字极佳,表现出了宫女落寞、寂寥的心理状态。但是,只有许渊冲的第2篇译文采用了"坐看"之意,将其译为"sits to watch"。张庭琛等略掉了"坐"字,直接译为"watch"(看);许渊冲的第1篇译文、徐忠杰,以及维基百科,均使用了"卧看"之意。"卧看"更符合"闲情说"。"卧"本是会意字,从人臣。"臣"是竖立的眼睛,人伏在几案上休息,眼睛呈竖立形。焦循正义:"卧与寝异,寝于床,卧于几。"由是推之,"卧看"是指少女斜伏在几案上,或头倚在臂膀上,或以手支撑着下颌或脸颊,看夜空中的星星。这是一种比较慵懒、散漫、带点不修边幅的姿态,更符合不经世事的少女,而不适合处于森严宫规之中期待圣宠的宫女形象。英语中,"lie"是"平躺"之意,而"lay"表示躺的意思时,后面应该有宾语。因此,无论是"lies down"还是"laying down",都不符合汉语"卧"的动作,也不符合"宫怨"的主题。"卧看"究竟该如何翻译,还需要后来的译者再为斟酌。

至于"牵牛织女星",上文已经提到,该短语涉及表层意思和深层文化内涵,一般应该以直译加注的方法来翻译。许渊冲将其译为"heart-broken stars",估计西方读者完全不知所云。徐忠杰译为"legendary stars",虽然说明主语所看的星星与神话传说相关,却仍然无法准确传递其中牛郎织女相恋而难以相见的文化内涵。维基百科将其直译为"the Weaving Girl and Cowherd stars",表层意思虽然一致,但是,对西方读者来讲,很难从字面翻译中理解其中的文化内涵,需要在译文中加以说明。张庭琛等的"Herdsman and Weaver Maid"带有引号,同时译文后加注,从词汇角度来讲,真正实现了语义对等,词汇的表层意义和深层文化内涵同时得以传递。

除了对译文的词汇和诗行进行逐字逐句解析以外,评析时,对《秋夕》译文做整体性解读更为重要。其原因有二,一是《秋夕》诗性特征和意境的构成。原诗短短四句,两组对句,每组对句都由一静一动两个画面组成。第一组对句中的核心静态词和动词分别是"冷"和"扑";第二组对句中的核心静态词和动词分别是"凉"和"看"。两个形容词"冷"和"凉"奠定了全诗的主基调。两个动词"扑"和"看"则相互对照:"扑"是瞬间动词,表示动作,而"看"是可持续动词,表示状态;前者令整个画面产生动感,而后者则以人物的一种动作作为画面的持续,发人深思。此外,诗中的名词"银烛""秋""扇""萤""天阶""牵牛织女星"等,无一不隐含着幽凉、寂寥的内涵。这些特征融合起来,构成了原诗清新流畅而意境深远的诗性特征。

因篇幅所限,在此仅将译文1和译文2做一整体性对比。译文1中,原诗的对仗只表现在四个诗句中的谓语动词形式上。而事实上,译文只有一、二句在形式上大致上还算对等,都使用了"状语+主语+谓语"的结构,三、四句合起来是一个复合句,形式与一、二句明显不同。而原诗中深有寄托的意象名词,又无法以一一加注的方式说明,使得原诗中的对仗和动静结合的审美特征几乎无存,意境破坏比较严重。

相对来讲,译文2在形式上要工整许多:一、三句句式相似,二、四句句式相似,相似的两个句子都以同一个单词开头;一、三句都使用了系表结构,表示一种静态特质,二、四句都使用了实义动词做谓语,表示动作。此处还巧妙地以英语语言的方式呈现了汉语的对仗特点,可见译者匠心所具。此外,译文使用了37个单词,每两句的字数几乎一样。使用的单词也都非常简单,主语使用"she",两个谓语动词分别是"uses"和"lies","轻罗小扇""天阶"分别译为"silken fan"和"steps",译文的用词无一不体现了原诗简单清新的语言特征。

必须从整体评析译文的第二个原因是,《秋夕》的音型特征是其幽凉意境构成的一大要素。离开了原诗的音韵特征,意境也就无从谈起。而许渊冲的两篇译文和徐忠杰的译文中的音型翻译都非常精彩。从原诗来看,为了凸显出一种清冷、幽静的氛围,诗人不但将诗歌的韵脚设定为带有鼻音[ing]的平声字(屏、萤、星),诗歌中的其他字词,要么大都以带有鼻音的韵母结尾,如银[in]、光[ang]、屏[ing]、轻[ing]、天[an]、看[an]、牵[an]等字,都是带有鼻音的平声字,而冷[eng]、扇[an]、凉[ang]、看[an]等字,则是带有鼻音的仄声字,要么是以清辅音开头的字词,如罗[l]、扇[sh]、扑[p]、流[l]、水[sh]、色[s]、看[k]。鼻音发音时口型闭合,开口小,声音单薄,响度小;清辅音只送气而声带并不振动,所以声音轻柔、响度小。这些相似的韵母在诗歌内部被不断重复,彼此呼应,构建起一种幽冷、轻柔的声乐美，完美地烘托出诗歌所要呈现的幽凉、清冷的意象和氛围，可谓音韵定诗情，听者自动容。

中英两种语言分属不同的语系，语言审美特征自然迥异。许渊冲先生非常注重发挥译入语语言的优势。他认为，在忠实通顺的前提下，是否发挥了译文语言的优势，是判断译文优劣的标准。只有充分利用译入语的修辞特征，译文才会实现"乐之"的诗性功能。许渊冲和徐忠杰充分利用了英语音型的特点，精彩非凡。以许渊冲的第 2 篇译文为例，全诗 37 个单词，其中实词 29 个。29 个实词中，译者选取的清辅音开头的单词共计 19 个：painted、screen、silver、candlelight、she、silken、fan、catch、passing、fireflies、steps、seem、steeped、cold、heart-broken、stars、shed、tears、skies。此外，以上 19 个单词，大多以鼻音或者清辅音结尾，如 screen、silken、fan、passing、seem、heart-broken 等，都是以鼻音结尾；而 painted、candlelight、steps、steeped、stars、tears、skies 等，都是以清辅音结尾。鼻音和清辅音在诗歌内部的相对相映，符合原诗幽冷、轻柔的声韵特点。从音型的选择上我们能够看到译者匠心之精巧，完美再现了原诗的音响效果。

【晚唐诗经典篇章英译鉴赏之三】

咸阳城西楼晚眺[①]

许　浑

一上高城万里愁，蒹葭杨柳似汀洲[②]。
溪云初起日沉阁[③]，山雨欲来风满楼。
鸟下绿芜秦苑夕，蝉鸣黄叶汉宫秋[④]。
行人莫问当年事，故国东来渭水流[⑤]。

【注疏】

①这首诗有两个题目，一题为《咸阳城西楼晚眺》，另题为《咸阳城东楼》。在《丁卯集》（许浑）的有些版本中，特别是一些唐诗选本中，如时韦縠的《才调集》、杨士宏的《唐音》、高棅的《唐诗品汇》、沈德潜的《唐诗别裁》等选本中，它的题目均作《咸阳城东楼》。《全唐诗》中收录此诗，同样采用此标题，但题下附有小注

云:"一作咸阳城西楼晚眺,一作西门"。据近代学者考证,许浑亲自整理抄写的《乌丝栏诗》中,该诗的题目应该是《咸阳西门城楼晚眺》。著名红学家周汝昌先生认为,应该采用《咸阳城西楼晚眺》这一题目,他解释道:"一是醒豁,二是合理。……就只为那个'西'字更近乎情理——而且'晚眺'也是全诗一大关目。"咸阳,今属陕西,咸阳旧城在西安市西北,秦汉两朝在此建都,汉时称长安。隋朝时向东南迁移建新城,即京师长安。唐代咸阳城隔渭水与新都长安相望。

②蒹葭,芦苇一类的水草。蒹,荻。葭,芦。汀洲,水边之地为汀,水中之地为洲,这里指代诗人在江南的故乡。

③溪云,分别指磻溪和慈福寺。此句下作者自注:"南近磻溪,西对慈福寺阁。"该注标出了作者所在的位置:他是在咸阳城的西门城楼上。诗人朝西眺望,正面对着慈福寺,南望则不远处就是著名的磻溪(即渭河),是三千年前姜太公直钩垂钓处。

④当年,一作"前朝"。行人,过客,泛指古往今来征人游子,也包括作者在内。

⑤故国东来渭水流,一作"渭水寒声昼夜流"。声,一作"光"。故国,指秦汉故都咸阳。东来,指诗人(不是渭水)自东边而来。

【白话释义】

登上高高的城楼,勾起我万里乡愁,
茂盛的芦苇,低垂的杨柳,宛若江南的汀洲。
云罩磻溪,慈福寺外,日薄远山,
雨尤未至,狂风已起,满楼飒飒。
飞鸟落入遍地绿芜的秦苑,秋蝉悲鸣于满林黄叶的汉宫;
游人过客莫问秦汉的兴亡,
我来自故国咸阳,只看见默默东流的渭水,一如从前。

【创作背景】

许浑生活在晚唐时期。他生于洛阳附近的寿安,即今河南宜阳,后因战乱而迁至湖南,最后才迁至江南的丹阳(古称朱方),营建别墅于京口。许浑仕途之路并不顺坦,为了谋取一第,他一生很少留居家中。他的诗作中虽然常常流露出归隐之念,但是事实上,诗人的生活却是"久贫辞国远,多病在家稀"(《将离郊园留示弟侄》),或者是"吾生半异乡"(《洛东兰若夜归》)的状态。

许浑一生经历了德宗、顺宗、宪宗、穆宗、敬宗等九朝,正是唐朝短暂"中兴"之后,社会弊病恶化、日益衰落的前夜。诗人不但亲历了唐朝的日益衰落,而且自己在科举之路上也饱受打击。许浑于元和初年进入科场,直至大和六年才进士及第。二十多年的落第打击,其中的冷暖艰辛可想而知。即便如此,诗人在中榜之后也没有被重用,仅仅做了一个幕僚,直到开成初年才获得宣州当涂一职,却已年届五十。

作为一个富有正义感的知识分子,许浑自然希望通过科举为国效力。然而,他一生奔波在外,却数上不第;空对着朝廷动荡、社会矛盾加剧的局面,却始终在政治上不能有所作为,内心自然极度苦闷。内忧外患的生活,使他把更多的感触放在衰落的社会上。他的诗作处处显示出内心深处的波澜,带有一种浓重的时代阴影。

此诗大约是许浑于公元849年(唐宣宗大中三年)任监察御史时所作,时值唐王朝日益衰落,社会矛盾极为突出,宦官专权、藩镇割据、朝官党争三大弊病日益恶化,汇成一股无法挽回的大厦倾颓之势。大唐王朝已经处于风雨飘摇之际,政治异常腐败,农民起义此起彼伏。诗人秋晚登临,由奔波在外而引发的岁月磋跎、老大徒伤的慨叹,自然而然地转入更为深广的万古伤怀之情。内心的忧愤不平与这种深沉的时代衰落感融合在一起,便成就了这首怀古名篇。

【主题鉴赏】

刘勰有云:"文变染乎世情,兴废系乎时序"(《文心雕龙·时序》)。晚唐时期,社会弊端积重难返,内忧外患,国祚危殆。这种时代背景更易催生怀旧感伤的心绪,咏史怀古诗因此迎来了创作上的高峰,名篇佳作层出不穷。诗人经临古迹,感于成败,因景生情,抚迹寄慨。怀古诗以"古"为吟咏对象,抒发由"古"之触媒而引发的哲理感悟或情感体验。诗人们多通过借古讽今、怀古伤今的艺术手法,伤悼无法挽回的颓败国事。更有诗人力图超越具体的朝代和史实本身,在哲学的层面思考历史的兴衰与沧桑,从而造就了纵横开阖、气势恢宏的诗作。

登高,或登楼,则是中国古典诗歌中诗人创造雄浑浩大、崇高意象的通用手法。中国文学史上,最早写登楼题材的是被刘勰誉为"建安七子之冠冕"的王粲,其《登楼赋》有云:"登兹楼以四望兮,聊暇日以销忧",写出诗人登楼四望却感前途渺茫,表现了流落异乡的文人士子失意伤怀的典型情绪。此后,众多诗家的各种登高之作层出不穷。如"高台多悲风，朝日照北林。之子在万里，江湖迥且深。"（曹植《杂诗（其一）》）"欲穷千里目，更上一层楼。"（王之涣《登鹳雀楼》）"前不见古人，后不见来者。念天地之悠悠，独怆然而涕下。"（陈子昂《登幽州台歌》）"会当凌绝顶，一览纵山小。"（杜甫《望岳》）"登高壮观天地间，大江茫茫去不还。"（李白《庐山谣寄卢侍御虚舟》）"昨夜西风凋碧树，独上高楼，望尽天涯路。"（晏殊《蝶恋花》）等，登高远眺画面所至之广，气势之壮，总是令人视野开阔、胸襟辽阔。

顾随先生在《苏辛词说》里讲道："千古高人志士，定是登高望远不得；一登了望了，便引起无限感怀，满腔愁绪。"著名古典诗词专家、红学家周汝昌先生又解释道："那愁又不是区区个人私情，而常常是日月之迁流，仕途之坎壈，家国之忧患，人生之苦辛……一齐涌上心头，奔赴笔下，遂而写成了名篇佳作，历久常新。"

由此可见，高楼的意象备受诗人们的青睐，就在于其高出平芜、欲与天接的特点。诗人登高之时，能够将眼前之景、心中所想不着痕迹地连缀起来，构成浑然一体的浩大意境。杜甫代表作《登楼》就是登高之作，"花近高楼伤客心，万方多难此登临。锦江春色来天地，玉垒浮云变古今。"语壮境阔，寄慨遥深，将抒发个人愁怨的意象，与历史的变迁和忧国忧民的崇高精神糅合为一体，其诗句遂成千古名篇。高楼远眺，总是不经意间就会将历史的时空消融在广阔的视野中。因此，在许浑的诗作中，约有四分之一的诗中都提到了"楼"，如千古佳句"溪云初起日沉阁，山雨欲来风满楼。"（《咸阳城西楼晚眺》）"日暮酒醒人已远，满天风雨下西楼。"（《谢亭送别》）"四海义师归有道，迷楼还似景阳楼。"（《汴河亭》）"玉树歌残王气终，景阳兵合戍楼空。"（《金陵怀古》）等。

《咸阳城西楼晚眺》是一首登临怀古之作，题中的咸阳位于西安西北方向，曾是秦汉两朝的都城，可想而知其昔日繁华之盛状。然而人世变迁，盛衰无常，诗人所看到的，是湿云薄日中风雨飘摇下的鸟下绿芜、黄叶蝉鸣。《贯华堂选批唐才子诗》道："言云起日沉，雨来风满，如此怕杀人十四字中，却有万里外之一人，独立城头，可哭也。"如此萧条凄凉的景象中隐含着诗人对现实的忧虑和一种苍凉的人生悲感，更蕴含着诗人对历史兴衰成败的追问及千古如斯的无限感慨。全诗情景交融，景中寓情，诗人通过对景物的描写，赋予抽象的感情以形体，在呈现自然之景的同时又体现丰富的生活经验，以及对历史和现实的深刻思考。

【英译版本】

译文 1　张庭琛

Evening Prospect from the West Gate Tower of Xianyang

High upon the tower, endless sadness stretches before me;
Reeds and willows here recall the southern coastal plains.
Mist rises from the river; the sun sets behind the Pavilion.
Wind fills the tower, heralding the mountain rain.
Where the Qin, and then the Han, first built their palaces and pleasure gardens,
in the autumn evening
Cicadas cry amid the yellow leaves, and birds wing downward to the verdant wastes.
Fellow journeyer, ponder not these things of yesteryear;
Through this ancient land, eastward flows the River Wei.

译文 2　唐一鹤

Looking into the Distance from the West Tower of Xianyang City at Dusk

As I get up to the high wall, looking into the distance,
Well up in my mind thousands of sorrows.
To those growing south of the Yangtze River
Are here similar reeds and willows.
Very soon clouds begin to rise from the brook
And the sun is setting parallel to the pavilion.
The wind sweeping throughout the lower
Heralds the imminent storm in the mountains.
Birds fly down at dusk on the green grasses
In the former site of Qin's imperial garden growing;
Cicadas are in autumn among yellow leaves in the former site

Of Han's imperial palace stridulating.

Don't you, fellow wayfarers,

Ask about the events during the former days;

The Wei River is flowing cast as usual

As in the Kingdoms' days.

译文 3　许渊冲

Gazing Afar in the Evening from the West Tower of Xianyang

On city wall I see grief spread from miles and miles;

O'er reeds and willow trees as planted on flats and isles.

The sun beneath the cloud sinks o'er waterside bower;

The wind before the storm fills the mountainside tower.

In the wasted Qin garden only birds fly still;

'Mid yellow leaves in Han palace cicadas shrill.

O wayfarer, don't ask about the days gone by!

Coming from east, I hear only the river sigh.

【汉诗训诂与译文鉴赏】

　　诗歌是一种用词精炼而内涵丰富,形神兼备更具深远意境的文学体裁。唐诗英译,译者不仅仅要做到"忠实"和"达意",更要传递原诗中的意境。但是,意境的构成又与诗歌的语言形式息息相关。如此一来,诗歌翻译就陷入一种悖论:当语言形式不复存在,诗歌的意境是否依然？许渊冲在《翻译中的矛盾论》中也表达到,翻译的主要矛盾就是原文的内容和译文的形式之间的矛盾,如果译文的形式表达了原文的内容,翻译的矛盾就解决了。然而,因为语言体系的差别,译文的形式势必不同于原诗。那么,找到能够表达原诗内容或原诗意境的译文形式,就是诗歌翻译的关键所在。

　　以上三个译文分别来自三位著名的中国译者。整体来看,由于译者所持翻译标准、翻译策略的不同,三篇译文风格明显不同,各有千秋。三篇译文中,张庭琛采取了异化策略,字词采取了直译的非韵体形式;唐一鹤和许渊冲则使用了归化策略,其中,唐一鹤使用了外国译者一贯使用的七言诗译文形式,更符合英文读者阅读诗歌的审美特征,许渊冲的译文变动最大,从诗歌的格律和押韵来看,许渊冲更擅长发挥译入语自身的形式特点。

具体来看,题目的翻译在一定程度上就表明了上述问题。《咸阳城西楼晚眺》中,"晚眺"二字的译法各不相同。张庭琛将"晚眺"译为名词"Evening Prospect"(晚景),虽然语言形式对等,都属于偏正名词短语,且字面意思差别不大,但是缺少了中国古诗中"登高望远"而引发的"万古伤怀"之情的情节,意境传递上有所欠缺。唐一鹤和许渊冲都将"晚眺"译为动词,将汉文化的"登高情节"蕴含其中。但是,"晚眺"二字属于书面语,具有一定的文学色彩。唐一鹤的"Looking into the Distance"更像是对"晚眺"动作的一种具体解释,语义完全对等,但是缺乏诗性美感。许渊冲采用"Gazing Afar",本意是"向远处凝望",意思上与"远望"有偏差。但是,"afar"一词颇具文学色彩,与"gazing"连用也符合原诗中短语表达的特征,整体来讲,更符合原诗的神韵。

三位译者对"晚眺"二字的翻译,正符合许渊冲所说的"形似、意似和神似"的问题。如果译文只译出了原文的形式而没有传达原文的内容,就只是"形似";如果准确地译出了原文意思,但并没有传达原文的神韵和意味,那也只是"意似"。许渊冲的三似论用数学公式表达就是:形似是 $1+1<2$,意似是 $1+1=2$,神似是 $1+1>2$。

【一上高城万里愁】"一上"二字,是时间视角,说明触发诗人悲愁的时间几乎是一瞬之间;"万里"则是空间视角,极言所生愁思之绵长深远。"一"和"万"既在数量上构成鲜明对照,又将时间和空间视角融合为一体,二者所造气势雄迈,意境深远。句末的"愁"字,奠定了全诗的基调。

从这个角度来讲,译文 1 的气势最佳,"high upon"是垂直视角,"endless"和"stretches"则是水平视角,"upon"和"endless"重现了"一上"和"万里"的数量对比和时空视角转化之妙。此外,译者使用了英诗中的扬抑格,从音韵效果来讲,最接近原诗诗句的音节数量和抑扬顿挫的特点。译文 3 看起来平淡无奇,用词极简,却突出了汉诗言简意繁、言有尽而意无穷的特点。译者省略掉了"一"这个时间副词,直接译为"在城墙上","万里"则译为"miles and miles",有四两拨千斤之妙。译文 2 采取了更符合英语语言特点的诗歌体裁,将汉诗的一个诗行译成两个英诗诗行,音节较多,读来悠扬绵远,似乎将浓郁的愁思无限绵延,别有一番韵味。

【蒹葭杨柳似汀洲】水边之地为"汀",水中之地为"洲",这里"汀洲"指代诗人在江南的故乡。"蒹葭""杨柳"是汉诗中表示"相思"和"留恋"的常见意象,此处暗指诗人的思乡情怀。《诗经》中的一首《蒹葭》,令国人知道蒹葭所指,皆为相思。蒹葭,芦苇也,随风飘荡,却止于其根;情思所系,若牵挂于根,飘摇无限,若有若无。杨柳即柳树,而"柳"与"留"谐音,自"昔我往矣,杨柳依依"(《诗经·采薇》),杨柳便成为一个情丝缠绵的意象词。两者具有特定的文化内涵,对中国读者来讲,可谓耳熟能详,但是对英语读者来讲,估计很难体会。尤其"willow"一词,对西方人而言,多指"失恋"或"死亡",英语短语"wear the willow"就指"失恋""服丧"及"痛失所爱之人"之意。因此,这两个词的翻译,应该以加注的形式对其文化内涵做进一步说明。遗憾的是,三个译文都将"蒹葭""杨柳"直译为"reeds and willows",略有不妥。此外,译文1为了实现原诗的音响效果,将"蒹葭""杨柳"设为译文的主语,并直接使用了动词"recall"的主动形式,不符合英语的语法和英诗的习惯。译文2则译为"这里生长着像长江南边那样的蒹葭和杨柳",与原诗句的意思相比稍有偏差。相较而言,译文3翻译得最为巧妙,诗人译为"到处是像长在汀州一样的蒹葭和杨柳",不但用词简练,音节与原诗接近,且句尾与第一句押韵,可谓音美、形美、意美三者兼具。

【溪云初起日沈阁,山雨欲来风满楼】此联写诗人晚眺之远景,寓意深远。磻溪罩云,日薄西山,夕阳仿佛靠近慈福寺阁而落。凄风飒飒,山雨欲来,这是对自然景物的临摹,也是对唐王朝危机四伏的没落局势的勾画,整个画面动感分明。此联中的平行结构突出,三、四句各由两个主谓结构构成,且所用字词在词性、意义、形式上都一一对称,是汉语单音节字及作为孤立语语言的特有优势。译文2使用了契合英语语言的诗歌形式,将一个汉语诗行翻译为两个英语诗行。形式上看来比较飘逸,语义上也比较精确。但是诗行既不押韵,也没有明确的音步节奏,从音效上来讲,更像是阐释而不是诗歌。译文1的译者明显希望从形式上保持原诗的特征,因此,将第三句翻译为两个主谓结构,符合原诗句的语法结构,而且带有汉诗所特有的平行结构的特征,句中的字词在意义和形式上都一一对称。但是,译文1的第四句却使用了一个"简单句+伴随状语"的结构,从形式上来讲,和原诗有明显偏差,整体来看,也使得三、四句的译文形式不够整端。译文3处理的极为巧妙,不但完美再现了原诗所特有的平行结构——译文中三、四行的字词实现了意义和形式上的一一对称,而且大致上使用了二音步的节奏特点,并且句尾押双韵,读来抑扬顿挫,朗朗上口,从形式上非常完美地再现了原诗的特点。虽然意思上有所变动,比如第三句的"溪云初起"被译者拆分成两个状语,一是云下,二是水边,但是,诗歌翻译的核心是意境的传递,而非简单的形式或者语义对等,当译入语以与源语对等的形式无法传递诗歌的诗性特征和神韵意境之时,译者就必须发挥译入语的优势,采取创造性叛逆翻译方法,实现译文与原诗的神似。

【鸟下绿芜秦苑夕,蝉鸣黄叶汉宫秋】颈联写诗人在城楼上晚眺的近景,虚实相间。此联的对句都使用了"主+谓+地点状语+时间状语"的句式。从句法和意义上来讲,译文2最贴近原诗。该译文也采取了几乎同样的句式结构,只是原诗每句的地点状语有二,翻译成英语比较长,而时间状语又较短,故译者将时间状语提前至地点状语之前。同时,译者在"秦苑"和"汉宫"之前都添加了中心词"the former site"(旧址),便于英语读者理解诗句的吊古伤怀之情。诗句末尾的伴随状语是一个亮点,鸟啾蝉鸣,凸显虫鸟所处的状态,而非瞬间的动作。相较而言,译文1在形式和意义上变动较大。译者将"秦苑夕"和"汉宫秋"糅合到一个句子中,并以叙事的方式翻译为"在秋天的夜晚,秦汉曾经先后在此地修建宫殿花园"。虽然译文中加叙"秦汉修建宫殿"之事有助于英语文化背景的读者理解诗中的"吊古伤今之情",但是该句中的时间状语"在秋天的夜晚"仍然令人感到莫名其妙。而后的"蝉鸣黄叶"和"鸟下绿芜"与上句衔接极不自然,不明意之所指。因此,就此联来看,译文1的异译有待改进。此外,还有"绿芜"二字的翻译:译文1将其译为"verdant wastes"(青葱的荒野),译文2则译为"green grasses"(青草),皆有不妥之处。"wastes"意思多指各种废弃物,包括土地、材料、生产过程中的副产品,或指荒野、荒地,而"verdant"是指"草木青葱的",二者合在一起,语义似有内在冲突,估计英语读者会感到不知所云。"green grasses"(青草)虽然接近"绿芜",因为"芜"确实指"草",但是精确来讲,"芜"指"杂草",有搁置荒废的意思,比如陶渊明的"田园将芜胡不归?"(《归去来兮辞·并序》),"芜"在诗句中的意思是"杂草丛生"。因此,"芜"的对应词应该是"weeds","绿芜"应该是"green weeds"更佳。

译文3的处理方式又与译文1、2不同。译文1以添加叙事、糅合拆分句子的方式增强译入语文化背景的读者对原诗句的理解;译文2则力求从句式和意义两方面重现原诗句的内容;而译文3则力求展示汉诗"整端押韵、言简意繁"的精髓,要做到这一点,势必在原诗句字词上要有所取舍,以把握诗句中最主要的意思。三、四句中"鸟下绿芜、蝉鸣黄叶"是眼前之实景,曾经是禁苑深宫的"秦苑"和"汉宫"现已荡然无存,是一虚景,令人想起《忆秦娥》:"乐游原上清秋节,咸阳古道音尘绝。音尘绝,西风残照,汉家陵阙。"正是这咸阳故都,引起了诗人的感怀。眼前虽然虫鸣鸟飞,悠闲自在,而诗人笔下精神,却全在虚处,万里思乡之愁,顿作千古伤今之愁。译者取抓住了原诗中最关键的诗歌"意象":飞鸟、荒废的秦苑、鸣蝉和汉宫的黄叶,表现诗人的感伤情怀。鸟雀和虫鸣,不知兴亡,悠闲依旧,而在鸟飞蝉鸣之中,却是王朝更替,世事变迁。如此实景叠合虚景,吊古之情油然而生。译文3的两句都使用了"地点状语+主语+谓语"的句式,词性和句式一一对称。句末的"still"和"shrill"更是神来之笔,不但押韵极佳,而且一静一动、无声对有声,诗情无限,令人不禁拍案叫绝!

【行人莫问当年事,故国东来渭水流】"行人",即过客,泛指古往今来的征人游子。译文1译为"fellow journeyer",译文2和3都译为"wayfarer(s)",后者比前者多了一些文学色彩。原诗尾联的上句字面曰"莫问",其意却暗指"欲问"甚或"多问",故而诗人才能感慨良多。译文1中的"ponder"意思是"仔细思考;沉思;斟酌",与原句意思似有偏差。下句是一个无主句,但是从上句可以推断出,下句的主语应该是诗人自己。译文1要么对原诗句的理解有偏差,要么是为了简便,因为"渭水流"本就已经是一个主谓结构,再添加主语"我"会使译文更繁琐,故译文1末句将"渭水"设定为整句主语,"(我从)故国东来"就被译为"渭水东流,经过故国"。译文2的"莫问当年事"则采取直译,译文和原句逐字逐词对应。下句并列的两个主谓句"故国东来"和"渭水流",译者则采取了复合句的译法。但是,在译文的主从句中,"渭水"都是句子的主语,翻译为"渭河流动依旧,如同在故国的往昔"的话,诗人"东来"的意思就被完全省略掉了。译文3则非常灵活,"莫问当年事"译为"don't ask about the days gone by",乍一看,感觉"当年事"和原句不对应,再读却觉得"days gone by"的译法比译文1的"things of yesteryear"和译文2的"events during the former days"更自然简洁,但内涵的丰富度并未消减。末句的译文也很巧妙。原句的并列主谓句被译为"伴随+主+谓+宾+宾补"的简单句形式。译文句式虽然被简化,但是原诗中"我"和"渭水"两个主语却分别通过伴随状语以及宾语补足语的形式凸显出来。此外,原文本是指眼前所见,译文3为了保证韵脚统一,将其翻译为耳中所闻,尾词"流"则译为"sigh"(叹息)。这种创新式翻译既传递了原诗感古伤今的意思,又从形式上保证了汉诗音韵美的特点,彰显出译者对诗意理解的深刻和非同一般的翻译功底。

【晚唐诗经典篇章英译鉴赏之四】

游崇真观①南楼,睹新及第题名处

鱼玄机

云峰②满目③放春晴,历历④银钩⑤指下生。
自恨罗衣⑥掩诗句,举头空羡榜中名。

【注疏】

①崇真观,道观名,在长安(今陕西西安)朱雀街东新昌坊。唐朝时新科及第的进士在崇真观南楼高高张贴题名,这是朝野瞩目的盛事,长安人争相前往观看。及第:科举应试中选。隋唐时考中进士称及第,因榜上题名有甲乙次第,故名及第。

②云峰,高耸入云的山峰。南朝宋谢灵运诗《酬从弟惠连》有云:"寝瘵谢人徒,灭迹入云峰。"

③满目,充满视野。三国魏曹丕《与钟大理书》:"捧匣跪发,五内震骇,绳穷匣开,烂然满目。"

④历历,指(物体或景象)一个个清晰分明。

⑤银钩,本义指银质或银色的帘钩,此处比喻道媚刚劲的书法。

⑥罗衣,指轻软丝织品制成的衣服,此处泛指女性服装。东汉边让《章华赋》:"罗衣飘飘,组绮缤纷。"三国魏曹植《美女篇》:"罗衣何飘飘,轻裾随风还。""罗衣"在商代已经出现,在唐代,浙江的越罗和四川的单丝罗均十分著名。

【白话释义】

放眼望去,高耸的山峰直入云霄,明媚的春光洒向大地,
清晰遒劲的文字在新科进士的手底一一生成,分外夺目。
恨只恨自己的女子身份,掩盖了满腹的诗文才华,
只能抬头看着那金榜上的进士题名,空自羡慕。

【创作背景】

鱼玄机,字幼薇,晚唐时期著名的女诗人,与李冶、薛涛齐名。她一生短暂而命运多舛。鱼玄机是一个天才诗人,五岁能诵诗数百篇,七岁即出口成章,十一二岁的年纪便已诗名盛播,才倾长安城。《唐才子传》记曰:"……观其志意激切,使为一男子,必有用之才,作者颇赏怜之……"鱼玄机虽然姿容出众,多才多艺,却

在"男有百行,女唯四德"的男权文化的困境中反复碰撞挣扎。此诗当作于唐宣宗大中十二年(858年)春。《唐才子传》里记载了这件事:一日,鱼玄机到长安城南风光秀丽的崇真观中游览,正碰到一群新科进士争相在观壁上题诗留名。才思敏慧的鱼幼薇,看着观壁上那些诗句,听着那些男人的相互吹捧,一时间感慨万分。男权文化中所固有的男尊女卑观念,对女性主体价值和人格魅力的否决,使得她空负超凡才艺,却只能望洋兴叹。待进士们题完后,鱼玄机也题下了这首七绝以抒心志。

【主题鉴赏】

我们所读的文学、诗歌等,都是建立在世界由男女两极经验组成的假想之上的。因此,女性经验和女性话语应该是和男性经验、男性话语平等的,两者共同组建起对世界的客观、全面的认识。然而,在男权文化中,男性经验和话语被却视为唯一的权威,女性经验和话语则被边缘化。早在中国诗歌的源头《诗经》中,与女性相关的诗歌,很多都表现出对女性的贬抑态度。《诗经·小雅·斯干》:"……乃生男子,载寝之床。载衣之裳,载弄之璋。其泣喤喤,朱芾斯皇,室家君王。乃生女子,载寝之地。载衣之裼,载弄之瓦。无非无仪,唯酒食是议,无父母诒罹。"《诗经·大雅·瞻卬》中明确表示,对一个家庭来说,聪明的女人不是福音而是祸害:"哲夫成城,哲妇倾城。懿厥哲妇,为枭为鸱。"

而从周朝开始一直流行到清朝的中国宫廷诗,几乎都围绕着一个主题——深闺美人的悲伤情怀,其实质是源自《离骚》的一种政治讽喻——是男性文人借用女性的形象和遭遇,诉说自己的不幸——不得志的臣子如同失宠的美女,富有才情却被无视,只能在孤独落寞中哀叹幽怨。这一传统在之后的宫怨诗、闺怨诗及弃妇诗中长期延续下来,但是这种女性的声音和形象,是由男性所发出且呈现给男性读者的,与女性的真实体验和话语相距甚远。

晚唐之后,女性诗人的书写主要表现出两种倾向:一是女性自己的声音,二是"声音置换"——女性模拟男性之声。从文化内涵上来看,由于女性的地位是由整个父权制文化决定的,是由男性决定的,因此,在男权社会中,女性要达到男性的位置,只有取得男人的承认。换言之,在以男性为中心(male-centered)的语言或象征体系中,女性诗人一般只有两种选择:一是女性的声音。这里的女性必须契合父权(男权)文化中男性所期待的温顺柔弱的女性角色和气质。唐代女性诗人的作品,包括鱼玄机的诗作,绝大部分都是这种男权文化下符合男性心理预期的产物。如唐代女诗人薛涛的《春望词》《牡丹》《别李郎中》《池上双鸟》等,鱼玄机的《江陵愁望寄子安》《暮春有感寄友人》《赋得江边柳》《折杨柳》《送别》《闺怨》等,此类诗歌比比皆是。二是鹦鹉学舌,模仿男人的话语。有少许诗篇,如薛涛所做的《愁边楼》、宋若华的《女论语》、宋若宪的《奉和御制麟德殿宴百官》等,都是模仿男性口吻的作品,诗风大气肃穆。

然而,鱼玄机能于唐代众多诗人中脱颖而出,除了超凡的色貌与才艺,更在于她为数不多的诗篇中所独具的傲然而不驯的女性声音。鱼玄机《赠邻女》中"自能窥宋玉,何必恨王昌"的桀骜,《迎李近仁员外》中"焚香出户迎潘岳,不羡牵牛织女家"的率意,《卖残牡丹》中"应为价高人不问,却缘香甚蝶难亲"和"及至移根上林苑,王孙方恨买无因"的孤傲及自信,《浣纱庙》中"一双笑靥才回面,十万精兵尽倒戈"对女性人格和价值的强烈肯定……在男权文化的压制下,这种追求与男性同等自由、尊严平等的女性声音,何其难得!

这首《游崇真观南楼》就是诗人女性社会意识觉醒的表现。以诗赋取士的科举制度,只给男子提供了施展才华、表现才能的机会,而女子即使有再高的才华,也只能以男性附属品或观赏物的形式存在,不可能攀枝折桂。这首诗不仅仅是诗人对自己不能参加科举的怨恨,更是对埋没女子才智的社会现实的愤怒,对男权文化中性别角色设定下对女性处处贬抑的愤怒。这种女子"怀才不遇"的不平之鸣,一般的闺阁之作或闺怨之作,实在无法比拟。在汉学家宇文所安看来,无论是迎合男性心理预期的女声,还是拟男心理下的女声,都不是女性本真的声音。"不管是言行举止还是吟诗作赋,循规蹈矩总是会造成虚假与不实的印象,但出于本性的此类循规蹈矩会避免因特性而引起的麻烦问题。然而循规蹈矩却不会引起内心的冲动。"只有产生于内心冲动的诗歌,才是原生态的本真的声音。鱼玄机现存的诗作中,除该首诗之外,《赠邻女》《卖残牡丹》《迎李近仁员外》等篇,皆语言坦率毫不矫揉,真实描写了男权文化语境中的女性体验和女性心理,正是这种源于本真的自我而发出的呐喊才令人心弦颤动。

【英译版本】

译文1 摘自《剑桥中国文学史》

Visiting the South Hall of Chongzhen Lodge, I Caught Sight of Where Recent Graduates Had Written Their Names

Peaks of clouds fill my eyes, letting spring daylight through,

clearly ranged, the silvery hooks* appeared at the tips of their fingers.

I hate how this gown of gossamer hides the lines of my poems, and lifting my head in vain I yearn for my own name on the graduates' list.

* "Silver hooks" referred to beautifully written characters.

译文 2 黄伟达

Visiting Lofty-Truth Monastery and Viewing the Names of New Graduates at the South Tower

Cloudy peaks fill my eyes this clear spring;
Silver strokes spring to life beneath my fingertips.
How I hate this silken gown which obscures my poetry!
Uselessly I envy the names on the list.

译文 3 宇文所安

Visiting the Southern Tower of Chong-zhen Temple: Seeing Where the Recent Graduates of the Examination Have Written Their Names

Cloud-covered hilltops fill my eyes,
I revel in springtime light,
Here clearly ranged are the silver hooks
That grew at their fingertips.
I have bitter regret that skirts of lace
Hide the lines of my poems.
And lifting my head in vain I covet
The publicly posted name.

译文 4 珍尼弗·卡彭特

Visiting the Southern Pavilion of Chongzhen Temple, I Saw the Place Where the Names of Successful Examination Candidates Are Written

Cloudy peaks fill my eyes, the clearness of spring is released,
The silver hooks* spring to life one by one beneath their fingers.
I resent these guaze robes of mine which conceal poems' lines,
I raise my head, envying the names on the roster of successful candidates.

* "Silver hooks" represents the writing of the successful candidates.

【汉诗训诂与译文鉴赏】

鱼玄机的这首《游崇真观南楼》胜在那令人振聋发聩的思想,而并非以辞藻或句工而称著于世。诗中既没有繁复晦涩的名词意象,也没有对仗齐整或复杂难解的句式,前两句是诗人所见之场景,由远及近,后两句是诗人心中所想,由己及彼,整体顺序由景入情,简单明了。第一句"云峰满目放春晴"语带双关。"云峰满目""春日放晴",既是崇真观楼前景色和天气的描写,更象征着放榜之日的盛况和进士及第那种功成名就的心情。第二句是上榜士子在崇真观壁上题名的情景,"历历银钩"象征着士子超脱的文笔和耀眼的才能,诗人看得如此分明,羡慕之情溢于言表。后两句"自恨""空羡"的心理描写,包含了诗人无限的悲凉和无奈,也包含了诗人对自己才华的自信和对社会现实不公的愤怒。

因为原诗的主题直白易懂,以上四位译者的译文也都把握住了诗歌的主旨。但是,在细节翻译上各位译者仍然略有不同。

【云峰满目放春晴】首句"云峰"两字可指高耸入云的山峰,也可指状如山峰的云,此处应该是指层峦起伏的山峰。《剑桥中国文学史》(以下简称《剑》)介绍鱼玄机部分所附译文为"peaks of clouds",当是采取字面直译。从英语语法来看,"peaks of clouds"意思是云的顶峰,有云海之意,不符合原诗的意思。如果"云峰"是指"状如山峰的云",那么"云峰满目"就和后半句的"放春晴"相互矛盾。此外,

"peak"指山顶、山巅,本来就有高峰之意。英语中修饰山峰高耸,通常使用 great、lofty、high、towering 等词,或者说"tower/pierce into clouds"(直入云霄)。黄伟达和珍尼弗将"云峰"译为"cloudy peaks",宇文所安译为"cloud-covered hilltops",两种译法都是形式对等的翻译。但是,无论是 cloudy 还是 cloud-covered,意思都与"晴"相对,表示"阴",是"有许多云的"或者"被云遮住的",而诗中的"云"则是"高耸入云"的意思,所以以上形式对等的译法,语义上与原词有偏差,且与后半句"放春晴"自相矛盾,皆有不妥之处。

后半句"放春晴"实际上是指"春日里,天放晴",象征着放榜的盛况和上榜士子们的心情——寒窗苦读的阴霾一扫而光,心情如同春日晴天一般明媚。英语中的放晴是"clear up",但是没有"春晴"之说。"放春晴"的"春"字,在英语语法中应该属于时间状语"春天里"。《剑》将"放春晴"翻译为"春天的日光穿过",与原句的表层意思接近,但是没有译出进士及第春风得意的象征意义。珍尼弗采取了异化策略,译为"the clearness of spring is released",语义功能与原诗句对等,但是英语读者估计很难接受这种"被……释放出来的晴朗"的表达形式。黄伟达采取了归化策略,译文中删掉了"放"字,将"放春晴"译为时间状语"在这个晴朗的春天",并置于句子末尾,意思对等,也符合译入语习惯。但是以上三个译文的"云峰"都译为"有许多云的山峰",与"放春晴"意义抵牾,造成诗句内部逻辑关系混乱不通。宇文所安应该注意到了译文中"云峰"和"放春晴"之间的矛盾,将后半句异译为"我陶醉在春光里"。但是,这种异译有两处不妥。一是原句本来属于物质小句,描写外部世界的情景风光,暗示上榜士子意气风发的心情。宇文所安将其译为心理小句,且感受者是"我",变成对诗人心理的直接描述,二者在功能上有明显的差异。二是意思传递失误。所谓"春风得意马蹄疾","放春晴"象征士子们蟾宫折桂之后的春风得意之态,而非诗人自己的陶醉之情,叙事人称被误置。该诗是男权文化中具有女性主体意识的诗作,女诗人一方面羡慕男子能够实现自己的理想抱负,一方面又不甘于自己的聪明才智如此埋没,在这种放榜的盛况下,满腹才华而又无从实现的女诗人,会羡慕、会感慨,但是很难陶醉于春光之中。因此,"我陶醉在春光里"的译法与原诗句的意思明显不同,宇文所安对原诗的理解有误。

【历历银钩指下生】"银钩"属于隐喻,其本义指银质或银色的帘钩,此处比喻遒媚刚劲的书法。"银钩"二字说明士子们题名时所展示的书法高超,也暗示着男性及第后才华得以展示并受到万众瞩目的幸事。"历历",叠声词,清晰貌,同时营设出时间感。士子们一个一个地写,而诗人在旁逐一看过:那像银钩一样熠熠闪光的才情和自我价值得到认可、才华得以展示的得意,将诗人内心的羡慕、怅恨表露无遗。《剑》和宇文所安都将"历历"译为"clearly ranged"(整端的)。前者将该句译为"银钩出现在他们指端,整齐地排列着",与原诗句的意思一致。宇文所安的翻译和《剑》类似,主要差别在于宇文所安使用了一个倒装句式,句式上虽与原诗有差别,但是感叹句突出了诗人的"艳羡"之情,不失为一种灵活的变通之法。黄伟达的译文追求诗歌形式对等,因此省略了"历历"二字。珍尼弗将"历历"译为"one by one",虽然不是"叠声"的手法,但也算是在意思和形式上双重对等。相较而言,"clearly ranged"虽然说明了书法等整端,却缺少时间感,削弱了诗人流连忘返的艳羡之态。

黄伟达和珍尼弗对"指下生"三字的翻译最为传神——"spring to life"。"spring"意思是"涌出,生成",蕴含着一种活泼的生命力,不但译出了进士们如笔下生花的"精妙书法",同时表现出了他们挥毫洒墨时的得意酣畅之态。《剑》和宇文所安的"appear"和"grow",虽然也有书写流畅之意,却不能译出"生"的传神之处。此外,黄伟达的译文使用了头韵形式,"silver strokes spring"来趋近叠声词"历历"的音效,以译入语的修辞方式表现原句的修辞义,但是他添加的主语为"I",将题名书写的主语理解为诗人自己,成为译文中的一处误译。

【自恨罗衣掩诗句】"罗衣",指轻软的丝织品制成的衣服,这里泛指女性服装,"gown"意思是女裙,尤其是特别场合穿的长裙,"罗衣"自然是"silk gown"。"robe"通常指的是在典礼中穿着以显示身份的宽松的礼袍,用来翻译"罗衣"不够贴切。宇文所安将"罗衣"翻译为"skirts of lace",显然是为了突出女性服装的特点,突出诗歌中所表达的男权社会对女性性别的歧视。这样的异译更有助于译入语文化背景下的读者理解原诗的意义。

从句式上来看,"自恨罗衣掩诗句"是复合句。主句是心理小句,四位译者的翻译一致,分别使用了"hate""regret"和"resent"三个心理动词翻译此句。宾语从句"罗衣掩诗句"是物质小句,也是主句"恨"的对象。但是,黄伟达和珍尼弗都变动了句式,将"罗衣"作为宾语,作"恨"的对象,"罗衣"后面使用了定语从句,导致译文的意思成为"我痛恨遮掩诗句的罗衣",造成语义和形式上的偏差。

从选词来看,"regret"有悔不当初之意,暗示事情的决定权在当事人手中,不符合诗意,"hate"和"resent"更符合"恨"一词"愤愤不平、怨恨"的内涵。黄伟达所译的感叹句式"How I hate……"是一个亮点,将女诗人对男权文化中的女性无法施展自己的才华、无法实现自己的理想的激愤和怨愤表达得淋漓尽致,情感主体落在女诗人身上。这种强烈的感情，非常适合感叹句的形式。

【举头空羡榜中名】"榜中名"是指古代科举考试录取金榜上的人名。自隋代创立科举取士制度以来，放榜便成为考试后的重要环节，有点类似如今被政府录取为公务人员时所公布的名单。这是汉语文化中特有的表达形式，名字被写在榜上"公示"，意味着光耀门第和飞黄腾达。因此，"榜中名"之榜，并非一般所造的名单表或花名册，而是政府公布的名单，其目的是为了"公示"。所以，译文1的"graduates' list"（毕业生名单）和黄伟达所译的"list"（名单），都属于与表层意义相符的翻译，缺少原词所具有的深层文化内涵。要弥补翻译中的文化空缺，二位译者必须加注，否则西方读者估计很难理解诗人如此羡慕名字被列入"graduates' list"或"list"的原因。珍尼弗和宇文所安都考虑到了"榜"的特殊意义。珍尼弗采取添加修饰语的办法译为"the roster of successful candidates"（成功候选人的名单），说明"榜"的性质是政府选拔官员，"榜中名"就是"成功的官员候选人"。仅仅从"榜"的词义来看，珍尼弗的表述最为准确。但是，考虑到上下文语境，宇文所安翻译的"The publicly posted name"（公示的名单）更合适。虽然译文没有说明是什么样的名单，但是"publicly posted"更符合放榜的盛况，更能突出"上榜"的荣耀之感和旁观者的艳羡之情。

"空羡"中的"空"字蕴含了女诗人无限的悲凉、叹息和无奈，如同第三句的"自恨"两词一样，是女诗人对自己空有满腹才华而却投报无门的激愤和呐喊，在译文中需要体现出来。但是译文4却略去了"空"字，可以说是一大缺憾。译文1和译文3都使用了"in vain"这个短语，意思上更为准确有力。黄伟达则使用了口语化的"uselessly"一词，比较精简，但语义似乎不甚饱满。

许渊冲的翻译美学理论认为，诗歌翻译中，意美最为重要，其次是形美和音美。依照这种诗歌翻译本体论，《剑》和珍尼弗的译文最佳，最大限度地表现了原诗的意美，当然原诗的形美和音美已然不见。

黄伟达的译文最具形美，也值得一提。首先，他的译文与原诗的字数最为接近，除第3句是10个词，剩余1、2、4句各有8个词，全诗仅34个词，最大限度地保留了汉诗所特有的短小精悍的文体形式和语言风格。其次是使用译入语的修辞手法来弥补原诗修辞形式的空缺。译者在第2句中使用了头韵的形式表现"历历"这一叠声词的修辞特点；第3句使用感叹句传达"自恨"，表现出了诗人无限的不满和怅恨；第4句则用短句和第3句构成形式和意义上的对照。整首诗简洁明了，朗朗上口，颇有可取之处。

【晚唐诗经典篇章英译鉴赏之五】

无题

李商隐

来是空言去绝踪①,月斜楼上五更钟。
梦为远别啼难唤,书被催成墨未浓。
蜡照半笼金翡翠②,麝熏微度绣芙蓉③。
刘郎④已恨蓬山远,更隔蓬山⑤一万重。

【注疏】

①空言,空话,此处是说女方失约。绝踪,没有痕迹。

②蜡照,烛光。半笼,半映,指烛光隐约,不能全照床上被褥。金翡翠,有两种说法,一是指饰以金翠的被子,《长恨歌》中有:"翡翠衾寒谁与共";二是指以金线绣成翡翠鸟图样之帷帐,或指有翡翠鸟图样之罗罩,睡眠时罩在烛台上掩暗烛光。

③麝熏,麝香的气味。麝本动物名,即香獐,其体内的分泌物可作香料。这里即指香气。度,透过。绣芙蓉,指绣花的帐子。

④相传东汉明帝永平五年,会稽郡剡县刘晨、阮肇共入天台山采药,遇两位丽质仙女,将其邀至家中,并招为婿。刘晨、阮肇后被称为刘郎、阮郎,后世借此典喻"艳遇"。

⑤蓬山:蓬莱山,指仙境。

【白话释义】

她说过要来的,其实是句空话,一去便杳无影踪。
我在楼上等着,直到残月西斜,传来五更的晓钟。
因为远别而积思成梦,梦里悲啼,久唤难醒;
醒后便匆忙提笔写信,心情急切,墨未磨浓。
蜡烛的余光,半罩着饰有金翡翠的帷幕;
兰麝的香气,熏染了被褥上刺绣的芙蓉。
我像古代的刘郎,本已怨恨蓬山仙境的遥远;
我所思念的人啊,哪堪更隔着蓬山千重万重!

【创作背景】

李商隐所处的时代本就是唐朝江河日下、政治腐败、社会动荡不安的时期。彼时,社会病态纷呈,矛盾重重;人事纷纭,相互倾轧。他十岁丧父,千里迢迢协助母亲携带父亲灵柩归里。佣书贩舂,备尝艰辛。早年的贫苦生活对他的性格和观念的形成影响很大。一方面,他渴望早日做官,以光宗耀祖。另一方面,早年的经历使他养成犹豫、敏感、清高的性格。这些特征既大量地从他的诗文中流露出来,也表现在他曲折坎坷的仕途生涯中。李商隐娶妻王氏,情深意笃,却给仕途带来厄运,致使其一生都处于牛李党争的夹缝之中。牛党的令狐父子对李商隐有知遇提携之恩,而李党的王茂元和李商隐有翁婿依倚之情。李商隐对令狐父子和王茂元同具感激之情,但是这种心态却不被牛李两党,尤其是不被令狐氏所容。

此外,李商隐"我系本王孙"的身世(李商隐是没落的王族后裔)和传统儒生的观念使他具有一种强烈的政治责任感和建功立业的士子追求。诗人本身是少年天才,"十六能著《才论》《圣论》,以古文出诸公间"(《樊南甲集序》),却因误陷朋党之争,仕进无望。虽有混迹官场之时,但都是县尉、太学博士等卑微之职。才志虽高,却投报无门,只能"虚负凌云万丈才,一声襟抱未曾开"。雪上加霜的是,可称为知音的妻子又因病早逝,诗人生命的慰藉和依靠骤然落空,只能将满腔的抑郁和愤懑诉诸笔端,在诗书中寻求精神与情感寄托。

【主题鉴赏】

作为一种诗歌体制形式,无题诗的创作可以追溯至第一部诗歌总集《诗经》。诗经中每一首诗的标题,如《关雎》《卷耳》《八月》等,皆取首句的几个词,合为题目。顾炎武曾说:"古人之诗,有诗而后有题;今人之诗,有题而后有诗。有诗而后有题者,其诗本乎情;有题而后有诗者,其诗徇乎物。"此后的《古诗十九首》和汉乐府诗,也多采取了这种无题形式。随着魏晋南北朝个体创作的自觉和独立,至唐代,虽有诗人沿用乐府古题,如李白、白居易等,题目与诗歌内容没有必然或太多联系,但是无题诗的数量已远非从前可比。

李商隐的无题诗是对无题诗体制形式的拓新,开创了中国诗歌史上新的抒情诗体。李商隐之前,以《诗经》为主的无题诗多是上古时期劳动人民集体创作,是一种集体情感的表达,因此,诗歌中没有一种比较明确、集中且统一的情感和思想。而诗歌题目通常会对诗歌的情感表达有所限定,更适合情感思想单一的诗歌作品,因此集体创作的诗歌大都采用了无题的形式。

李商隐的无题诗则标志着无题的传统由集体创作走向个人创作。诗人不但继承了《诗经》和乐府诗的神韵,诗歌中往往蕴含复杂且多元的思想情感,更以天才的技艺,不但将无题诗定了型,更以其扑朔迷离、缥缈朦胧、复义难尽等表达特点将无题的精髓发挥到无以复加的地步。

李商隐的无题诗历来众说纷纭,旨趣难寻。从诗歌主题来看,诗人一般以爱情为主要抒写内容。并且,由于比兴、用典等艺术手法的大量使用,这些以爱情为主体的内容后面似乎隐藏了更深层次的情感。是否有所寄托?鉴于"美刺讽喻"的诗歌功能论和"香草美人"的艺术传统,众诗家都倾向无题诗有所寄寓的特点。但是,所托何意则聚讼纷纭。"春蚕到死丝方尽,蜡炬成灰泪始干"(《无题·相见时难别亦难》),"刘郎已恨蓬山远,更隔蓬山一万重。"(《无题·来是空言去绝踪》),"曾是寂寥金烬暗,断无消息石榴红。"(《无题二首·凤尾香罗薄几重》)等句,从字面上看意思相当明畅,难点却是在旨意的理解上。

《无题》诗中的诗境、意象与"春蚕""刘郎""金烬"等之间的具体关联很难界定。从叙事结构上来讲,无题诗联与联之间,也留有太多的空白与跳跃。诗中没有叙事、空间、时间等逻辑之线,诗句之间联结和连续,总是凝集于一种情感的统一性。"青鸟""蓬山""春蚕""彩凤""芙蓉""金烬"等一系列虚词,都具有一种忧伤朦胧、艳丽梦幻的特点。诗人用意象和典事构筑起来的,是一个不受形式逻辑束缚的、无线无序的心灵场。说到底,是诗人才志难展之下的一种得不到宣泄和呼应的"情意结",抑或是中国文人所称之"块垒"。对于敏感多情又软弱的诗人来讲,这种长期的情意之结,混沌迷离、似有若无、亦近还远,恐怕连诗人自己也说不清楚。因此,所谓无题,亦是无解。

【英译版本】

译文 1 许渊冲

To One Unnamed

You said you'd come but you are gone and left no trace,
I wake to hear in moonlit tower the fifth watch bell.
In dream my cry couldn't call you back from distant place;

In haste with ink unthickened I cannot write well.
The candlelight illumines half our broidered bed;
The smell of musk still faintly sweetens lotus-screen.
Beyond my reach the far-off fairy mountains spread,
But you're still farther off than fairy mountains green.

译文 2　威特·宾纳

To One Unnamed

You said you would come, but you did not, and you left me with no other trace
Than the moonlight on your tower at the fifth-watch bell.
I cry for you forever gone, I cannot waken yet,
I try to read your hurried note, I find the ink too pale.
Blue burns your candle in its kingfisher-feather lantern
And a sweet breath steals from your hibiscus-broidered curtain.
But far beyond my reach is the Enchanted Mountain,
And you are on the other side, ten thousand peaks away.

译文 3　葛瑞汉

Untitled Poems

Coming was an empty promise, you have gone, and left no footprint:
The moonlight slants above the roof, already the fifth watch sounds.
Dreams of remote partings, cries which cannot summon,
Hurrying to finish the letter, ink which will not thicken.
The light of the candle half encloses kingfishers threaded with gold,
The smell of musk comes faintly through embroidered water-lilies.
Young Liu complained that Fairly Hill is far
Past Fairly Mountain, range above range, ten thousand mountains rise.
Fairly Hill: or Penglai, is one of the mountains of the immortals in the Eastern Sea.
Young Liu is a slightly contemptuous reference to the Emperor
Wu of Han's search for immortality.

译文 4　宇文所安

Left Untitled (one of four)

That she would come was only empty words;

gone, no trace at all;

The moon bends past the upstairs room,

a bell tolls night's last hour.

In dreams we are parting far away,

weeping won't call you back;

A letter rushed to completion,

the ink not yet ground dark[1].

Candlelight half envelops

Kingfishers of gold;

Odor of musk faintly crosses

embroidered lotuses.

Young Liu[2] already frets

that Peng Mountain[3] lies far,

but further beyond Peng Mountain

Are ten thousand slopes more.

1. Chinese ink came in the form of a stick, which was ground with water on an inkstone to reach the proper thickness.
2. Young Liu is a playful reference to Emperor or Wu of the Han (surnamed Liu) and his role as the lover of the goddess Queen Mother of the West.
3. Peng Mountain was one of the three islands in the Easter Ocean inhabited by the undying. The figure here suggests that the beloved is out of reach.

【汉诗训诂与译文鉴赏】

清代学者钱龙惕曾在《玉溪生诗笺叙》中写道:"余少好读李义山诗,往往不得其解。"一语道尽李义山(李商隐)诗之特点——诗歌主旨的难解。尤其是李商隐的无题诗和准无题诗,既朗朗上口又艰深难解,既动人心弦却又无迹可寻。虽然,从表面意义能够看出,这首诗是围绕"离情"二字,描写与心上人相隔万里、无缘再见的痛苦之情。但是,李义山的描写不同于李白的《长相思》、杜甫的《月夜》、张九龄的《望月怀古》等诗,既没有由景入情的线索,也没事情发生的顺序,全诗"凌空而起",颇有"花非花、雾非雾"的特点,混沌不明,令人摸不着头脑。只有读完全诗才明白,原来这首无题诗构建于梦境和现实之间,形成了一种跳脱混乱的结构顺序。在诗中,梦境和现实混淆难辨,二者杂糅在一起,交织成一种具体又朦胧、沉重又飘忽的情绪。

这种朦胧飘忽的情绪不仅仅表现在其跳脱的结构顺序上,还在于语义功能的表现上。全诗共8句,只有第7句是心理小句,第3和第4句是动作小句,分别描写诗人的心理活动和动作行为,与离情直接相关(事实上,心理小句的感知者并非诗人本人,仍然属于间接描写)。其余5句中,2、5、6句属于物质小句,1、8句属于关系小句,都未与离情直接相关。

【来是空言去绝踪】首句"来是空言"是一个关系小句,"去绝踪"可以看作一个隐性的关系小句。但是,以上关系小句中的关系并非是对某个主语的特征描写或界定,因为诗句所指何人、何事、何时、何地,读者一无所知,读来令人摸不着头绪。由此展现出诗人隐晦而疏离的心绪,朦胧而混沌。

四种译文中,许渊冲和宾纳都将该句翻译为"言语小句+动作小句"的形式,并添加了言语小句和动作小句的行为者 you,大致的意思都是"你说你要来却离开,没有留下任何踪迹"。葛瑞汉将该句译为"关系小句+动作小句"的形式,并在动作小句中添加了行为者 you,其中文意思是"来是空言,你离开了,没有留下痕迹"。只有宇文所安仍将该句译为关系小句,并且没有给关系小句添加具体的主语,译为汉语无主语句,"来是空言,去绝踪"。从语义功能对等的角度来看,前三个译文都改变了原诗句的语义功能,因此原诗中的意思和情绪也被明朗化了;而宇文所安采取了语义功能对等的译法,其译文最接近原诗的意境美,朦胧而飘忽。

从语言形式来看,原诗句的结构非常工整,"来"与"去"、"空言"和"绝踪",彼此相成相对。此外,"空言"和"绝踪"两词使用了矛盾修辞法(oxymoron),修饰语与被修饰语之间看起来相互矛盾,以一种超出读者期待与意料的嘲弄,制造语义上的跌宕,表现出诗句的张力。葛瑞汉将"空言"译为"empty promise",宇文所安译为"empty words",两者都是形式对等的译法。但是,很难在英语中找到与"绝踪"二字修辞手法一致的短语。"踪"是指"踪迹",英译应该是"trace"。葛瑞汉译为"footprint"(足迹),"绝踪"译为"no footprint",虽然和"no trace"有偏差,但是从译文形式和结构上来讲,还是与原诗句的并列对照的语言形式相一致。相较之下,许渊冲和宾纳的译文在形式上的变动比较大。原诗中的"来"和"去"都是动名词,作主语,许渊冲和宾纳都将其译为动词。比起名词,动词的词义比较具体,内涵固定,因此,这种名转动的译法,削弱了原诗朦胧、混沌的感觉,让原本模糊的意境变得清晰起来。

【月斜楼上五更钟】第二句属于物质关系小句。整个句子比较白话,不但说明了具体的地点和时间,而且声色俱全——五更钟响,月斜楼上,整个意境倏忽清晰明朗了许多。该句是说诗人从梦里醒来,看到楼上月亮斜照,听到晓钟初鸣。"楼上"是地点状语,五更钟的"钟"在这里可以看作名词活用作动词,五更钟响。五更钟响,这肯定是思念情人的人所听到的声音,因此,月斜楼上也应该是思念情人的人所看到的情景。宾纳将一二句联系起来,译为"you left me with no other trace than the moonlight on your tower at the fifth-watch bell",意思是"不留痕迹,只剩下(你的)楼上五更天的月光"。从语义功能来讲,宾纳将第二句物质小句降级成为短语,与原诗的意思明显有偏差。

葛瑞汉和宇文所安都选择了物质小句,葛瑞汉译为"The moonlight slants above the roof, already the fifth watch sounds",汉语意思是"月光斜洒在屋顶,五更钟已响",非常契合原诗的意思和意境。宇文所安的译法与葛瑞汉类似,但是他将"五更钟"译为"晚上最后一个小时的钟鸣"。根据奈达的对等理论:功能对等的翻译,不仅要求信息内容对等,而且,尽可能地要求形式对等。但是,奈达也提到在五种情况下译文形式不能与原文对等,其中两条是:1)直译会导致意义上的错误;2)引入外来语形成语义空白。"更"是中国古代特有的计时单位,每更约两个小时。五更对应的并非是五点整,而是3点到5点之间的一段时间。因此,葛瑞汉采取形式对等的译法"fifth watch",很容易让西方读者误认为是五点。而宇文所安将其译为"a bell tolls night's last hour",细节的处理上更为妥当。

许渊冲翻译此句的变动也较大,他将原句的物质小句转化为动作小句,译为"我醒来,听到在月光笼罩的楼上,五更钟响",语义和形式都与原诗相差较大。但是将该译文的一、二句合起来看,我们能够看到他的创造性构思:"you said ...""I wake to ..."。许渊冲第一句使用了错综复合句式,第二句则使用了简单句,两个对句在形式上形成鲜明的对照对比关系,亦有其独到之处。

【梦为远别啼难唤,书被催成墨未浓】语义功能上来看,二者整体上都属于动作小句,通过对行为人动作的直接描写,表现人物那种无法克制的思念之情。四位译者中,葛瑞汉的译法变动较大。原句的动作小句被降级成为短语,两个动作小句被肢解为四个两两对应的短语。从语义功能角度来讲,名词通常体现的是事物,而小句通常体现的是情形。葛瑞汉的这种降级处理,造成贯穿始末的诗人的情感之"势"发生断离,明显弱化了诗中人物的相思的情形,与原诗形式偏差比较明显。其他三个译文则全部采取了动作小句,语义功能与原诗对等,通过对人物的动作刻画描写其相思之情。

此外,从语言形式上来看,三、四句是一对非常整齐的平行对照结构。原诗句中的名词"梦"和"书"、"啼"和"墨"两两对照,介词"为"和"被"对照,副词"难"和"未"对照。从译文来看,各个译者都注意到了汉诗这种平行结构的特点,并且在自己的译文中都尽量表现出这种形式特点。宾纳在两个句子中分别使用了两个以"我+实义动词"的主谓结构,I cry, I cannot waken, I try, I find,并且第三句和第四句的谓语动词押韵,但是意思上有偏差。诗人原意是"梦里哭泣",宾纳译为"无法从梦中醒来",第四句的"书被催成"应该是思念情人的人因为思念之切,匆忙写信,宾纳译为"收到的信"。当然,把宾纳的这句合起来看,就可以发现译者在意美和形美两难全时的取舍。汉语单音节字较多,句法松散,容易组成逐字逐词对照的并列结构,而句法严谨的屈折语很难实现这个形式特点。为了保持句式和意思上的并列对照,宾纳将第一、二句的主语都设置为被怀念的人——"你",而将第三、四句的主语都设置为思念的人——"我",体现出汉语诗歌平行对称的独特形式。也许是从宾纳的译文中得到了启发,许渊冲采取了和宾纳类似的翻译手法。一、二句分别用主语"you""I"相互对照,三、四句将"梦"和"催"都转化为功能性介词短语,译为"在梦里""在匆忙中"。而且,作为源语文化的译者,许渊冲对原诗主旨的把握更为准确,译文的意思表述比宾纳更贴合原诗。但是,将"梦为远别啼难唤"译成"在梦里,我的哭泣无法将你从远处唤回",将"书被催成"译为"不能写好",语义上仍然存在一定偏差。

相较之下,葛瑞汉和宇文所安采取了直译的办法,尽量在字、词的选择上与原诗保持一一对应。葛瑞汉保持了原诗中三、四句两组名词、一组介词和一组副词的两两对照,只是名词对照组中的"书"被置换成了动名词"催",副词"难"和"未"置换成了代词"which",在音韵上译者也有意无意地保持了原诗中鼻音结尾的韵脚,甚至在字数上也和原诗所差无几,可以说是最接近源语诗歌的直译。

宇文所安的译文中,"梦"转化成了介词,但是译者保留了"啼"和"墨"的对应,并在译文中增加了实义动词"别"和"催"的对应。最为巧妙的是,译者将副词"难"和"未"都处理成为否定词"没有",增强了诗句内部肯定和否定的对照关系。而且,宇文所安保留了原诗第四句中的被动结构,译文行尾"back"与"dark",不仅形似,而且韵脚[k]也实现了声似。宇文所安在细节的处理上也非常仔细,"墨未浓"三字体现了中国笔墨纸砚传统文化,宇文采取了加注的形式,对中国古人研墨即书的现象加以说明,有助于西方读者对原诗的理解。整体来看,四个译文中,宇文所安的翻译在形式和功能上与原诗最为对等。

【蜡照半笼金翡翠,麝熏微度绣芙蓉】五、六句都是物质小句,并且上下句中的词性对应、句式对等。此外,这两句所含的名词意象最多,包括有"蜡照、金翡翠、麝熏和绣芙蓉"四组意象。从译文来看,该句的歧义反而最小,四个译者将这

第六章 唐诗英译鉴赏与评析(下阕)

两句也都译为物质小句,与原诗句语义功能对等。因此,该联中,对名词意象的翻译,决定了各位译者对该联翻译的质量。

"蜡照"的意思明了,众译者几乎都译为蜡烛的烛光(candlelight/light of candle),无有歧解。

"金翡翠"之解历来各有不同。一是指被子。《长恨歌》中有云:"翡翠衾寒谁与共。"许渊冲译文中的"金翡翠"就是带刺绣的被子。二是指帷帐或罗罩。刘学锴、余恕诚集解有云,"金翡翠:以金线绣成翡翠鸟图样之帷帐,或曰金翡翠指有翡翠鸟图样之罗罩,睡眠时罩在烛台上掩暗烛光。"宾纳采取了"罗罩"之说,将"金翡翠"译为"饰有翡翠的灯笼"。葛瑞汉和宇文所安均译为"金色的翡翠鸟",可见二人认为"金翡翠"是一种饰品,至于是被子、床帏,还是罗罩的饰品,像原诗一样,只好留给读者去选择。

"麝熏"是指麝香的香气,应该译为"the smell of musk"或者"odor of musk"。麝香一般为古代富贵人家使用的香料,和诗人使用"金翡翠"的目的一样,是为了营造一种艳丽的色彩和馥郁的气氛。宾纳译为"sweet breath"(香味),意思太淡,且与昂贵的"麝香"尚有偏差。

"绣芙蓉"也是一种装饰,此处指绣有芙蓉花的帷帐。许渊冲译"绣芙蓉"为"莲花屏风",宾纳译为"绣有芙蓉花的帷帐"。葛瑞汉和宇文所安则同翻译"金翡翠"一样,把"绣芙蓉"当作装饰品,直译为"刺绣的莲花",至于是哪里的或哪一种装饰品,仍然留给读者自己去理解。

其实,用直译法将"金翡翠"和"绣芙蓉"以对等的语言形式翻译出来,不够妥当。在汉语言文化中,"金翡翠"和"绣芙蓉"都是用来装潢内室的用品,具有明显的"艳情"色彩。而从字面上来看,"金翡翠"是一种富丽的玉石,"绣芙蓉"则是一种刺绣品,直译之后两个名词意象全失,在翻译中明显造成了文化亏损。对于对西方读者而言,如果对"金翡翠"和"绣芙蓉"没有进一步的了解,估计很难理解由"蜡照、金翡翠、麝熏、绣芙蓉"等意象词所营造出的艳丽情迷的梦境。至于"金翡翠"的译法,"罗罩"之说应该更为准确。因为动词"笼"的意思就是"用笼子罩住",是一种"收拢"而非"发散"的动作,而且"麝熏微度"说明麝香的香味穿透了帷帐,那么帷帐应该是下垂状,否则不能解释"微度"所表现的穿透之说。

两句诗分别描写了室内的两个场景:一个是笼罩在饰有金色翡翠鸟灯笼下的掩映的烛光,一个是饰有芙蓉花而下垂的床帏,香气正慢慢穿透而过。两者既造就了视觉和空间上的移动,又都具有既朦胧又香艳的特点,如此才能意境全出。针对诗人所营造的迷离梦境,宾纳的译文最为出彩,翻译出了该联艳丽梦幻的特点。

【刘郎已恨蓬山远,更隔蓬山一万重】尾联由心理小句和物质小句构成。尤其第7句,是全诗中唯一直白描写心理状态的句子(虽然小句的感知者并非诗中的相思者)。许渊冲和宾纳采取的方法类似,二者都将尾联翻译为"物质小句+关系小句"的形式,翻译过来的意思大致都是:"蓬山已经遥不可及,而你却比蓬山更远。"意思与原诗句意思非常接近。但是二者都将第7句译为关系小句,将原诗中对人物痛苦之情的直接描写转化为间接描写,语义功能并非完全对等。葛瑞汉将尾联译为"言语小句+物质小句"的形式,意思是"刘郎抱怨蓬山远,隔着蓬山,还有万重山"。宇文所安采取了"心理小句+关系小句"的译法,译为"刘郎已恨蓬山远,蓬山之外更有万重山"。从语义功能对等来看,许渊冲和宾纳都舍弃了"刘郎"这个典故,将原诗第8句中对痛苦之情的间接描述明朗化,缺少了原诗那种言尽而意无穷的诗性特征。宇文所安和葛瑞汉的译文在形式和功能上更接近原诗,第7句直抒胸臆,而第8句是间接描述再见无期的痛苦之情。

"刘郎"和"蓬山"都是具有特定文化内涵的词语。其中,"刘郎"暗合了两个典故。一说指"天台山寻仙侣不遇"的故事。相传东汉时刘晨、阮肇一同入山采药,遇二女子,邀至家,留半年乃还乡。后也以此典喻"艳遇",刘郎喻指"情郎"。二说指汉武帝刘彻派使者寻访海上仙方而使者未归的故事。一般更倾向于后者。"蓬山"就是蓬莱山,传说中的海上仙山。据《列子·汤问》载,渤海之东不知几亿万里处,有包括蓬莱在内的五座仙山。可见蓬莱之远,遥不可及。该联的关键词是"远"和"隔","刘郎"也罢,"蓬山"也罢,都是深有寄托的典事,借以抒发诗人对和情人远隔天涯、无缘会面的感慨。

如果将"刘郎""蓬山"直译成英语,译文中就必须加注,如葛瑞汉和宇文所安所译,对以上二词的内涵加以说明。其中,宇文所安注释中强调了该句所要表达的"遥不可及"的意思,这是很有必要的。葛瑞汉的译文中,第八句的动词"rise"使用得非常巧妙,突出了"阻隔"之意。相较之下,许渊冲和宾纳都对"刘郎""蓬山"进行了异译,将刘郎阐释为诗人自己,将蓬山译为仙山。虽然缺少了原诗朦胧、含蓄的特点,但是这种直白的翻译突出了诗人那种无助、绝望的情感,倒也另有一番韵味。此外,宾纳的译文中,最后一联的两个连词"But"和"And"使用得非常巧妙,表现出了尾联之间让步又递进的逻辑关系,符合译入语的语言形式特点。

整体而言,依照翻译对等理论,宇文所安的译文在形式和功能上最接近原文。许渊冲的译文具有其一贯的特点,就是创造性叛逆译法,即尽力发挥译入语的表达优势。他的译文在追求意美的基础上,力求形美、音美。

第七章

宋词英译鉴赏与评析

【导读】

唐诗之继,宋词为首

　　唐诗、宋词被誉为中国古代文学皇冠上最璀璨的两颗明珠。清末民初学者王国维在《宋元戏曲考·序》中,将宋词的文学地位概括为"一代之文学,而后世莫能继焉者也",可见其地位之卓绝。词与诗歌相比,王国维曾说:"词之为体,要眇宜修,能言诗之不能言,而不能尽言诗之所能言。诗之境阔,词之言长",可见"词"语言之精妙。

　　词是伴随着隋唐燕乐的兴起而产生的一种音乐文艺。盛唐时教坊曲多配以诗传唱,直至以词合乐的方式出现后,曲调才逐渐转为词调。为了适应社会和乐曲要求,更富有韵律变化的长短句曲子逐渐发展起来,并取代唐诗,成为一种与古体诗、近体诗并行的新诗体。可以说词兴于唐代,发展与五代,极盛于两宋,代表了宋代最高的文学成就。

　　词在两宋时期的繁荣有其必然的原因。王国维、胡云翼、刘大杰、詹安泰、周笃文等学者从政治、经济、文化等方面探究宋词繁盛的原因。虽然词学界就此并未达成完全一致的观点,但是有一些因素似乎更受到认可,其一是城市经济的繁荣与市民阶层的扩大;其二,隋唐以来新音乐的流行;三是文体代兴的必然趋势,四是君主的提倡(刘扬中,1989)。这些因素的共同作用,也使词的题材丰富多样,包罗万象,达到了空前的盛况,大到江山社稷,壮志豪情,小到春花秋月,儿女私情,不一而足,反映了客观世界和情感世界的方方面面,展现出宋朝社会生活细致人微的生动画卷。

在对宋词浩如烟海的研究中,人们高度认可宋词的美学价值。普遍达成的共识有如下几个方面。首先,宋词具有极强的音乐美。如上文所述,形式上自由的长短句配合着里巷和边疆民族乐曲,使词能够伴随音乐而重复表达情感(钱鸿瑛,1991)。这也是词能够广为流传的原因之一。第二,宋词具有非常强的抒情张力。宋词题材范围广泛,包罗万象,使得这种文体具有极强的抒情表现力。词的创作最初始于民间,抒发了普通民众的儿女情长,悲欢离合。宋词的优秀作品中,有大量以爱情和离别为主题的作品。爱情的美好和离别的愁苦并非无病呻吟,而是人性最自然的感情的流露。在理学盛行的宋代,人们被压抑的情感能够借由词得以舒缓和释放。另一方面,在宋代特定的历史背景下,许多词人都经历过战乱,家仇国恨、江山社稷亦是人们感怀的主题。可以说,宋词抒发了人们从细腻的内心世界到广阔的外部世界的各种感情,从而能够雅俗共赏。第三,宋词语言美如画卷。文学艺术的一大特点就是用文字激发人们脑海中的想象,从而创造出栩栩如生的画面。宋词中充满了对各种自然景色和人文景观的刻画和摹写,力图在情景交融中体现出一种"绘画美"。宋词中有大量意象的运用,充分体现了中国古典美学中善于构造意境的特点。客观世界的春花秋叶、日月星辰、江河湖海、山峦平川、亭台楼阁等,皆可入词,这些景物和丰沛的情感结合,融为一体,将宋词的画面美发挥到极致(钱鸿瑛,1991)。

宋词研究中,往往将词的风格流派概括为"豪放"与"婉约"来进行鉴赏评析。晚清词谱专家张綖的《诗余图谱》中,将唐宋词划分为豪放、婉约二体,并推苏轼为豪放体的代表,秦观为婉约体的代表。后来,这种划分由"体"发展为"派",成为一种颇具影响力的风格流派研究依据。但这种划分未免简单化,片面化。詹安泰认为,一般谈到宋词都概括为豪放和婉约两派,这"是阳刚阴柔一套的范本,任何问题都可以通用,当然没有什么不对。不过,真正要说明宋词的艺术风格,这两派说就未免简单化"(刘扬中,1989)。按照这种简单的划分,有些作家的作品,如姜夔和张炎的词作,应在两派之外。即使是苏轼的作品中,"豪放"之作极少,将其列为豪放派的代表,未免以偏概全。吴熊和先生在其所著《唐宋词通论》(1985)一书中指出:"以婉约、豪放两派论词,有其长处,即便于总体上把握词的两种主要风格与词人的大致分野。但若仅止于此,显然过于粗略。"他认为宋词作者即使被视为同一派,也会各有特色,风格迥异,比如李清照和柳永的词,各有千秋,不能同一而论。

第七章 宋词英译鉴赏与评析

【宋词英译简介】

宋词,以其独特的艺术魅力和语言特质吸引了中西方众多学者和译者竞相投入到词学研究和译介的浩荡队伍之中。在中国古典文化对外传播的过程中,中外译者对于宋词在海外大放异彩做出了卓越的贡献。国内学者中最有成就的译者当首推许渊冲先生。许先生比较有影响力的宋词译本为"中译经典文库·中华传统文化精神(汉英对照版)"之《唐宋词100首》,书中所选译的宋词主要来自胡云翼先生所编的《唐宋词一百首》。该书收录了一百首词作,选自唐五代及两宋期间上自敦煌民间作品,下迄张炎等四十多位著名词家的作品,囊括了南唐后主李煜的《虞美人》、柳永的《八声甘州》、苏轼的《水调歌头》、周邦彦的《苏幕遮》、李清照的《声声慢》、辛弃疾的《永遇乐》等国人耳熟能详广为传诵的诸多名篇。每篇均加中文注释、生僻字注音以及全篇英文翻译。

许先生所译的宋词最大的特点在于译文和原文句数相等,且译文每一句都押韵。做到这一点非常困难,许先生采取了多种方式,展现了卓越的翻译才华。如他在该书的序中所言,希望能使读者认识这个"毋庸置疑的充满魅力、抒情性强和意境深邃的世界",闻到"这个世界里洋溢着书面上看到的花朵的香气",欣赏这"三千多年悠久文化与文明的结晶"。

此外,中国出版集团、中国对外翻译出版公司出版了许先生翻译的《宋词三百首》(2007),该译本涵盖了两宋80位词人的300首词作。与之配套的鉴赏专著《宋词三百首鉴赏》(汉英对照)由谢元真教授主编,邀请了北京师范大学、重庆师范大学古代文学专业的博士、硕士撰写点评鉴赏。他们扎实的专业知识、新颖的观点、优美的文笔,为读者深入解读宋词及其英译提供了丰富的参考。

徐忠杰翻译的《词百首英译》是另一部很有影响力的唐宋词译本。该书中选取了四首敦煌曲子词以及唐宋43位名家的96首词作。词作者既包括张志和、温庭筠、冯延巳、苏轼、辛弃疾、柳永、李清照、陆游这样的词作大家,还包括了在其他词书中出现频率不高的宋祁、王安石、朱敦儒等作者,从而使读者可以领略到不同风格的词作。黄立认为徐忠杰的译文更侧重于表达中国传统文化的内涵意,从而传达作者的"言外之意以及词人的心声"。徐忠杰力图在译文中诠释出丰富的意义,从来不用加注的方法补充说明某种较难理解的意象或深层含义,因此,译文通常会较长,句数也并非总是和原文对等。以下示例为晏殊《蝶恋花》中"欲寄彩笺兼尺素,山遥水阔知何处"一句的英译文:

I can't send him letters, wish as I may.
Barred by oceans — mountains — who knows the way?

译文中 wish as I may 是原文中没有直接表达出来的。译者为了押韵,根据原文添加了表达词作者心境的短语。

由外文出版社出版的"古诗苑汉英译丛"中,《宋词》一卷采用了现代白话文和英文两种译文。其中,英译者为著名翻译家杨宪益先生和其夫人戴乃迭,这两位先学曾以翻译巨著《红楼梦》而蜚声译坛,令西方读者倾倒。他们自五十年代起就率领一批学贯东西的翻译家倾尽毕生心血翻译中国古典诗词,并陆续与读者见面,《宋词》便是凝聚着二人翻译才华和智慧的优秀宋词英译集。

西方许多汉学家和词作者在宋词对外传播的过程中,亦付出了许多心血智慧,产出了诸多精美绝伦的译作。著名汉学家华兹生(Burton Waston)教授曾翻译过大量中国古籍经典。他对宋词的翻译,知名度很好的译作有《宋词入门》(*An Introduction to Sung Poetry*)和《宋代诗人苏东坡选集》(*Su Tung-po: Selections from a Sung Dynasty Poet*)。他的翻译旨在让普通读者能够初步了解中国文学,而非为了让专家们通过脚注和参考文献去测试一个学者的学术水平。华兹生非常谦虚地指出,他的翻译只是针对原文若干种可能性理解中的一种(one of a variety of tentative interpretations)(Lucas Klein,2014)。由于是面向大众读者,华兹生形成了自己独具一格的翻译风格:用词简洁、忠实于原文、可读性强。

美国汉学家、诗人肯尼斯·力士乐(Kenneth Rexroth)和钟玲(Ling Chung)合译了《李清照全集》(*Li Ch'ing-chao: Complete Poems*)。该书选用了上海书局出版的《李清照集》中收录的几乎全部诗词作品,包括词 50 首,诗 17 首。这部译作在翻译界堪称经典之作,译文在形式上较为松散,并没有和原文句句对应,整体上更像英语自由诗的形式。在内容上,译作主要根据译者自己对原作的理解和诠释,不以反映作者原文的意义为主要目的。他们的译文整体流畅易懂,对于西方读者而言比较容易理解,但是在对于原作的忠实性上未免欠缺。

国内大中华文库系列出版了美国著名汉学家傅恩(Lois Fusek)所译的赵崇祚《花间集》(*Among the Flowers: the Hua-chien Chi*)的汉英对照全译本,也是国内迄今为止唯一的一部《花间集》全译本。《花间集》收录了自盛唐至五代时的词作,书中的词主要以爱情为主题,描绘和歌颂了不同阶段的爱情。译者认为虽然诗的地位和声望远高于词,但是在创作灵活性上不如词。词之所以为词,句式的变化是一个重要的特点。译者试图在表面上保留不同曲调的形式。如果原文中有诗句字数相同,译文中对应的诗句长度也必然相等。她认为这种译法是一种全新的尝试,希望能对读者了解诗人创作时要遵循严格的结构有所了解。读者还应该意识到,形式对于词来说至关重要。译文在形式上应当遵循原文的结构,体会到内容和形式上的牵制和平衡。该译本在1982年首次出版发行,三十多年来在全世界广泛传播,产生了巨大影响(葛文峰,2017)。此外,白润德(Daniel Byrant)的译著《南唐词人:冯延巳,李煜》(*Lyrics Poets of the Southern T'ang: Feng Yen-su, and Li Yu*),叶山(Robin D. S. Yates)的《浣纱集:韦庄生平及作品》(*Washing Silk: The Life and Selected Poetry of Wei Chuang*)也都是对西方非常有影响力的译作。以上几位西方译者虽然并非专注于宋词的翻译,但是对后人翻译宋词产生了深远影响,对中国文学走向世界功不可没。

随着大量翻译作品的产生,学者们对于宋词翻译理论方法的优劣得失也进行了广泛而深入的探讨。李正栓教授(2005)概括出中国诗词翻译主要存在四个方面的问题。在此框架上,笔者将进一步探讨宋词翻译面临的挑战和问题。李教授(2005)指出对于任何一种文体的翻译,首当其冲的是语言理解问题。汉语言文字艰深,古典诗词蕴含之深广,都远非英语可比。严格的格律,高深的典故,巧妙的双关,独特的诗风等,都是翻译中国古典诗词的难点所在(田惠刚,1994)。著名翻译家江枫(2001)指出:"正确理解,才能正确翻译。"但往往由于译者对源语的理解深度不够或不透彻,译作所表达的内容与原作会产生误差。中外译者的译文中,这种误差都不少见。对于外国译者出现的偏差不能视而不见,但不应过于苛求。对于中国译者出现的误差,也应理性分析,从而提高我们的理解能力和翻译水平。

汪榕培(1997)认为:"译者的理解是他用外语表达的基础,只有他自己把握住原诗的精神实质才有可能把她'生动逼真'地再现出来"。但有的译者不求甚解或理解不透,有的人理解过甚,都是问题。理解包括对语言和文化的理解,离不开对知识的掌握和对文献的查阅。理解问题不仅外国译者有,中国译者也有。国内翻译名家在切磋翻译技巧与艺术时互相指出的理解错误便是很好的证明,也值得深思。翻译工作者严肃认真,一丝不苟的态度,不仅体现在翻译作品之前打下坚实的语言基础,认真研读作品,深入了解文化,经常查阅文献,也体现在对自己作品的反思和锤炼中。

诗词翻译第二个方面的问题就是风格问题。李正栓(2005)认为风格是文学艺术的一个重要表现。也可以说,没有风格便没有艺术。翻译时应尽量保留原作的风格,移植原作的风格。尊重作者,也是帮助读者了解作者真正的风貌。翻译过程中往往存在艺术再构思再创造,但翻译不是按自己的意愿进行夸张的创作,译者的发挥不能偏离原作的风格。译者可以形成自己的风格,但应受到原作风格的制约,而不是无原则地任意发挥自己的主观能动性。译者的权限是在一定范围之内的。郑光宜指出"译者既要受制于原作,又要发挥自己的创造性;既要处于'隐形人'的地位,又要有自己的声音,自己的风格。任何一部译作都要具有双重性,一重是作者的声音,另一重是译者的声音。刘重德指出"所谓切,即切合(或接近原文)风格"(汪榕培,1997)。他认为,译诗要忠于原诗,像原诗那样形神兼备,原诗是艺术品,译诗也应当是艺术品。即便在翻译过程中有创造性发挥,也不能完全不受原文的制约和影响,必须忠实于原作。无论什么技巧,都不能不顾原作风姿,对原作风格一定要重视,以示严谨,以示对原作者的尊重。这样才能使读者领略到原作者的风采,才能达到弘扬源语言文化和交流文化的目的。

诗词翻译的第三个难点是用韵问题。如前所述,词是一种音乐文学形式,富有音乐美,且因在母胎中继承了民歌中言情传统而成为最纯粹的抒情诗(钱鸿瑛,1991)。词最初为合乐而作,语言需节奏分明,抑扬顿挫,朗朗上口,其韵律美是词本身重要的一部分。汉语的音韵总数大大多于英语,英语押韵比汉语押韵要困难得多。翻译诗词是否要保存韵脚和格律也是翻译届颇具争议的话题。翻译古典诗词历来分为有韵派和无韵派。无韵派的代表人物,国外有洛威尔(A. Lowell)、亚瑟·韦利(Arthur Waley)、威特·宾纳(Witter Bynner)等人,国内有吕叔湘、翁显良、王守义等人。洛威尔认为"诗的芳香"(the perfume of a poem)比"韵律形式"(metrical form)更为重要。吕叔湘先生说:"初期译人好以诗体翻译,即令达意,风格已殊,稍一不慎,流弊丛生,故后期译人韦利、宾纳诸氏率用散体为之,原诗情趣,转易保存。"翁显良先生说:"译诗不是临摹,似或不似,在神不在貌。更不必受传统形式的束缚,押韵不押韵,分行不分行,一概无所谓,岂不自由得很?"跨文化研究学者王守义先生说:"在我们看来诗散文化,而实际上是一首不错的英文无韵诗"(田惠刚,1994)。

以许渊冲先生为代表的有韵派则认为"译诗如不传达原诗的音美,就不可能产生和原诗相似的效果;恰恰相反,用韵的音美有时反而有助于传达原诗的意美。这就是说用韵固然可能因声损义,不用韵一定因声损义,用韵损义的程度反比不用韵小"(汪榕培,1997)。丰华瞻教授指出:"翻译诗歌时如果译出来的诗没有音韵之美,是一大缺点。一般说,这种诗不大为人们所喜爱。就译诗而言,不能只要求忠实于意义,如果译出的诗不能传达出原诗的韵味,并没有感染力,那就不是成功的译作。……无论汉诗或英诗,音乐美很重要(汪榕培,1997)。

田惠刚(1994)认为,诗歌是一种很特殊又很难写的文体。自由体诗难写,古典格律诗更难写,中国古典诗词可谓积难之大成,最难写。诗歌有许多不同于散文的特质,押韵虽不能说是最主要的特点,但是一个重要的特点。所以,如果用散文来译诗,实质上是将一种文体转换成另一种文体,它的变化大于翻译本身所带来的偏差。译成散文的诗,不管分行不分行,即使达意,却使人无论在理论上还是感情上都无法把它当成诗看待。人们过去十分重视内容的翻译,这本无可厚非,但如果过分强调内容而忽视形式的翻译,也会产生另一种弊端。以韵害义的情况虽然存在,但不能作为译诗不押韵的理由。许渊冲先生在音美方面孜孜不倦字斟句酌,他的译诗不仅要押韵,而且连尾韵和头韵都要考虑。译诗用到原韵固然难能可贵,但是很难做到,过犹不及。如果片面追求押韵,也许真会造成以韵害义。一般来讲,能押韵就已经难能可贵,至于采用何种韵式,要视译诗的需要和译者的功底而定,不能一概而论。

第四个方面的难点在于文化问题。翻译的实质是文化交流,译者就是文化沟通的桥梁,熟悉两种文化是搞好翻译的一个重要前提。只有熟悉了大的文化背景与差异,才能忠实又灵活地选择词语和恰当的表达方法。译者要了解原文的文化内涵,还要考虑在译文中如何体现这一文化信息,架构好沟通桥梁,帮助译文读者理解或接受。在帮助读者理解或接受文化与语言的过程中,到底采用何种翻译策略也因目标读者而异。

李正栓(2005)认为,既然是对外介绍中国文化文学,应采用异化的方法,让英语读者通过阅读有异国情调的译文了解未知的世界,增加因心理与文化张力而产生的阅读兴趣。任何文学作品的翻译都会受到这种影响。各自语言的不同特点及各民族文化的差异使译者在把一种语言转换成另一种语言时,必须冥思苦想,有时还要进行类似形象的再创造和语言整合,有时可以直译,有时直译意译兼用,有时进行异化处理,有时归化处理。无论采用什么方法,都应该最佳地表达和再现源语文化信息。任何国家的诗歌译成别的语言时都会存在文化理解与表达方面的障碍。在处理带有浓重文化气息的内容时,理解和表达是影响翻译质量的重要因素,中外译者都会遇到类似问题。中国诗歌在中国文化影响下形成的追求天人合一,物我交融,禅意闲舒的感觉在英译作品中很难完整体现,有时甚至无法体现。

中国诗词注重上下文的思想连贯,突出意象,重视意念,重意合,轻形合。受这种思维模式的影响,诗人用语笼统,指代不明,使用大量无主句和看似模糊的语言,诗词意义的解释具有多重性,这些都对译者造成了很大的挑战和困难。如果要克服源语和目的语中文化概念不对等,文化意象不对称的问题,译者要充分考虑读者的接受能力和阅读习惯。我们经常看到不同译者对同一首诗进行不同的处理,翻译出各种各样的译文。中国诗歌里,诗中动作执行者经常不明确写出,在汉语文化背景下,读者能懂,但对于英语文化里的读者,这种语言结构不被认可,因此,译者必须明确指出谁是动作的执行者。从语言文化角度,译者应采用归化的处理方法,以符合英语读者的习惯。以苏轼的《江城子》(上阕)为例,许渊冲先生在翻译时加入了原作中没有的主语关系词,以帮助西方读者理解话语主体与客体:

十年生死两茫茫,不思量,自难忘。千里孤坟,无处话凄凉。纵使相逢应不识,尘满面,鬓如霜。

许先生的译文如下:

For ten long years the living of the dead knows nought.
Though to my mind not brought,
Could the dead be forgot?
Her lonely grave is far, a thousand miles away.
To whom can I my grief convey?
Revived, e'en if she be, oh, could she still know me?
My face is worn with care
And frosted is my hair.

诗歌翻译既充满了挑战性,又因其独特的魅力为译者才华的发挥提供了无限的可能。它不是两种语言符号之间的简单转换,而是受各种错综复杂的因素制约的一件高难度工作。翻译理论和技巧的探讨固然极其重要,但更难的是如何对源语和目的语的文化进行成功的转换。在此过程中,不仅要兼顾文化的沟通性,也要避免因词语使用而引起的文化冲突。因此,文化迁移问题应引起诗词译者的高度重视。对已有的唐诗宋词作品进行研读、比较、分析,并开展学术性讨论,是促进翻译事业发展、传播弘扬我国优秀文化遗产、推进国际文化交流的重要活动。优秀的译评和译作欣赏,对于我们探讨诗词翻译的得失,了解译者风格,对比两种语言文化都非常有意义。

第七章　宋词英译鉴赏与评析

【宋词经典篇章英译鉴赏之一】

念奴娇·赤壁怀古①

苏　轼

大江东去②，浪淘尽③，千古风流人物④。
故垒⑤西边，人道是：三国周郎赤壁⑥。
乱石穿空，惊涛拍岸，卷起千堆雪⑦。
江山如画，一时多少豪杰。
遥想公瑾当年，小乔⑧初嫁了，雄姿英发⑨。
羽扇纶巾⑩，谈笑间，樯橹⑪灰飞烟灭。
故国神游⑫，多情应笑我⑬，早生华发⑭。
人生如梦，一樽还酹江月⑮。

【注疏】

①念奴娇，词牌名，又名"百字令""酹江月"等。赤壁，黄州赤壁，在今湖北黄冈西。而三国古战场的赤壁，文化界认为在今湖北赤壁市蒲圻县西北。

②大江，长江。

③浪淘尽，江中大浪彻底冲刷，喻指历史的淘汰和筛选。

④风流人物，杰出的历史名人。

⑤故垒，过去遗留下来的营垒，推测是古战场的遗迹。

⑥周郎，三国时吴国名将周瑜，字公瑾，掌管东吴重兵，吴中皆呼为"周郎"。下文中的"公瑾"，即指周瑜。

⑦雪，比喻浪花。

⑧小乔，周玄的小女儿，周瑜之妻，不仅有"闭月羞花"之容，且琴棋书画样样精通。"乔"原作"桥"。

⑨雄姿英发(fā)，指周瑜仪表卓绝，谈吐不凡。

⑩羽扇纶(guān)巾，古代儒将的便装打扮，手持羽毛扇，头戴青丝制成的头巾。

⑪樯，挂帆的桅杆；橹，一种摇船的桨。此处指曹操水军。

⑫故国神游,"神游故国"的倒文,意思是于想象中游历古战场。

⑬多情应笑我,"应笑我多情"的倒文。多情,多愁善感。

⑭华发,白发。三句连起来意为:如果(周瑜)像我一样重游赤壁,一定会笑我太多愁善感,过早地生出满头白发(暗指自己怀才却不得重用)。

⑮樽,酒杯。《说文》:"樽"字亦作"罇"。酹,古人以酒浇于地上以示祭奠之意。这里指洒酒酬月,寄托自己怀才不遇怅然若失的感情。

【白话释义】

滚滚东流的长江水,淘尽了千古风流的人物。在那古战场的西边,据说是三国周瑜破曹军的赤壁。散乱而陡峭的山崖插入云霄,惊涛骇浪猛烈地拍打着江岸,卷起的浪花仿佛冬日的积雪。江山壮美如画,一时间涌出了多少英雄豪杰。

遥想当年的周公瑾,小乔刚刚嫁给他做妻子,英姿卓绝风度翩翩。手中执着羽扇,头上戴着纶巾,从容潇洒说笑闲谈之间,曹操水军顷刻间化为灰烬。如今我身临古战场神游往昔,可笑我有如此多愁善感,竟未老先衰鬓生白发。人生如梦,还是举起酒杯奠祭这万古的明月吧。

【创作背景】

公元1082年(宋神宗元丰五年),苏轼因"乌台诗案"被贬黄州并谪居于此两年有余,时年四十七岁。苏轼由于诗文讽喻新法,为新派官僚罗织论罪而被贬,心中郁郁不得志却无从诉说,于是四处游山玩水以舒缓压抑的情绪。一日正巧来到黄州城外的赤壁矶,此处壮丽的风景使作者感慨万千,在追忆三国将领周瑜潇洒从容地指挥战役并大获全胜的同时,慨叹时光易逝,表达了现实中壮志未酬的思绪。

【主题鉴赏】

《念奴娇·赤壁怀古》分上下两阕。上阕着墨于自然风景,意境开阔博大,笔锋洒脱不羁。开篇从滚滚长江磅礴气势着笔,接着"浪淘尽"将浩荡奔涌的江流和名垂千古的历史名人巧妙联系在一起,既使人看到壮阔奔腾的自然景观,又使人联想到曾经风华绝代的英雄人物。同时,苏轼亦感慨千古风流人物在历史长河中也会浮浮沉沉,个人一时的荣辱得失与之相比实在是微不足道。接着,"故垒"两句切入怀古主题,点出此地是传说中三国古战场。"人道是"三字表明作者其实对于此地是否是赤壁战场心存疑虑。苏轼写词之时,距离赤壁之战已经相距八百七十多年。此地是否是当年的古战场存在很大争议。湖北省境内共有四处地名同称赤壁,苏轼所到之处是黄冈赤壁,他并不能确定这就是当时的赤壁战场,所以"人道是"用得极有分寸(唐圭璋,1987),也和"怀古"的主题相呼应。"三国周郎赤壁"将年代、人物、地点交织在一起,向读者展现出一幅跨越时空的历史画卷。

"乱石"三句转而描写景物。"乱""穿""惊""拍""卷"等词语的运用,生动形象地勾画出赤壁雄奇壮观的景色,从陡峭的乱崖到汹涌的江水,再到拍打着江岸的雪浪,从不同的角度将视觉和声觉相糅合,将读者带入一个令人惊心动魄,精神为之振奋的恢宏场景之中。写景的这三句可谓激越昂扬,荡气回肠。上阕最后一句"江山如画,一时多少豪杰"是对上面壮阔山河景色的总括,同时又承接了从写景到写人物的转变,将"江山"与"豪杰"交织在一起,让读者在感怀壮美江山的同时,又对历史长河中无数英雄人物肃然起敬。

下阕着墨于"怀古",重点写历史人物,灵动逼真地刻画出周瑜潇洒从容的人物形象。"遥想"一词引领读者穿越了时空,将思绪带回到三国时期,仿佛见到了当年风华正茂,风度翩翩的周公瑾。在深入刻画周瑜的人物形象之前,插入"小乔初嫁了"这个生活细节,以小乔之娇美衬托周瑜之意气风发,年轻有为。"羽扇纶巾"描写出周瑜儒雅的仪容装束,衬托出他作为重大战役的指挥官临战时的那种从容潇洒,胸有成竹,胜券在握的风姿。"谈笑间,樯橹灰飞烟灭"的战争场面描写,突出了火攻水战的特点,寥寥数语,让读者看到了激烈宏大的战争场面。在滚滚奔流的大江上,周瑜沉稳不凡,谈笑自若,指挥东吴水军将不可一世的曹军一举击溃,万艘舳舻顷刻化为灰烬,如此气势是何等壮阔恢宏。"故国神游,多情应笑我,早生华发"这一句又将读者从三国时期带回了作者所在的现实。对历史人物和事件的回顾,引发了作者的无限感慨。"多情"是一种自嘲式的表达,嘲笑自己的自作多情,因而难免长出了这许多花白的头发。

这种情绪和作者当时的经历不无关系。苏轼时年四十七岁,因"乌台诗案"被贬,谪居黄州已两年。在感怀周瑜年轻有为的同时,联想到自己空有报国之志却仕途坎坷,满腔热忱却无用武之地,于被贬之地不免怀古伤己,自叹自怨,与周瑜年少有为的典事形成鲜明的对照。

"人生如梦，一樽还酹江月"是全词的收尾，是理想与现实的冲突在作者心理上的反映，既有感情上的起伏，也道出了词人面对现实的豁达。人生如梦，不必让消极的思绪萦绕于心。这滔滔江水犹如时间洪流，千古英雄人物都在时间长河中成为历史，更何况是自己呢？不如斟上美酒，祭奠这江上照耀古今的明月！

【英译版本】

译文1　许渊冲

The Charm of a Maiden Singer: The Red Cliff

The great river eastward flows;
With its waves are gone all those
Gallant heroes of bygone years.
West of the ancient fortress appears
Red Cliff where General Zhou won his early fame
When the Three Kingdoms were in flame.
Rocks tower in the air and waves beat on the shore.
Rolling up a thousand heaps of snow.
To match the land so fair, how many heroes of yore
Had made great show!

I fancy General Zhou at the height
Of his success, with a plume fan in hand,
In a silk hood, so brave and bright,
Laughing and jesting with his bride so fair,
While enemy ships were destroyed as planned
Like castles in the air.
Should their souls revisit this land,
Sentimental, his bride would laugh to say:

Younger than they, I have my hair turned grey.

Life is but like a dream.

O Moon, I drink to you who have seen them on the stream.

译文 2　杨宪益、戴乃迭

Nian Nu Jiao

Memories of the Past at Red Cliff

East flows the mighty river,

Sweeping away the heroes of time past;

This ancient rampart on its western shore

Is Zhou Yu's Red Cliff of three Kingdoms' fame;

Here jagged boulders pound the clouds,

Huge waves tear banks apart,

And foam piles up a thousand drifts of snow;

A scene fair as a painting,

Countless the brave men here in time gone by!

I dream of Marshal Zhou Yu in His day

With his new bride, the Lord Qiao's younger daughter,

Dashing and debonair,

Silk-capped, with feather fan,

He laughed and jested

While the dread enemy fleet was burned to ashes!

In fancy through those scenes of old I range.

My heart overflowing, surely a figure of fun.

A man gray before his time.

Ah, this life is a dream,

Let me drink to the moon on the river!

译文 3 张畅繁

Reflecting on the Red Cliff

Great river flows eastward.

Its waves have washed away all elegant

Men and heroes of past generations.

West of the old fortress is said to be Zhou Yu's

Red Cliff at the Epoch of the Three Kingdoms.

Raveled rocks break through the clouds;

Billows smite the shore.

A thousand heaps of snow breaks off.

So picturesque are the rivers and mountains.

So many great men and heroes emerged.

I fancy at the time when Zhou was married to

Xiao Qiao, his young bride.

With a feather fan in his hand, and

a silken scarf on his head, he watched,

in between laughter and chats,

all enemy ships were destroyed in smoke and fire.

If they could revisit this land in spirit,

his passionate companion would have teased

me for being young and gray.

Life is like a dream.

Let me pour a bottle of wine

and salute the river moon bright.

译文4　肯尼斯·力士乐

The Red Cliff

The River flows to the East.
Its waves have washed away all
The heroes of history.
To the West of the ancient
Wall you enter the Red Gorge
Of Chu Ko Liang of the
Days of the Three Kingdoms. The
Jagged peaks pierce the heavens.
The furious rapids beat
At the boat, and dash up in
A thousand clouds of spray like
Snow. Mountain and river have
Often been painted, in the
Memory of the heroes
Of those days. I remember
Long ago, Kung Ch'in newly
Married to the beautiful
Chiao-siao, shining in splendor,
A young warrior, and the other
Chu Ko Liang, in his blue cap,
Waving his horsetail duster,
Smiling and chatting as he burned the navy of Ts'ao Ts'ao.
Their ashes were scattered to
The four winds. They vanished away
In smoke. I like to dream of
Those dead kingdoms. Let people

> Laugh at my prematurely
> Grey hair. My answer is
> A wine cup, full of the
> Moon drowned in the River.

【汉诗训诂与译文鉴赏】

《念奴娇·赤壁怀古》是苏轼豪迈风格的巅峰之作，作品中包括了丰富的意象，抒发了词人对历代英雄的赞叹之情，表现出自己激越豪迈的政治抱负，也流露出一些岁月流逝，壮志未酬的人生感慨。整个词作层次结构清晰而有力，感情跌宕起伏。以上列举译文，既有异曲同工之妙，亦各有千秋之美。在某些意象情感的处理上，也有值得商榷之处。

首先，在词牌名的处理上，几位译者的处理方式有一些差异。宋词的题目包括词牌名和标题。词牌名是填词用的曲调名称，而标题概括出词的主要内容。有的词可以无标题，但是词牌名则是必须有的。这首词的词牌名"念奴娇"据传来源于唐朝天宝年间的著名歌姬念奴。据元稹《连昌宫词》中注释："念奴，天宝中名娼，善歌。"传说唐玄宗每年出游时，念奴也常暗中随行。后"念奴"二字被取为词牌名，而"娇"字，则衬托出歌女的娇柔和妩媚。

许先生将词牌名"念奴娇"意译为"The Charm of a Maiden Singer"，无疑是充分考虑到该词牌名的文化内涵。但是由于词牌名往往和词的内容并没有太多的联系，有时反而会让读者感到一些困惑，所以有人认为翻译词牌名似乎并没有很大的必要性。杨、戴译词牌名则完全是音译，对于英文读者来说是完全的异化手段。张译和肯尼斯译文则完全省去了词牌名，彻底忽略了词牌名这种宋词特有的传统，至少 Tune 或者 To the Tune 还是应该保留，以点明这是词牌名称。对于标题的翻译，许译省去了"怀古"之意，而其他译文则通过"memory""reflecting on"或"reflection"等来标明"怀古"之主题。

开篇第一句"大江东去"可谓气势磅礴，只有这样才能表现出历史的洪流能够洗刷无尽的英雄人物。以上译文中"great/might river"都表现出了大江的气势，肯尼斯的译文只提到了"the river"，相比之下，原词首句所营造的长江东流的如虹气势被严重削弱，变成了涓涓细流。

对于"千古风流人物"的处理,几位译者的把握还是比较接近的。"风流人物"一词出自唐朝陈叔达《答王绩书》:"至若梁、魏、周、齐之闲,耳目耆旧所接,风流人物,名实可知,衣冠道义,讴谣尚在。"原意指英俊、杰出、对时代有影响力的人。因此,上述译文中将其译为"heroes of bygone years"等形式,都较为准确地表达出历史上所涌现的英雄人物。而张译中除了使用了"hero"一词,还使用了"all elegant men"这样的表述。虽然与该词的本意并无相悖之处,但是从全词的整体意境来看,"风流人物"倾向于指叱咤风云的英雄人物,因此这里的增译略显冗余甚至偏离。

"故垒西边,人道是:三国周郎赤壁"这一句的信息包含了地点、时间、人物和事件。其中,关于"故垒"的翻译,许译和张译都用到了"fortress",杨、戴译使用的是"rampart",这两个词均指古战场上的营地、堡垒或防御性的土墙。肯尼斯译为"the ancient wall",并不能体现出军事堡垒的意味,更遗憾的是他的译文中将"周郎"误置为诸葛亮,这一失误也许是译者对原词所涉及的三国文化背景没有深入了解所致。

"乱石穿空,惊涛拍岸,卷起千堆雪",这一句为写景状物,几位译者所采用的意象词略有不同。许译和张译均用"rocks"一词来指乱石;杨、戴译为"jagged boulders"(参差不齐的砾石);而肯尼斯译为"jagged peaks"(参差不齐的山峰)。boulders 意为 a very large rock which has been shaped by water or the weather,语义倾向于指受水或天气侵蚀而成的圆石、卵石、漂砾;peaks 表示耸峙的石山,更契合"穿空"的大气语境。在表现乱石高度的时候,许的译文相对较为静态,而其他三人的译文均使用了动宾结构,突出了乱石穿空的凌厉气势。对于"惊涛拍岸"这一句的处理,许译文中对"wave"一词并未添加任何修饰语,这样的译法是为了在音韵和结构上与上一句构成对仗,但略微损失了一些汹涌的气势。肯尼斯对此句的译文为"furious rapids beat at the boat",从字面上讲是"湍急的水流拍打着船只"的意思,和原文的含义不符。对于"卷起千堆雪"的翻译,几位译者的诠释在意象上都较为准确。

接下来的"江山如画,一时多少豪杰"是从写景过渡到抒发感慨。有如此大好河山,必然也会孕育出无数英雄豪杰。上述译文中,对于江山和英雄的关系,肯尼斯的译文为"Mountain and river have often been painted, in the memory of the heroes",意为"大好江山的画面经常浮现在英雄们的记忆中",这和原文的意义是有偏差的。

下阕重点描述了词人的怀古情怀。历史记载赤壁之战发生于公元208年。苏轼创作这首词时是宋神宗元丰五年,即公元1082年,距赤壁之战已有800多年。因此下阕起始,词人写到"遥想公瑾当年"来表明对历史事件的描述都在自己的想象中展开。上述译文中"fancy"和"dream of"都能体现出"遥想"的意味。肯尼斯的译文中用到了"I remember long ago",似乎是在讲存在于词人记忆中的事,与原词有一定的意义偏离。此外,肯尼斯并没有理解上阕中的"周郎"和这句中的"公瑾"都是指周瑜,因此,他采取威氏拼音法将"公瑾"音译为"Kung Ch'in",这会让不了解文化背景的西方读者误以为又出现另一个人物。"小乔初嫁"是用美人衬托英雄的风姿卓绝,潇洒倜傥。许译中并未直接译出"小乔",但是"his bride so fair"已经体现了原文中提到小乔的目的。杨、戴译文中,也未直接译出"小乔",但是译出了"his new bride",紧接着又加了一句释义"Lord Qiao's younger daughter"。笔者以为,这句释义中增加的信息略显冗余,因为除非再增加注释,这句译文并没有加深读者对于小乔的家世的了解。张译和肯尼斯的译文中都直接译出了小乔的名字,是完全妥当的。

"雄姿英发""羽扇纶巾"是对周瑜外貌的略写和细写,前半句是写总的气质,后半句写妆饰。许的译文中,"at the height of his success"道出了周瑜年少得志,雄姿飒爽的气质。杨、戴译文中的"dashing and debonair",头韵词的选择非常精妙,dashing 意为 usually of a man, attractive, confident and elegant(通常指男人,风度翩翩的;自信的;潇洒的);debonair 意为 usually of men, fashionable and confident(通常指男人潇洒、自信貌),这两个词的配搭既有音韵的谐和,又有语义的饱满,非常精准而有力地刻画出风流倜傥、潇洒自信、挥斥方遒的一代英雄周瑜的不凡形象,与前文的 Marshal Zhou Yu 可谓遥相呼应,传神之笔。肯尼斯用"young warrior"一词来体现出周瑜的英雄气概,未免有些单薄无力,气场骤降。

对于后半句中"羽扇纶巾"的解读,学界尚有一定争议。《蜀志》有诸葛亮"葛巾毛扇,指挥三军"之语。在后来的小说、戏剧中,"羽扇纶巾"是诸葛亮的典型形象特点。因此,有人认为此词"羽扇纶巾"一语,也指诸葛亮。但是这种装束并非诸葛亮独有,根据上下文,可以推测词人是根据当时的风尚,在此处用这种装束特点来突出周瑜的儒雅从容。上述译文大都采用了对这两个典型事物进行直译的方法。唯有肯尼斯的译文中用"horsetail duster",应该是"拂尘"之意,属于是一种

第七章 宋词英译鉴赏与评析

误译。

"谈笑间,樯橹灰飞烟灭"一句凸显了周瑜作为重大战役的指挥官,面对强大的敌军依然胸有成竹,从容不迫地指挥战斗的英雄气魄。这里的"谈笑间",描绘的是周瑜气定神闲的姿态,并没有一个具体的谈笑的对象。上述译文中,杨、戴,张,肯尼斯均是这样的处理,而许的译文中,"laughing and jesting with his bride so fair",是指周瑜在和自己美丽的妻子谈笑,这和原文的意义不符。"樯橹灰飞烟灭"一句描绘出曹操的船只因遭受火攻而受到重创的场面,是具象性的描写。上述译文中,基本都再现了船只被烧为灰烬的画面。肯尼斯的译文中没有提到船只(ships/fleet),而是用到了"navy"一词,在语言的画面感上可能略有欠缺,但是意义上可以接受。

对于"故国神游"这一句的翻译,上述译文中出现了不同的理解。许的译文,"should their souls revisit this land"中的"their souls",以及张的译文"if they could revisit this land in spirit"中的"they"所指并不明确,根据上下文,最可能的应该是指三国时期的历史人物。杨、戴和肯尼斯的译文中,神游故国的人就是"我",这种理解应该和遥想当年的人是"我",即词作者本人,是相呼应的,也为词人从对历史的遐想到"跌入现实"(周汝昌等,1987)的转变起到了承接作用。因而笔者认为,杨、戴和肯尼斯的译文更符合原意。

"多情应笑我,早生华发",这一句既有作者的自嘲,又有对现实的无奈。笑我之人并没有明确所指,根据词人彼时心境,当为世人。许的译文中,"sentimental, his bride would laugh to say",是说周瑜之妻在笑我多情,这和词的原意不符。杨、戴将多情译为"overflow",这一词本指情感过于丰富,溢于言表,而词人的多情应该更是一种多愁善感的复杂情绪,因此在释义上略有偏差。张的译文中,笑我之人是"his passionate companion",这一词的指代并不明确。肯尼斯的译文中笑我之人为"people",比较贴近原文的含义。对于"人生如梦,一樽还酹江月"的处理,许,杨、戴,和张的手法基本相似,"drink to the moon"或"salute the moon bright"都表达出祭月的含义。肯尼斯的译文中对"江月"的理解为"the moon drowned in the river",而不是江上明月,因而是一种误译。

【宋词经典篇章英译鉴赏之二】

破阵子①·为陈同甫②赋壮词以寄

辛弃疾

醉里挑灯看剑③,梦回④吹角连营⑤。

八百里⑥分麾下⑦炙⑧,五十弦⑨翻塞外声⑩。沙场⑪秋点兵。

马作的卢⑫飞快,弓如霹雳⑬弦惊。

了却⑭君王天下事,赢得生前身后名。可怜⑮白发生![1]

【注疏】

①破阵子,词牌名,原为唐玄宗时教坊曲名,出自《破阵乐》。

②陈同甫,本名陈亮(1143—1194),字同甫(一作同父),南宋婺州永康(今浙江永康市)人,爱国志士,与辛弃疾是挚友,志趣相投,一生坚持抗金的主张,但郁郁不得志。

③挑灯,把灯芯挑亮。看剑,抽出宝剑来细看。刘斧《青锁高议》卷三载高言《干友人诗》:"男儿慷慨平生事,时复挑灯把剑看。"

④梦回,梦里回到,说明下文中的场景均为梦境。

⑤吹角连营,多个军营里接连不断的号角声。

⑥八百里,牛名。《世俗新语·汰侈》载,晋代王恺有一头珍贵的牛,叫八百里驳。

⑦麾下,军中的部下。麾,军中大旗。

⑧炙,切碎的熟肉。

⑨五十弦,原指瑟,此处泛指各种乐器。

⑩塞外声,泛指悲壮粗犷的战歌。

⑪沙场,战场。

⑫的卢,良马名,一种烈性快马。相传刘备在荆州遇险,前临檀溪,后有追兵,幸亏的卢马一跃三丈,才得以脱离险境。

⑬霹雳,巨雷的响声,这里指弓弦响声之大。

⑭了却,了结,把事情做完。君王天下事,统一国家的大业,这里指恢复中原。

⑮可怜,可惜。

第七章　宋词英译鉴赏与评析

【白话释义】

醉意中挑亮油灯观看宝剑，睡梦中听到军营号角声一片。上好的熟牛肉分给部下们享用，奏响雄壮的军乐鼓舞士气，秋日在战场上阅兵。

战马像的卢一样跑得飞快，弓箭如惊雷一般震耳离弦。多想完成替国君收复国家失地的大业，赢得世代相传的美名，可惜已是白发人！

【创作背景】

辛弃疾，南宋豪放派词人、将领，有"词中之龙"之称，与苏轼合称"苏辛"，与李清照并称"济南二安"。陈同甫，南宋思想家、文学家，是辛弃疾志同道合的好友，积极主张抗金，因而遭受到朝廷投降派的打击。关于这首词的创作时间，说法不一。有观点认为该词写于淳熙十五年（1188年），辛弃疾罢居上饶时，陈亮到上饶拜访辛弃疾时所作；有的研究者认为该词是辛弃疾在带湖居住时期（1182—1192）的作品，其间，辛弃疾曾多次写词寄予陈亮，而陈亮以同一词牌名唱和，往复多次，所以这首《破阵子》也可能是这一时期的作品。辛弃疾正当壮年，却因其政治思想不被朝廷认可而退居带湖，这期间难免心情时有苦闷，又时有感慨，尽管报国杀敌壮志未酬，但此时期的作品依然抒发了他雄壮豪迈的爱国情怀。

【主题鉴赏】

这首词是辛弃疾的代表作之一。全词以军中生活为主题，场面壮观，激越昂扬。作者看似在写梦境，实则是对自己多年戎马生涯军中场面的怀念。词的上阕写到了军营里夜晚和破晓。"醉里挑灯看剑"一句道出了词人对兵器的钟情。美酒和兵器，素来彰显军人的豪迈之气。在微醉中，挑亮了灯火，仔细端详着宝剑，英雄之气跃然而出，此处的"看剑"，并非是普通人对兵器的观赏，而是一位对剑有着特殊情感之人对剑的把玩品味。辛弃疾在《水龙吟·登建康赏心亭》里写到，"把吴钩看了，栏杆拍遍，无人会登临意"。此处的"吴钩"泛指刀剑。"挑灯看剑"和"把吴钩看了"都写出了词人对兵器的挚爱。

辛弃疾自幼习武，剑术高超。作为一位驰骋沙场的将军和剑术高手，对剑的感情绝非一般人可及。所以"醉里挑灯看剑"一句既写出了军人上阵杀敌的豪迈情怀，也体现出词人本身的军人气概。"梦回吹角联营"一句，虽说是从现实转为梦境,梦到各个军营接连响起雄壮的号角声。但是梦中的一切,是词人亲身经历过的最真实的军营生活。辛弃疾年仅21岁就聚集两千人起义,曾带领50人突袭敌军万人大营,活捉叛徒带回朝廷,并策反敌军一万人,词人的军事才能非同一般。作者词中反映出的军营生活生动、真实、豪壮,远非普通文人能及。"八百里分麾下炙"这一句也只有有过军营生活经验的人才能体会到其中的大气磅礴。八百里是一种牛的名字。《世俗新语·汰侈》载,晋代王恺有一头珍贵的牛,叫八百里驳。古代作战前,大多要犒赏三军,将士们大吃一顿方能士气百倍,信心大增。而能将如此珍贵的牛烤成牛肉分给士兵,可见辛弃疾爱兵之切,带兵有方。其实,即使是犒劳将士,也不必用到八百里这样珍贵的牛肉。词人之所以此处用到八百里,表明了大战在即,为了鼓舞士气,增强信心,再高的代价都不足惜,也表现出词人的大度和豪迈。接着,"五十弦翻塞外声"依然是军中的场面。"五十弦"是古代的一种瑟,如李商隐的名句"锦瑟无端五十弦"。这里的五十弦并不是单一的某种乐器,而是泛指各种军乐的合奏。"翻"字应该是弹奏、演奏的意思。"塞外声"指的是军乐。在唐代,边塞风格的诗歌发展达到了鼎盛时期。在唐诗中,边塞诗因其思想深刻,艺术性强而广为流传。这一题材的诗歌以边塞军旅生活为主题,或描写塞外风光,或反映戍边将士的艰辛和思乡之情。在唐宋时,反映边塞生活的乐曲遂逐渐发展成军乐的典型象征。饮罢美酒,吃完烤肉,奏响雄浑的军乐,这些都是为了迎接即将到来的大战。所以下一句"沙场秋点兵",列队点兵,战在眉睫,生死一搏。至此,整个上阕描绘出的兵刃之气扑面而来,场面令人振奋,迎战之心淋漓而酣畅。

下阕是上阕的自然延续。点兵之后,将士们奔赴沙场。"马作的卢飞快,弓如霹雳弦惊"就是对战争激烈场面的描写。历史上的宝马良驹不胜其数,作者为什么要把飞驰的战马比作"的卢"呢?据《三国志》记载,刘备避樊城之难,过檀溪,谓所乘马的卢曰:"今日急,不可不努力。"马达备意,一跃三丈,摆脱了后面的追兵,救了刘备一命。的卢马也因此名声大振,成为三国名马(《乘舆马赋》)。

辛弃疾用的卢马来形容战马,也有更深一层意思。尽管别人并不看好它,认为它"妨主",可是关键时刻能显现出自己的素养和忠心。对比辛弃疾自身的经历,他一生忠心耿耿,文韬武略,智勇双全,却并未受到朝廷重用,倘若有展现自己才能的机会,也一定会立下赫赫战功。因此,作者用的卢马的典故颇有深意。"弓如霹雳弦惊"是指拉弓射箭时发出的巨大声响。自古沙场作战,善骑者多善射,才符合作战的需要。骑着飞快的战马,弯弓射箭,奋勇杀敌,是一个军人驰骋沙场的经典形象刻画。接下来的两句由对战场的描写转为情感的抒发,"了却君王天下事,赢得生前身后名",写出了一个胸怀天下的将军的人生使命和价值。这里的"天下事"指的是收复被金军占领的北方中原地区。如果北伐成功,帮助国君完成大宋江山一统的伟业,那么辛弃疾的人生价值和目标也就能得以实现,从而赢得一世英名,流芳千古,死而无憾。

至此,这首词的感情层层递进,豪迈磅礴之气仿佛扑面而来。可是最后一句"可怜白发生"却和前文不断铺垫的激越昂扬的基调截然相反,词人采用突降法(anticlimax),似乎从不断攀升的豪情跌入冰冷现实的谷底,豪迈不再,惟余无奈。这种急转直下的手法无疑令读者感受到无比强烈的震撼。

这种落差是辛弃疾内心的真实感受。宋高宗在位时曾赞许过辛弃疾的英勇,并委任其官职,开启了辛弃疾的仕途之路。但是他北伐的热情和倔强的性格使其在朝廷并未得到重用。再加上辛弃疾身份特殊,是从金国领地回归到北宋的"归正人",被认为身份卑微,也注定了他在仕途上不可能有太大的发展。辛弃疾纵然文才武略非常人能及,纵然有满腔抱负要帮助朝廷收复失地,无奈他的军事才华并未得到朝廷的重用。空怀一身本领,却无用武之地,一句"可怜白发生"可以说是道出心中无限感慨,令人扼心嗟叹。

【英译版本】

译文 1 许渊冲

Tune: "Dance of the Cavalry"
Written for Chen Liang

Drunken, I lit my lamp to see my glaive;
Awake, I heard the horns from tents to tents
Under the flags, beef grilled
Was eaten by our warriors brave
And martial airs were played by fifty instruments
'Twas an autumn manoeuvre in the field.

On gallant steed

Running full speed,
We'd shoot with twanging bows.
Recovering the lost land for the sovereign,
'Tis everlasting fame that we would win.
But alas! White hair grows!

译文 2　杨宪益，戴乃迭

Po Zhen Zi
A Poem in a Heroic Vein for Chen Liang

Half drunk I lit the lamp to look at my sword
After dreams of the bugling in our army camps,
The roasted beef shared among our men,
The harpist's tune from the northern border.
It was autumn, we marshaled our troops on the field of war.

Horses sped as if on wings,
Bow-strings twanged like thunder,
And we carried out the emperor's behest
Winning fame both in life and in death…
But now, alas, my hair is turning white!

译文 3　张畅繁

Tune: "Po Zhen Zi"
To Chen Liang: Military Review

Drunken, I stirred the wick and looked at the sword.
I dreamt of a bugle blowing in the entire camp.
Barbecued beef was allocated
To soldiers under each command.
Sounds of stringed instruments could be heard

At this northern land.
To prepare for the battle, an autumn review of troop
Was held beforehand.

Horses galloped at full speed.
The twang of bows sounds like thunder
Coming to my ears.
We were instructed by supreme ruler
to accomplish the great feat.
A fame in life and death is what I will get.
What a pity to see my grey hair.

译文 4　卓振英

Undermining the Battle Array
To Chen Tongfu to Convey My Encouragement

Tipsy, to watch my sabre I rais'd the wick of the lamp;
Awake, I heard bugle horns resounding from camp to camp.
Among th' battalions grill was portion'd out without delay;
Majestic material airs th' band of fifty instruments did play.
Autumn saw th' warriors ready in the battle array.

Our steeds were galloping as fast as the Dilu breed rare,
The arrows like stunning lightning were whizzing in the air,
I have been keenly longing to accomplish the wish of th' throne
For national sovereignty and become eternally known.
But lo, it is a pity that grey my hair has grown.

【汉诗训诂与译文鉴赏】

首先略谈一下宋词词牌名的翻译。

词牌名一般用于定一首词的曲调,所以常被译为"Tune"。如注释中所列,《破阵子》截取自唐代教坊曲《秦王破阵乐》中的一小段,音调激扬壮阔。《秦王破阵乐》为唐太宗亲制的大型舞曲,以讨叛为主题,歌颂唐太宗讨伐四方之武功。舞蹈需两千人合力完成,全部军容整肃,执旗旆,兼引马军入场,尤为壮观。宋代的《破阵子》曲调是唐乐曲中的一段,保留了其雄浑豪迈的特点。许渊冲对《破阵子》的翻译为"Dance of the Cavalry",字面翻译为"骑兵之舞"。唐代在表演这一乐舞的时候,会引马军入场,增加气势,但是只把该乐曲作为骑兵之舞的话,还是不足以反映整个军队的恢宏之气。对于副标题的处理,许的译文中点明了这首词是写给陈亮的,省去了对"壮词"的翻译。其实这首词是否可以称得上是"壮词"可以从词的内容反映出来,因此这种处理手法是可以接受的。杨、戴和张畅繁的译文采用了音译"破阵子"。在副标题中,杨、戴将其译为"a poem in a heroic vein",表明这首词是具有英雄主义的主题。张畅繁对词牌名也采用音译手法,在副标题中,用到了"military review"这一表达,点名了主题和军队有关,但是"military review"的含义并不明确。卓振英译文采用了对词牌名的直译法,"破阵"即为破坏战场上的阵仗,直译为英文是"Undermining the Battle Array"。副标题中则采用了意译的手法。这首词是"壮词"的原因在于它意在鼓舞和激励,因此,卓版的译文为"to convey my encouragement"可谓是表明了写这首词的目的。

对【醉里挑灯看剑】之中的"醉"的状态,几位译者的处理方式不同。许译和张译都用的是drunken,杨、戴译和卓译用到了half drunken 和 tipsy 这两个词,都是薄醉、微醺的意思,有几分醉意,但意识依然清醒。相比较而言,这两个词比drunken更能表现出词人洒脱不羁但内心清醒的状态。这一句如果细究的话,会发现"挑灯"这一动作可以有不同的理解。一种理解是词人高举着灯火观赏宝剑;另一种解释是挑亮了灯芯,让烛火更明亮,以便观赏宝剑。这两种说法都是合情合理的。所以,在许和杨、戴的译文中,都用到了"lit the lamp",即"举起灯"这样的表达;而在张和卓的译文中,则用到了"stirred/rais'd the wick",即"挑亮灯芯"这样的说法。这里需要说明的是,古人用的油灯,灯芯烧焦后,导油性能下降,燃油供应不足,会导致灯光暗淡。此时,若把烧焦的部分挑掉,灯就会变亮了。若灯

第七章 宋词英译鉴赏与评析

芯烧短了,再往外挑点,灯也变亮了。这个"挑"字,对应的英文动词并不是很好把握。stir 和 raise 这两个动词都不够准确。若要油灯更亮,可以把烧焦的灯芯剪掉,用"trim the wick"来表达比较合适。

词人看的兵器是剑,中国文化中,刀剑有别。上述翻译中,glaive、sword 和 sabre 都可以指剑,但 sabre 所指的是西方击剑运动中所用到的那种尖头很细的剑,和中国的剑在外形上略有区别,但似乎并不影响西方读者对原文的理解。

对于【梦回吹角联营】一句的理解,一直存在争议。一种理解是"梦回"指的是梦醒,因而后面所有关于军队的描述结尾现实情境。另一种解释是"梦回"即"梦里回到",因而后面所有的描述为作者曾经的军中生活在梦境中的再现。上述译文,除了张畅繁的译文中将"梦回"译为 dreamt of,即梦境之中,其他三位译者均把"梦回"按照梦醒来处理,所以会选择 awake 和 after dreams 这样的表述。

"吹角连营"指号角声回荡在军营之中。几位译者的处理大同小异,但是许的译文和卓的译文中分别用到了 from tents to tents 和 from camp to camp 这样的表述,相较于杨、戴译文中的 our army camps 和张的译文中的 in the entire camp,更能表现出军营气势宏大、绵延广阔的场面。

【八百里分麾下炙】是把烤肉分给将士的场面。译者们分别用 beef grilled、roasted beef、barbecued beef 和 grill 来指烤肉,处理手法相似。对于"麾下"的理解,不同译者略有不同。"麾"原指旌旗,即军队中将领指挥作战时使用的旗,所以"麾下"也是对将帅的尊称。这里的"麾下"用来指军中的将领和士兵,所以"八百里分麾下炙"是把烤牛肉分享给将士们。在许的译文中,将"麾下"直译为 under the flags,将"麾下"一词具象化,此外又加了 warriors brave 来指将士。在其他三位译者的译文中,"麾下"直接用来泛指军中的将士,如 our men、soldiers under each command、the battalions,比较符合原文的意思。但是在卓的译文中,有增译的一句 without delay,是译者自己的发挥。

【五十弦翻塞外声】描述了奏响激昂的军乐来鼓舞士气。其中,"五十弦"泛指各种乐器,而"塞外声"指军乐。许和卓的译文中都用到了 martial airs,点明了此处的乐曲是军乐。卓的译文中还加入了 majestic 一词,突出了军乐的振奋人心和激越昂扬。对"五十弦"的翻译,两位译者也有类似之处,都译为"fifty instruments",此处应该是用准确的数字来泛指乐器种类之多。杨、戴此句的译文为"The harpist's tune from the northern border",harp 在英文中是竖琴的意思,一种典型的西方弦乐乐器，音色轻柔优美。但是用竖琴来演奏曲调壮阔的军乐以鼓舞士气，似乎无法达意。此外，"塞外声"应该泛指军乐，而不仅仅是来自"the northern border"，即北方边塞的曲调。虽然杨、戴的这种译法可以在西方读者的脑海中将这种乐器具象化，但是和原文的含义是有很大出入的。张译"五十弦"为 stringed instruments，即泛指各类弦乐，这与原文是比较接近的，但依然缩小了"五十弦"所泛指的乐器的范围。原文中的"塞外声"泛指军乐，而张译将"塞外"处理为地点状语，即"at this northern land"，这和原文的意义有所偏差。

【沙场秋点兵】延续了前面的铺垫，在激励了三军将士之后，大战在即，即将点兵上阵。古时的点兵即召集并检阅即将或准备出征的士兵。在许的译文中，用到了"manoeuvre in the field"。Manoeuvre 一词原指军事演习或军事操练，并没有召集和检阅军队的意思。杨、戴的译文中，点兵用到了"marshaled our troops"这样的表述，即集结军队，是比较准确的。在张的译文中，侧重用检阅这个意义，使用了 review of troop，也比较符合原意。在卓的译文中，避开了对"点兵"一词的正面翻译，而是比较巧妙地解释为"the warriors ready in the battle array"，表明了军队已经集结完毕，整装待发。

【马作的卢飞快】句中，用到了的卢马的典故。有趣的是上述译文中，只有卓的译文中保留了的卢一词，而其他几位译者均采用了意译策略。许直接译为"gallant steed running full speed"，即飞驰的战马。从文法上看，正确的表述应该为"running at full speed"，但是为了和上一句的音韵形成对仗，许先生牺牲了文法的准确性。杨、戴译文采用比喻手法来描述战马飞驰速度之快，"horses sped as if on wings"，这样的比喻生动而形象，再加上希腊神话中飞马珀伽索斯的形象在西方家喻户晓，这样的比喻在意象上也很容易被西方读者接受。张的译文和许的译文非常相似，"galloped at full speed"。卓译将飞驰的战马比喻成宝马良驹的卢，"Our steeds were galloping as fast as the Dilu breed rare"，既保留的原文中用典的特色，也生动地描绘出战马奔腾的场面。

【弓如霹雳弦惊】指将士们拉弓射箭时，弓弦弹出了巨大的声响。上述译文中，除了卓的译文，其他译文都用到了 twang 一词，即拉弓时弓弦发出的砰然声响。在杨、戴和张的译文中，保留了原文中的比喻，即把弓响比喻为霹雳"twanged/sounds like thunder"。卓译避开了对弓弦声响的描写，而是转而描写离弦之箭，把这些离弦之箭比喻成呼啸着破空的闪电。如果从文字效果来看，这也是对战场上射箭场面的生动描写,但是从翻译的角度来看,这样的处理方法和原文偏差较大,已经属于译者的再创造了。

【了却君王天下事,赢得生前身后名】道出了作者忠君报国的远大抱负。作为一名积极抗金的将领,辛弃疾此生最大的抱负就是杀退金军,收复被金国占领的大宋领土。在许的译文中,把"君王天下事"具体化为收复失地,即"Recovering the lost land for the sovereign"。在杨、戴的译文中,保留了"君王天下事"的表述,译为"carried out emperor's behest"。张译则采用被动态的处理方式,译为"We were instructed by supreme ruler to accomplish the great feat."。虽然两句在意义上没有太大的差别,但是和原文表达的意境还是有一定差别的。用主动态的形式更能体现出作者在收复失地,完成国家大业上的积极主动性,这也符合历史上的真实状况。而用被动态的话,表明作者接受了朝廷的委托,来替统治者完成统一的心愿,这和当时的史实不符。南宋朝廷昏庸腐朽,当时有不少投降派并不主张积极抗金,这也是辛弃疾壮志难酬的一个重要原因。在卓译中,又增加了一层感情色彩,"I have been keenly longing to accomplish the wish of th' throne for national sovereignty",突出了要杀敌报国,完成帝王伟业的拳拳爱国之心。"赢得生前身后名"这一句比较直白,完成了帝王大业,作为一名忠君之臣也自然会名垂青史,流芳百世了。所以,win fame,赢得英名也是必然的结果。"生前身后名"表明了一代功臣会永远被历史铭记,许用到了 everlasting 一词。杨、戴和张的译文用到了"both in life and in death",但是从语意上看,应该是 in life and after death。卓的译文用到了 become eternally known 这样的表述,也是比较符合原意的。

结尾的【可怜白发生】是作者内心无奈又伤感的感慨。几位译者都用到了表达感慨的词或句式。在许先生的译文中,white hair 一词前面没有物主代词,但是从上文中刚看到译者连续用到了两个 we 来指驰骋沙场的将士和希望赢得美名的爱国志士,所以可以推断出,此处的完整表达该是 our white hair grows。其他三位译者均明确表明这里的白发是"我的白发",应该更符合原文的表达。"白发"一词究竟是应该译成 white hair 还是 grey hair 其实并不需要太过纠结。在英文中这两个颜色词都可以指人由于衰老和忧思而导致头发变白,因此选词不同不会影响到意思的表达。

【宋词经典篇章英译鉴赏之三】

雨霖铃·寒蝉凄切[①]

柳 永

寒蝉[②]凄切[③],对长亭晚,骤雨初歇。
都门[④]帐饮[⑤]无绪,留恋处,兰舟[⑥]催发。
执手相看泪眼,竟无语凝噎[⑦]。
念去去,千里烟波,暮霭[⑧]沉沉楚天[⑨]阔。
多情自古伤离别,更那堪冷落清秋节!今宵酒醒何处?
杨柳岸,晓风残月。此去经年[⑩],应是良辰好景虚设。
便纵有千种风情[⑪],更与何人说?

【注疏】

①雨霖铃,词牌名,也写作"雨淋铃",调见《乐章集》。相传唐玄宗入蜀时在雨中听到铃声而想起杨贵妃,故作此曲。

②寒蝉,入秋的蝉。

③凄切,凄凉急促。

④都门,指都城汴京(今开封)的城门。

⑤帐饮,设帐置酒宴送行。

⑥兰舟,舟的美称。

⑦凝噎[yē],喉咙哽塞,说不出话。

⑧暮霭[ǎi],暮色中的雾气。

⑨楚天,南方楚地(今湖北)的天空。

⑩经年,年复一年。

⑪风情,情义。

【白话释义】

秋后的蝉鸣凄凉而急促,面对着长亭,正是傍晚时分,一阵急雨刚刚停住。在京城外设帐饯别,却没有心情畅饮一番,正在依依不舍的时候,船夫已催促出发。握着双手相互凝望,满眼泪光,千言万语都哽噎在喉间,无法表达。想到此番南下,相隔千里万里,一片烟波,那暮色沉沉,雾气弥漫的楚地天空空旷寂寥。

自古以来离别总是让多情的人伤心不已,更何况是在这萧瑟冷落的秋日里!谁知我今夜酒醒时身在何处?怕是只能在杨柳岸边,面对黎明凄冷的晨风和天边的残月。这一去,与相爱的人长年别离,再好的天气和风景也是如同虚设。即使有满腹情义,又能和谁诉说呢?

【创作背景】

北宋著名词人柳永是婉约派代表人物。柳永出身官宦世家,少时学习诗词,才情卓越,因作词忤逆宋仁宗,数次参加科举未中,后"奉旨作词",作品被广为传颂,也成就了一代宋词大家。柳永年轻时放荡不羁,沉醉于苏杭等地花街柳巷,依红偎翠,听歌买笑。这样的经历使他对歌妓们的生活经历和情感世界都有了更深刻的了解。这些细腻的情感也都被他写入词中,被广为传唱。这首《雨霖铃》是宋代婉约词的代表杰作之一。作者由于仕途不顺离开汴京,与恋人依依惜别。词中表现出的有情人分别时的真情实感,缠绵悱恻,凄婉动人,千百年来为人们传唱不衰。南宋叶梦得在《避暑录话》中这样评价柳永"凡井水处,皆歌柳词",一语道出柳永词深受民间喜爱的空前盛况。

【主题鉴赏】

这首《雨霖铃》是书写离愁别绪的千古名篇。上阕细腻刻画出有情人离别时依依不舍的凄婉场面,写景、写人、写情一气呵成,自然流畅。起首三句描绘了离别时的景物特点,点明了时间,地点和时节。作者对景物描写的巧妙之处在于融情入景,通过景物渲染气氛,从而含蓄表达内心的思绪。据《礼记·月令》云:"孟秋之月,凉风至,白露降,寒蝉鸣。"所以离别的时间应在入秋之后的农历七月。天色渐晚,暮色沉沉,而且又在骤雨之后,更多了几分萧瑟之意。在这离别的时刻,词人所闻所见无不让人倍感凄凉。前三句对景物的描写也是对下面两句的铺垫。"都门帐饮无绪,留恋处,兰舟催发",相传古人出行时,为了祈祷平安,会为出行者设帐祭路神,称为祖帐,后引申为饯行。"帐饮"出自江淹《别赋》:"帐饮东都,送客金谷。"王维诗中也曾写过"祖帐已伤离,荒城复仇人。"此处的"都门",是指都城汴京的城门。因为词人要离开都城南下,他的恋人便在都城外设帐为他饯行,祈祷一路平安。可是一想到有情人从此不得相见,纵然面对美酒,词人怎么能有心情来享用呢?"兰舟"的典故与鲁班有关。据南朝梁任昉《述异记》记载,鲁班曾刻木兰树为舟,此处兰舟是对船的美称。可是这里乘舟而去,意味着和恋人的分离。正在依依不舍之际,船夫催促着快点出发。这一句是完全写实的句子,短短七个字写出了离别的紧迫,也突出了不舍的情浓和分别的无奈之间的现实矛盾,更加深化了这惜别之情。这样的描述,很自然地引出下文"执手相看泪眼,竟无语凝噎。"分别在即,纵有千言万语也难诉不舍之情,"执手相看泪眼",通过肢体动作表现了复杂的内心情感,通俗易懂,也是真挚情感的迸发,"无语凝噎",更是感情的深化,让人真切感受到分别时的不舍和悲伤。正因为悲伤到无法言语,才会有下文的"念去去,千里烟波,暮霭沉沉楚天阔"。一个"念"字,从写实转为心理描写。"去"字的叠用,道出了此地一别,一程又一程,渐行渐远,远到那暮色沉沉的楚地,从此便是天涯相隔。这样无法跨越的空间距离,让多少有情人肝肠寸断!

下阕描写了想象中的别后情景。下篇起始,是一个一般现象,"多情自古伤离别",由古至今,分别最是让人伤感,尤其是对重感情的人而言,更是难以承受分别之痛。接着"更那堪冷落清秋节"则与上篇中的景物描写呼应,烘托出离别时内心的不舍和凄凉。"今宵"三句,可谓全词中流传最广的名句。这三句是词人想象分别之后的情景。今日离别之后,酒醒梦回之时,已经没有恋人相伴,谁又能在乎自己酒醒何处呢?这酒醒之处,想必是这形单影只的舟上,这凉风习习的拂晓,杨柳依依的岸边,一轮残月挂在枝头。此三句寥寥数笔,就勾画出一副孤单凄凉冷清的画面,更加烘托出离愁之哀婉。"此去经年"四句,亦是广为传颂的佳句。词人不着痕迹地流露出对往昔和今后的对比。忆往昔,有佳人相伴,共度良辰好景,何等温馨欢愉。而离别之后,年复一年,纵然有良辰好景,没有佳人在身旁,又怎能有兴致欣赏好景致呢?只是徒增伤感罢了。无论心中有多丰富的情感,已经无人可以诉说,无人可以分享了。这又是何等凄凉!全词一问句结束,"犹如奔马收缰,有住而不住之势;又如众流归海,有尽而未尽之致",不愧是脍炙人口的千古佳句!

【英译版本】

译文1 许渊冲

Tune: Bells Ringing in the Rain

Cicadas chill

And drearily shrill,

We stand face to face at an evening hour

Before the pavilion, after a sudden shower.

Can I care for drinking before we part?
At the city gate
Where we're lingering late,
But the boat is waiting for me to depart.
Hand in hand, we gaze at each other's tearful eyes
And burst into sobs with words congealed on our lips.
I'll go away
Far, far away
On miles and miles of misty waves where sail the ships,
Evening clouds hang low in boundless Southern skies.

Parting lovers would grieve as of old.
How could I stand this clear autumn day so cold!
Where shall I be found at day's early break
From wine awake?
Moored by a riverbank planted with willow trees
Beneath the waning moon and in the morning breeze.
I'll be gone for a year.
In vain would good times and fine scenes appear!
However gallant I am on my part,
To whom can I lay bare my heart?

译文 2　杨宪益、戴乃迭

Yu Lin Ling

Mournfully chirr the cicadas,
As the shower of rain stops
And we face the roadside pavilion at dusk.
We drink without cheer in the tent outside the city gate;
It is the moment we are loath to part
But the magnolia-wood boat beckons me on.
Hands clasped together we see our tears,

So overcome, unable to utter a single word.
Ahead lies a journey a thousand li of misty waves
And the vast sky of Chu* hangs with heavy evening haze.
Since time immemorial, lovers have grieved at parting
Made more poignant in the fallow season of autumn.
What is this place where I have sobered from my drunken stupor?
"The riverside is strewn with willow trees,
The morning breeze wafts in with a waning moon."**
Our parting will last for years,
Fine hours and scenes of beauty have no appeal
Even though my heart is filled with tender feelings,
But, with whom can I share them?

* Referring to the region of the ancient State of Chu situated in the central and southeast part of the country.
** A scene the poet imagines might occur on his journey.

译文 3   张畅繁

Tune: Yu Lin Ling

The autumn cicadas utter their sad tunes.
We face each other at the long pavilion in late afternoon.
The downpour has come to a halt.
Drinking at the city gate with no mood at all.
Just as we have become attached in our heart,
The boatman signals to soon depart.
Holding hands with tearful eyes,
We are chocked up to gesture good-bye.
I am going away on a thousand-li journey
In misty waves over the southern sky.
Since ancient times, parting is the price
Lovers must pay for giving their hearts and minds.

It is so unbearable to part in the cool autumn scene.
Where will I end up tonight after waking up from drinking?
Could it be at the willow bank in
breeze with the moon lingering?
I will leave you for years until we meet again.
What good it is to me even
It is a bright day and a fair scene?
Even though I have a thousand things to say,
With whom can I convey my feelings?

译文 4 卓振英

Bells in the Rain

Cicadas decrying the chill which befalls
In th' wake of the rain, the pavilion ahead
Bedims in the dusk as if it had a sorrowful heart.
The boat now relaying its urge in the calls,
Neither's in the mood for the wine, as I will soon depart.
We are full of tears but short of word;
We stand sobbing, eye to eye and hand in hand.
Destination lies far beyond the waves blurr'd,
Where the mist is hanging low o'er the southern land.

Love has been haunted by parting from of old,
Moreo'er I'm leaving on an autumn day so cold.
What shall I see when wine's effect weakens after the night?
Bank and willows under a pale setting moon — a strange sight.
I'll stay away for long long years, during which lovely days
And thrilling scenes would mean nothing to such a lonely heart.
Affections in me henceforward may seethe and burn and blaze,
And yet to whom could I such tender sentiments impart?

【汉诗训诂与译文鉴赏】

《雨霖铃》词牌名原意为雨水打在铃铛上的声响。在对词牌名的处理方法中,许渊冲和卓振英采用了意译的方法,将其译为"Bells ringing"和"Bells in the rain"。二者相较而言,许的译文中因 ringing 一词而带有音律感,即雨中叮叮响的铃铛。杨、戴译文和张畅繁的译文依然采用了音译的策略。

【寒蝉凄切】仅仅四字便暗示出一种凄婉的基调,也隐含了这首词的创作时节是初秋。已经感到初秋寒意的蝉鸣似乎听上去也是悲悲切切。对于这一句的处理,四位译者各有不同。许的译文"Cicadas chill, and drearily shrill"突出了音韵美,简短生动,shrill 本来是尖叫的意思,这里有意夸张秋蝉的鸣叫。杨、戴的译文中,省去了"寒"的意义,chirr 指的是昆虫唧唧的叫声,mournfully chirr 表现出叫声的悲伤凄切。张译直接点明"时节"是 autumn,凄凉的叫声用"utter their sad tunes"表达出来。一般来讲,昆虫的鸣叫多和 chirr、churn、buzz、chirrup、chirp 等词搭配,而人发出声音和 utter 一词搭配。译者用到 utter 一词表示蝉鸣,是很少见的,但是如果译者将蝉拟人化,用 utter 一词则是无可厚非的。卓译和其他三位的处理方式不同:"Cicadas decrying the chill which befalls",从字面上看,蝉鸣是对秋天寒意的抗议。寒秋将至,蝉的生命也似乎要走到了尽头,故会更加抗拒秋日的寒意。这似乎也符合原文的字面意义,但缺少了几分哀伤和凄婉之感。

【对长亭晚,骤雨初歇】点明了分别的时间和天气。译者们就"对"字的理解还是有些差别。许译"we stand face to face"及张译"we face each other","对"被理解为恋人之间面面相对之意,而杨、戴译文"we face the roadside pavilion"中"对"的意义为"面对长亭"。卓振英与前三位译者不同,并没有涉及对"对"的翻译。从原词的意境来看,恋人长亭送别,依依不舍之中彼此深情相望似乎更加符合离别的意境,所以把"对"理解为面面相对应更加妥帖。卓的译文中,将长亭拟人化,在这暮色之中,离别的伤感让人觉得连路边的长亭似乎都有一颗哀伤之心。这样的意境固然凄美,但是和原文的差别较大。

【都门帐饮无绪,留恋处,兰舟催发】写出了送别的地点和依依不舍的无奈。许的译文采用了一个反问的形式,"can I care for drinking before we part?",这一句的答案不言而喻,离别在即,我又怎能有心情再饮一杯酒呢?一个问句,非常委婉地道出了不舍和无奈之情。"lingering late"和"waiting for me to depart"更是把离别时的矛盾生动地予以再现:纵然万般留恋,可是离别的时刻已是迫在眉睫。杨、戴译文"we drink without cheer in the tent outside the city gate"是对原文字面准确的翻译:分别在即,即使有美酒饯行,又怎能有兴致畅饮呢?"we are loath to part"点出了恋人分别时的不舍。对于"兰舟催发"一句,杨、戴也依然忠实于原文,译为"the magnolia-wood boat beckons me on"。"兰舟"是对舟的美称,译为 boat 即可。张的译文中"drinking at the city gate with no mood at all"道出了离别之人毫无饮酒的情绪。对于"留恋"的翻译,张用到"we have become attached in our heart"和后面的"depart"形成对照,表现了离别时的惆怅和无奈。卓的译文中对于"都门帐饮无绪"一句保留了"饮酒"和"无绪"这两个意象。为了体现"催发"这一层含义,译者用到了"urge"一词,和原文还是比较契合的。

【执手相看泪眼,竟无语凝噎】也是传世佳句,语言质朴,情真意切。这两句话的翻译并没有什么难度。在选词上,杨、戴译文采用了 clasped 一词来表现"执手"之意,和其他译者的"hand in hand/holding hands"相比,这个词是紧紧相握之意,旨在表达难舍难分之情。

【念去去,千里烟波,暮霭沉沉楚天阔】道出了此地一别,二人相距千里的无奈。许的译文"I'll go away, far, far away. On miles of miles of misty waves where sail the ships",利用了词汇的重复,产生了一种绵延不断的意境,更显得作者此去路途之遥远。"Evening clouds hang low in boundless Southern skies"是用景物来衬托阴郁的心情。"楚天"原指楚地的天空,这里泛指南方的天空。许、张、卓译中,都将"楚天"译为"southern skies/sky"或"southern land",即南方的天空。在杨、戴的译文中,对"楚天"采用了注释的方法,注释中说明楚地位于东南地区。古时交通不便,南北相隔的距离在人们心目中遥远而不可逾越。词人是在北方和恋人告别,要到遥远的南方去,这种别离有可能今生今世都不会有机会能再相见。这样更体现出生离死别时的肝肠寸断。所以译者们点名楚天在南方是很有必要的。

如果上阕重在描述离别的心情和场面,下阕则更多了几分作者对离别的感慨和哀伤。"多情自古伤离别,更那堪冷落清秋节"一句道出分别时的不舍和哀伤是人之常情,更何况是在这凄冷的秋日,分别更是多了几分伤感。许的译文"Parting lovers would grieve as of old. How could I stand this clear autumn day so cold!"从字面上表达出了原文的含义,但是英文译文之间还是少了一些衔接,语意上略显跳跃。

杨、戴译文,用"made more poignant in the fallow season of autumn"来表明季节这种外部因素使这种离别更加痛苦。但是 fallow 一词的使用值得推敲。fallow 原指休耕或无所事事。原文中的"冷落清秋节"是指秋天的萧瑟让人感到的冷清和落寞,fallow 要表达的闲散和无事可做并不能体现出秋的冷落。张的译文中对"多情自古伤离别"加入了自己的理解,"Since ancient times, parting is the price lovers must pay for giving their hearts and minds",字面上看,译文的意思是"自古以来,离别时恋人们献出真心要付出的代价。"这句译文的语意其实并不准确,因为离别不是恋人们要付出的代价,而是遭受离别之苦是真心相爱的人要付出的代价。"suffering from parting is the price"也许更为贴切。"It's so unbearable to part in the cool autumn scene"准确传达了原文的含义。卓的译文中"Love has been haunted by parting from of old",道出了分别总是让情爱中的人困扰。在下一句中 moreo'er 一词明有明确递进的含义,烘托出恋人在这萧瑟的秋季分别时格外哀伤之感。

【今宵酒醒何处】是流传千古的佳句。这句是作者对离别后情景的想象,道出了离别后借酒浇愁,醒来时不知身在何处的孤单和凄凉。许的译文完全贴合原意,杨、戴的译文中用到了"drunken stupor"的表述,是说人喝得酩酊大醉。张的译文"where will I end up tonight"中,用到了 end up 一词,略显出一种酒醒时身在何处已然身不由己的意味。卓译和其他译者的不同在于加入了动词"see","What shall I see when wine's effect weakens after the night?",字面的含义就是"酒尽过后,我能看到什么呢?"原文中所问的是地点状语,而卓译将问句的焦点改为"看到的"宾语,虽然后文"杨柳岸,晓风残月"均可作答,但这样的改动并无必要。"杨柳岸"一句蕴含了三个意象,语言简洁至极,但要译出韵味却并非易事。许译可以说非常的细腻,宁可牺牲了以往简洁的风格,把每一个意象,甚至是隐含的意象(停泊的船只)都精准的刻画出来。杨、戴的译文中,"杨柳岸"的翻译为"The riverside is strewn with willow trees"。其中,strewn 一词的用法值得商榷。strew 一词原意为"杂乱无章的散播",更适合用来描述一片土地上杂乱生长的植物。而岸边的杨柳多是沿岸而栽,并非凌乱而无序的生长,所以从意象上看,这个词用得不是很到位。张译中用 willow bank 指"杨柳岸",简洁明了,但是残月的意境被略去了,略显遗憾。卓译为了和上文的"see"呼应,增补"a strange sight"。但是原文中是借景言情,烘托酒醒后形单影只的孤寂和落寞,和 a strange sight 并无关系,所以这样的补充未免有画蛇添足之嫌。

第七章 宋词英译鉴赏与评析

【此去经年，应是良辰好景虚设】亦是作者对日后情景之猜测。其中，"此去经年"表达了将要离别多年之意。张译加入了"I will leave you for years until we meet again"，其中，until we meet again 是译者自己对原文理解的延伸。从上下文看，很可能这一别就是天涯相隔，今生不复相见了，所以 until we meet again 略显多余。"良辰好景"一词泛指所有快乐的时光，几位译者的译文大同小异，都比较贴切。在诠释"虚设"含义的时候，张译采用了反问的方式，译为"what good it is to me even it is a bright day and a fair scene?"，强调了良辰美景已然了无意义。其余三位译者则用了否定性结构，如许译"appeal in vain"，杨戴译"have no appeal"，卓译"mean nothing"。

结尾的【便纵有千种风情，更与何人说】一句道出了令人心酸的万般无奈。这一句中的难点在于"风情"二字。明代李攀龙《草堂诗余隽》中曾写道："'千里烟波'，惜别之情已骋；'千种风情'，相期之愿又赊。真所谓善传神者。""风情"在《古汉语大字典》中解释为"胸怀、意趣"之意。"千种风情"，首先可以是恋人之间难舍难分的情意，但却远不止如此。

王国维说："词之为体，要眇宜修。能言诗之所不能言，而不能尽言诗之所能言。诗之境阔，词之言长。"所以"风情"可以延伸为对前文所提到的人世间各种美好事物的所感所想。许译"However gallant I am on my part//To who can I lay bare my heart?"中的 gallant 作形容词时，意思是殷勤周到，更偏重对行为的描述。最后一句采用了反问的句式，表达出无人可与我分享内心感受的强烈情感。杨、戴的译文将风情译为"tender feelings"，即柔情万种的意思，和原文比较贴切。张译中，用到了"Even though I have a thousand things to say"，将"千种风情"转为"千言万语"，和"说"字可以呼应。译者很清楚此处表达的是一种情绪，所以在下一句中也用反问句式表达出"with whom can I convey my feelings?"，即内心有多少情感却没有可以诉说的对象。卓译加入了更多的解读，"Affections in me henceforward my seethe and burn and blaze"，表达出内心爱意翻滚燃烧，"And yet to whom could I such tender sentiments impart"，这一句转折，道出了这种热烈的感情无人诉说的无奈。该译文对原文的理解还是比较恰当的，但融入了更多译者个人的解读，忠实性略微欠缺。

总体而言，柳永的词因为是在民间广为流传，语言运用上并无过多晦涩难懂之处，也未过多引经据典，通俗而平实。对译者而言，翻译时的语言障碍还是比较少的，但是要道出平实的语言所表达的"神韵"依然充满了挑战性。

【宋词经典篇章英译鉴赏之四】

醉花阴·薄雾浓云愁永昼①

李清照

薄雾浓云愁永昼②,瑞脑③消金兽④。
佳节又重阳⑤,玉枕纱厨⑥,半夜凉初透。
东篱⑦把酒黄昏后,有暗香⑧盈袖⑨。
莫道不销魂⑩,帘卷西风⑪,人比黄花⑫瘦。

【注疏】

①醉花阴,词牌名,又名"九日",双调小令,仄韵格,五十二字,上下阕各五句,三仄韵。

②愁永昼:愁绪难以排遣,觉得白天太漫长。

③瑞脑,一种熏香,又名龙脑,即冰片。

④金兽,兽形的铜香炉。

⑤重阳,农历九月九日,重阳节。

⑥纱厨,夏秋季隔离蚊虫的纱帐,此处"厨"通"橱"。

⑦东篱,泛指采菊之地,源于东晋陶渊明《饮酒》中的名句:"采菊东篱下,悠然见南山。"

⑧暗香,菊花的幽香。

⑨盈袖,满袖,源于《古诗十九首·庭中有奇树》中"馨香盈怀袖,路远莫致之"之意。

⑩销魂,形容极度忧愁和悲伤。"销",又作"消"。

⑪帘卷西风,秋风吹动帘子。西风,秋风。

⑫黄花,菊花。唐王绩《九月九日》诗中云:"忽见黄花吐,方知素节回。"

【白话释义】

薄雾弥漫,云层浓厚,漫长的白昼充满着烦愁,金兽香炉中龙脑香缭绕。又是重阳佳节,卧在玉枕纱帐中,半夜的凉意将身体浸透。

在东篱的菊圃饮酒直到黄昏以后,菊花的清香溢满双袖。莫要说不忧愁,西风卷起珠帘,帘内的人儿比那黄花更消瘦。

【创作背景】

1101 年,十八岁的李清照嫁给了二十一岁的太学生赵明诚。赵明诚酷爱收藏考订金石刻词,与家学渊博、热爱艺术的李清照情投意合。李清照曾在《金石录后序》中提到过他们在汴梁生活的一些情景。她回忆那时明诚每月初一、十五,便告休回家,与她探讨一些优秀碑文刻本,可谓幸福温馨,其乐融融。但是婚后不久,赵明诚便"负笈远游"。离别之后两年,深深思念着远行丈夫的李清照便写了这首词寄给赵明诚,字里行间流露出词人异地同心的深深挂念,表达了妻子对丈夫的绵绵思念和悠悠离愁。关于这首词最著名的一段佳话莫过于伊世珍《琅嬛记》中的记载:"易安以重阳《醉花阴》词函致明诚,明诚叹赏,自愧不逮,务欲胜之,一切谢客,忘食忘寝者三日夜,得五十阕,杂易安作以示友人陆德夫。德夫玩之再三,曰:'只三句绝佳'。明诚诘之。答曰:'莫道不销魂,帘卷西风,人比黄花瘦'。正易安作也。"这段故事恰恰道出这三句词语言之绝妙,文学价值之高超。

【主题鉴赏】

李清照的这首《醉花阴》是宋代女性闺怨词中的优秀作品。闺怨文化是中国古代封建社会女子特有的文化现象。在封建时代,女性往往被排除在社会政治生活之外,女性的情感中心往往投入到家庭、婚姻、爱情之中,反映女性情感的闺怨词题材往往更加私人化。有些词表现出少女怀春、思念情人的感情,有些词刻画出思妇的凄婉哀伤。宋代的闺怨词大多出自男性作者之手,《全宋词》中载录的女性创作的闺怨词仅一百余首。男性词人的作品出自"男性对于女性心理期待的文学化表达"(邓红梅,2002),因此作品难免流露出比较明显的模式化倾向。而女性词人创作时并没有性别视角,她们的作品真正做到了"吾口写吾心""情动于中而形于言",是个人真挚情感的抒发和寄托(黄丽峰,2004)。

被誉为"一代婉约词宗"的李清照的传世作品中,以闺怨题材的词居多,艺术成就最高。她的词情感细腻且温婉贴切,语言隽秀且富有创造力,意象生动且特色鲜明。这首广为流传的《醉花阴》是李清照最具代表性的作品之一,极具艺术审美价值。

  词的上下阕用细腻的笔触勾勒出思妇对丈夫的相思情韵。开篇起始"薄雾浓云愁永昼"是以景物来铺陈内心的感受。对于"薄雾浓云"这一意象，读者有不同的理解。一种解释是描绘天气，布满阴云和雾气的天气正好和词人阴郁的心情相呼应。另一种理解是这里的云雾并非自然界的云雾，而是瑞脑在香炉中焚烧时产生的烟雾。因为作者满腔愁绪，所以这轻烟也似浓浓的烟雾一般，化不开，散不去。第三种解释则是脱离了具体意象，用"薄雾浓云"来表达作者心中的离愁别绪，是完全抽象化的概念（闫朝晖，2012）。

  其实，人们并不需要一个统一的诠释，文字的魅力在于它激发了读者去细心体会作者内心感受的欲望，允许读者有更多的想象空间，有多维度的解读方式。"永昼"一词甚有深意。这首词在创作的时候，已是重阳时分。秋日的白昼已然越来越短，而作者却觉得白昼是那样的漫长。人们对时间的感知总是和情绪有关，欢乐时总觉得时间分外短暂，而愁苦时会感觉时间流逝的特别缓慢。作者用"永昼"一词，很自然地流露出夫妻分离、长日难挨的惆怅。"瑞脑消金兽"一句是对室内景物的描写。作者百无聊赖地看着香炉中焚烧的瑞脑香冒出的袅袅青烟，读者可以想象一个女子寂寞而慵懒的姿态。此时正值重阳佳节，入秋的天气夜晚已有了凉意，"玉枕纱厨，半夜凉初透"。"玉枕"指瓷枕，"纱厨"即以木架罩以轻纱用以避蚊的纱帐。这些都是闺房内的陈设，夫妻团聚时会显得格外温馨，而当作者一人独守空闺时，就会觉得格外寂寞。所以这秋夕的夜晚，凉意透入纱帐中，让孤单寂寞的人觉得长夜难熬。上阕寥寥数语即刻画出一个寂寞少妇满腹愁绪却又无从托寄百无聊赖的生动形象：白昼漫漫，愁绪无遣；夜晚凉意蔓延，只能独自承受。上阕中，"佳节又重阳"一句格外重要，此处援引了王维"每逢佳节倍思亲"的典故。重阳节这天亲友团聚，登高望远，插茱萸，饮菊酒，佩香囊。这样的良辰佳节，丈夫却不在身边，作者自然别有一番凄凉滋味在心头。

  下阕描写的重点依然在重阳时节。饮酒赏菊是重阳节的一个传统节目。度过了心情愁闷的白天，黄昏时分，作者"东篱把酒"。重阳节的菊花开得繁盛，争奇斗艳，姿态万千，清雅的香气沾染在作者衣服上，所以"有暗香盈袖"。此句中借用了"馨香盈怀袖，路远莫致之"（《古诗十九首·庭中有奇树》），以及"疏影横斜水清浅，暗香浮动月黄昏"（北宋林逋《山园小梅》）的句意。"暗香"通常指梅花，傲寒绽放，清幽高洁。这里用来指菊花，暗示词人高雅脱俗的情趣。菊花傲霜开放,艳而不俗,香气独特。古人曾用"陶令篱边色,罗含宅里香""露浓希晓笑,风劲浅残香"等诗句赞颂菊香。东篱把酒,暗香盈袖,本是绝佳景致,但是词人只能孤单一人面对这一切,内心对丈夫的思念更加无法排遣。"莫道不销魂"一句中,"销魂"用江淹《别赋》"黯然销魂者,唯别而已矣"之意,写的是词人内心的感受,满腔的思绪挂念,怎能不让人无限惆怅?"帘卷西风,人比黄花瘦"是千古流传的佳句。在前面对时节和环境的铺陈之下,这两句宛如神来之笔,刻画出词人寂寥凄冷的心境。王国维曾说"一切景语皆情语"(《人间词话删稿》),所以风花雪月、砖石草木等物皆可寄人之情。中国古诗词中,西风是常见的意象,多代表萧瑟、别离、悲苦、落寞等情绪。如"西风昨夜过园林,吹落黄花满地金"(王安石《咏菊》),"昨夜西风凋碧树,独上高楼,望尽天涯路"(晏殊《蝶恋花》),"落叶西风时候,人共青山都瘦"(辛弃疾《昭君怨》),"古道西风瘦马"(马致远《天净沙·秋思》)等。此处用到"西风"一词,生动表现出词人感受到的清冷和孤寂。晚来风起,瑟瑟西风掀起帘子,让人感到一阵凉意,联想到刚才把酒对菊花,菊花尚能傲立寒霜,而寂寥的人儿却无力抵挡秋夕的寒意,相思满腹,消愁无计,不免发出人不如菊的感慨。清代许昂霄在《词综偶评》中这样评价道:"结句亦从'人与绿杨俱瘦'脱出,但语意较工妙耳。"

【英译版本】

译文 1　许渊冲

Tune: "Tipsy in the Flower's Shade"
The Double Ninth Festival

In thin mist and thick cloud of incense, sad I stay.

The animal-shaped censer I see all day.

The Double Ninth Festival comes again.

　　　Still alone I remain

In the curtain of gauze, on a pillow of jade,

Which the midnight chill begins to invade.

After dusk I drink wine by East Hedge in full bloom,

My sleeves filled with fragrance and gloom.
Say not my soul
Is not consumed! Should the west wind uproll
The curtain of my bower,
I would show a thinner face than yellow flower.

译文 2   张畅繁

Tune: "Zui Hua Yin"
Thinner Than the Yellow Flowers

Thin mist rises; dense clouds in the sky.
I feel down all the time.
Incense stops burning in the gold animal censer.
The Double Nine Festival once again has arrived.
Through the gauze curtain and pillow,
The chill penetrated at midnight.

At dusk, I watched the chrysanthemums by
The eastern fence with a cup of wine.
My sleeves were scented with mild fragrance.
Don't say that I was not emotional at that time.
I became thinner than the yellow flowers
When the west wind flapped the blind.

译文 3   卓振英

Tipsy in the Shade of Flowers

Mist follow'd by dark clouds, I have been sad all day,
Watching the incense in th' censer burning away.
The Double Ninth Festival has now come again,

Yet in th' gauze screens and on th' jade pillow I up stay,
Feeling at mid-night th' chilly loneliness and pain.

'Midst chrysanthemums I took a drop in the eve,
Which have left a puff of light fragrance in each sleeve.
That lovesickness is not consuming who can say?
When it rolls up the curtain, the west wind would grieve
At a figure thinner than the flower today.

译文 4　肯尼斯·力士乐 (Kenneth Rexroth)

To the Tune "Drunk under Flower Shadows"

Light mist, then dense fog —
A day endless as my sorrow.
Rare incense smoke curls from the
Mouth of the gold animal.
Once more it is the Ninth Day
Of the Ninth Month. I lie restless
On my brocade pillow, under
The gauze curtains, until, past
Midnight, a chill seeps into me.
In the East Enclosed Garden
We got drunk one evening.
The wine's secret perfume has never
Left my sleeves. No one else notices,
But it carries my soul away.
Now when the West wind flaps the screen.
I am more frail than the orchid petals.

【汉诗训诂与译文鉴赏】

对词牌名的翻译，许译和张译都采用了词牌名加副标题的译法，从而区分同一词牌名下不同词的内容。许译中选用了"重阳"这一关键词,而张译中选用了"人比黄花瘦"这一经典名句。在词牌名的处理上,张译采用了音译法,其他三人均采取直译法。许译和卓译的标题中,将"醉"译为 tipsy,而肯尼斯的译文中用的是 drunk 一词。二者相较,前者是薄醉、微醉的意思,而后者往往有醉醺醺的意思。在花荫中微微薄醉,更能体现出意境之美。

对【薄雾浓云愁永昼】的翻译,译者们有一些理解上的偏差。许的译文是"thin mist and thick could of incense",意为"薄雾和浓云是香料焚烧后的缭绕青烟"。张、卓二位的译文中,"云雾"也译为 mist 和 cloud,但是均指自然界中的云和雾。卓译将浓云译为 dark cloud,即乌云的意思,违背原文意象,语义发生曲解。肯尼斯的译文中,mist 和 fog 都是指雾气,有意象的缺失。译者们对"愁永昼"的翻译比较一致,都体现出"I feel sad all day"这样的含义。

【瑞脑消金兽】中有两个文化负载词(culture-loaded terms),一是"瑞脑",即龙脑树木材中提取的晶体,俗称龙脑香,可用来做香料;另一个为"金兽",即兽形的香炉。对瑞脑的翻译,以上译文一致译为 incense,译者认识相同。兽形香炉往往是铜质的,"金兽"是指其金属的质地和色泽,而不是说金子制成的香炉。许译"animal-shaped censer"是对兽形香炉比较准确的翻译,但是色彩词"金"字缺失了。张译 gold animal censer 最贴近原文"金兽"的字面含义。卓译仅用 censer 一词,"金兽"的颜色、形状信息则完全缺失。肯尼斯译文采用 gold animal,虽然没有用到 censer 一词,但根据前句 Rare incense smoke curls from the// Mouth of the gold animal,上下行语境有助于读者推测出这里的 gold animal 应该是用于焚香的"香炉"。此外,上述译文中对于此句翻译的另一偏差在于许和卓的译文中都加入了作者在注视着香炉这样的语句,将人和景物结合,表现出作者白日里因为孤单寂寞略显百无聊赖。张和肯尼斯的译文则是对瑞脑在香炉中被烧尽的自然情貌的描写,对于外国读者而言,不太容易将焚香和作者的心境联系在一起。

对于【佳节又重阳】一句,上述译者都给出了比较准确的翻译。三位中国译者的译文比较一致,均为 The Double Ninth Festival。肯尼斯的译文是 the Ninth Day of the Ninth Month,字面上看也是九月初九的意思,但是缺少了"节日"这一层含义,而且用词较多,不够简洁。下面两句原文中有两个意象玉枕和纱橱,是中国文化中的常见意象。对于纱橱的翻译几位译者很一致,均用到了 gauze 一词,即薄纱帐。而玉枕一词的翻译略有偏差。许和卓的译文都用到了 jade pillow 一词,符合原文含义,而且随着天气转凉,玉枕也会更让人感到寒意。张的译文中仅用到 pillow 一词,有意义上的缺失。而在西方文化中,pillow 往往是柔软的,没有中国人用的这种质地坚硬的玉枕或石枕,因此肯尼斯的译文中,将玉枕译为了 brocade pillow,即包裹真锦缎的枕头,这是由文化差异造成的对原文理解的偏差。这两句中另一个有趣的现象是,尽管作者并没有提及自身,但是从语境中能看出这是作者在夜半醒来,不胜秋凉,孤单落寞。因此,除了张的译文外,其余三位译者均加入了感知这些景物的主体"I":Still alone I remain(许),I up stay(卓),和 I lie restless(肯尼斯)。这样的增译符合原文的含义,也有助于西方读者的理解。在卓的译文中,有一处转译。其余三位译者的译文中,chill 是指天气的凉意,而卓的译文中,chilly 用来修饰 loneliness and pain,将天气的影响和作者内心的感受结合在一起,生动表现了作者在佳节秋夜思念丈夫时内心的苦楚凄凉。

下阕继续描写作者在重阳佳节的愁绪,景物的描写由室内转向室外。第一句中就有一个"东篱"的典故,指栽种菊花的地方。以上译文中,只有卓的译文没有直接点名"东篱",但是根据典故的意义,译出了"菊花"这一层含义。对于"黄昏"这一时间概念的处理,译文略有差别。黄昏是中国古诗词中非常偏爱的一个意象。黄昏极具画面感和审美内涵,此时正是白日和黑夜明暗交替的过渡时间,此时的落日、晚霞、披上余晖的景物,不仅有视觉上的美感,也更能激发人内心的各种情感。最常表达的情感是离愁别绪、感怀落寞和迟暮叹老。如"愁因薄暮起,兴是清秋发""移舟泊烟渚,日暮客愁新""夕阳西下,断肠人在天涯""夕阳无限好,只是近黄昏"等等。因此,黄昏已经不是一种自然现象,而是蕴含着作者丰富的情感内涵。许和张的译文中都用到了 dusk 一词,最符合原词的意境。在卓和肯尼斯的译文中,分别用到了 eve 和 evening 两个词,没有准确再现原文的画面感和意境。在上述译文中,三位中国译者对饮酒的主语翻译成"I",只有肯尼斯的译文中饮酒的主语用了"we"。"We got drunk one evening"和作者要表达的孤单落寞、思念丈夫的主题并不契合。

对于【有暗香盈袖】这一句,三位中国译者的诠释比较一致,均点明了这"暗香"乃是清新淡雅的花香 mild/light fragrance。肯尼斯理解了"暗香"的一层含义,即不是很浓烈的香气,所以译文中有"No one else notices"这一句。但是似乎并没有精准理解"暗香"在此句中的意义,而是以为成这种香气是词人在饮酒时衣袖沾上的酒香,这是对原文的误解。

【莫道不消魂】富有极浓的感情色彩,直接抒发出作者相思之苦,愁肠百结,似乎灵魂都受到了折磨。对于销魂一词,译者们有不同的理解。许的译文中以感叹的句式道出了内心难以平息的感伤"Say not my soul is not consumed!" consume 一词原是消耗之意,这里和 soul 这样非常规的搭配是对语言创造性的使用,让人们看到了一个被孤单和思念所消耗的憔悴的女子。张的译文中,采用的是意译的方式,将销魂解释为 emotional,少了几分含蓄。卓的译文中将词人的愁绪是因为相思所致直接表明:"That lovesickness is not consuming who can say?"内心的相思是如此沉重,这是词人内心感受的真实写照,也是此刻黯然销魂的原因。肯尼斯的译文中,此句和前面饮酒的铺陈密切相连,从字面上看,是沾在衣袖上的酒香带走了我的心绪。这种理解和原文差异较大。

最后两句【帘卷西风,人比黄花瘦】是广为传颂的佳句。"帘卷西风"是西风卷帘的倒文,看似是闲来之笔,实则颇有深意。前半句写以景来衬托作者内心的凄凉落寞,后半句写人的憔悴。许的译文中,对此句的翻译调整了词的顺序,转为"西风卷帘",即"the west wind uproll/The curtain of my bower",使译文更加符合英语的表达习惯。后一句"人比黄花瘦"中,许的译文没有译出"人",而是用"a thinner face than yellow flower"表现出人的憔悴。对于"黄花",许也采用了直译的方法,即"yellow flower"。这样的译文虽然简洁,但是对西方读者而言,可能不容易理解这个"黄花"即菊花,因为译者在前文中并没有提到菊花。张的译文中将这两句的顺序调整了,但是将"帘卷西风"作为一个时间状语有不妥之处。词人是因思念夫君而消瘦,而不是在某一特定的时刻变得比黄花还消瘦。对于黄花的翻译,因译者在前文中提到了菊花,所以在此处用 yellow flower 是妥帖的。在卓的译文中,为了让西方读者理解西风的含义,增加了"the west wind would grieve"一句;"人比黄花瘦"一句,用 figure 来译"人"一字,非常贴切,因为作者意在描绘身形的消瘦。因为前文中出现了"黄花"的本意,即 chrysanthemum,所以译文中用"thinner than the flower today"避免了对前文的重复。在肯尼斯的译文中,对于"帘卷西风"的翻译不够准确,"the west wind flaps the screen",即"西风拍打着屏风",这和原文的描述不一致。"人比黄花瘦"一句,译者领会到原文是指人的憔悴,所以用 frail 是很准确的,但是将"黄花"译为 orchid petals(兰花的花瓣)则是一种误译。很可能译者并不了解"东篱"的典故,不知道重阳赏菊的传统,因而出现了这种误译。可见,古诗词翻译中,对文化典故的精准理解和把握实非易事。

第七章 宋词英译鉴赏与评析

【宋词经典篇章英译鉴赏之五】

钗头凤·红酥手

陆　游

红酥手,黄縢①酒,满城春色宫墙②柳。
东风恶,欢情薄。一怀愁绪,几年离索③。
错、错、错!

春如旧,人空瘦,泪痕红浥④鲛绡⑤透。
桃花落,闲池阁⑥。山盟⑦虽在,锦书⑧难托。
莫、莫、莫!

【注疏】

①黄縢(téng),代指美酒,或作"黄藤"。

②宫墙,南宋以绍兴为陪都,因此有宫墙。

③离索,离群索居,简称离索。

④浥(yì),湿润。

⑤鲛绡(jiāo xiāo),神话传说鲛人所织的绡,极薄,后用以泛指薄纱,这里指手帕。绡,生丝,生丝织物。

⑥池阁,水池上修建的楼阁。

⑦山盟,旧时常用山盟海誓来表明坚定的誓言,指对山立盟、指海起誓。

⑧锦书,写在锦上的书信。

【白话释义】

你红润如酥的双手,捧着斟满黄藤酒的杯子。城里充满着春天的景色,你却像宫墙内依依翠柳遥不可及。可恶的东风,吹散了挚爱的真情。这美酒之中承载着满怀的忧伤,离别几年来生活孤单萧索。遥想当初,只能感叹:错,错,错!

美好的春色依然如旧,而人却日渐消瘦。泪水流过脸上的胭脂留下红色的泪痕,薄丝的手帕也被这泪水湿透。被风吹落的桃花洒落在寂寥的池塘楼阁上。曾经立下的永远相爱的誓言还在,可是满腹深情却无法写在书信里交给你。回首往事,只能感叹:莫,莫,莫!

【创作背景】

　　陆游,字务观,号放翁,汉族,越州山阴(今浙江绍兴)人,南宋杰出爱国诗人、词人,被誉为南宋一代诗坛领袖,也是中国文学史上存诗最多的诗人。陆游出身于官宦家庭,成长于宋金战争的动荡年代。他自幼受到良好的家庭教育和爱国主义思想的熏陶,文采斐然,诗词成就极高。在仕途上,陆游历经宦海浮沉,因主张统一中原而受到主和派的排挤和打击,爱国壮志未能实现。除了仕途坎坷,陆游的感情生活也经历了刻骨铭心的爱情悲剧。据《历代诗馀》记载,陆游的原配夫人是同郡唐姓士族的一个大家闺秀——唐婉。唐婉自幼聪慧过人,秀丽端庄,善解人意,与陆游十分恩爱,情投意合。流连于温柔乡里的陆游无暇顾及考取功名,令其母亲很焦虑,唯恐陆游疏于课业,不思进取,因而迁怒于唐婉,认为唐婉把儿子的前程耽误殆尽,陆母遂令陆游休弃唐婉。陆游经历种种抗争,无奈纵有万般不舍,可是母命难为,只好在婚后三年休了唐婉,后来另取了一位温顺的王氏为妻。此后,在母亲的严加督教下,陆游专心于科举课业,以便求取功名走上仕途。唐婉奉命改嫁同郡宗族士子赵士程,从此二人音讯相隔。多年后的一个春日,陆游在家乡山阴(今绍兴市)城南附近的沈园与携夫同游的唐婉邂逅。唐婉在征得赵士程同意后,遣人给陆游送去酒肴果馔致意。陆游回想往事,百感交集,就在花园墙壁上,题写了这首《钗头凤·红酥手》。陆游离开之后,唐婉看到了沈园粉墙上陆游题写的这首词,感慨万千,失声痛哭。唐婉回到家中,心中亦是愁怨难解,于是和了《钗头凤·世情薄》。此后不久,唐婉积郁成疾,凄然离世。

【主题鉴赏】

　　陆游的这篇《钗头凤·红酥手》是一首流传千古的佳作。词人描述了自己凄美动人的爱情悲剧,因为字字句句皆为真情实感,所以格外令人动容。

　　词的上阕追忆了往昔二人甜蜜的爱情生活,也感叹被逼无奈离异后孤寂痛苦的心情。开头的前三句表达了忆往昔的情景。"红酥手,黄縢酒,满城春色宫墙柳"三句呈现出一片明媚的春日景象。"红酥手,黄縢酒"一句写出了唐氏肤如凝脂、红润如酥的双手和斟酒时的美丽姿容。在这对恩爱夫妻曾经美满幸福的生活中,一定充满着这种柔情蜜意的片段,多么令人怀念。"满城春色宫墙柳"勾勒出一幅春日时节的景象,点明他们是在同时欣赏着春色美景。在情浓意重的往昔,二人必定曾携手同赏春日风光,现如今,虽然春色依旧,但已物是人非。所以在很多后人对这首词的解读中,认为陆游所指的"宫墙柳"是在暗喻婀娜多姿的唐婉,如今已如宫墙内的杨柳一般,可望而不可即。这三句除了表现出词人怀念往昔的感情,还呈现出极强的画面感:红润的双手、透亮的黄酒、阳春、碧柳,这些春光中明媚的色彩和后面所要表达的词人内心的凄苦更能构成强烈的反差。

【东风恶,欢情薄】揭示了词人内心的愤懑和苦楚,和上一句的美好春光形成了对比。"东风恶"一句蕴含的意义十分丰富。"东风"在古诗词中是一个具有丰富内涵的文化意象。"东风"常指春风,往往和万物复苏、生机勃勃的景象联系在一起。如朱熹的《春日》,"等闲识得东风面,万紫千红总是春";李白的《落日忆山中》,"东风随春归,发我枝上花";苏轼的《海棠》,"东风袅袅泛崇光,香雾空蒙月转廊";柳永的《林钟商》,"东风催露千娇面,欲绽红深开处浅",等等。正因东风这种对万物的影响力,它也被赋予了其他的隐含意义,如"权贵"这一内涵。如曾巩的《咏柳》,"乱条犹未变初黄,倚得东风势便狂";刘克庄的《落梅》,"东风谬掌花权柄,却忌孤高不主张。""东风"在《钗头凤》这首词中显然是一个消极意象,作者借东风的威力暗指破坏美满姻缘的封建制度。一个"恶"字,是作者满腔愤懑的宣泄;一个"薄"字,道出正是这种强大的势力,词人和其爱人纵然情深意笃,也无力抗击的无奈。

【一怀愁绪,几年离索。错,错,错!】是词人回首与爱人被迫离别后的几年时光里,在感情上遭受的巨大摧残和折磨,痛苦不堪。一连三个"错"字,道出了词人极为沉重的呐喊,激愤的感情喷薄而出。

词的下阕由对过往的感慨回到了令人心酸无奈的现实。【春如旧,人空瘦】一句和上阕的"满城春色"相照应。词人和唐婉重逢在春日,春光依然无限美好,可是人却今非昔比了。忆往昔,佳人妩媚,肌肤红润,两情缱绻,可是在"东风"这样恶势力的摧残下,人已变得消瘦而憔悴。容颜的变化其实是心境的反映。"几年离索"一句已经道出不仅只有词人在经受别离之痛、孤寂之苦,唐婉也同样饱受相思之苦。一个"空"字更是别有深意:在词人和唐婉分开后,唐婉嫁作他人妇,而词人也另娶妻室,两人本来情深意笃,却被强大的封建势力活生生地拆散,一别两宽,再无瓜葛,如此憔悴和痛苦,只是白白遭受折磨而已。一个"空"字,有词人的无限怜惜,更有着万般无奈。

【泪痕红浥鲛绡透】更是令人唏嘘。这一句是旧园重逢时词人对唐婉的表情和动作更为细致的描写。词人的含蓄之处在于并没有直接描写唐婉泪流满面,而是通过刻过面颊的泪痕,湿透的丝巾来委婉地表达唐婉内心的压抑和凄苦。一个"透"字格外令人心酸。每一滴泪水都凝结着几多伤心和委屈,几多思念和深情啊!

【桃花落,闲池阁】转为描述词人和唐婉相遇后的痛苦心情,看似写景,实则在描述自己悲伤的心境。"桃花落"和"东风恶"相照应,"桃花"是春天美好的事物,却被"东风"摧残而掉落,象征着美丽的唐婉受到封建势力的折磨,以及离开爱人之后,词人那如同静立无声的楼台池阁的心境,同样忍受着凄冷和寂寞。

【山盟虽在,锦书难托】点明了词人痴心不改、旧情难忘的痛苦心境。二人必定还记得曾经是夫妻的时候,彼此立下的此生真情永不变的山盟海誓。曾经的誓言仿佛还在耳边,但对爱人的一片痴情却永无机会表达了。让人怎能不心如刀割,愁肠百结?百感交集之下,是难以抑制的悲哀,词人在此呐喊出"莫,莫,莫!"事已至此,无可挽回,还去想它做什么呢?纵然言未尽,情未了,又能如何呢?还是这样算了吧!

词人虽然在词中说还是算了,但内心却一直对唐婉念念不忘,直至暮年,老态龙钟再游沈园时,依然写下"伤心桥下春波绿,疑是惊鸿照影来"这样的千古绝句,令人唏嘘不已。

【英译版本】

译文 1 艾琳、麦金托希

Ch'ai T'ou Feng

Crisp pink short-bread
A flask of yellow wine
The city bright with spring, on palace walls a willow line
An east wind, a fierce wind
Has worn the rapture fine,
My heart is bound with sorrow round,
Parted, the many years too long;
How wrong it was, how wrong.

Spring's the same ever.
Vain longings waste and wear;
My silk handkerchief is soaked, ther's blood in every tear.

Peach blossom scatters round,

The lake and buildings bare.

The solemn oath still bind us both,

It's hard to trust a message, so

It's no, Fore ever no!

译文2　肯尼斯·力士乐

Phoenix Hairpin

Pink and white hands like roses and rice cake!

Cups full of golden pools of wine

Today the willows are blooming

By the palace wall the spring wind

Bring me no pleasure and I

Hate it. My bowels are knotted

With bitterness. I cannot

Loosen the cord of years

Which has bound us together.

The spring is still the spring of other days, but I am

Empty withered with pain.

My rouge is streaked with tears

My dress is stained with tear drops

The peach trees are in blossom

Over my room, here by the

Still lake that mirrors the hills

I no longer have the strength

To finish this letter and wrap it in cloth of gold. When

You receive it, everything

Will be over forever

译文 3　华兹生

Tune: "Phoenix Hairpin"

Pink tender hand,
yellow-corded wine,
city crammed with spring hues, willow by garden wall:
east wind hateful,
the one I loved, cold—
a heart all sadness,
parted how many years?
wrong! wrong! wrong!
Spring as always,
someone grow needlessly thin,
red tear stains wet the kerchief, soaking through mermaid gauze.
Peach petals falling,
stillness of a pond pavilion:
mountain-firm vows go on forever,
but a letter would be useless now—
don't! don't! don't!

译文 4　许渊冲

Tune: Phoenix Hairpin

Pink hands so fine,
Gold-branded wine,
Spring paints green willow palace walls cannot confine
East wind unfair
Happy times rare
In my heart sad thoughts throng,
We've severed for years long,

Wrong, wrong, wrong
Spring is as green,
In vain she's lean,
Her silk scarf soak'd with tears and red with stains unclean.
Peach blossoms fall;
Near desert'd hall.
Our oath is still there, lo,
No word to her can go,
No, no, no.

【汉诗训诂与英译鉴赏】

《钗头凤》是陆游一生爱情悲剧的写照,也是其众多诗词作品中的经典,感人至深也流传甚广。这一节中,主要选取了四篇译文进行对比和鉴赏。

首先略谈一下词牌名的翻译。艾琳和麦金托希(以下简称"艾琳")将该词牌作为专有名词采用音译法,其余三位译者均采用直译法,所不同的是译文3加上了Tune(曲调)。据说陆游本人是"钗头凤"的始创者,他因无名氏有"可怜孤似钗头凤"而名之。如果不说明"钗头凤"是曲牌名的话,让人难以理解这样的标题和内容之间到底有何关系。

这首词第一句的三个字"红酥手"对艾琳造成了理解上的困难,将其译为"crisp pink short-bread",即一种酥脆的粉红色点心。肯尼斯虽然理解了第一句是在描绘手,但仍不知如何处理"酥",依旧将其认为是糕点,于是才有将手比作"roses and rice cake"的画蛇添足之笔。这样的比喻对于英文读者来说也颇为费解,因为 rose 和 rice cake 似乎并不能表达出红润细嫩的双手的意象。究其原因,是二人均不了解"酥"在汉语中所具有的文化意义和诗歌意象特征所致。"酥"作名词讲,的确有"松脆的点心"的意思,但用作形容词有"光滑、柔软、细腻、润泽"之意,如"酥胸""酥融"。华兹生的译文为"pink tender hand",即译出了手的粉嫩的色泽,也体现出了肌肤的细嫩,很贴合原文的本意。许先生的译文用"pink"和"fine"(光洁、美好、细嫩)来形容美人之手的红润和光洁,简练准确地表达了原文的意象。

对"黄縢酒"的解释有两种。一为黄封酒,源于宋时官酒上的黄纸封口。

"滕"即封闭的意思。如词人在《酒诗》中提到:"一壶花露拆黄滕"。另一种解释为,"黄滕酒"应为"黄藤酒"。"黄藤"是指"藤黄",用以描述酒的颜色。对于该句的处理,艾琳和肯尼斯均选用了第二种解释,侧重于描写酒的色泽,前者用了yellow,后者用了golden,在视觉上有一定的美学效果。华兹生将其翻译成"yellow-corded wine",从字面上看,应该是酒坛上打着黄色的结,所以近似于第一种解释。许的译文和第一种解释相近但略有不同,branded 一词是指贴在酒坛或酒瓶上的标签,但未必是容器的封口。

【满城春色宫墙柳】中"柳"字蕴含的文化内涵非常丰富。古诗中常以"柳"来体现春意盎然,如王维的"客舍青青柳色新"。"柳"会给人以姣好柔美的印象,如贺知章的"碧玉妆成一树高,万条垂下绿丝绦"。因与"留"谐音,"柳"还常被用来表达情意绵绵和依依不舍,如《诗经·小雅·采薇》里"昔我往矣,杨柳依依"。对本首词中"宫墙柳"的解释,也一度存在争议:一说绍兴原为古代越国的都城,宋高宗时也一度以此为行都,故称当地柳树为宫墙柳;《高级汉语词典》中对"宫"的解释有宫为古代房屋的总称,宫墙即围墙之说。无论是哪一种解释,"宫墙柳"指墙内之柳,有具象的意义,既描述春天中柳树翠绿柔美,也暗指唐琬可望而不可即。艾琳、肯尼斯和许先生的译文中均将宫墙译为"palace wall",华兹生用的是"garden wall",都是可以令读者接受的。许的译文中"Spring paints green willow palace walls cannot confine"体现出柳树的风姿无法被围墙阻挡,却又令人无法触及的意味。此外,还创造性地将 spring 作为 paint 的施动者来使用,立刻让整句表达的意象生动鲜活起来,且将本句中隐含的绿色 green 直接点染出来,堪称是一句妙译。

如果说上阕前三行诗句是陆游对与唐琬共度的美好时光的追忆,从第四行起则笔锋一转,痛斥无情的封建势力将有情人无情拆散。"东风恶"三个字看似简单,但蕴含丰富。本来,正是东风使得大地复苏,带来了花红柳绿的勃勃生机,但是,也正是它狂吹乱扫,毁坏了春容春态一切美好的东西,所以,说它"恶"。因而,"东风"成为象征词人爱情悲剧的"恶"势力(杨钟贤,1984)。词人与唐琬的美好婚姻既是由词人的母亲所包办,也正是她无情地拆散了他们。这一切,对于两位外国译者来说的确难以理解。艾琳的译文采用了直译法,用 fierce 一词传递出东风的无情,并将其转换为施动者,是东风无情地毁掉了欢愉,基本传达了原文的意义。肯尼斯曲解了原文的含义,"the spring wind bring me no pleasure",是说春风没有给我带来任何欢愉,且加上"and I hate it"一句作为阐释内在情感的补充,

第七章 宋词英译鉴赏与评析

不仅结构上拖沓冗长，节奏上也完全破坏了原文简短有力的特点。华兹生的译文中用了 hateful 来修饰东风，表达出对这种恶势力的憎恶之意，但下一句中的"the one I loved, cold—"和上文的联系不明确，也不太符合原文的含义。许的译文在结构和意义上都最大限度地保留了原作的特点，但是"East wind unfair"一句中，unfair 一词似乎削弱了原句中"恶"所表现的强大，还值得再推敲。

【一怀愁绪，几年离索】是作者内心哀怨之情的抒发。"怀"在古诗文中做名词讲时，可以指"心"，"一怀愁绪"是指心中悲伤，充满了哀怨。上述译文中，除了肯尼斯之外，其余三种译文在感情基调的把握上都比较成功，勾画出词人孤寂落寞、愁肠百结的形象。肯尼斯对"几年离索"的翻译与原文偏离太远，将其译为"I cannot loosen the cord of years, which has bound us together"，即无法放下内心对唐婉的挂念之情。究其原因是对"索"未能正确理解，而是将其译为连接二人情感的纽带、绳结。"索"可以解释为"孤单、冷清"，如索居、索然。"离索"应表达的是原本恩爱的夫妻被强行拆散后的孤独与哀伤，并非实义，而是虚指。

【错，错，错】三字是词人心中的呐喊，充满了激愤的感情。艾琳采用了感叹句加重复的译法来抒发感情和加强语气，处理得非常妥当。肯尼斯的译文中，并没有找到对这三字的对应翻译，削弱了译文情感表达的力度。华兹生和许先生的译文都采用了"wrong, wrong, wrong!"，与原文语义基本对应，简短有力，字字都是内心愤懑的呐喊。

下阕中，词人重在表达内心的感慨。【春如旧，人空瘦】一句写出了物是人非的心酸。"春如旧"是对具体景象的描述，所以诸位译者都能比较准确地把握原文的含义。"人空瘦"到底是说谁消瘦呢？从上下语境看，应该是描述唐婉在离别后的憔悴面貌。艾琳译文"Vain longings waste and wear"，是指所有的期盼都白白磨灭浪费了，不符合原文的含义。肯尼斯的译文是指词人自己因痛苦而憔悴，但是在具体所指的人物上有偏差。华兹生的译文，则用到 someone 这一不定代词，没有明确指出到底是谁变瘦了。许的译文中则明确点明"she's lean"，即指唐婉瘦弱的样子。几位外国译者之所以译文不同，也许是因汉语所指模糊性干扰所致。

【泪痕红浥鲛绡透】这一句中的文化意象也不容易翻译。译文中人称上的差异前文已有分析，在此不再赘述。本句中，"红"是指泪水流过涂有胭脂的脸颊，留下红色的痕迹；"浥"是湿润的意思；"鲛绡"原指轻软的薄纱，这里指手帕。整句话的意思是"沾染了胭脂的红泪珠啊，把手帕都湿透了。"艾琳的译文将"泪痕红浥"理解为泪中带血,说明对中国文化中女子妆容方面的了解还有空白。肯尼斯对于原文理解最大的偏差在于不清楚这一句到底在描述谁,他以为是词人在描述自己的感受。而且"泪水沾染了我的衣衫"说明对于"鲛绡透"未能充分理解。华兹生的译文对于泪痕红浥的阐释是比较准确的,并把"鲛绡"翻译为美人鱼的薄纱,说明译者很可能是听说过"鲛人"的传说的,因此这样的处理方法应该是比较准确地再现了原文中要表现的各种意象。许的译文也基本准确传达了原文的字面意义,但从文化意象上来说,原文呈现的是词人柔弱无助的爱妻与夫君分别后,饱受思念之痛而以泪洗面这一凄楚而令人怜惜的形象,译文与原文略有出入。许译中的"unclean"一词虽与上句押韵,但有可能让人产生"不洁净""有污渍"等消极的联想,所以也有些许不尽人意之处。

【桃花落,闲池阁】采用了陪衬手法,以萧索的景色来衬托落寞的心情。"桃花落,闲池阁"与"东风恶"遥相照应。落花飘零,池阁闲置,进一步烘托出词人凄苦落寞的心情。艾琳译文"Peach blossom scatters round//The lake and buildings bare"中用"scatter"表达花落随风、缤纷而下的生动形象。肯尼斯的译文展现出一幅很美的画卷,"The peach trees are in blossom//Over my room, here by the still lake that mirrors the hill",字面上看就是"我的屋前桃花盛开,静谧的湖面倒映着群山"。只可惜,这和原文的意境相去甚远,属于译者天马行空般的再创造。华兹生的译文是"peach petals falling//Stillness of a pond pavilion",比较准确地再现了原文要表现的画面。许先生的译文中将"桃花落"译为"peach blossoms fall",把"闲池阁"译为桃花落的状语"near desert'd hall",字面上看,就是桃花落在废弃的屋厅外。这样的处理方法虽然能够和前半句构成很好的押韵效果,但是意象之美却损失了几分。

【山盟虽在,锦书难托】两句承载了典型的文化意象。"山盟"源于汉代封诸侯王之盟辞,即引山河为誓,喻其长久不变。而"锦书"一词借用前秦窦滔之妻苏蕙的故事,苏氏织锦为回文旋图诗以赠窦滔,借以表达思恋之情(兰琳,2001)。陆游借用这两个典故诉说自己情如山石,永远如斯,但是这份思恋之情却难以表达。艾琳将其译为"the solemn oath",比较准确地再现了原文中这两词的含义,"托"字译为"It's hard to trust a message","trust"有"盼望、自信的期待"等意思,因此"锦书难托"的语义基本实现,只是"message"怎能传递出"锦"之独特语境。肯尼斯则完全背离了原文,属于译者的再创造,对于"锦书"的翻译也需要斟酌。"To finish this letter and wrap it in cloth of gold"的字面意思是"把写好的信用金色

第七章 宋词英译鉴赏与评析

的布包裹起来"。这种误译也许是译者并不了解"锦书"的汉语文化意义造成的，因此，译者锱铢必"译"。华兹生的译文很简洁："Mountain-firm vows go on forever"，将"山盟"译为如同高山一样坚定的誓言，这样的比喻挖掘出汉语的原汁原味。"锦书难托"一句中，译者略去了对"锦书"的翻译，而是保留了其原有的含义 letter，而且"a letter would be useless"也是完全表现出原文中无处寄送书信以诉衷情的无奈。许先生也没有试图去直接翻译"山盟"，而是直接点出了最核心的语义"oath"。他对于"锦书"的翻译略有转变，将书信转换为话语 words，"No word to her can go"中用 word 这一局部代替 letter 这一整体，是一种灵活的变通。

最后一句【莫，莫，莫！】是作者目睹唐婉的憔悴容颜时产生的内疚和痛惜之情。一霎间，有爱、有恨、有怒，也有悔，真是百感交集的内心情感的瞬间爆发。这里的"莫"字，可理解为"罢了"。艾琳将其处理为"It's no//Fore ever no！"，但读者并不知道"no"是对什么进行否定，令人费解。肯尼斯将此句完全省略，原文所表达的复杂的情感和意味也就无迹可寻了。华兹生的译文连用三个"don't"，但是到底在否定什么呢？从上下文看，似乎是对上一句中描写的情况的否定。许的译文在语气结构上、逻辑关联上完全贴近原文。连用的三个"no"是对"No word to her can go"进一步的否定，从而加强语气，表达出作者想爱又不能爱、迫于现实只能放弃的悲愤与无奈。

从以上分析比较来看，艾琳从音韵上和形式上都体现出了深厚的语言功底，以及对中国古典诗词一定程度上的了解和熟通。肯尼斯的译文如果单纯从一首英文诗歌的角度欣赏未尝不是一篇佳作，但作为译文来讲，译者融入了过多自己的创造和发挥，与原文相比产生了太大的偏离。华兹生译文用词简洁，意义准确，对中国传统意象的传达也表现得相当准确，反映出译者在汉语言和中华文化方面的深厚底蕴。总体上讲，诸位译者若用母语翻译《钗头凤》，语言表达会较为流畅自然，情感基调的把握也较为准确，但译者作为外国人，因其对中国文化了解不够深入，对原文理解不够透彻，以致其对于原文中蕴藏的具有丰富内涵的文化意象的捕捉和诠释，都显得有些欠缺。

许先生的译文中，尽管个别地方为了追求音韵的工整而使意义的准确表达受到一定影响，但总体说来依然是一篇非常成功的译作。在许先生奉行的译诗"三美"原则中，"意美"居于首位，所以，他的译文的成功之处不仅在于用英语再现了原作朗朗上口的音韵之美、简洁凝练的形式之美，更可贵的是他在充分理解原作的文化内涵的基础上，准确精妙地传递了原诗中的文化意象，诠释出了原诗的意境之美。

第八章

元曲英译鉴赏与评析

【导读】

曲——古代韵文的终极形式

仰仗仓颉造字,汉字从无到有,从此中华民族就有了绚丽灿烂的文字文明。汉字是世界上较少的没有间断过的文字形式。汉字的形式经历了甲骨文、金文、篆书、隶书、楷书、草书、行书等各个发展阶段。自从有了文字,华夏文明就开启了新篇章,上下五千年,诗经、汉乐府、唐诗、宋词、元曲、明清小说、近现代白话文、现代文应运而生。文学不仅仅只是文学:它还从不同角度、维度体现了不同历史时期的政治、经济、科学、技术、医疗等社会的各个方面;它还承载了太多厚重而丰富的宗教思想和人文精神。

我曾就元曲渊源向刘影教授(著有《英文歌曲与文化研究》)求教,他给出了精彩的解答:

"刘老师,您好,我最近在读元曲,有几个问题想向您请教:是否古诗词在当时亦相当于今天的流行歌曲?诗与歌是否同源?"

"你读的元曲是拿掉了音乐的歌词,是肢解了的流行歌曲。歌是诗的先辈,歌是人类语言文化最早的载体,有了书写,音乐被去掉了才有了诗。去掉了音乐的歌词就像是拔了毛的鹦鹉,再给它画皮织毛衣才变成了诗。"

后面我又拜读了很多其他先学的著作,从中了解到李昌集先生在元曲研究方面是首席专家,他的学术专著进一步证实了刘教授的论断,特摘录如下以飨读者。

词、曲本是同一体(民间杂言歌辞)在不同的摇篮中(文人圈、民间层)孕育出来的孪生姊妹,只是曲体进入文人圈的时代后于词而已。但曲体的成熟毕竟后于

第八章 元曲英译鉴赏与评析

词体的成熟,而曲体较词体又有若干的不同,在这个意义上,曲体不妨可以说是词体的进一步延伸和变化。但饶有兴趣的问题是自曲体诞生后,古代韵文体便不再有新的形式出现,曲,成了古代韵文体的终极形式。

元曲源于民间,其精神构成的轴心是避世思想和玩世哲学,而散曲的"避世—玩世"思想有其深刻的社会历史背景,在本质上是一种精神胜利法,所体现的是失败者的哲学。李昌集先生下面的一段话详尽解释了元曲中"避世—玩世"这一悲剧情怀所生成的社会政治历史背景。

元王朝以征战起家,强于武治,弱于文治。元代没有正常的科举制度。科举制度立于隋,胜于唐宋,是古代中国统治阶层维持意识形态的统一、保证文化的承递与发展、保持国家机器运转和稳定的重要环节。封建社会形成一个特殊的文士阶层,并以之作为统治国家的主要力量,原因即在此。而元王朝作为一个游牧民族建立的国家,本没有一个本位文化为纽带的文士阶层。元代约百年的历史,经过了一个借用汉人文士阶层、瓦解汉人文士阶层和企图重建汉化文士阶层的过程,而这一过程,恰与元代的兴衰紧密相连。

灭南宋后,元统治者把人分为四等:蒙古人、色目人、汉人、南人。显而易见,汉人地位低微卑劣。元朝没有科举制度,弱于文治,强于武治("天下习儒者少,而由刀笔吏得官者多")。老祖宗给汉人士子所传承的报国思想(穷则独善其身,达则兼济天下),在(元朝)这种社会政治条件下,绝对是无法实现的,因此一大批文人才子落入民间过上世俗的生活,元曲就是高雅的文人儒士和勾栏牌坊所结合的产物。(这样的历史背景)使得中国古代文学在元朝得到空前的发展,创造了瑰丽辉煌的元曲文化。

我们现在了解了元曲源于民间、源于人民的历史渊源,但在对元曲英文译本进行鉴赏之前,还需要解决"元曲是什么"的问题。要回答这个问题,先有必要从一些细枝末节开始,简单了解一下元曲的相关概念,希望这里的简介能让读者对元曲有个大致的了解,而不是只知道它和唐诗宋词齐名,而不知其因何所以名。元曲鉴赏本身就是一部大块头难于啃嚼的"辞海",笔者只能在这一片瀚海里捡拾一些闪亮的贝壳,与诸位读者共把玩。

首先,元曲是一种韵文。天下文章按照是否有韵,可以分为散文和韵文。元曲虽属于韵文,但是元曲用韵,不再使用诗韵和词韵,而是声母相同甚至相近的字即可押韵。这可以说是一种相对自由的散韵,而非绝对拘谨的律韵。

其二,元曲的对仗形式呈现多样化。元代文学家周德清在《中原音韵》中说:

"逢双必对,自然之理,人皆知之。"书中还论述了元曲其他的对仗形式,如扇面对、重叠对、救尾对、合璧对、连璧对、鼎足对、联珠对、隔句对、鸾凤和鸣对、燕逐飞花对,等等,可见元曲的对仗形式比诗词更灵活多变,其表达方式亦更为宽泛。

其三,散曲的语言特征被称为"文而不文,俗而不俗"。散曲将诗歌语、散文语、通俗语相互交融,形成一种新的"辞藻模式"——这种交融,不是"混合",不是"相加",而是对三种语态均有某种变异。而元曲所涵盖的内容是杂而多的,涉及人们生活的各个方面,任半塘云:"上至时会盛宴、政事兴衰,下而里巷琐故、帷闼秘闻。"

在这种特殊的社会政治背景下,汉人文士创造了元曲这一独特的文学艺术形式。对于大多数书生来说,仕途无望,逼迫得他们不得已把所有的精神追求都寄托在这一悲观避世的特殊文体之中,为繁荣这一文体的形式和内容提供了大量优秀的主体,元曲因此也拥有了"文而不文、俗而不俗"的语言特征。

【元曲英译简介】

在了解元曲的大致脉络和特质之后,元曲的翻译鉴赏问题亦随置案头,亟待澄清。

元曲翻译属于韵文翻译,属于诗歌翻译范畴,其翻译标准和鉴赏标准完全不同于科技文类翻译,也不同于一般的文学作品翻译。元曲翻译首先要求"信"和"达",然后在"信"和"达"的基础上再力求优雅别致,以求尽善尽美。语言应用本身是一门艺术,诗歌翻译是艺术中的艺术,元曲翻译则更是艺术的掺和叠加效应。相对于其他诗歌形式(诗经、楚辞、唐诗、宋词)的翻译而言,从事元曲英文翻译的译者人数相对较少,元曲英译作品数量亦相对较少。其实笔者认为元曲译文少得可怜的最主要的缘故可能在于——太难,比如仅元曲对仗形式就有扇面对、重叠对、救尾对等,这些费解的内容和复杂的形式在翻译时几乎是无法再现的,所以一旦翻译,必然会造成诸多翻译问题,而且这些问题往往是无法补救的。

20世纪以来,虽然有欧美汉学家、旅美华人学者及国内翻译家零散进行元曲翻译工作,而且自20世纪60年代以来元曲译作数量也在不断累加(据估计作品总数至今也可达半百左右),但是对于诗歌译本的对比鉴赏来说,这个数量相对还是偏少,进行元曲翻译鉴赏的困难还是相当大的。其中最主要的原因在于各位译者在翻译时,鉴于对先期译者的尊重,可能会刻意避免已经被翻译过的曲目,所以

第八章 元曲英译鉴赏与评析

导致平行译本比较少。而现存的平行译本,也许因为译者不满意前人的翻译,或是因为另有特殊目的而进行的再创作,极有可能是在前人翻译的基础上进行的再次翻译,所以对于平行译本的可比性需要谨慎操作。另外需要特别注意的是,对于不同译本的评介,其前提标准应该是开放的、多样的、立体的,同时兼顾历史和时代特征。比如评论时不能一味指责欧美汉学家翻译中存在的误译,而片面强调只有中国人才能翻译中国古诗,这就有点偏驳倔强了。欧美汉学家和中国翻译家之间,因为汉语和英语水平各自受限,所以要么是对原文理解有偏差,要么是由于目标语言水平受限,所以翻译的质量亦会大打折扣。所以,元曲翻译鉴赏的标准应该是全面而客观的、动态而灵活的,采用包容和严格相辅相成的立场和态度。

目前能找到的、可进行平行对比的元曲译者仅有国内四人,他们分别是辜正坤、许渊冲、周方珠和朱曼华。而他们的译作,有交集的部分也是少得可怜,主题筛选性不强,译本选择的空间比较狭窄,这些倒使元曲翻译鉴赏的译本选择工作简单了一些。但是因为元曲英译鉴赏前人做得很少,所以实际上其鉴赏难度会比其他诗歌鉴赏要困难得多。

【元曲经典篇章英译鉴赏之一】

小桃红[①]·采莲女(二)[②]
杨 果[③]

满城烟水[④]月微茫[⑤],
人倚兰舟[⑥]唱。
常记相逢若耶[⑦]上,
隔三湘[⑧],
碧云望断空惆怅。
美人笑道:
莲花相似,情短藕丝长。

【注疏】

①小桃红,越调中常用曲调,详见训诂解释宫调部分。

②《小桃红·采莲女(二)》是元代文人杨果所写的一组散曲,前半首回忆当年欢爱的情景,后半首写如今形单影只的寂寞愁苦。这首曲是其中的第二首。

③杨果,字正卿,号西庵,祁州蒲阴(今河北安国市)人。幼失怙恃,自宋迁亳,复徙居许昌,以章句授徒为业,流寓辗轲十余年。金正大甲申(公元1224),登进士第。会参政李蹊行大司农于许,果以诗送之,蹊大称赏,归言于朝,用为偃师令。到官,以廉干称,改蒲城,改陕,皆剧县也。果有应变材,能治烦剧,诸县以果治效为最。果性聪敏,美风姿,工文章,尤长于乐府,外若沉默,内怀智用,善谐谑,闻者绝倒。著有《西庵集》。与元好问交好。其散曲作品内容多咏自然风光,曲辞华美,富于文采。明朱权《太和正音谱》评其曲"如花柳芳妍"。微时,避乱河南,娶羁旅中女,后登科,历显仕,竟与偕老,不易其初心,人以是称之。

④烟水,指湖面泛起水气,缥缈似烟。

⑤微茫,若明若暗,朦胧不清。

⑥兰舟,用木兰做的船。这里泛指装饰精美的小船。

⑦若耶,即若邪。浙江绍兴市东南有若耶山,山下有溪叫若耶溪,相传西施曾浣纱于此,也叫浣纱溪。

⑧三湘,一指湘潭、湘乡、湘阴三县,一指潇湘、蒸湘、漓湘三水。

【白话释义】

月光白茫茫地笼罩在整座城池之上,烟水一色,亦真亦幻。美丽的女子依偎在画船上清歌浅唱着。

经常回忆起我们当年若耶溪畔相逢的情景,然而如今我们之间却如远隔着潇湘、蒸湘、漓湘三水一样,我独自望断云天,空自惆怅。

美人笑着说道:"你我相逢就像莲花花开一样,虽然开放时惊艳美丽,但持续的时间却是短暂无比。尽管我还沉浸在浪漫的相遇里,思念就像藕丝一样缠绵柔长,然而你却早已杳无音讯。"

【创作背景】

《小桃红·采莲女》是元代文人杨果所写的一组散曲。该曲描述了采莲女的生活和爱情,格调清新可喜。第一首小令描写男女恋情,风情旖旎。第二首写的是离人的相思之情,用欢乐衬托孤寂的写法,冷热相间,悲喜交加,尤为别致,风格典雅。第三首表达失恋女子的惆怅心理。

第八章　元曲英译鉴赏与评析

【主题鉴赏】

鉴赏之一：曲意缠绵

开头三句写一对恋人久别重逢的情景。

月色朦胧的夜晚,在烟波浩渺的水面上意外相逢,美人在木兰舟上深情吟唱。"常记"二字暗示这是以前发生的事情,与李清照"常记溪亭日暮"中"常记"二字的用法和作用一致,将全词的叙事时间推到往昔。"隔三湘"三句应是男子之语,意思是我们虽然相距咫尺却如同隔着"三湘"一般,即使望断天涯也无法相会。用遥远的空间距离比喻心理距离,可望而不可即。最后三句是女子的回答:莲花美丽,开放短暂。虽然你我在一起的时间短暂,但我对你的思念却像藕丝那样绵长。从一般逻辑上讲,美人应该怨恨离她而去的恋人,但是诗人的高明之处就在于"美人"并没有明显的怨恨言语,而是巧妙地应答男子的话,美人的笑不是嘲笑,而是含有打趣的意味;其所答亦不含"怨讽",而是充满诙谐的智慧。在这里诗人没有具体叙述是什么原因使他们天水相隔,而诗歌的魅力就在于不用繁缛的赘叙,在这里只是抒发一种心情,一种经历沧桑之后的感慨,一种经过人情世故洗尽铅华之后的觉悟。由此可见,古人情商很高,古诗不只是语言美、意境美,而且古诗里面表达了一种豁达的人生态度。所以这首曲子堪称"花间文学"之首,所表达的情怀缠绵而不至纠结,伤怀而不失情怀。

鉴赏之二：花间文学

所谓"花间文学",指以"闺情"为基本题材的文学。在元初散曲中,"花间文学"是曲家笔下的常题,是"避世—玩世"哲学隐藏的另一表现方式。这首散曲属于类词类。在艺术上,散曲可分为三种格调:一是类词类;二是近俚歌者;三为前二者的结合。这三种格调,前两类体现了散曲"花间文学"的两个历史源头,后一类则是散曲文学自身的创造,是元初散曲中"花间文学"的主要风貌。

鉴赏之三：黍离之感

提到这一说法,我们需要先介绍一下作者本人。杨果是由金入元的散曲作家,金亡以后五年才出来做官,所以面对兴亡,他感慨良多。这里所选的原作只是其所写的一组曲目中的一首,而这组《小桃红·采莲女》整体有所影射作者对金国被灭亡的亡国之殇。所以说,这组曲目占的第一首也许是作者借"闺情"抒"亡国的悲伤之情"。诗歌第一小节写景,实际上平铺直叙中掺杂着些许黯淡;第二小节,直抒思念故国之情;而第三小节则是借口发言:故国虽然没有了,但是我对故国的思念却是无时不在啊!当然,对于诗歌的理解,因为读者不同,解读可能不太一样,甚至千差万别,这也就应了"有一千个读者,就有一千个哈姆雷特"的说法。也许这样的"黍离之感"有点生搬硬套、曲解诗意的意思,诗人已经作古,无法考究,我们后人只能从字里行间揣测他的意思,当然我们也可以有自己的理解。

【英译版本】

译文 1　辜正坤

The Lotus-picking Girl
To the Tune of Light Pink

Vapor and mist shroud the town, the moon is filmily seen.
Against a painted boat girls sing and careen,
Remember still on the Ruoye River we met,
Separated by three Xiang Rivers like a net,
Helplessly I sigh looking at the blue and distant cloud,
Remember again, she once smiled and said aloud;
Our meeting is short, but our love is long to spend.
Just like the lotus' sap without an end.

译文 2　许渊冲

Tune: Red Peach Blossoms
The Lotus Gatherer

The dimming moon o'er mist-veiled
town and water looms.
The beauty in orchid boat sings her dream.
I oft remember our meeting on silk-washing stream.

Now severed by three rivers long,
In vain through clouds into the azure
Sky I gaze.
Smiling, the beauty says,
"Our hearts are like the lotus blooms;
Their root may snap, their fibers join like my song."

译文 3　周方珠

The Lotus-picking Girl
To the Tune of Light Pink

Misty is the town and the moon dimly shining,
Leaning on the side of the boat girls are chanting,
Remember still on the Ruoye Stream our meeting.
Separated by the three Xiang Rivers now,
Gazing into the distant clouds a spasm of sadness is flashing.
The pretty girl smiles:
The lotus flowers similar to our love,
Their roots may snap, but the fibers stay joined, no ending.

【汉诗训诂与译文鉴赏】

　　如前所述,元曲是古代韵文发展的终极形式,其"文而不文,俗而不俗",具有雅俗共赏的特点,所以即使是几百年之后的今天,我们这些当代人只要通过阅读还是可以大概理解曲子本身所表现的意义。如果查阅相关资料,自会品味曲中之意,体察作曲者当年的心情心境,甚至通过自己的理解发挥可以旧曲谱新词,新旧辉映,参透深厚的古典文化和现代生活相结合的气息。

　　由此推理,元曲翻译主要从三个方面来讲:字词翻译、意境翻译、音韵兼顾。元曲译作鉴赏则应兼顾这几个方面,同时还应考虑因译者个人所秉持的翻译理论不同所带来的不同翻译风味,比如信派和唯美派。译家所信奉的翻译信仰不同,当然他们的译作结果就会大相径庭,本无绝对标准可言。当然译作水平高低还是应当有所定论,但并不尽是各有千秋之鉴别。

对于《小桃红·采莲女(二)》这首曲子来说，本章总共收录了三个译本，译者分别为辜正坤、许渊冲和周方珠。许和周的译本都是2009年同时出版的，而辜的译本尚早几年，是2004年。相较而言，不同译本对于原作中的用词翻译不尽相同，差异如下表所示：

【曲牌名和宫调】曲牌名就是曲，俗称"牌子"。原先诗词都是配乐吟唱的，都有相应的牌名来命名，后来因曲调失传或其他原因，就只用曲牌名来限定曲子的字数、格律、音韵等。曲，是韵文文学的一种，同词的体式相近，可以配乐歌唱。曲有曲牌和宫调，即指曲调的名称和乐曲的调式，曲牌规定了曲子的句数、字数、平仄、押韵格式。古代的曲很长，所写的曲牌都是一个很长的一首曲的部分小节的名字。

下文关于元曲曲牌宫调介绍摘自新浪某博客的一篇文章，以便说明。

说到元曲的曲牌，自然而然地想到词牌。元曲是宋词中演化出来的，它和宋词一样，都有自己的牌名。但元曲和宋词又有区别。宋词的题目一般由词牌和内容提示两部分构成，而元曲的题目却多了宫调，一般由宫调、曲牌、内容提示三部分构成。例如，马致远的《双调·夜行船·秋思》中，"双调"是调式，"夜行船"是曲牌，"秋思"是内容提示。

按一定关系排列起来的一组音（不超过7个），并以其中一个音为主音组成的一个体系，这个体系叫作调式。曲的宫调"出于隋唐燕乐，以琵琶四弦定为宫、商、角、羽四声，每弦上构成七调，宫声的七调叫'宫'，其他的都叫'调'，共得二十八宫调。"元曲的宫调之中常用的是其中的十二种：仙吕宫、南吕宫、黄钟宫、正宫、大石调、小石调、般涉调、商调、商角调、双调、越调。

在选用宫调的时候，按照音律的风格，以调合情，或喜，或悲，或哀怨，都有一定的习惯。例如，游赏用仙吕、双调等宫调，哀怨则有商调、越调等宫调。同时，每一宫调都采用不同曲牌。元曲的曲牌也和宋词一样有自己特定的韵律。

【小桃红】曲牌名，又称《武陵春》《采莲曲》《绛桃春》《平湖乐》等。本调也可入正宫。八句，句式为七五七三七四四五，押七平仄韵。末三句可以都用韵，也可以倒数第二、三句不押韵或倒数第三句不押韵。

曲谱如下：

[仄]平[平]仄上平平(韵)，[仄]仄平平去(韵)，[仄]去平平仄平去(韵)。仄平平(韵)，[仄]平[仄]去平平去(韵)。平平[仄]仄，[平]平[平]去(韵)。[平]仄去平平(韵)。

第八章　元曲英译鉴赏与评析

【采莲女】是浪漫爱情的象征。有关采莲题材最早见于汉乐府《江南》："江南可采莲,莲叶何田田。鱼戏莲叶间,鱼戏莲叶东,鱼戏莲叶西,鱼戏莲叶南,鱼戏莲叶北。"此首民歌最早载录于《宋书·乐志》,后收入郭茂倩《乐府诗集》。流传已久的汉乐府民歌至今读来仍颇有江南水乡的柔美之感,殊不知,就是这样柔美的一首民歌给中国文学历史中注入了一支新鲜的血液——采莲题材。从《江南》的劳动"情歌"到梁武帝自觉而作的宫廷艳曲《采莲曲》,再到李白"若耶溪旁采莲女,笑隔荷花共人语"的民间审美,历经四百多年,它不断地发展与壮大着,至宋代,仅《全宋词》中就收录有百余首采莲词作。

《江南》是乐府江南诗的开宗立派之作,原属汉代的街陌讴谣,语言朴拙,状物质直,只是一组明灭闪动的片段特写而已,但繁中见简,寓动于静。诗中没有具体明确的时间、地点、人物,江南就是一个象征。首作《采莲曲》的是梁武帝萧衍。而经过萧衍、萧统这两位帝王太子文人对采莲文化的拔高,采莲题材在文学创作上得以被无数文人才子不断追咏,可以说是对莲高歌千年不衰啊!

据《元史·列传·卷五十一》记载:"(杨果)幼失怙恃,自宋迁亳,复徙居许昌,以章句授徒为业,流寓辗转十余年。"可知,杨果曾居于亳州和许昌,两地皆为水乡,特别是许昌久有"莲城"之美誉,可见植莲、赏莲、采莲、弄莲、戏莲、咏莲等,种种和莲有关的民俗文化深深地植根于先民的日常生活和文学生活中,而对于大诗人杨果更不例外,自然而然他会见莲生怜,灵感随心而生,由莲而起,比兴起拟,于是谱写了传世之作《小桃红·采莲女》。

对于采莲女曲牌名的翻译,较通行的有 The Lotus-picking Girl 和 The Lotus Gatherer 两种译法。然而经过对"采莲女"这一文学意象的考证,很显然这里的"女"应该为"美丽的少女",与"窈窕淑女,君子好逑"诗句里所描述的美丽女子一样,均为美丽少女的形象,而不是世俗之女子。虽然她们的原型就是世俗的凡人女子,但是在采莲曲里,她们已经化身为"窈窕舞佳人"的女性形象。再者,由来已久的江南采莲工作多由年轻女子从事,假想如果是年长的女人采莲,那么,这种纯美文学形象的浪漫气息也许就会大打折扣(并不是说年长女子不可以代表纯美文学,只是在中国文学形象中鲜见而已),或成为刘禹锡纪实性诗文里的"荡舟游女满中央,采菱不顾马上郎"的兜售莲蓬的渔家女形象,而不是"莲花乱脸色,荷叶杂衣香"诗句里面所描述的身子绰约的美人形象了。由此可见,"采莲女"一词的翻译,"girl"所代表的气质应胜过文化气息单薄的"gatherer"。"gatherer"的回译"采集(莲)者"并不能涵盖"采莲女"这一纯而又美的形象,"采莲女"的形象应该是江南水乡文化中已经固化的"泛舟少女"的形象。最后应特别指出的是,采莲指采收莲子,所以笔者认为把"采莲女"译为"lotus-seed collecting maid"可能更为合适,以映衬传统诗文这一美丽的少女形象。

【烟水】本曲目中"烟水"指雾霭迷蒙的水面,特指"烟水淼茫,庐舍遮映"的江南水乡特有的风景。四位译者各自翻译为:Vapor and mist; Mist-veiled; Misty, dimly; Misty waters,其意义基本相近,无妨大碍。在遣词造句时,不同译者所选词语和句式各有所"图",为了和曲子其他文句气脉相通音响相谐,自然各有特色。其实翻译同一作品,不同译者翻译的成品定有区别。另外,即使偶有大同小异也是必然的,因为毕竟原作是活生生地放在那里,是不能漫无目的、随心所欲地翻译的。原文借译者思想和文采这一副外壳呈现给读者不同的面目和色相,产品之基色旧底仍然是原文,而不是其他文章的新造译文。所以,不同译作的相同成分完全是情有可原的。

【人】此处的"人"这里指采莲女本人,所以此处应翻译为"I"。而辜和周两位译者都将其理解为其他歌女,所以翻译成了girls。许则理解为下文诗句中的"美人",翻译为"the beauty",这样就和下文诗句采取了相同的叙事方式——以第三人称的口吻,也就是站在旁观者的角度冷观主角的外在表现。原诗叙述的是男女主人公久别重逢的情形,共分三个小节。在第一小节里,首句营造浪漫氛围,薄雾弥漫月光流连。第二句女主人公登场,依栏低唱。这两句都是由男主人公的视角来写的。在第二个小节里,男主人公因景触情,于是率先向女主人公倾诉相思之情:"你不在我身边的日子,我经常想起我们在浣纱溪边的初次相遇,然而山高水远,我只能望断天涯啊!"。而在第三小节则是女主人公的答复。所以可见,这里的"人以兰舟唱"里面的"人"指后面的美人——采莲女。所以许译是比较准确的。

【兰舟】相传鲁班刻木兰树为舟,之后"兰舟"一词用作船的美称,所以可译为"the magnolia boat"。"兰舟"的另一种解读为雕刻或者画有兰花的船只,英译"the orchid boat"亦可。此处"兰舟"无论是指兰木制作或饰有兰花的船,均强调船只装饰华美、香气袭人之状,特指文学作品里才子佳人所乘坐的画舫之类的艺术品,不是一般俗气之物,所以以上译文皆可取。

【若耶】指若耶溪,一般认为其出自李白的诗句:"若耶溪旁采莲女,笑隔荷花共人语"。此外,若耶溪也是西子浣纱之地,是出美女的地方。溪水汇集成河流江海,而溪水是河水的支流,所以应该比大河水流平缓,否则西子无法浣纱,美人无法采莲。三位译者分别译为 the Ruoye River、silk-washing stream 和 the Ruoye Stream。汉诗"小溪"的释义更接近于英语 brook（a small freshwater stream），所以如果用 brook 一词应更符合美女溪头浣纱这一用典传统。而要传达"若耶溪"这一有着爱情象征义的独特意象，就有必要填补西方读者的文化空白，以增加诗歌的美学效果，所以如果翻译为"the silk-washing brook of Ruoye"，虽然有些冗赘，但可能会更加接近读者的阅读认知，也会给读者创造出更多的阅读愉悦感和想象空间。

【三湘】一指湘潭、湘乡、湘阴三县；一指潇湘、蒸湘、漓湘三水。各位译者把"三湘水"多数译为"three Xiang Rivers"，而独许译为"three rivers"，许译也许是为了使行文句法工整、用词简约的目的而采取省译。而这里为什么译家都取了"三湘水"的意思，或许是因为如此翻译和此曲里面的烟水意境相和。另外，水路长长，比起辽阔的地域，视野更加开旷空荡，也更能增加辽远惆怅之意。但是在翻译实践中，许采取忽略三湘的具体地名，而取其意，所以有漏译之疑。

【美人】指诗歌里面所描述的主角人物——采莲女。如前所述，采莲女应该是个美人胚子，所以"the beauty"比较适合。辜译为代词"she"，失去了美人的意象性。而"The pretty girl"语气较弱，不足以表示如西子之美的采莲女。

以上简要评介了三个译本在字词翻译方面的准确性，下面笔者再从意境翻译和音韵兼顾方面对三个译本予以鉴赏。在进行文本音韵具体对照之前，先介绍一下关于中英诗歌押韵形式的对比情况。

众所周知，诗歌语言非常关键的要素之一就是语音。语音的抑扬顿挫是诗歌之所以为诗歌的最主要的原因。汉语古诗有三言、四言、五言、六言、七言绝句之分；自新文化运动以来，出现了新的诗歌体裁和句式，平仄对仗等语音的要求不如古体诗歌那般严格。

而英文是拼音文字，其语音发音和汉语自有迥异。相比较而言，汉语语音有23个声母、24个韵母，每个汉字读音由声母和韵母相拼，再加上平、上、去、入四个声调，这样就基本形成了每个汉字的读音。汉语连续语句的发音其实是由每一个汉字的读音相配组合而成的，因为每一个汉字基本都是一个单独的音节，所以连续的语音形式实际上是由一个个单独的音节组成。而英文具有48个音标，其中20个元音和28个辅音。若干元音和若干辅音相辅相成，形成每个英文单词的发音，所以每一个英文单词的发音经常是几个语音的连续体，听起来感觉是在哼小调一样,不像汉语那样具有明显的顿挫和断离,而是更加圆滑粘连。

根据音节和重读与否,英文诗歌分为九个韵步(foot/meter),分别是抑抑格(pyrrhic)、抑扬格(iamb)、扬抑格(trochee)、扬扬格(spondee)、抑抑抑格(tribrach)、抑抑扬格(anapaest)、抑扬抑格(amphibrach)、抑扬扬格(baccius)、扬抑抑格(dactyl)、扬抑扬格(amphimacer or cretic)、扬扬抑格(antibachius)、扬扬扬格(molossus)。

通过比较可见,押韵是中英诗歌或者是所有诗歌的基本特征,但是中英诗歌的具体押韵系统是不同的,中文古诗通过平仄对仗达到一种几乎严格到上下句字对字的配对音韵之美,甚至形成固定的范式比如五言七律。这种音韵特质导致很多人认为英文很难或者说根本就无法翻译出汉诗的音韵美。同样,英文诗歌也有其独特的音韵系统,比如上文所提到的九种韵步,还有十四行诗的韵步,等等。因此,要把英文诗歌译成中文,英诗的音韵采用中文的音韵格式来套用也是相当困难的。这也许是诗歌翻译界认为"诗不可译"的端由吧!

然而,无论中文诗还是英文诗,都是人类美妙语音的一种表现,两者之间仍然存在一定程度的共通之处,其押韵形式异中有同,同中有异。比如头韵和尾韵在中英诗歌里面都是非常重要的押韵形式,往往可以采取比较有效的转换手段。

【音韵鉴别】

根据原曲牌谱可见,原曲总共八小句,每一小句均押尾韵"ang",每一小句都以此韵结尾,读起来让人不免惆怅满怀。三位译者不约而同地运用了押尾韵的方式来成就原诗的这种惆怅韵味,但是各自所押尾韵的形式则各不相同。比如译文1的尾韵形式是aabbccdd,两小句为一对,总共四对韵脚。而译文2的尾韵形式是aaabccab,前三小句和第七句使用同一韵脚,四八句一个韵脚,五六句一个韵脚,总共使用了三个韵脚。译文3的尾韵形式是aaaba-ba,只使用了两个韵脚和一个零韵脚(第六句),第一、二、三、五、八句一体押一韵,四七句则用一韵。

由此可见,各位译者也是巧妙地采用了英文的发音特点,选词独特,音感很妙。另外一点特别之处,就是这三个译文的韵脚都不约而同地使用了鼻音"n、m、ŋ",使得英文诗尾最后都落在鼻音上,使得音调低沉喑闷,使曲子读起来有一种低落、哀怨、愁苦的效果,可谓实现了"以声诉情"的目的。

第八章 元曲英译鉴赏与评析

【译文鉴赏】

　　三个译文和原曲相比,由于中英诗歌韵步及行韵方式的不同,在阅读感觉上区别很大。通过比较还会发现辜译把第六句的"美人笑道"这一句变成了过去时态,而其他两位译者均用了现在时。在这一点上笔者赞成后两者的译法,现在时态会给读者传递一种情景再现的时空存在感和即目感。实际上,原曲是一组曲儿,这首只是其中之一,而里面的"美人笑道"确实是指"当时的场景",是指若干年后相遇时美人对"前任"的所言所感。所以从这一方面讲,后两者可能在诗意上更加成功地再现了原曲的场剧效应。

　　总体而言,三篇译文各有亮点。诗歌翻译从某种程度上讲不能以成败论英雄,阅读不同译者的作品可以带给读者不同的阅读体验,也不失为阅读的趣味所在。

　　总而言之,诗歌的不可译性的确存在,而且中西文学审美意象之间有着巨大的鸿沟,所以诗歌翻译就像是一场试图凭借一足之长去跨越一个神秘莫测的大峡谷一样的冒险,译者再优秀,也难以再现原诗的所有特质,总会有不尽如人意之处,读者应怀有宽容和感恩之心去欣赏和品鉴一首诗歌的不同译文。

　　以上为本章第一首小令的译评,文后特附一首仿曲,不写闺情而写译情,也不枉《小桃红》的雅致格调。

小桃红·写译论

　　　剥石榴和评曲译,小令雅俗话。
　　　石榴粒粒红鲜艳,味喷喷,
　　　酸甜味尽渣多碜,牙缝憋胀。
　　　曲尽人归,怎鉴一字好坏?

【元曲经典篇章英译鉴赏之二】

南吕·干荷叶[①]

刘秉忠[②]

　　　　干荷叶,
　　　　色苍苍[③],

老柄④风摇荡。
减了清香，
越添黄。
都因昨夜一场霜，
寂寞在秋江上。

【注疏】

①干荷叶，又名"翠盘秋"，为刘秉忠自度曲之一。干荷叶，单调二十九字，七句四平韵、两叶韵。其平仄规则如下：

平平仄，仄平平。仄仄平平仄。仄平平。仄平平。平平平仄仄平平。仄仄平平仄。

②刘秉忠（1216—1274），邢州（今河北省邢台市）人；元代政治家、文学家；初名侃，字仲晦，号藏春散人，因信佛教改名子聪，任官后而名秉忠；曾祖于金朝时在邢州任职，因此移居邢州。刘秉忠是一位很具特色的人物，在元初政坛，他在政治体制、典章制度的制定工作中发挥了重大作用。同时，他又是一位诗文词曲兼擅的文学家。刘秉忠逝世后，元世祖赠太傅，封赵国公，谥文贞；元成宗时，赠太师，谥文正；元仁宗时，又进封常山王。

③苍苍，深青色。

④老柄，干枯的叶柄。

【白话释义】

枯干的荷叶，颜色苍苍，干巴的老茎在风里不住地摇荡。清香一点点减退了，颜色一点点枯黄，这是因为昨夜下了一场霜。秋天的江面上荷叶更加显得寂寞、凄凉。

【创作背景】

这支小令是作者因题起意、即物取喻之作。刘秉忠曾隐居为僧，后留侍元世祖左右，为元朝的开国元勋，但始终过着斋居蔬食的生活。从这样的经历来看，他在这首曲中所表露的并非一位金遗民或宋遗民悼伤亡国、眷念前朝之情，而是在更广泛的意义上对生命短促、人事无常、朝代更迭所怀的梦幻泡影之感。

【主题鉴赏】

诗人"生而风骨秀异",所以他的父母心中欢喜,希望他今后能做一个正直而又和气安乐有福的人,于是给他取名为刘侃。十七岁时,为邢台节度使府令史,以养其亲。但是他经常郁郁不乐,一日投笔叹曰:"吾家累世衣冠,乃汩没为刀笔吏乎!丈夫不遇于世,当隐居以求志耳。"于是就隐居武安山中。后来,他和海云禅师一起觐见元世祖忽必烈,应对称旨,屡承顾问,论天下事如指诸掌。世祖非常赏识,将他留在身边做了元世祖的大顾问,于是他便成了元朝的开国元勋。

虽然可以根据诗人的人生经历来判断他作品的大致意图,但诗人在何时创作却不可知。另外根据诗人十七岁所言,可见其志向远大,而僧侣隐居的经历又历练了他,让他对人生有新的哲思,才能写出这样的曲子,来排遣人世苍老之后和繁华铅洗之后的无限悲伤!

【英译版本】

译文1 辜正坤

To the Tune of Dry Lotus Leaves

Dry lotus leaves,
Dark and brown,
Shaking in the wind its bony stalk long,
Her color is deepened and balm gone.
The cause?
Last night by frost bound,
She lonely shivers in the autumn pond.

译文2 许渊冲

Dried Lotus Leaves

Lotus leaves dried
In color turned from green to grey,
Old stems in the wind sway.

With fragrance lost, they are in yellow dyed.
Last night frost chilled their dream.
They look now lonely on the autumn stream.

译文 3　周方珠

To the Tune of Dry Lotus Leaves

Dry lotus leaves,
Grey and brown,
Shaking in the wind are stems long.
The aroma is no more and green gone,
Shading from green to brown.
Due to the frost last night you're worn,
Lonely shivering in the autumn river around.

【汉诗训诂与译文鉴赏】

《南吕·干荷叶》的译本总共收集到了三个，分别是辜正坤、许渊冲和周方珠的。许和周的译本都是 2009 年出版的，而辜译的时间尚早几年，是 2004 年。相比较而言，不同译本对于原作中的用词翻译不尽相同。

此首小令不需要作太多的训诂释义，原因如前所述，元小令有相当一部分来自民间，属于近俚歌者，其语言偏于大众化。因此，这首小令语言通俗易懂，虽然创作时间已历经七八百年，但对于今天的我们来说理解起来毫不费力。自元以降，汉语的语言变化并不是很大，故而元曲不像《诗经》和《离骚》等古诗文，历时久远，与今日通行之语体差别甚巨，需要借助于训诂方能有较为合理的解读，这首元曲的主旨要义浅显易懂。

【干荷叶】指曲牌名，在此也兼作该曲题目，指此曲的内容是描写干荷叶的。对于曲题，辜和周的翻译是一样的，而许只翻译了内容，没有指明其作为曲牌名的功能，所以该题目以辜译和周译为胜。

小令正文首句【干荷叶】，指正文所描写的干枯的荷叶，所以应该特指译为"the dry lotus leaves"，而辜译和周译未使用定冠词，均译为"dry lotus leaves"，许则翻译成了"lotus leaves dried"。前两者采取前置修饰的静态表达法，后者采取后置

第八章　元曲英译鉴赏与评析

补位译法,动静有别,意象效果明显不同,笔者认为许译更佳。另外,兼顾下文(色苍苍,老柄风摇荡),在翻译时英文句子处理上三位译者皆欠佳。三位译者都把该小令的第一节翻译成了一句英文,但是这里省略定冠词"the"的主语处理方法都不合乎英文的语法习惯。

【色苍苍】是用来描述诗人眼中看到的干荷叶的颜色和形状。深秋的荷叶不仅颜色暗淡而且姿容衰败,呈现出一副萧瑟落寞的晚秋图。辜译和周译采取静态形容词,分别译为"Dark and brown""Grey and brown",仅一词之别。许译为"In color turned from green to grey",强调荷叶颜色由夏之青翠转至秋之枯黄的变化过程,动态画面感十足。这种译法要比拘泥于原句式采取一一对应的只描述其色状的静态译法更妙,着重渲染了秋天肃杀之气令摇曳动人的夏荷变成了满目凄凉的干荷叶的衰败过程,不仅传神而且达意。

【老柄】三位译者分别译为"its bony stalk long""old stems""stems long"。如果比照译者原文,在辜的译文里,前文是"dry lotus leaves",后文则变成了"its (bony stalk long)/she"。而在许的译文里,指代词用了"they",周则用了"you"模糊指代(你或者你们)。

【清香】关于"清香"一词,三种译文分别为"balm""fragrance"和"aroma",比较一下这三个表示"香味"的单词的英文释义:

balm: oil with a pleasant smell that is obtained from some types of trees and plants, used in the past to help heal wounds, for example, a liquid, cream, etc. that has a pleasant smell and is used to make wounds less painful or skin softer.

fragrance: A fragrance is a pleasant or sweet smell; a perfume.

aroma: a strong, noticeable and pleasant smell, usually from food or drink.

由字典释义可见,"balm"指植物散发出来的香气,有舒缓精神令人神清气爽的作用,"fragrance"指香水之类浓郁的香气,"aroma"指食物或化合物散发的香气。所以据上下文意,辜译所采用的balm(植物清香)指夏荷所散发出来的令人舒爽的淡雅清香应比较准确,而且暗示出秋天夏荷凋零、腐气满池塘的衰败气息。

【越添黄】关于"越添黄"的翻译,三位译者各自翻译为"Her color is deepened""in yellow dyed""green gone"。在比较此句的译文优劣时,要特别注意干荷叶的黄不像银杏树叶的黄那样金灿灿的,而是干枯颓败的黄色。又加上荷叶腐败零落在水面上(一般情况下,荷花生长于荷塘中,但本首曲子诗人将干荷叶的生长点选在江上,也许别有用意),水位落下,塘泥遍布,所以很容易使荷叶的颜色

· 359 ·

变成黑灰之色,而不是靓丽的黄色。此处辜采用了艺术化虚译处理(color is deepened),许采取直译法(in yellow dyed),将语义具象化。周采取反译法,避开"黄色"不译,而说"绿色"消退(green gone),也不失巧妙。三种译文各有韵味,很值得品味译者的不同匠心。

【秋江】关于"秋江"的"江"的翻译,三位译者分别译为 pond,stream,river。很明显诗人用了"江"而没有用"池塘"或者"溪流",原因似乎在于为了更加突出干荷叶在寂寥的江面上的那种孤独飘零之感,而"池塘"、"溪流"则缺少"大江大河"的宽广辽阔之感,所以应该按照原义翻译为"river"当更为准确传神。

【音韵鉴别】

　　三位译者不约而同地运用了押尾韵的方式来再现原诗惆怅萧瑟之感,但各自所押尾韵的形式不尽相同。比如译文 1 的尾韵形式是 aaabb,前三句押鼻音/n/,后两句押双音韵/nd/。而译文 2 的尾韵形式是 abbacc,第一句和第四句韵脚为双音/aɪd/,第二三句押双元音/eɪ/,第五六句押复合韵脚/triːm/。译文 3 的尾韵形式是 aaaaaa,句末都压尾韵/n/。

　　和《采莲女》一样,《干荷叶》所要表达的也是一种伤感之情,所以在尾韵词汇的选择上,三位译者都采用了鼻音/n/。在译文 2 中,译者还使用了其他两个不同的韵脚来错韵,这些韵脚的发音特点都是以低沉为主,以凸显诗人目睹秋色萧条之态而心生沧桑之感的主基调。

【译文鉴赏】

　　原小令分三句,有七小句。辜和周的译文分别翻译成了 3 个英文句子,许则翻译成了四个英文句子。辜的版本里使用了一个疑问句,显得译文在句式特点上更加活泼一些。

　　如前所析,辜译采用拟人化人称 her/she,将无生命体人格化,由物及人,从而使得一首伤物之曲变成了一首悯人之歌。他的译文中使用了片段句,令曲子看似破碎,但实际又饱含内在连贯的象征语义,而自问自答的句式,营造了一段哲理性的对话场景,好似诗人在喃喃自语,若有所思,而又有些无奈和伤感。许译简约而富于画面感,语句逻辑性强,一气呵成,以旁观者的角度描绘了一幅凄冷萧瑟的秋荷图,令读者睹物思己,深察人生短暂美好易逝的苦涩况味。周译用词更近诗歌化,音韵效果多借后鼻音,哀伤感更为浓郁。译文中人称的剥离让读者与原曲产生疏离感,有一种空远不可触之情愫从诗行里慢慢流溢,因此,更符合汉诗(曲)隐喻,人称略去的空灵特质。若非要比出高下,应是译文3从选词、句式、音声效果上比前两个译文都要好一些。

以上是对三位译者在具体词汇处理方面的简析,然而诗歌翻译的另外一个重要内容是韵律的处理。三位译者根据自己的翻译创作灵感,在对这首小令的英译韵律上分别采用了不同的韵脚,也是难能可贵的。诗歌本身就因为韵律的问题存在很大的不可译性,但是他们不但翻译了,而且还翻译得很美。虽然存在美中不足之处,这也是不可避免的。在借鉴诸位学者译作的基础上,我结合自己对于这首小令及诗人生平的理解,斗胆重译,拙作如下,请各位读者指正:

To the Tune of Dry Lotus Leaf

The dry lotus leaf
Faded into a color light-browned.
The decaying stem is swaying in the wind.
The sweet scent is bygone,
the color turning into an ash-brown.
Yestereve hoarfrost fell,
thou standing forlorn in the river of fall.

在翻译的过程中,我将原小令的第一小节的最后一句重新调整,译文中和其他句式并列,采取总分总描写手法,用最简单浅显的语言表达深奥的人生哲理,以忠实于原诗的语言特点。和前面三位译者不同的是,此处把干荷叶以单数处理,以凸显孤苦伶仃之意境!

【元曲经典篇章英译鉴赏之三】

四块玉[①]·闲适[②]

关汉卿[③]

意马[④]收,
心猿[⑤]锁,

跳出红尘恶风波，

槐阴午梦⑥谁惊破？

离了利名场，

钻入安乐窝，

闲快活！

【注疏】

①四块玉，词牌名。其平仄规则如下：

仄仄平，平平仄，仄仄平平仄平平，仄平仄仄平平去，平平平，仄仄平，平去平。

其中首句首字可平，尾字可平叶；四句首字、三字可平；五句首字可仄，尾字可叶；六句首字可平；末句首字了仄，尾字可上叶。

②闲适，是这首小令的题目，指清闲安适。

③关汉卿，元代戏剧家，号已斋叟，约生于金末，卒于元代，大都人（今河北安国）；与马致远、白朴、郑光祖并称为"元曲四大家"，关汉卿居首。钟嗣成《录鬼簿》说他曾任太医院尹。据各种文献资料记载，关汉卿编有杂剧60多种，现存18种。个别作品是否出自关汉卿之手，学界尚有分歧。《窦娥冤》《救风尘》《望江亭》《拜月亭》《鲁斋郎》《单刀会》《调风月》等，是其代表作。关汉卿所作散曲今存套曲10多套、小令50多首，内容主要包括三个方面：描绘都市繁华与艺人生活、羁旅行役与离愁别绪，以及自抒抱负的述志遣兴。

④意马，来自佛教经典中的典故，把人的名利心比作奔腾的马、烦躁的猿，必须拴住、锁着才能静得下来。

⑤心猿，出自《维摩经·香积佛品》："以难化之人，心如猿猴，故以若干种法，制御其心，乃可调伏。"

⑥槐阴午梦，即南柯梦。据唐传奇《南柯太守传》：书生淳于棼醉卧于槐荫下，梦为大槐安国驸马，任南柯郡太守，荣华富贵显赫一时；醒来发现大槐安国就是槐树上的大蚂蚁洞，南柯郡就是槐树最南枝上的小蚂蚁洞。

【白话释义】

拴住了意马又把心猿来锁，跳出那人心险恶的红尘风波，大白天南柯梦几人惊醒过。离开了名利争夺的场所，钻入自己手造的安乐窝，休闲的日子好快活。

第八章 元曲英译鉴赏与评析

【创作背景】

关汉卿《四块玉·闲适》这四首小令,大致作于元代初期,具体创作时间不详。在元代,道教盛行,社会黑暗,一些沉抑下僚、志不获展的知识分子常流露出消沉意识和消极思想,如马致远、白朴等;即使是那些仕途亨通、春风得意的知识分子,在诗歌中也常常流露出这种意识,如卢挚、姚燧等。他们看破红尘,参透荣辱,沉默而不敢言,趑趄而不敢进,只想退出那"车尘马足,蚁穴蜂衙"的官场,走到那"闲中自有闲中乐,天地一壶宽又阔"的世界里去。关汉卿这一组小令即是这种意识的代表。

【主题鉴赏】

这首曲子反映了作者看破红尘、放下名利希望在归隐中安享晚年的内心呼唤。开头就活用了一个成语"心猿意马"。唐敦煌变文《维摩诘经·菩萨品》云:"卓定深沉莫测量,心猿意马罢癫狂。"又据《维摩诘经·香积佛品》云:"难化之人,性如猿猴,故以若干种法,制御其心,乃可调伏。"这是把人的名心利欲,比作奔腾的野马、跳跃的山猿,只有将它牢牢地拴起锁住,方能安静下来。

人往往为名利所支配,在社会上你争我夺,弄得疲惫不堪,结果害人害己,如幻梦一场。因此,在名利场中,尤其是处于阶级、民族矛盾十分激烈的元代,一些知识分子看穿了名利,力图摆脱它的枷锁,关汉卿也多次流露出这种心态。这同样是元代许多文人的共同心理。如卢挚的"无是无非快活煞,锁住了心猿意马",庾天锡的"紧地心猿系,牢将意马拴",都将这种心态表露无遗。

现实的种种险恶,使得文人们不得不嗟呀吁叹。屈原沉江、伍胥伏剑、淮阴饮恨的悲剧在不断地重演着,即便是金榜题名、万里封侯,终忘不了"到头这一身,难逃那一日"。于是立下决心"跳出红尘恶风波",并感慨地诘问:"槐阴午梦谁惊破。"槐阴梦就是南柯梦,午梦等于说"白日梦"。世间人心险恶,人海风波浊浪翻滚,世人对未来的奢望乃至已在手中的荣华富贵实质上与南柯一梦没有两样。但真能参破这白日梦的没有几人。这些观察与思考历来影响着一代又一代知识分子中勤于思考、勇于探索的人,产生出许多遁迹山林、隐居田园的隐士和逸人。特别是在元朝那种对知识分子苛酷的社会环境下,许多元代的大知识分子(其中许多都曾作过一阵子官)和一些身居高位的大臣都走上了归隐的道路。当然先决条件是这些人心中保持正念,在看到官场污浊、人心险恶时才会退出。

【英译版本】

译文 1　辜正坤

Leisure
To the Tune of Four Pieces of Jade

Repressing my wish for fame,
Locking up my desire for game,
Out of this secular world I drop now,
To break those fond dreams I vow.
No longer in that vanity fair,
I worm into a cosy and peaceful nest with care.
Oh, this life of leisure is happy beyond compare.

译文 2　许渊冲

Tune: Four Pieces of Jade
Life of Easy Leisure

Halt running horse and bind
Ape-like whimsical mind!
Leap out of a world which rave with
dust and waves!
Wake up from noonday dream of
glory vain!
Get rid of fame and Gain!
Take a rest in your nest of pleasure
And enjoy your leisure!

译文 3　周方珠

Leisure
To the Tune of Four Pieces of Jade

Get my desires to bind,
In the right frame of mind.
Free from vanity world, the source of nightmare,
Life is but a fond dream nobody can tear.
Out of vanity fair,
Get into the cosy nest,
In a leisurely mood free from care.

【汉诗训诂与英译鉴赏】

《四块玉·闲适》的译本总共收集到了三个,它们分别来自辜正坤、许渊冲和周方珠。相较而言,不同译本对原作用词的翻译不尽相同。

对元小令进行英译,译者首先要面对的就是对于原作诗句意群的重新理解和划分处理。在这首小令中,关汉卿是通过两个小节来表现他看破红尘、明白所谓名利不过是过眼烟云、只有"快活"二字才是人生真谛的道理的。同时,小令中也暗示诗人满腹才华却不受元朝朝廷重视而郁郁惆怅、无奈失望的心境。

在英译过程中,三位译者把原诗诗句重新在英文里用两句或者三句表达出来。辜严格遵守了原文的小节节奏,按照原诗诗句翻译成了两句;而许则采用了五句强烈的感叹句型;周则重新划分原诗诗句,用了三个英文陈述句式。从诗句整体格局出发,不同译者的译文各有不同。下面先对各个主体词汇(意象)翻译的情况逐一对照比较。

【四块玉】对词牌名的翻译,三种译文区别不大,辜和周译文相同,译为"To the Tune of Four Pieces of Jade",而许译略有不同,译为"Tune: Four Pieces of Jade"。"词牌"翻译属于专业术语的翻译,是中国诗歌特有的文学形式,英文中没有对应词,前两者 to the tune 与许译 tune 到底区别如何,目前尚无定论。

to the tune 也许更能体现出该曲有固定的曲谱,正文部分则是根据该曲谱填词而成;而 tune 一词可能是在说明该曲在既定曲谱的功能上有些欠缺。当然这仅是笔者不成熟的观点而已。对于"四块玉",三位译者均取其语义,采取直译法译为 Four Pieces of Jade,是否需要补充音读,译为"Four Pieces of Jade(Si Kuai Yu)",还需要斟酌。

总体上,我们应遵循前辈译者业已形成的翻译规范,只要不存在误译的现象,最好还是尽量遵循大家公认的约定俗成的翻译规则或范式。否则,这样一个汉语曲牌名,如果有太多译法,极易引起混乱。

【闲适】对于这首小令题目的翻译,三位译者的翻译方法和翻译曲牌的方法一致:辜和周相同,翻译为 Leisure;许则译为 Life of Easy Leisure。其实 Leisure 本意就是指生活闲适安逸,所以许译显得语义冗赘,音节重复拖沓,Leisure 一词简单达意。

【意马】辜将"意马"翻译为 my wish for fame,周译近其意,翻译为 my desires,此二种译文均包含对于功名利禄的追逐这一层语义。而许则采取直译方式,译为 running horse,该词在西方指赛马运动(术),无法表达原曲趋鹜名利的暗含语义,因此容易让英语读者产生理解上的困难,甚至误解。

【心猿】对于"心猿"的翻译,三种译文都能够比较准确地再现诗之本意:my desire for game(辜译),Ape-like whimsical mind(许译),in the right frame of mind(周译)。辜译"game"一词,语带双关,向读者暗示出诗人的真正意图:人生如戏(游戏),不必在意。许译采用具象化语词"像猿猴一样地想入非非",既形象又贴切,活灵活现地再现了原诗对于这种三心二意思想的批判和摒弃。周译字面意思是指"正确的思维模式",似乎有隔靴搔痒之感,未达旨意。相比之下,辜、许译文技高一筹。三者均不觉简洁明朗。

【红尘】"红尘"一词出自东汉文学家、史学家班固《西都赋》中的诗句"红尘四合,烟云相连。"佛教、道教等亦称人世为"红尘"。《红楼梦》云:"宝玉本来颖悟,又经点化,早把红尘看破。""红尘"本意指古代土路上马车经过时扬起的灰尘,引申为纷纷攘攘的世俗生活,之后用来喻指人世间的逐名趋利之路。"红尘"一词的翻译,辜采取意译法,译为 this secular world,取其本义,略其表意,非常准确。许兼顾原诗下文,直译与意译相结合,译为较为复杂的句式:a world which rave with dust and waves。周则采取归化手段译为西方读者更为熟悉的 vanity world(名利场)。所以,从忠实性来讲,辜的翻译更为准确达意一些,而从文学性来讲,许的比喻体既忠实于原文又指意明确,再现了原诗句的讽刺意味。周译简洁明了,易于英语读者领会原诗之意。

【午梦】该词为用典。辜译和周译是否互相借用,不得而知,译文大同小异,仅有单复数区别:"those fond dreams"和"a fond dream"。辜译使用复数形式令人费解,"南柯一梦"里的淳于棼短短一个午睡美梦就足以令人期许多多,因此,没有必要译为复数形式。相较之下,许译"noonday dream of glory vain",暗含中文典故,又能将梦境之旨准确拿捏,尤其"glory vain"一词直达"午梦"之内核,所以许译更为精妙,可谓神来之笔。

【利名场】关于"利名场"的翻译,辜和周均采取归化手段,以译文读者为归宿,充分照顾目标语读者所习惯的表达方式来传达原文的内容,译文变成地道的英文表达方式,翻译为"vanity fair"。许采取了直译法,译为"fame and gain"(名和利)。前一种翻译属于使用英文里已有的说法,后一种则是单纯地提到"名和利",而没有把名利斡旋之意翻译出来,有译不尽意之感。

【安乐窝】关于"安乐窝"的翻译,辜翻译为"a cosy and peaceful nest with care",许译为"your nest of pleasure",而周则译为"the cosy nest"。"安乐窝"在汉语中实际与"窝"(nest)的关系比较疏离,只是对安逸、舒适、无忧生活的一种形象性比喻。非常巧合的是,nest除了有"鸟巢、鸟窝"本意之外,其引申义为"the home, thought of as the safe place where parents bring up their children",如果取这一层语义,的确与原诗天作之合,既尊重了源语,又照顾了目的语,两全其美。由此可见,英汉语言文化尚有许多相似之处。英文中有一个习惯用语,"a bed of roses",意为"称心如意的境遇;安乐窝"。如果以此习惯用语来译这首小令中的"安乐窝",语义上并非不可,只是在传达汉语意象的形象性上有些"隔"而不化,完全成为归化译法。

总体而言,辜译啰唆复沓,原曲短短三字,译文却两倍还多;许译与周译字数大致与原曲相称,前者为后置修饰,后者为顺序修饰。周译使用了纯单音节词,字数对等,音节顿挫清朗,更贴近原曲的行长、节奏和音效。

【闲快活】"闲快活"一词属于俚语,表示脱离名利等世俗凡事,身心空闲,不

用于任何事情,很单纯地享受生活的乐趣,在语用上有一种自嘲意味。关于"闲快活"的翻译,三个译文如下:

Oh, this life of leisure is happy beyond compare. (辜)

And enjoy your leisure! (许)

In a leisurely mood free from care. (周)

对比三种译文,辜译句式纠结错综,语义颇费脑筋。许译简洁明快,与上一行译文,不仅形似,而且韵同(rest//nest;pleasure//leisure),更是一语道破原曲警喻世人的创作意图,给曲子画上了一个精妙的结尾,堪称完美匹配。周译则带有由于现实情形所迫而不能施展个人抱负、作者借嘲文弄字以解闲愁的阿Q胜利法的味道,行文风格上语带戏谑而无奈。

【音韵鉴别】

本小令原文总共八小句,第一、二小句押尾韵"ou";第三、五、七、八小句押尾韵"o"。这两个音节的中文读音都为收唇音,属收敛之音,所以在汉语感觉上应该是启示人们收手收心之意,不宣扬外张外放之势。

三位译者都采用了押尾韵的方式来翻译原作,而且都把原文八小句翻译成了七小句。译文1的尾韵形式是aabbccc,前两小句押鼻音[m],中两小句押双音韵[aʊ],最后三小句押双元音[eə]。而译文2的尾韵形式是aa□bbcc,第一句和第二小句韵脚为复合音[aɪnd];第三小句句末不押韵,但是小句内两个单词"rave"和"waves"押[v]韵,此音读音和形式上都给人以波折之感;第四、五小句押复合韵[eɪn],读音给人产生徒劳之意味;第六、七小句韵脚为复音舌音[ʒə],两个单词皆诱发读者产生愉悦闲适之意。译文3押韵形式为"aabbb□b",其中第一、二小句押复合音[aɪnd];第三、四、五、七小句押尾韵[ə]。

总之,三个译文的押韵形式都是先为闭口音,后为开口音,给读者产生合开之意,意思是要收心才会得到安心。

【译文鉴赏】

对比发现,译文2、3均采用了祈使句,旨在吻合原文的命令式语气。而译文1则采用了第一人称的叙述口吻,给人以亲切舒适之感。

第八章　元曲英译鉴赏与评析

【元曲经典篇章英译鉴赏之四】

仙吕①·后庭花②

赵孟頫③

清溪一叶舟，
芙蓉④两岸秋。
采菱谁家女，
歌声起暮鸥⑤。
乱云愁，
满头风雨，
戴荷叶归去休⑥。

【注疏】

①仙吕，即"仙吕宫"的简称，乐律五宫调之一，是一种以宫声为主的调式，其表达的感情清新绵邈。《新唐书·礼乐志十二》："正宫、高宫、中吕宫、道调宫、南吕宫、仙吕宫、黄钟宫为七宫。"

②后庭花，本义指一种生长在江南的花（或为鸡冠花的一种），因多植于庭院，故称"后庭花"。后因南朝陈后主陈叔宝填词作《玉树后庭花》而被广用为词/曲牌名。《南史·陈后主张贵妃传》："每引宾客，对贵妃等游宴，则使诸贵人及女学士与狎客共赋新诗，互相赠答。采其尤艳丽者，以为曲调，被以新声。（中略）其曲有《玉树后庭花》《临春乐》等。"《隋书·五行志》云："祯明初，后主作新歌，词甚哀怨，令后宫美人习而歌之。其辞曰：'玉树后庭花，花开不复久！'"

③赵孟頫（fǔ），字子昂，汉族，号松雪道人，又号水晶宫道人、鸥波，中年曾署孟俯。浙江吴兴（今浙江湖州）人，南宋末至元初著名书法家、画家、诗人，宋太祖赵匡胤十一世孙、秦王赵德芳嫡派子孙，与欧阳询、颜真卿、柳公权并称"楷书四大家"。

④芙蓉可分为木芙蓉和水芙蓉。木芙蓉是一种锦葵科、木槿属植物，原名为木芙蓉。水芙蓉最早即为荷花的异称。《离骚》："制芰荷以为衣兮，集芙蓉以为裳。不吾知其亦已兮，苟余情其信芳。"

⑤暮鸥，水鸟。
⑥休，语气助词。

【白话释义】

清澈的溪水中，一叶小舟翩然荡出，荷塘两岸满目的荷花装点着暮秋。是谁家采菱的姑娘唱着采菱歌儿，惊起了傍晚栖息于湖岸的鸥鸟？突然间乌云密布，风雨骤起，采菱姑娘赶忙摘了一片荷叶戴在头上，划着小舟，悠然归去。

【创作背景】

这首小令的创作背景应该依托于诗人自身所处的大时代背景及其生平经历。据《元史》载：

赵孟𫖯，字子昂，幼聪敏，读书过目辄成诵，为文操笔立就。至元二十三年，侍御史奉诏，搜访遗逸于江南，得孟𫖯，以之入见。孟𫖯才气英迈，世祖顾之喜，使坐右丞叶李上。时方立尚书省，命孟𫖯草诏颁天下，帝览之，喜曰："得朕心之所欲言者矣。"二十四年，授兵部郎中。有王虎臣者，言平江路总管赵全不法，即命虎臣往按之。孟𫖯进曰："赵全固当问，然虎臣前守此郡，多强买人田，纵宾客为奸利，全数与争，虎臣怨之。虎臣往，必将陷全，事纵得实，人亦不能无疑。"帝悟，乃遣他使。

二十七年，桑哥遣忻都及王济等理算天下钱粮，已征入数百万，未征者尚数千万，民不聊生，自杀者相属。孟𫖯与阿剌浑撒里甚善，劝令奏帝赦天下，尽与蠲除。阿剌浑撒里入奏，如孟𫖯所言，帝从之。二十九年出济南路总管府事时，总管阙，孟𫖯独署府事。有元掀儿者，役于盐场，不胜艰苦，因逃去。其父求得他人尸，遂诬告同役者杀掀儿，既诬服。孟𫖯疑其冤，留弗决。逾月，掀儿自归，郡中称为神明。

仁宗在东宫，素知其名，及即位，眷之甚厚，以字呼之而不名。帝尝与侍臣论文学之士，以孟𫖯比唐李白、宋苏子瞻。又尝称孟𫖯操履纯正，博学多闻，旁通佛、老之旨，皆人所不及。孟𫖯诗文清邃奇逸，读之使人有飘飘出尘之想。篆、隶、楷、行、草书，无不冠绝古今，遂以书名天下。天竺有僧，数万里来求其书归，国中宝之。前史官杨载称孟𫖯之才颇为书画所掩，知其书画者，不知其文章，知其文章者，不知其经济之学。（节选自《元史·赵孟𫖯传》）

由史料可见，诗人本身是宋朝皇族遗老，宋亡后侍元，其中的主要原因是元世祖想找一位这样聪慧能干的遗老做"箭牌"，树立给当时的南宋遗老遗少们看的，大意是："你们看看，我对你们前朝皇家的子孙都这么不计前嫌，都这么礼遇，我是不是很贤明的君主呢?你们都来投靠我,为我们元朝效力吧!"

而诗人本人也确实是"胸藏文墨虚若谷,满腹诗书气自华",在元朝最高统帅面前"不辱其祖",满腹才华也得到了充分的展示,为国为民恪尽职守。然而由于诗人本身的特殊身份,有人批评他卖国求荣,有人则替他打抱不平。事实上,囿于特殊历史时期的社会现实,每个人的选择难免带有个人的局限性和时代的选择性,赵孟頫在当时的所作所为在今天看来,也是情有所迫的。撇开政治选择不谈,诗人本身在文学领域的卓越成就,以及他为国为民所做出的豪迈之举也是流芳百世、名可擎天的。

再回到这首小令的创作背景。

史传南朝最后一位皇帝陈后主陈叔宝宠幸贵妃张丽华,整日饮酒赋诗,歌舞作乐,而将朝政国事置于脑后。据说,隋朝杨坚派兵攻入城门时,陈叔宝和宠妃张丽华正在朝堂上儿女情长,杨坚几乎不费吹灰之力就将陈朝轻举拿下,陈叔宝亦沦为阶下囚。陈后主所作的《玉树后庭花》正是陈朝走向衰亡的写照,因此常被喻为"亡国之音"。

赵孟頫身为宋之遗臣,入官仕元实际也是身不由己,但又不能明言胸臆。诗人巧妙假借词牌《后庭花》之名,旧瓶装新酒,拟写了这首小令,委婉地表达了自己仕途归隐的心境,同时又流露出隐藏于内心深处的悲凉与无奈之情。在此,笔者不由得下笔成句,以悼念大师的高山之范:

读赵孟頫记

一代宗师,万般离愁,难堪身在江湖!
东风破,东风破,羁绊一世!
雁南归,似远似近似清秋,似多似少似清愁。

【主题鉴赏】

经过前面对创作背景的浅析,理解这首小令的主题就显得游刃有余了,但仍然有个别词句需要细细品读。

曲子前四句,通过"清溪""芙蓉""采菱女""歌声"等意象物,连缀而成一幅清新娴雅的秋景图,透露出一种自然闲适的情怀。而后三句笔锋陡然一转,以"乱云"点出"愁绪",以"满头风雨"使"愁绪"具象化。"归去"则暗示了作者对现世的不满,流露出归隐之意。此曲的意境是先明快后抑郁,因为作者是宋室宗亲,后仕元朝,末尾含蓄地表明了归隐的愿望。

实际上,元世祖忽必烈特别赏识赵孟頫,曾有意让其参与中书省政事,而赵孟頫坚持不就。他认为久在君王侧,必受人嫉妒,故极力请求赴外任职。至元二十九年(1292年),赵孟頫外出任同知济南路总管府事。至大三年(1310年),朝廷召赵孟頫回京师,授翰林侍读学士、知制诰、同修国史。延祐六年(1319年)四月,因母亲管夫人病发,赵孟頫得旨还家,于二十五日离开大都。五月十日,管夫人逝于临清舟中,赵孟頫父子护柩还吴兴。同年冬,爱育黎拔力八达又遣使催他回朝,最终因病未能成行。至治元年(1321年),元英宗孛儿只斤·硕德八剌遣使到赵孟頫家中,命他书写《孝经》。至治二年(1322年)春,硕德八剌遣使趋吴兴问候赵孟頫,并赐礼物。六月十六日(7月30日),赵孟頫病逝,享年六十九岁。逝世之日,仍观书作字,谈笑如常,至黄昏,逝于吴兴。九月十日,与管夫人合葬于德清县千秋乡东衡山。后追赠江浙中书省平章政事,追封魏国公,谥号"文敏"。

而这首小令就是诗人发自内心的希望,渴望回归江南,终老故土。令人欣慰的是"羁鸟恋旧林,池鱼思故渊"的魏国公最终实现了他的生前遗愿。

【英译版本】

译文1　辜正坤

To the Tune of Flower in the Backyard

A leaf-like boat sails along the limpid stream,
On either bank one can see autumn lotuses gleam.
Where from are Lotus-gathering girls singing a song?
At their singing the startled evening water birds throng.
Riotous clouds wrinkle the sky,
In the wind and rain on high,
Lotus left on heads they sail back home in team.

译文2　许渊冲

Tune: Backyard Flowers

On the clear stream she rows a leaf-like boat,
Lotus blooms spread autumn hue to the shore.

Who is gathering lotus seed, at dusk afloat?

She startles gulls with her folklore.

From gloomy clouds grief is shed,

Wind and rain overspread,

She goes back with a lotus leaf over her head.

译文 3　周方珠

To the Tune of Flowers in the Backyard

A tiny boat floats on the limpid stream,

Lotus flowers with autumn tints gleam.

Some girls are picking water chestnuts,

Their melodious songs start the evening gulls.

Clouds suddenly blacken the sky,

Then the rain pours down from high,

Lotus leaves on heads they steer home.

【汉诗训诂与英译鉴赏】

《仙吕·后庭花》的译本总共收集到了三个,分别来自辜正坤、许渊冲和周方珠。许和周的译本都是 2009 年出版的,而辜的时间尚早几年,是 2004 年。相比较而言,不同译本对于原作关键意象词的翻译不尽相同。此曲没有特别费解的内容,倒是有一两个词语的理解和翻译需要重新敲定。

【仙吕】为古代七种乐曲宫调名之一,周德清《中原音韵》等书所载:"大凡声音各应于律吕……仙吕调清新绵邈。"元杂剧第一折大都用仙吕宫套曲。在英译中,宫调实际上多被译者简译为 Tune 或 To the Tune of ×××。

【后庭花】是这首小令的曲牌名,三位译者都译成了"庭院里的花"(Flower、Flowers in the Backyard、Backyard Flowers)。如前文所述,"后庭花"是指一种花的品名,别名海州常山、臭梧桐、泡花桐、八角梧桐、追骨风、香楸、泡火桐、海桐、臭芙蓉等,花序大,花果美丽,一株树上花果共存,有白、红、兰色,色泽亮丽,花果期长,植株繁茂,为良好的观赏花木,丛植、孤植均宜,是布置园林景色的良好材料,其根、茎、叶、花均可入药。

如果取"后庭花"的植物实义,将其译为"glory bower",无疑会将曲牌名窄化,会给西方读者营造一种有限性的阅读视域;如果取"后庭花"曲牌名的文化内涵,将其译为"backyard flower(s)",则会创造出开放性、想象型的阅读视域,会激发读者的阅读猎奇心,也符合"后庭花"已泛化为汉语词/曲牌名文化符号的特点。

【采菱女】中国江南水乡于夏末秋初有采菱之民俗,大致始于春秋战国时期,流传至今,经久不衰。一般在十月中下旬进行采摘,此时菱角熟满,菱塘上人影欢动,一派丰收景象:只见头戴碎花布帕的少女们划舟而出,在绿波荡漾的菱塘上竞逐争胜,看看谁能成为当日的采摘能手,而帅气少年则于塘岸上喝彩助威,同时心中暗自相中自己心仪的女子。

基于此,采菱女应该是群体身份,辜译"Lotus-gathering girls"、周译"Some girls are picking water chestnuts"均取此意。而许译"Who is gathering lotus seed(She)"采用单数,也许译者考虑到首行"清溪一叶舟"的单数概念,或者是为了暗示诗人孤寂寡欢的主旨而特意为之。

另外,"采菱谁家女"并非有问而问,只不过是诗人心头郁闷,看着菱塘上欢快愉悦的采菱女而生出许多的艳羡:"看看那么多平常人家的采菱女都比我过得快乐(我又为什么要受世俗牵绊,何不像这些采菱女一样无忧无虑呢!)"许译为疑问句"Who is gathering lotus seed, at dusk afloat?",也许是思虑过度,受原文字面掣肘太甚。

【菱】应该指"菱角",味甘、凉、无毒,是种一年生草本水生植物的果实,菱角皮脆肉美,蒸煮后剥壳食用,亦可熬煮粥食。菱角含有丰富的蛋白质、不饱和脂肪酸及多种维生素和微量元素,又称芰、风菱、乌菱、菱角、水栗、菱实、芰实,中国南方尤其以长江下游太湖地区和珠江三角洲栽培种植最多。菱角在周朝不仅是一种辅食原料,更被视为一种宗教祭祀之物。《周礼·天官冢宰》载:"加笾之实,菱、芡、栗、脯。"因此,准确地讲,菱角并不是"莲花或者莲子",辜和许都翻译错了,周译 water chestnuts(或 water caltrop、ling nut)应是比较准确的。

第八章 元曲英译鉴赏与评析

【暮鸥】在这首小令里起到非常重要的时间指示作用,并不能简单地将其理解为一种水鸟。"歌声起暮鸥"有两种暗含语义,一指日落时分栖息于菱塘岸边或菱叶下的水鸟,二可引申为诗人迟暮之年意欲归隐的心理期许。采菱女的歌声惊扰了准备休息的水鸟,而官场的倾轧、仕途的失意让诗人惶惑不安、苦闷纠结,还不如就此隐去。

如果按照义如字表的原则,那么将"暮鸥"译为"gulls"(许、周)倒也无妨,辜采取泛化处理,译为"water birds"(水鸟)。无论译为"gulls"还是"water birds",均应点明时间词"暮",方能译出原诗本身具有的言外之意。所以译为"dusk gulls"或"sunset water birds"或许更佳,虽然音节有些冗赘,但语义更为饱满清晰。

诗乃心声,本曲旨在传递处于政治风云变幻中的诗人赵孟頫远离官场归隐乡间的内心诉求,因此译文当准确把握并传达诗歌的隐喻功能。

【音韵鉴别】

根据原曲牌曲谱可见,原曲总共七小句,每一小句均押尾韵[ou],原曲画面感极强,特别是"愁"和"休"两字点亮了整首曲子,采菱女恬淡不慌的悠然情态活灵活现。译文1的尾韵形式是aabbcca,第一、二、七句押鼻音[m],属于跨行押韵。译文2的尾韵形式是abab ddd,译者总共使用了三个韵脚,而且是交叉韵,诗行韵脚安排错落有致、新颖独特。译文3的尾韵形式是aabbcca。单从韵脚形式来讲,在译文1和译文3最后三句里,前两句韵脚以双元音[aɪ]结尾,而最后一句以鼻音[m]结束诗句,显得有点突兀,这样的话整个诗句读起来有点虎头蛇尾,气势欠佳。

由此可见,各位译者在翻译此首小令时,为了表达原作活泼可爱、恬淡悠然的风格,在音韵的处理上煞费了一番苦心。

【译文鉴赏】

前文已述,本首小令在"一叶舟"和"谁家采菱女"两个意象上,存在一定的语义歧解,是"一位采菱姑娘",还是"多位采菱姑娘",从三种译文单复数形式上的区别可以看出译者各有主张。另外"暮鸥"这一意象对于读者理解原曲的暗含语义是非常关键的,但三位译者均采取泛化翻译,未能再现诗人内心深处那种故国不再、壮志难酬、意欲归隐的复杂心态。总体而言,三种译文各有千秋,伯仲叔季自有读者锐眼识金!

【元曲经典篇章英译鉴赏之五】

正宫塞鸿秋①·浔阳②即景

周德清③

长江万里白如练④,
　淮山⑤数点清如淀⑥。

江帆⑦几片疾如箭,
　山泉千尺飞如电。

晚云都变露⑧,
　新月初学扇,
　塞鸿一字来如线。

【注疏】

①塞鸿秋,曲牌名。

②浔阳,今江西省九江市的古称,因古时流经此处的长江一段被称为浔阳江,而县治在长江之北,即浔水之阳而得名。此地被认为是中国山水文化、政治文化、宗教文化、诗词文化重要的始源地之一。

③周德清,字日湛,号挺斋,高安暇堂(今属江西)人,所著《中原音韵》一书,对语音学和曲律的研究贡献甚著。《录鬼簿续篇》称其"又自制为乐府甚多,长篇短章,悉可为人作词之定格"。又云:"故人皆谓德清之韵,不但中原,乃天下之正音也;德清之词,不惟江南,实天下之独步也。"

④白练,白绢,白色的绸子。

⑤淮山,安徽省境内的某山名,此处泛指淮水流域的远山。

⑥淀,同"靛(diàn)",即靛青,一种青蓝色染料。
⑦江帆,江面上的船。
⑧露,此处是"白"的意思。

【白话释义】

　　长江犹如一条长长的白色绸缎伸向远方,淮河两岸青翠的远山连绵起伏。江上的片片白帆急速前行,好似离弦之箭;山上的清泉从高耸陡峭的悬崖上飞泻而下,仿佛迅捷的闪电一般。道道晚霞都变成了白色的云朵,一弯新月宛若刚刚展开的扇子,从塞外归来的大雁在高高的天上一字排开,宛如一条细细的银线。

【创作背景】

　　此曲是作者傍晚登上浔阳城楼远眺浔阳江目力所及有感而发的即景之作,具体创作年代不详。

【主题鉴赏】

　　作品描绘了浔阳一带的傍晚美景。诗人采用意象连缀的方式向读者展示了目之所及的七种景物:长江、淮山、白帆、山泉、晚云、新月、大雁,每一种意象都有着鲜明、充实的艺术形象。画面有面有点、有线有片、有青有白、有静有动,远近高下,相得益彰,诚可谓尺幅千里尽纳一曲。

　　【长江万里白如练,淮山数点青如淀】举目远望,目所能及之处,有秋江万里,澄澈耀眼,静如白练,绵延屈曲,伸向远方;有秋山"数点",葱郁苍翠,青如蓝靛,给人一种秋天特有的苍茫、宁静、高远的感受。作品从大处、远处起笔,为全篇设置了一个宏阔、辽远的背景基调。开头两句属于远眺所见之景,分别脱化于南朝谢朓的"澄江净如练"(《晚登三山还望京邑》)及金代诗人杨奂的"淮山青数点,不肯过江来"(《题江州庚楼》)等诗文,意象雄远壮阔。大江万里浩荡,江面开阔,同遥远的淮山呈现出的"数点"形成了空间形象上的悬殊对比,而"白如练"之旁点染几点"青如淀",则在色彩上又形成了对应。这两句以工对的形式出现,更容易使人注意到它们的互补。

【江帆几片疾如箭，山泉千尺飞如电】俯瞰脚下，江上点点白帆，轻疾如离弦之箭；仰望高崖瀑布，飞流直下快如闪电。作者从江与山的众多景物中各抓取其中的一点，从近处、细处着眼于江上疾驶如飞的"片片江帆"，悬崖陡壁间飞泻而下的"千尺山泉"。虽然写的只是一个个的个体景物，却又极富群像性，给人以动态的感官体验。三、四句移近了视界，好似摄影中的镜头之间的远近调焦。"江帆"实因大江的流急而益显轻灵，"山泉"也得力于山崖的陡峭而快如闪电，这都是句面以外的意境。这两句又以工整的对偶叙出，带着分明的动感，说明这已是一组近景。

【晚云都变露，新月初学扇】在这两句里，作者转换了视觉角度，由前边写地上的俯瞰之景转换为写天上的仰观之物，抓住事物特有的物征描绘了"晚云"与"新月"的情态变化和背景的明暗变化。五、六句是仰观的背景，更是表现时间的流动。从"变露"与"学扇"这两个词语里，读者不仅能体会到景物变化的动态美、意态形象的朦胧美，还能清晰地感受到时间的流动。晚云变露，是说夜晚天空的云层渐渐模糊到难以辨识，而空气却越来越凉冷湿润，地面上也凝结了露珠；而新月学扇，则是月牙儿冉冉升起的景象，且有它尽力欲呈露半面的动态意味。这都是深秋典型的景观。

【塞鸿一字来如线】写从塞外归来的大雁排成长长的一字形掠过烟波浩渺的江天，仿佛就像一条细长晶莹的银色丝线。这一句不仅点明了季节时令，也创建了一个令人展开无限遐想的空间。文势至最后本转为徐缓，殊不料末句顿时又异军突起。这"一字"塞鸿，将先前的六幅画面绾联交通，使人感受到雁阵冲寒所蕴含的苍凉秋意，联想到岁暮、客愁、乡情等人事方面的内容，有题外传神之妙。

这首写景的小令，作者选择的视角极为独特，按照由远及近、自下而上的空间顺序，采用了比喻、对仗并用的修辞手法，借助于动态描写的艺术表现形式，为读者勾画了一幅生动传神的浔阳江动态秋景图。

从作品的表现中可以看出，作者善于捕捉充满活力的艺术镜头，在他的笔下，江舟、山泉、晚云、新月、塞鸿这些意象都呈动态，并且都在万里长江和数点淮山这一整体构思中被不露痕迹地融合起来。全曲笔势排奡豪宕，形象简洁绮靡，比喻精到传神，不愧为散曲中写景之杰作，而音韵浏亮明朗，也符合作者在《中原音韵作词十法》中所提出的"既耸观，又耸听"的度曲要求。

第八章 元曲英译鉴赏与评析

【英译版本】

译文 1　辜正坤

An Extempore Verse on the Xunyang River
To the Tune of Swan on the Autumn Frontier

The Long River stretching ten thousand miles is
　　like a white ribbon clean,
Huai Mountains scattering in the distance are visibly green,
Like arrows in the river a few sails shuttling run,
Like a thousand-feet lightening the mountain
　　fountain goes flying down.
The evening clouds turn into fresh dew wan,
The new moon now grows nearly round like a fan,
From the distant frontier a line of wild geese over the sky span.

译文 2　许渊冲

Tune: Autumn Swan on Frontier
By the River of Xunyang

For miles and miles the endless river
　　flows silk-white;
Dots on dots of southern hills stand
　　indigo-blue.
Sails on sails go past as fast arrows do;
The waterfall dashes down like lightning from the height.
All evening clouds turn into dew;
The crescent moon imitates a bow;

· 379 ·

The wild geese from the frontier fly in a row.

译文 3　周方珠

An Extempore on the Xunyang River
To the Tune of Frontier Swans in Autumn

Stretching endlessly is the Yangtze River like a white ribbon,
Scattering in the distance are the mountains visibly green.
Shuttling along the river are a few sails like arrows in sight,
Pouring down is the fall of flying stream like a flash of light.
Turning into dew are the evening clouds on the wane,
Hanging in the sky is the new moon like a fan,
From the space beyond a flight of swans across the sky span.

【汉诗训诂与英译鉴赏】

《塞鸿秋·浔阳即景》这首曲子共收集到三个译本，分别是辜正坤、许渊冲和周方珠的。许和周的译本都是 2009 年出版的，辜译的时间尚早几年，是 2004 年。相比较而言，不同译本对于原作中的用词翻译不尽相同。这首小令也没特别费解之处，下文就三种译文中存在的差异作一浅析。

【正宫塞鸿秋】"正宫"为曲调格式，辜、周采用同样的译文，译为 to the tune of，许译为 tune，具体区别此不赘述。"塞鸿秋"为曲牌名，多写秋景秋物，或气势壮阔，或悲秋思乡，或感伤郁愤。此曲描写诗人傍晚时分登浔阳楼远眺目力所及之景，气势壮美辽远，令人视野开阔，心境舒达。三种译文在选词上区别不大，仅词序上有微小差异：

Swan on the Autumn Frontier(辜)

Autumn Swan on Frontier(许)

Frontier Swans in Autumn(周)

古汉语有所谓"字(词)无定类"之说，意思是说汉字的词性往往"依义定类""随义转类"。另有说法认为汉字"字(词)有定类"。孰是孰非，尚无定论。但据此两种理论，笔者试图对"塞鸿秋"这一曲牌名中的三个汉字之间的修饰关系做

第八章 元曲英译鉴赏与评析

一浅解。根据三个汉字各自的词位,"塞鸿秋"核心语义应落于"秋"上,因为以该曲牌冠名所作的曲/令等,多数都在描写秋景秋意,因此,"塞""鸿"两字合起来修饰"秋",大致可如此解读,即"塞外鸿雁飞过的秋天"。这一摹景重点不在"塞外",不在"鸿雁",而在于触景生情,羁旅塞外,仰望天穹,一字排开的鸿雁,令时至秋日而不得归乡的游子心生乡愁,悲秋悯己之情跃然而出。

故此,译文 3 "Frontier Swans in Autumn"(周译)更能营造出孤旅边塞茕茕孑立渴盼还乡的那种苦闷心境,从词序上与原曲牌也是更加对位,既忠实于原曲语序,又可强化曲子凝重悲切的气氛。虽然本曲正文似乎并无半点悲秋悯己之语,但汉语古诗往往言有尽而意无穷,含蓄隐晦的特质在翻译时应予以关注,否则,有可能将这一首字表恬淡高远但实际上情感悲切的曲子译成一首纯粹写景状物的风物诗。

【浔阳即景】"即景"为瞬间触景生情即兴之作,一个"即"字,表明诗人傍晚登楼极目远眺,看到如此壮美迷人的景致而诗兴大发,随口吟出这首文辞优美、景致壮阔、音韵铿锵之作,可见诗人文学造诣非同一般。辜译"An Extempore Verse on the Xunyang River"和周译"An Extempore on the Xunyang River"均用到英文"Extempore"一词,该词可做形容词和名词使用,英语释义为 spoken or done without any previous thought or preparation。周译采用其名词形式更为简洁。两个译文特意选用该词,能够非常有效地向西方读者传达一种补偿信息,即诗人非泛泛之辈,其随口吟出之作即能如此优美,令人仰止,更何况绞尽脑汁、仔细推敲、反复斟酌之作呢?而许译"By the River of Xunyang"则寡淡无力,未能突出诗人非凡之诗艺,实为遗憾。

【长江】"长江"一词作为专有名词,有业界公认的规范译法"the Yangtze River",周译采用此法。辜采用半意译半直译法,译为"The Long River"。许完全采用意译,"the endless river"。根据原曲上下语境,许译"For miles and miles the endless river flows silk-white"的意境更为美妙,"长江万里白如练"的诗情画意通过"miles and miles"与"flows silk-white"的搭配变得更为邈远而无穷,诗歌的艺术感染力被进一步强化,画面感要比规范译法"the Yangtze River"更为出色。

【淮山】对于"淮山"的翻译,有人认为应采用与"长江"一词相同范式的译法,即地名、人名等专有名词的翻译应该遵循惯例译法,如华山译为"Mount Hua",淮山则应译为"Mount Huai"。这种观点的理论依据是诗歌翻译本身就是两可之事,也就是说,翻译的过程中或许会获得新境,也或许会影响旧境(原诗的意境),在忠实方面如果能够尽力，译者还应该是竭尽全力保持忠实的品性。话虽如此，实际上，本曲中的"淮山"并非严格意义上的专有名词，而是泛指长江以北、淮河流域的山。浔阳城始建于公元前221年，原本位于长江以南，之后长江改道于浔阳城北。周德清为元代诗人，彼时登楼远眺之方向应为北方，故此"淮山"应为诗人眼望北方所见之连绵群山。辜译为"Huai Mountains"，名如其实，景如所见。许译为"southern hills"，方向有误。周译为"the mountains"，过于泛化。

【山泉】在"山泉千尺飞如电"这句里，原诗句将远景拉为近景，动静结合，气势豪宕。流瀑始于山泉，却进而飞泻千丈，捷如闪电，最后汇入白练般绵亘万里滚滚不息的长江，真是一幅壮美绝伦的动态山水图。

辜译为"the mountain fountain"，音韵词形非常完美，但英文"fountain"一词本意为"喷泉"，多指水从地下喷到空中所形成的人造景观喷泉，无论语义还是气势均与原曲严重偏离。许译为"The waterfall"，语义尚可，但仍然无法传达那种山泉汇聚而成的千尺瀑布"飞如电"的磅礴震撼之势。周译为"the fall of flying stream"，译者似乎想照顾音韵和谐之美，但语内词义之间的冲突却无法顾及。英文"stream"一词指"潺潺小河或者溪流"，所以用来翻译山泉浅层语义也可，但与"flying"一词的修饰关系明显失调，也无法表达原诗句的大气意境。所以，和其他诗句相比较，这句诗的翻译难度更上一层楼，真是让译者惆怅啊！

经过笔者这一番分析，读者可能也就明白译事之艰辛与坎坷了！

一般而言，诗歌翻译不像科技翻译那样讲究精准，字对字的直译之后，读者也就明白一二了。诗歌翻译存在一个顾全大局、意境再创、音韵再现、意象再生等一系列艺术美学性问题。经过比较鉴别，此处"山泉"翻译为"mountain spring"也许比较贴切。英文单词"spring"本身就是指"泉水，山泉"，而且西方国家的山泉就是用"mountain spring"来表达，"Mountain Spring"还指美国加州的一处山水旅游胜地。所以这句诗可以翻译为：The mountain springs dash down like lightning from steep cliff.

【音韵鉴别】

根据原曲牌曲谱可见，原曲总共七小句，除了第五小句，其他小句均押尾韵[an]，此音音色高亮，体现了景致高远辽阔之色。三种译文所押韵的形式各不相同，译文1的尾韵形式是aaaaaaa，所有小句都押[n]音，一韵到底，着实不易，可见译者翻译功底之深厚。译文2的尾韵形式是abbabcc，韵脚多而乱，但优点是其句内使用了叠词交叉韵。译文3的尾韵形式是aabbaaa,使用了单韵脚[n]和复合韵脚[aɪt],整齐而有变化。

通过朗读会发现,译文1全诗通韵,这样的语音排列形式读起来朗朗上口,比其他两个版本读起来整体音效乐感更胜一等。译文2中,译者在第一、二、三小句分别使用了叠词,朗读起来就是叠音相连,使得译文读起来连绵扬抑,特别是前三句更是体现了江山连绵、帆船点点的恢宏远景。

【译文鉴赏】

在进行译文鉴赏时,我们会发现,原曲七句中有五句都有量词出现,分别是"万里、数点、几片、千尺、一字"等。量词是汉语的一大特色,英文中是没有量词的,所以如何在英文中体现这些汉语中的量词,就成了这首曲子翻译的一个难点。辜比较忠实于原文,把它们分别翻译成了"ten thousand miles、a few、a thousand-feet、a line of"。而许在这首曲子的翻译中采用了转译的方法,用英文单词的叠加来体现原曲里面数字的概念——"miles and miles、dots on dots、sails on sails"。同时,他的最后一句和辜的处理方式一样,只不过许用了"row",而辜用了"line"。在译文3里面,周把"万里"概译为"endlessly","数点"和辜的处理方式相同,"几片"翻译成了"a few","千尺"未译,"一线"翻译成了"a flight"。

以上分析可见,在汉诗量词的翻译处理上,辜基本是直译,许则灵活运用叠词,周则是采用了多种方式。如果多朗读几遍,会感觉到译文1和译文2在声音的处理上比译文3要优胜一些。

附 录

【参考资料】

曹旭,2011.古诗十九首与乐府诗选评[M].上海:上海古籍出版社.
查建明,田雨,2003.论译者主体性——从译者文化地位的边缘化谈起[J].中国翻译(01).
陈才忆,2008.英语诗歌的韵律与类型[M].成都:四川人民出版社.
陈道贵,2004.东晋诗歌论稿[M].合肥:安徽教育出版社.
陈平,2009.《上山采蘼芜》诗义探微[J].名作欣赏(29).
陈子展,杜月村,2008.诗经导读[M].北京:中国国际广播出版社.
程俊英,蒋见元,1999.诗经注析[M].北京:中华书局.
程俊英,蒋见元,2008.《诗经》汉英对照[M].汪榕培,英译.长沙:湖南人民出版社.
戴鸿森,1981.《姜斋诗话》笺注(上)[M].北京:人民文学出版社.
邓红梅,2002.女性词综论[J].文学评论(1).
段玉裁,2013.说文解字注[M].北京:中华书局.
方玉润,1986.诗经原始[M].李先耕,点校.北京:中华书局.
丰华占,1987.中西诗歌比较[M].北京:三联书店.
葛文峰,2017.美国汉学家傅恩的《花间集》英译与传播[J].中州学刊(3).
辜正坤,2003.中西诗比较鉴赏与翻译理论[M].北京:清华大学出版社.
郭敏,2008.体现三美——"青青河畔草"三种译文比较[J].滁州职业技术学院学报(12).
何善秀,李宗,2008.许渊冲教授诗歌翻译中叠词英译赏析[J].疯狂英语(教师版)(06).
赫拉利,2014.人类简史 从动物到上帝[M].林俊宏,译.北京:中信出版社.
侯美珍,2004.研读经典的现代意义[J].国文天地(5).
黄立,2009.英语世界唐宋词研究[M].成都:四川大学出版社.
黄丽峰,2004.宋代女性闺怨词的词学贡献[J].江西社会科学(5).
黄乔生,2010.杨宪益与鲁迅著作英译[J].海内与海外(01).
江枫,2001."新世纪的新译论"点评[J].中国翻译(3).
解亚珠,孙姝,2012.传统诗歌中采桑女与采莲女文学形象比较[J].湖北经济学院学报(人文社会科学版)9(05).

兰琳,2001.好"诗"与坏"译"——评 Kenneth Rexroth 的英译宋词《钗头凤》[J].贵州民族学院学报(哲学社会科学版)(4).

兰青,2012.埃兹拉·庞德、许渊冲中诗英译比较[J].语言与文学(1).

乐黛云,2010.当代名家学术思想文库·乐黛云卷[M].沈阳:万卷出版公司.

黎孟德,2011.元曲讲读[M].上海:上海科学技术文献出版社.

李安光,2013.英语世界元散曲译介及曲家地位定量分析[J].上海交通大学学报(哲学社会科版)(05).

李昌集,2007.中国古代散曲史[M].上海:华东师范大学出版社.

李贻荫,1992.霍克斯英译楚辞浅析[J].外语与外语教学(4).

李悦,2012.诗歌翻译中的忠实与创造——以"青青河畔草"译本为例[J].海外英语(9).

李正栓,2005.唐诗宋词英译研究:比较与分析[J].中国外语(03).

刘若愚,2005.中国文学理论[M].杜国清,译.南京:江苏教育出版社.

刘炜,2016.古诗十九首讲录[M].北京:中国社会科学院出版社.

刘扬忠,1989.宋词研究之路[M].天津:天津教育出版社.

刘玉伟,黄硕,2016.古诗十九首·玉台新咏[M].刘玉伟,黄硕,评注.北京:中华书局.

刘振前,邢梅萍,2003.四字格成语的音韵对称与认知[J].语言教学与研究(03).

陆侃如,冯沅君,2007.中国文学史二十讲[M].济南:山东书画出版社.

马茂元,1981.古诗十九首初探[M].西安:陕西人民出版社.

马瑞辰,1989.毛诗传笺通释[M].陈金生,点校.北京:中华书局.

潘泠,2014.乐府江南诗中"江南"意象的形塑及其流变[J].江南大学学报(人文社会科学版)13(1).

钱鸿瑛,1991.论宋词在文学史上的地位[J].上海社会科学院研究季刊(1).

宋威山,2017.何草不黄:古典诗歌中的春草秋绿意象[J].北京社会科学(4).

隋树森,1957.古诗十九首集释[M].北京:中华书局.

孙康宜,2006.抒情与描写·六朝诗歌概论[M].上海:上海三联书店.

孙士现,2007.《青青河畔草》的题旨辨正及其南朝拟作剖析[J].继续教育研究(2).

汤洪,2007.《白头吟》考辩[J].四川师范大学学报(社会科学版)(9).

唐圭璋等,1987.唐宋词鉴赏辞典[M].南京:江苏古籍出版社.

田惠刚,1994.中国古典诗词翻译原则与翻译批评[J].外语教学(1).

万钧,2016.美学元素在《古诗十九首》翻译中的再现[J].校园英语(33).

汪榕培,1996.今人译古诗——英译《古诗十九首》札记[J].解放军外国语学院(6).

汪榕培,1997.比较与翻译[M].北京:外语教育与研究出版社.

汪榕培,2006.汉魏六朝诗三百首[M].长沙:湖南人民出版社.
王国维,1915.宋元戏曲史[M].上海:上海世纪出版集团.
王宏,林宗豪,2018.楚辞英译研究在中国三十年(1988—2017)[J].外国语文研究(2).
王先谦,1987.诗三家义集疏[M].吴格,点校.北京:中华书局.
王怡康,朱小美,2015.《白头吟》英译文的经验功能语篇分析[J].合肥学院学报(社会科学版)(9).
王逸,2017.楚辞章句[M].王逸,注.黄灵庚,点校.上海:上海古籍出版社.
王引之,1956.经传释词[M].北京:中华书局.
魏家海,2014.楚辞英译及其研究述评[J].民族翻译(1).
文艺报编辑部,1980.文学回忆与思考[M].北京:人民文学出版社.
闻一多,1993.闻一多全集·诗经编(上)[M].武汉:湖北人民出版社.
闻一多,2012.唐诗杂论 诗与批评[M].北京:生活·读书·新知三联书店.
吴伏生,1988.阮籍咏怀诗(英汉对照)[M].沈阳:辽宁大学出版社.
吴熊和,1985.唐宋词通论[M].上海:上海古籍出版社.
谢丹,2007.语势与取势:庞德《青青河畔草》译诗研究[J].解放军外国语学院学报(3)
徐雷,2014.评汉乐府《上山采蘼芜》[J].安徽文学(1).
徐忠杰,1986.词百首英译[M].北京:北京语言学院出版社.
许慎,1963.说文解字[M].徐铉,校定.北京:中华书局.
许松,2008.欧阳修采莲词与采莲曲的相通[J].内蒙古农业大学学报(社会科学版)(5).
许渊冲,1985.唐宋词100首[M].北京:中国对外翻译出版公司.
许渊冲,1992.中诗英韵探胜.从《诗经》到《西厢记》[M].北京:北京大学出版社.
许渊冲,2009.诗经.汉英对照[M].北京:中国对外翻译出版公司.
许渊冲,2013.许渊冲经典英译古代诗歌1000首·汉魏六朝诗[M].北京:中国国际出版集团海豚出版社.
闫朝晖,2012.李清照《醉花阴》词的含蓄美在英译中的传达[J].江汉学术(1).
严晓江,2014.以诗译诗与借形神——以卓振英大中华文库·楚辞英译为例[J].电子科技大学学报(社科版)(1).
杨成虎,2004.典籍的翻译与研究——楚辞几种英译本得失谈[J].宁波大学学报(人文科学版)(4).
杨宪益,2010.汉魏六朝诗文选[M].北京:外文出版社.
杨效知,1992.古诗十九首鉴赏[M].兰州:兰州大学出版社.
杨钟贤,1984.关于陆游《钗头凤》词的再探讨[J].辽宁大学学报(哲学社会科学版)(4).
余冠英,1979.诗经选[M].北京:人民文学出版社.

余冠英,2012. 汉魏六朝诗选[M]. 北京:中华书局.
余冠英,2012. 乐府诗选[M]. 北京:中华书局.
余光中,2000. 余光中谈翻译[M]. 北京:中国对外翻译出版公司.
宇文所安,2002. 他山的石头记[M]. 田晓菲,译. 南京:江苏人民出版社.
袁雪芬,牛新生,2008. 浅论中国古典诗歌英语的音韵美得转移[J]. 考试周刊(7).
詹杭伦,刘若愚,2005. 融合中西诗学之路[M]. 北京:文津出版社.
张少康,1999. 中国文学理论批评史教程[M]. 北京:北京大学出版社.
张晓萌,2013. 视域融合下看《召南·野有死麕》主题论争[J]. 重庆三峡学院学报(1).
赵爽,2012. 《有所思》与《白头吟》中的女主人公形象比较[J]. 文学教育(11).
赵义山,2011. 元曲鉴赏辞典[M]. 北京:商务印书馆.
赵志方,2005. 英语世界中的元散曲翻译及研究[J]. 江苏行政学院学报(06).
钟巧灵,2003. 论古典诗歌中草意象所蕴含的思妇怀远之愁[J]. 船山学刊(1).
仲夏,2012. 古诗《青青河畔草》的翻译策略研究[J]. 才智(10).
周喆,苏新连,2011. 意境的再现——庞德《青青河畔草》译诗研究. 安徽文学(3).
朱熹,1958. 诗集传:朱熹集注[M]. 北京:中华书局.
朱熹,1987. 诗集传[M]. 上海:上海古籍出版社.
朱熹,2015. 楚辞集注[M]. 黄灵庚,点校. 上海:上海古籍出版社.
ARTHUR W, 1919. A hundred and seventy Chinese poems[M]. New York: Alfred A. Knopf, Inc.
DAVID H, 1989. Classical, modem and humane: essays in Chinese Literature[M]. Hong Kong: The Chinese University Press.
DAVID H, 1989. The songs of the south: an anthology of ancient Chinese poems by Qu Yuan and other poets[M]. Harmondsworth, Middlesex, England: Penguin Books Ltd.
GILES H A, 1922. Gems of Chinese literature[M]. Shanghai: Kelly&Walsh.
JOHN F N, 1983. Western wind, an introduction to poetry[M]. second edition. New York: Random House, Inc.
LIN Y T, 1942. The wisdom of China and India[M]. New York: Random House, Inc.
LIU J Y, 1962. The art of Chinese poetry[M]. Chicago: The University of Chicago Press.
SEATON J P, 2006. The shambhala anthology of Chinese poetry[M]. Boston & London: The Shambhala Publications, Inc.
WILLIAM J, 1891. The shi king, the old "poetry classic" of the Chinese, a close metrical translation, with annotations[M]. London: George Routledge and Sons, Ltd.

【参考网站】

http://bbs.zhsc.net/thread-3459414-1-1.html.

http://blog.sina.com.cn/s/blog_6241925d0102vbiu.html.
http://blog.sina.com.cn/s/blog_79d7d0a10100yp7x.html.
http://cul.sohu.com/20160103/n433332120.shtml.
http://sou-yun.com/Query.aspx?type=poem&id=237.
http://www.360doc.com/content/17/0508/23/36014971_652258908.shtml.
http://www.gywb.cn/content/2015-03/07/content_2585358.html.
http://www.scgfu.com/yc/index.aspx?id=179.
http://www.shiciku.cn/gushici/1299.html.
http://www.sohu.com/a/140078265_504866.
http://xh.5156edu.com/html3/7547.html.
https://baike.baidu.com/item/白露/8039.
https://baike.baidu.com/item/白茅.
https://baike.baidu.com/item/关汉卿/1611.
https://baike.baidu.com/item/国风·召南·野有死麕/180871.
https://baike.baidu.com/item/建安文学.
https://baike.baidu.com/item/刘秉忠/712123?fr=aladdin.
https://baike.baidu.com/item/塞鸿秋·浔阳即景/9527690?fr=aladdin.
https://baike.baidu.com/item/四块玉·闲适/10211994?fr=aladdin.
https://baike.baidu.com/item/彤管.
https://baike.baidu.com/item/魏晋南北朝诗歌史论.
https://baike.baidu.com/item/小桃红·采莲女/7869316?fr=aladdin.
https://baike.baidu.com/item/杨果/34719?fr=aladdin.
https://baike.baidu.com/item/玉台新咏/2490142.
https://baike.baidu.com/item/昭明文选/7766092?fromtitle=昭明文选&fromid=2319535.
https://baike.baidu.com/item/赵孟頫/6733919?fr=aladdin.
https://baike.baidu.com/item/周德清/20601.
https://baike.baidu.com/item/竹林七贤/345.
https://en.wikipedia.org/wiki/Gerard_Manley_Hopkins.
https://en.wikipedia.org/wiki/Sappho.
https://en.wikipedia.org/wiki/Westron_Wynde.
https://www.jianshu.com/p/94ee7e896220.
https://www.shambhala.com/authors/o-t/j-p-seaton/the-shambhala-anthology-of-chinese-poetry-1341.html.